登記実務シリーズ

種類株式・増減資・新株予約権の登記実務

石田 健悟 著

発行 テイハン

はじめに

　本書では、種類株式、増減資、新株予約権に関する登記実務を中心に解説しています。

　商業・法人登記の申請業務においては、依頼人である会社・法人やその顧問税理士等の関与者からのリクエストに応じて、登記申請書やその添付書類を作成し、法務局に申請するという、登記申請手続のみを行うこともあれば、さらに踏み込んで、登記の事由について会社法に定める実体上の手続が適正に行われているかということを判断し、必要に応じて、その手続が適正に行われるためのコンサルティングを行うこともあります。司法書士のアドバイスにより、登記内容に関連する法務手続の方針やその内容自体の意思決定がされることも多く、商事法務全般についての高い専門性が要求されます。

　昨今、商業・法人登記分野において求められる司法書士像は、単なる「登記の専門家」ではなく、法務分野においてより広い範囲の専門性を有する「商事法務の専門家」であると筆者自身も強く感じているところです。

　そこで、本書においては、種類株式、増減資、新株予約権、その他株式に関する登記手続に必要な情報を数多く掲載し、かつ、関連する会社法の定める実体上の手続についても解説しています。非常にボリュームの多いテーマですが、それらをできる限りコンパクトにまとめ、わかりやすい内容となるように努めました。本書が、商事法務に携わる実務家に広く活用され、お役に立つものとなりましたら幸いです。

目　次

はじめに　1

第1部　株式の内容（種類）

第1章　総　論 …………………………………………………………… 3
1　株式の意義 ……………………………………………………………… 3
2　社員たる地位（社員権） ……………………………………………… 3
3　株主平等原則 …………………………………………………………… 4
　(1)　意　義 ……………………………………………………………… 4
　(2)　保有株式数に応じた取扱い ……………………………………… 4
　(3)　株式の内容（種類）に応じた取扱い …………………………… 5
4　株式の内容（種類） …………………………………………………… 7
5　内容の異なる2以上の種類の株式の発行方法 ……………………… 8
　(1)　定款変更手続 ……………………………………………………… 8
　(2)　種類株式の発行手続 ……………………………………………… 8
　　ア　募集株式の発行、株式無償割当て　8
　　イ　既発行株式の一部の種類株式への内容変更　8
6　会社法322条2項の定めと単元株式制度 …………………………… 9
　(1)　会社法322条2項の定款の定め ………………………………… 9
　(2)　単元株制度 ………………………………………………………… 9

第2章　譲渡制限（種類）株式 ……………………………………… 10
1　株式の譲渡 …………………………………………………………… 10
2　譲渡の制限 …………………………………………………………… 11
　(1)　株式に譲渡制限条項が付されている場合 …………………… 11
　(2)　株券発行会社において譲渡時に株券を発行していない場合 …… 11
　(3)　自己株式を譲渡する場合 ……………………………………… 11
　(4)　会社が自己株式を取得する場合 ……………………………… 11

(5)　単元未満株式について定款で株主の権利を制限した場合……………*11*

　(6)　子会社が親会社株式を取得する場合………………………………………*12*

3　譲渡制限規定……………………………………………………………………………*15*

　(1)　規定の仕方……………………………………………………………………………*15*

　(2)　発行する全部の株式の内容としての譲渡制限に関する規定の設定……*17*

　　ア　手　続　*17*

　　　①　株主総会の特殊決議　*17*

　　　②　株主に対する通知又は公告及び反対株主による株式買取請求　*17*

　　　③　新株予約権者に対する通知又は公告及び新株予約権者による新株予約権買取請求　*18*

　　　④　株券提出公告等　*18*

　　イ　登記手続　*19*

　　　①　登記期間　*19*

　　　②　登記の事由　*19*

　　　③　登記すべき事項　*19*

　　　④　添付書類　*19*

　　　⑤　登録免許税　*19*

　　　⑥　登記記録の編成　*25*

　(3)　種類株式としての譲渡制限に関する規定の設定………………………*25*

　　ア　手　続　*25*

　　　①　株主総会の特別決議　*25*

　　　②　種類株主総会の特殊決議　*26*

　　　③　株主に対する通知又は公告及び反対株主による株式買取請求　*26*

　　　④　新株予約権者に対する通知又は公告及び新株予約権者による新株予約権買取請求　*26*

　　　⑤　株券提出公告等　*27*

　　イ　登記手続　*27*

　　　①　登記期間　*27*

② 登記の事由　27
　　③ 登記すべき事項　28
　　④ 添付書類　28
　　⑤ 登録免許税　28
　　⑥ 登記記録の編成　32
4　譲渡制限規定設定後の株式譲渡の流れ………………………………………33
　(1)　株式譲渡の承認請求………………………………………………………33
　　ア　株券発行会社の場合　33
　　イ　株式取得者からの承認請求　34
　(2)　譲渡の承認………………………………………………………………36
　(3)　譲渡の承認みなし………………………………………………………37
　(4)　株主名簿の名義変更……………………………………………………38

第3章　取得請求権付（種類）株式……………………………………………40

1　意　義………………………………………………………………………40
2　発行可能株式総数・発行可能種類株式総数との関係…………………………41
　(1)　発行可能株式総数との関係………………………………………………41
　(2)　発行可能種類株式総数との関係…………………………………………42
3　発行する全部の株式の内容としての取得請求権付株式に関する規定
　の設定………………………………………………………………………43
　(1)　手　続……………………………………………………………………43
　(2)　登記手続…………………………………………………………………44
　　ア　登記期間　44
　　イ　登記の事由　44
　　ウ　登記すべき事項　44
　　エ　添付書類　44
　　オ　登録免許税　45
　　カ　登記記録の編成　48
4　種類株式としての取得請求権付株式に関する規定の設定……………………49

5

(1) 手　続 …………………………………………………………………… 49
　　ア　株主総会の特別決議　49
　　イ　種類株主総会の特別決議　50
　(2) 登記手続 ………………………………………………………………… 51
　　ア　登記期間　51
　　イ　登記の事由　51
　　ウ　登記すべき事項　51
　　エ　添付書類　51
　　オ　登録免許税　52
　　カ　登記記録の編成　56

第4章　取得条項付（種類）株式 …………………………………………… 58
1　意　義 ………………………………………………………………………… 58
2　発行可能株式総数・発行可能種類株式総数との関係 ……………… 59
　(1) 発行可能株式総数との関係 …………………………………………… 59
　(2) 発行可能種類株式総数との関係 ……………………………………… 60
3　発行する全部の株式の内容としての取得条項付株式に関する規定の設定 …………………………………………………………………………… 60
　(1) 手　続 …………………………………………………………………… 60
　(2) 登記手続 ………………………………………………………………… 62
　　ア　登記期間　62
　　イ　登記の事由　63
　　ウ　登記すべき事項　63
　　エ　添付書類　63
　　オ　登録免許税　63
　　カ　登記記録の編成　68
4　種類株式としての取得条項付株式の設定 ……………………………… 69
　(1) 手　続 …………………………………………………………………… 69
　　ア　株主総会の特別決議　69

イ　種類株主全員の同意　72
　　　ウ　種類株主総会の特別決議　72
　　(2)　登記手続…………………………………………………………………72
　　　ア　登記期間　72
　　　イ　登記の事由　73
　　　ウ　登記すべき事項　73
　　　エ　添付書類　73
　　　オ　登録免許税　73
　　　カ　登記記録の編成　80

第5章　全部取得条項付種類株式…………………………………82
1　意　義……………………………………………………………………82
2　100％減資………………………………………………………………83
3　全部取得条項付種類株式を設定する手続………………………………84
　(1)　手　続……………………………………………………………………84
　　　ア　株主総会の特別決議　84
　　　イ　種類株主総会の特別決議　85
　　　ウ　株主に対する通知又は公告及び反対株主による株式買取請求　85
　　　エ　新株予約権者に対する通知又は公告及び新株予約権者による新株予約権買取請求　85
　　(2)　登記手続…………………………………………………………………86
　　　ア　登記期間　86
　　　イ　登記の事由　86
　　　ウ　登記すべき事項　86
　　　エ　添付書類　86
　　　オ　登録免許税　86
　　　カ　登記記録の編成　91

第6章　剰余金配当種類株式………………………………………92
1　意　義……………………………………………………………………92

2　累積／非累積型・参加／非参加型の優先株式……………………93
　　(1)　累積／非累積型…………………………………………………93
　　(2)　参加／非参加型…………………………………………………94
　3　手　　続………………………………………………………………95
　　(1)　株主総会の特別決議……………………………………………95
　　(2)　種類株主総会の特別決議………………………………………96
　4　登記手続………………………………………………………………96
　　(1)　登記期間…………………………………………………………96
　　(2)　登記の事由………………………………………………………96
　　(3)　登記すべき事項…………………………………………………96
　　(4)　添付書類…………………………………………………………96
　　(5)　登録免許税………………………………………………………97
　　(6)　登記記録の編成…………………………………………………100

第7章　残余財産分配種類株式……………………………………102
　1　意　　義………………………………………………………………102
　2　手　　続………………………………………………………………103
　　(1)　株主総会の特別決議……………………………………………103
　　(2)　種類株主総会の特別決議………………………………………103
　3　登記手続………………………………………………………………104
　　(1)　登記期間…………………………………………………………104
　　(2)　登記の事由………………………………………………………104
　　(3)　登記すべき事項…………………………………………………104
　　(4)　添付書類…………………………………………………………104
　　(5)　登録免許税………………………………………………………105
　　(6)　登記記録の編成…………………………………………………109

第8章　議決権制限種類株式………………………………………110
　1　意　　義………………………………………………………………110
　2　手　　続………………………………………………………………111

(1)　株主総会の特別決議……………………………………………………*111*
　(2)　種類株主総会の特別決議………………………………………………*111*
 3　登記手続……………………………………………………………………*112*
　(1)　登記期間…………………………………………………………………*112*
　(2)　登記の事由………………………………………………………………*112*
　(3)　登記すべき事項…………………………………………………………*112*
　(4)　添付書類…………………………………………………………………*112*
　(5)　登録免許税………………………………………………………………*113*
　(6)　登記記録の編成…………………………………………………………*117*

第9章　拒否権付種類株式……………………………………………………*118*
 1　意　義………………………………………………………………………*118*
 2　手　続………………………………………………………………………*120*
　(1)　株主総会の特別決議……………………………………………………*120*
　(2)　種類株主総会の特別決議………………………………………………*120*
 3　登記手続……………………………………………………………………*121*
　(1)　登記期間…………………………………………………………………*121*
　(2)　登記の事由………………………………………………………………*121*
　(3)　登記すべき事項…………………………………………………………*121*
　(4)　添付書類…………………………………………………………………*121*
　(5)　登録免許税………………………………………………………………*122*
　(6)　登記記録の編成…………………………………………………………*126*

第10章　役員選任権付種類株式………………………………………………*127*
 1　意　義………………………………………………………………………*127*
 2　手　続………………………………………………………………………*128*
　(1)　株主総会の特別決議……………………………………………………*128*
　(2)　種類株主総会の特別決議………………………………………………*130*
 3　登記手続……………………………………………………………………*131*
　(1)　登記期間…………………………………………………………………*131*

(2)　登記の事由………………………………………………………………………131
　　(3)　登記すべき事項………………………………………………………………131
　　(4)　添付書類………………………………………………………………………131
　　(5)　登録免許税……………………………………………………………………131
　　(6)　登記記録の編成………………………………………………………………136

第11章　種類株主総会の決議を要しない旨の定め……………………137
　1　意　義…………………………………………………………………………………137
　2　手　続…………………………………………………………………………………139
　　(1)　株主総会の特別決議…………………………………………………………139
　　(2)　種類株主全員の同意…………………………………………………………139
　3　登記手続………………………………………………………………………………139
　　(1)　登記期間………………………………………………………………………139
　　(2)　登記の事由……………………………………………………………………139
　　(3)　登記すべき事項………………………………………………………………139
　　(4)　添付書類………………………………………………………………………139
　　(5)　登録免許税……………………………………………………………………140
　　(6)　登記記録の編成………………………………………………………………144

第12章　単元株制度…………………………………………………………………145
　1　意　義…………………………………………………………………………………145
　2　単元未満株式についての権利の制限等……………………………………………146
　3　手　続…………………………………………………………………………………149
　　(1)　株主総会の特別決議…………………………………………………………149
　　(2)　取締役の決定等………………………………………………………………149
　　(3)　種類株主総会の特別決議……………………………………………………149
　4　登記手続………………………………………………………………………………150
　　(1)　単元株式数の定めの設定……………………………………………………150
　　　ア　登記期間　150
　　　イ　登記の事由　150

ウ　登記すべき事項　*150*

　　　エ　添付書類　*150*

　　　オ　登録免許税　*150*

　　　カ　登記記録の編成　*154*

　(2)　単元株式数の定めの変更……………………………………………*155*

　　　ア　登記期間　*155*

　　　イ　登記の事由　*155*

　　　ウ　登記すべき事項　*155*

　　　エ　添付書類　*155*

　　　オ　登録免許税　*155*

　　　カ　登記記録の編成　*159*

　(3)　単元株式数の定めの廃止……………………………………………*160*

　　　ア　登記期間　*160*

　　　イ　登記の事由　*160*

　　　ウ　登記すべき事項　*160*

　　　エ　添付書類　*160*

　　　オ　登録免許税　*160*

　　　カ　登記記録の編成　*164*

第13章　株式の内容についての定め設定後の変更・廃止………*165*

1　手　続…………………………………………………………………*165*

　(1)　株主総会の特別決議…………………………………………………*165*

　(2)　株主全員の同意………………………………………………………*165*

　(3)　種類株主総会の特別決議……………………………………………*165*

2　登記手続………………………………………………………………*166*

　(1)　発行する株式の全部の株式の内容としての株式の譲渡制限に関す
　　　る規定の変更・廃止…………………………………………………*166*

　　　ア　変更の登記手続　*166*

　　　　①　登記期間　*166*

② 登記の事由 *167*

　　　③ 登記すべき事項 *167*

　　　④ 添付書類 *167*

　　　⑤ 登録免許税 *167*

　　　⑥ 登記記録の編成 *170*

　　イ　廃止の登記手続 *171*

　　　① 登記期間 *171*

　　　② 登記の事由 *171*

　　　③ 登記すべき事項 *171*

　　　④ 添付書類 *171*

　　　⑤ 登録免許税 *172*

　　　⑥ 登記記録の編成 *175*

　(2)　発行する株式の全部の株式の内容としての取得請求権付株式の変更・廃止……………………………………………………………………*175*

　　ア　変更の登記手続 *175*

　　　① 登記期間 *175*

　　　② 登記の事由 *176*

　　　③ 登記すべき事項 *176*

　　　④ 添付書類 *176*

　　　⑤ 登録免許税 *176*

　　　⑥ 登記記録の編成 *180*

　　イ　廃止の登記手続 *181*

　　　① 登記期間 *181*

　　　② 登記の事由 *181*

　　　③ 登記すべき事項 *181*

　　　④ 添付書類 *181*

　　　⑤ 登録免許税 *181*

　　　⑥ 登記記録の編成 *184*

(3) 発行する株式の全部の株式の内容としての取得条項付株式の変更
 ・廃止……………………………………………………………………………185
　ア　変更の登記手続　185
　　① 登記期間　185
　　② 登記の事由　185
　　③ 登記すべき事項　185
　　④ 添付書類　185
　　⑤ 登録免許税　186
　　⑥ 登記記録の編成　189
　イ　廃止の登記手続　190
　　① 登記期間　190
　　② 登記の事由　190
　　③ 登記すべき事項　190
　　④ 添付書類　190
　　⑤ 登録免許税　191
　　⑥ 登記記録の編成　194
(4) 種類株式発行会社の発行する各種類の株式の内容の変更・廃止……195
　ア　変更の登記手続　195
　　① 登記期間　195
　　② 登記の事由　195
　　③ 登記すべき事項　195
　　④ 添付書類　195
　　⑤ 登録免許税　196
　　⑥ 登記記録の編成　201
　イ　廃止の登記手続　202
　　① 登記期間　202
　　② 登記の事由　202
　　③ 登記すべき事項　202

- ④ 添付書類 *203*
- ⑤ 登録免許税 *203*
- ⑥ 登記記録の編成 *207*

第14章　既発行株式の一部の株式の内容変更 ……………………………… *208*
1　意　義 …………………………………………………………………… *208*
2　登記手続 ………………………………………………………………… *209*
- (1) 登記期間 ……………………………………………………………… *209*
- (2) 登記の事由 …………………………………………………………… *209*
- (3) 登記すべき事項 ……………………………………………………… *209*
- (4) 添付書類 ……………………………………………………………… *209*
- (5) 登録免許税 …………………………………………………………… *209*
- (6) 登記記録の編成 ……………………………………………………… *218*

第15章　株券を発行する旨の定款の定め廃止、株式の消却、併合等による変更登記 …………………………………………………………… *220*
1　株券を発行する旨の定款の定め廃止 ………………………………… *220*
- (1) 意　義 ………………………………………………………………… *220*
- (2) 手　続 ………………………………………………………………… *220*
- (3) 登記手続 ……………………………………………………………… *221*
  - ア　登記期間 *221*
  - イ　登記の事由 *221*
  - ウ　登記すべき事項 *221*
  - エ　添付書類 *221*
  - オ　登録免許税 *222*
  - カ　登記記録の編成 *227*

2　株式の消却 ……………………………………………………………… *227*
- (1) 意　義 ………………………………………………………………… *227*
- (2) 手　続 ………………………………………………………………… *228*
  - ア　取締役の決定等 *228*

　　　　イ　単元株制度との関係　*228*

　　(3)　登記手続……………………………………………………………*228*

　　　　ア　登記期間　*228*

　　　　イ　登記の事由　*228*

　　　　ウ　登記すべき事項　*228*

　　　　エ　添付書類　*228*

　　　　オ　登録免許税　*229*

　　　　カ　登記記録の編成　*232*

3　株式併合……………………………………………………………………*233*

　　(1)　意　義……………………………………………………………*233*

　　(2)　手　続……………………………………………………………*233*

　　　　ア　株主総会の特別決議　*233*

　　　　イ　種類株主総会の特別決議　*234*

　　　　ウ　単元株制度との関係　*235*

　　　　エ　株主等に対する通知・公告　*235*

　　　　オ　株式の併合に関する書面等の備置き及び閲覧等　*235*

　　　　　　①　事前開示　*235*

　　　　　　　　(ⅰ)　備　置　*235*

　　　　　　　　(ⅱ)　閲　覧　*238*

　　　　　　②　事後開示　*238*

　　　　　　　　(ⅰ)　備　置　*238*

　　　　　　　　(ⅱ)　閲　覧　*239*

　　(3)　登記手続……………………………………………………………*240*

　　　　ア　登記期間　*240*

　　　　イ　登記の事由　*240*

　　　　ウ　登記すべき事項　*240*

　　　　エ　添付書類　*240*

　　　　オ　登録免許税　*241*

カ　登記記録の編成　*245*

4　株式分割……………………………………………………………*246*
　(1)　意　義……………………………………………………………*246*
　(2)　手　続……………………………………………………………*246*
　　ア　原　則　*246*
　　　①　株主総会・取締役会の決議　*246*
　　　②　種類株主総会の特別決議　*248*
　　イ　例　外　*248*
　(3)　登記手続…………………………………………………………*249*
　　ア　登記期間　*249*
　　イ　登記の事由　*249*
　　ウ　登記すべき事項　*249*
　　エ　添付書類　*249*
　　オ　登録免許税　*249*
　　カ　登記記録の編成　*253*

5　株式無償割当て……………………………………………………*254*
　(1)　意　義……………………………………………………………*254*
　(2)　手　続……………………………………………………………*255*
　　ア　株主総会・取締役会の決議　*255*
　　イ　種類株主総会の特別決議　*255*
　　ウ　株主等への通知　*256*
　(3)　登記手続…………………………………………………………*256*
　　ア　登記期間　*256*
　　イ　登記の事由　*256*
　　ウ　登記すべき事項　*256*
　　エ　添付書類　*256*
　　オ　登録免許税　*257*
　　カ　登記記録の編成　*261*

第2部　増減資

第1章　募集株式……265
1　募集株式の発行等……265
(1)　新株式の発行と自己株式の処分……265
(2)　割当ての種類……265
(3)　手続の概要……266
2　募集事項等の決定……266
(1)　募集事項等……266
(2)　募集株式の数と発行可能株式総数・発行可能種類株式総数との関係……269
(3)　取締役の報酬等に係る募集事項の決定の特則……270
(4)　募集事項等の決定機関等……272
ア　非公開会社における第三者割当ての場合　272
① 原　則　272
② 取締役・取締役会への決定の委任　272
③ 払込金額が募集株式を引き受ける者に特に有利な金額である場合　272
④ 種類株式発行会社の場合　272
イ　公開会社における第三者割当ての場合　273
① 原　則　273
② 払込金額が募集株式を引き受ける者に特に有利な金額である場合　273
(ⅰ) 基　本　273
(ⅱ) 取締役会への決定の委任　273
(ⅲ) 取締役の説明　274
(ⅳ) 種類株式発行会社の場合　274
ウ　非公開会社における株主割当ての場合　275
① 原　則　275
② 種類株主総会の特別決議が必要となる場合　275

エ　公開会社における株主割当ての場合　275

　　　　① 原　則　275

　　　　② 種類株主総会の決議が必要となる場合　276

 3　株主に対する通知・公告……………………………………………276
 (1)　差止請求権の行使機会を確保するための通知・公告…………276
 (2)　株主割当ての場合の株主への通知………………………………278
 4　募集株式の引受けの申込み…………………………………………279
 (1)　募集株式の引受けの申込みをしようとする者に対する通知…279
 (2)　申込み………………………………………………………………281
 (3)　株主割当てにおいて株主が申込みをしない場合………………282
 5　募集株式の割当て……………………………………………………282
 (1)　割当ての決定………………………………………………………282
 (2)　公開会社における支配株主の異動を伴う募集株式の割当て等の特則…………………………………………………………………283
　　　ア　特定引受人についての通知・公告　283
　　　イ　株主総会の決議　286
 (3)　募集事項の決定決議と割当ての決定決議との関係……………287
 6　総数引受契約…………………………………………………………288
 7　引受け…………………………………………………………………288
 8　株式の引受人による出資……………………………………………289
 (1)　金銭出資……………………………………………………………289
 (2)　現物出資……………………………………………………………290
 (3)　払込期日前の払込み………………………………………………292
 9　資本金の額の計上……………………………………………………293
　　　ア　事前交付型（株式割当後に役務を提供する場合）　293
　　　イ　事後交付型（株式割当前に役務を提供する場合）　294
 10　登記手続………………………………………………………………295
 (1)　登記期間……………………………………………………………295

(2)　登記の事由……………………………………………………………295

　(3)　登記すべき事項………………………………………………………295

　(4)　添付書類………………………………………………………………296

　(5)　登録免許税……………………………………………………………349

　(6)　登記記録の編成………………………………………………………355

11　発行可能株式総数・株主名簿管理人の登記……………………………356

　(1)　発行可能株式総数の変更……………………………………………356

　　ア　意　義　356

　　イ　発行可能種類株式総数との関係　356

　　ウ　手　続　356

　　　①　原　則　356

　　　②　例外1　356

　　　③　例外2　356

　　エ　登記手続　357

　　　①　登記期間　357

　　　②　登記の事由　357

　　　③　登記すべき事項　357

　　　④　添付書類　357

　　　⑤　登録免許税　358

　　　⑥　登記記録の編成　361

　(2)　株主名簿管理人………………………………………………………361

　　ア　意　義　361

　　イ　株主名簿管理人の設置　362

　　　①　手　続　362

　　　②　登記手続　362

　　　　(i)　登記期間　362

　　　　(ii)　登記の事由　362

　　　　(iii)　登記すべき事項　362

      (ⅳ) 添付書類 *362*

      (ⅴ) 登録免許税 *363*

      (ⅵ) 登記記録の編成 *366*

  ウ　株主名簿管理人の交代 *366*

    ① 手　続 *366*

    ② 登記手続 *367*

      (ⅰ) 登記期間 *367*

      (ⅱ) 登記の事由 *367*

      (ⅲ) 登記すべき事項 *367*

      (ⅳ) 添付書類 *367*

      (ⅴ) 登録免許税 *367*

      (ⅵ) 登記記録の編成 *371*

  エ　株主名簿管理人の氏名又は名称及び住所並びに営業所の変更の登記手続 *371*

    ① 登記期間 *371*

    ② 登記の事由 *372*

    ③ 登記すべき事項 *372*

    ④ 添付書類 *372*

    ⑤ 登録免許税 *372*

    ⑥ 登記記録の編成 *374*

  オ　株主名簿管理人の廃止 *375*

    ① 手　続 *375*

    ② 登記手続 *375*

      (ⅰ) 登記期間 *375*

      (ⅱ) 登記の事由 *375*

      (ⅲ) 登記すべき事項 *375*

      (ⅳ) 添付書類 *375*

      (ⅴ) 登録免許税 *376*

(vi) 登記記録の編成　*379*

第2章　準備金・剰余金の資本組入れ……………………*380*
1　準備金の資本組入れ………………………………………*380*
(1)　意　義………………………………………………………*380*
(2)　手　続………………………………………………………*380*
　　ア　決議機関　*380*
　　　① 原　則　*380*
　　　② 例　外　*381*
　　イ　債権者保護手続　*381*
　　　① 原　則　*381*
　　　② 例　外　*382*
　　ウ　効力発生日の変更　*383*
(3)　登記手続………………………………………………………*384*
　　ア　登記期間　*384*
　　イ　登記の事由　*384*
　　ウ　登記すべき事項　*384*
　　エ　添付書類　*384*
　　オ　登録免許税　*384*
　　カ　登記記録の編成　*392*
2　剰余金の資本組入れ………………………………………*393*
(1)　意　義………………………………………………………*393*
(2)　手　続………………………………………………………*393*
(3)　登記手続………………………………………………………*393*
　　ア　登記期間　*393*
　　イ　登記の事由　*393*
　　ウ　登記すべき事項　*393*
　　エ　添付書類　*393*
　　オ　登録免許税　*394*

カ　登記記録の編成　*398*

第3章　資本金の額の減少……………………………………………………*400*
1　意　義……………………………………………………………………*400*
2　手　続……………………………………………………………………*400*
(1)　決議機関………………………………………………………………*400*
　　　ア　原　則　*400*
　　　イ　例外1　*401*
　　　ウ　例外2　*401*
(2)　債権者保護手続………………………………………………………*401*
(3)　効力発生日の変更……………………………………………………*402*
3　登記手続…………………………………………………………………*403*
(1)　登記期間………………………………………………………………*403*
(2)　登記の事由……………………………………………………………*403*
(3)　登記すべき事項………………………………………………………*403*
(4)　添付書類………………………………………………………………*403*
(5)　登録免許税……………………………………………………………*404*
(6)　登記記録の編成………………………………………………………*415*

第3部　新株予約権

第1章　新株予約権の概要…………………………………………………*419*
1　新株予約権………………………………………………………………*419*
(1)　意　義…………………………………………………………………*419*
(2)　利用形態………………………………………………………………*419*
(3)　定款への記載…………………………………………………………*419*
2　新株予約権付社債………………………………………………………*420*
(1)　意　義…………………………………………………………………*420*
(2)　種　類…………………………………………………………………*420*

第2章　募集新株予約権の発行……………………………………………*421*

1　募集新株予約権の発行の概要 …………………………………………… *421*
　⑴　割当ての種類 …………………………………………………………… *421*
　⑵　手続の流れ ……………………………………………………………… *421*
2　募集事項等の決定 ………………………………………………………… *422*
　⑴　募集事項等 ……………………………………………………………… *422*
　⑵　募集事項等の決定機関等 ……………………………………………… *443*
　　ア　非公開会社における第三者割当ての場合　*443*
　　　①　原　則　*443*
　　　②　取締役・取締役会への決定の委任　*443*
　　　③　有利発行の場合　*444*
　　　④　種類株式発行会社の場合　*444*
　　　⑤　経済産業大臣・法務大臣の確認を受けた設立後15年未満の株式会社（非公開会社）の場合　*445*
　　　⑥　報酬決議　*446*
　　　　(i)　取締役に対するストック・オプション　*446*
　　　　(ii)　監査役に対するストック・オプション　*447*
　　イ　公開会社における第三者割当ての場合　*447*
　　　①　原　則　*447*
　　　②　有利発行の場合　*447*
　　　　(i)　基　本　*447*
　　　　(ii)　取締役会への決定の委任　*448*
　　　　(iii)　種類株式発行会社の場合　*448*
　　　③　報酬決議　*449*
　　　　(i)　取締役に対するストック・オプション　*449*
　　　　(ii)　監査役に対するストック・オプション　*450*
　　ウ　非公開会社における株主割当ての場合　*450*
　　　①　原　則　*450*
　　　②　種類株主総会の特別決議が必要となる場合　*450*

エ　公開会社における株主割当ての場合　*451*
　　　　①　原　　則　*451*
　　　　②　種類株主総会の特別決議が必要となる場合　*451*
　3　株主に対する通知・公告……………………………………………*452*
　　(1)　差止請求権の行使機会を確保するための通知・公告……………*452*
　　(2)　株主割当ての場合の株主への通知…………………………………*453*
　　(3)　経済産業大臣・法務大臣の確認を受けた設立後15年未満の株式会
　　　　社（非公開会社）における株主への通知……………………………*454*
　4　募集新株予約権の引受けの申込み…………………………………*454*
　　(1)　募集新株予約権の引受けの申込みをしようとする者に対する通知…*454*
　　(2)　申込み…………………………………………………………………*457*
　　(3)　株主割当てにおいて株主が申込みをしない場合…………………*457*
　5　募集新株予約権の割当て……………………………………………*458*
　　(1)　割当ての決定…………………………………………………………*458*
　　(2)　公開会社における募集新株予約権の割当て等の特則……………*459*
　　　ア　特定引受人についての通知・公告　*459*
　　　イ　株主総会の決議　*461*
　　(3)　募集事項の決定決議と割当ての決定決議との関係………………*463*
　6　総数引受契約…………………………………………………………*463*
　7　引受け…………………………………………………………………*464*
　8　引受人による出資……………………………………………………*465*
　9　新株予約権の発行……………………………………………………*465*
　10　新株予約権原簿の作成と備置き……………………………………*466*
　11　登記手続………………………………………………………………*467*
　　(1)　登記期間………………………………………………………………*467*
　　(2)　登記の事由……………………………………………………………*467*
　　(3)　登記すべき事項………………………………………………………*467*
　　(4)　添付書類………………………………………………………………*470*

(5) 登録免許税	501
(6) 登記記録の編成	506

第3章　新株予約権無償割当て……514

1　意　義……514
2　手　続……514
3　登記手続……516
 (1) 登記期間……516
 (2) 登記の事由……516
 (3) 登記すべき事項……516
 (4) 添付書類……516
 (5) 登録免許税……517
 (6) 登記記録の編成……520

第4章　新株予約権の変更……521

1　意　義……521
2　手　続……521
 (1) 変更決議……521
 (2) 新株予約権者全員の同意……522
 (3) 新株予約権付社債の場合……522
 (4) 株式分割等の場合……522
3　登記手続……523
 (1) 登記期間……523
 (2) 登記の事由……523
 (3) 登記すべき事項……523
 (4) 添付書類……523
 (5) 登録免許税……524
 (6) 登記記録の編成……527

第5章　新株予約権の行使……531

1　意　義……531

2　手　　続……………………………………………………………………………………531
　(1)　新株予約権の行使の方法……………………………………………………………531
　(2)　行使に際してする金銭の払込み及び財産の出資…………………………………532
　　ア　金銭の払込み　532
　　イ　金銭以外の財産の出資　532
　(3)　資本金の額の計上　535
　3　登記手続………………………………………………………………………………535
　(1)　登記期間………………………………………………………………………………535
　(2)　登記の事由……………………………………………………………………………535
　(3)　登記すべき事項………………………………………………………………………535
　(4)　添付書類………………………………………………………………………………536
　(5)　登録免許税……………………………………………………………………………538
　(6)　登記記録の編成………………………………………………………………………543
　　ア　全部行使の場合　543
　　イ　一部行使の場合　545

第6章　新株予約権の消却……………………………………………………………548
　1　意　　義………………………………………………………………………………548
　2　手　　続………………………………………………………………………………548
　3　登記手続………………………………………………………………………………549
　(1)　登記期間………………………………………………………………………………549
　(2)　登記の事由……………………………………………………………………………549
　(3)　登記すべき事項………………………………………………………………………549
　(4)　添付書類………………………………………………………………………………549
　(5)　登録免許税……………………………………………………………………………549
　(6)　登記記録の編成………………………………………………………………………555
　　ア　全部消却の場合　555
　　イ　一部消却の場合　556

第7章　新株予約権の消滅……………………………………………………………558

1　意　義	558
2　手　続	558
3　登記手続	559
(1)　登記期間	559
(2)　登記の事由	559
(3)　登記すべき事項	559
(4)　添付書類	560
(5)　登録免許税	560
(6)　登記記録の編成	563
ア　全部消滅の場合　563	
イ　一部消滅の場合　564	

第4部　取得請求権付株式、取得条項付株式、全部取得条項付種類株式、取得条項付新株予約権の取得と引換えにする株式・新株予約権の発行

第1章　取得請求権付株式の取得と引換えにする株式・新株予約権の発行 …………………………………………………… 569

1　取得請求	569
2　株式会社が取得した後の株主の地位	570
3　分配可能額との関係	570
4　登記手続	571
(1)　登記期間	571
(2)　登記の事由	571
(3)　登記すべき事項	571
(4)　添付書類	572
(5)　登録免許税	572
ア　取得対価が株式の場合　572	
イ　取得対価が新株予約権の場合　573	

(6)　登記記録の編成 …………………………………………………… 577
第2章　取得条項付株式の取得と引換えにする株式・新株予約権の発行 …………………………………………………………………… 580
1　手　続 ……………………………………………………………… 580
　(1)　会社法107条2項3号ロの定めがある場合 ……………………… 580
　(2)　会社法107条2項3号ロの定めがない場合 ……………………… 581
　(3)　株券提出公告・通知 ……………………………………………… 582
　(4)　取得事由発生後の通知・公告 …………………………………… 582
2　株式会社が取得した後の株主の地位 …………………………… 583
3　分配可能額との関係 ……………………………………………… 583
4　登記手続 …………………………………………………………… 584
　(1)　登記期間 …………………………………………………………… 584
　(2)　登記の事由 ………………………………………………………… 584
　(3)　登記すべき事項 …………………………………………………… 584
　(4)　添付書類 …………………………………………………………… 584
　(5)　登録免許税 ………………………………………………………… 586
　　　ア　取得対価が株式の場合　586
　　　イ　取得対価が新株予約権の場合　586
　(6)　登記記録の編成 …………………………………………………… 589
第3章　全部取得条項付種類株式の取得と引換えにする株式・新株予約権の発行 ……………………………………………………………… 591
1　手　続 ……………………………………………………………… 591
　(1)　株主総会の特別決議 ……………………………………………… 591
　(2)　事前開示手続 ……………………………………………………… 592
　(3)　裁判所による価格決定の申立て ………………………………… 603
　(4)　株券提出公告・通知 ……………………………………………… 603
　(5)　事後開示手続 ……………………………………………………… 604
2　株式会社が取得した後の株主の地位 …………………………… 605

3　分配可能額との関係……………………………………………………*606*

4　登記手続…………………………………………………………………*606*

　(1)　登記期間………………………………………………………………*606*

　(2)　登記の事由……………………………………………………………*607*

　(3)　登記すべき事項………………………………………………………*607*

　(4)　添付書類………………………………………………………………*607*

　(5)　登録免許税……………………………………………………………*608*

　　ア　取得対価が株式の場合　*608*

　　イ　取得対価が新株予約権の場合　*608*

　(6)　登記記録の編成………………………………………………………*612*

第4章　取得条項付新株予約権の取得と引換えにする株式・新株予約権の発行……………………………………………………………*614*

1　取得条項付新株予約権の意義…………………………………………*614*

2　取得手続…………………………………………………………………*615*

　(1)　会社法236条1項7号ロの定めがある場合…………………………*615*

　(2)　会社法236条1項7号ロの定めがない場合…………………………*616*

　(3)　新株予約権証券提出公告・通知……………………………………*616*

　(4)　取得事由発生後の通知・公告………………………………………*617*

3　株式会社が取得した後の新株予約権者の地位………………………*617*

4　分配可能額との関係……………………………………………………*618*

5　登記手続…………………………………………………………………*618*

　(1)　登記期間………………………………………………………………*618*

　(2)　登記の事由……………………………………………………………*618*

　(3)　登記すべき事項………………………………………………………*619*

　(4)　添付書類………………………………………………………………*619*

　(5)　登録免許税……………………………………………………………*620*

　　ア　取得対価が株式の場合　*620*

　　イ　取得対価が新株予約権の場合　*620*

(6)　登記記録の編成……………………………………………………624

〈参考文献リスト〉……………………………………………………………625

巻末資料

資料1　普通株式を優先株式に変更することの可否について（昭和50年
　　　　4月30日民四第2249号民事局長回答）………………………………629
資料2　株式会社の新株発行について（昭和34年8月29日民甲第1923号
　　　　民事局長電報回答）………………………………………………………631
資料3　新株発行を条件とする授権資本の枠増加の変更登記の受否につ
　　　　いて（昭和40年11月13日民甲第3214号民事局長電報回答）…………632
資料4　授権資本の枠を超える新株発行による変更登記の受否について
　　　　（昭和57年11月12日民四第6853号民事局第四課長回答）………………633
資料5　株式会社新株発行について（昭和32年6月27日民甲第1248号民
　　　　事局長電報回答）……………………………………………………………634
資料6　会社法の一部を改正する法律等の施行に伴う商業・法人登記事
　　　　務の取扱いについて（令和3年1月29日民商第14号民事局長通達）…635
資料7　新たな事業の創出及び産業への投資を促進するための産業競争
　　　　力強化法等の一部を改正する法律等の施行に伴う商業・法人登記
　　　　事務の取扱いについて（令和6年9月2日民商第130号民事局商事
　　　　課長通知）……………………………………………………………………654
資料8　新株予約権の登記の申請書に添付すべき書面について（平成14
　　　　年8月28日民商第2037号民事局商事課長通知）………………………661
資料9　複数の契約書により一の総数引受契約が締結された場合におけ
　　　　る募集新株予約権の発行に係る総数引受契約を証する書面の取扱
　　　　いについて（令和4年3月28日民商第122号民事局商事課長通知）…664
資料10　会社法の一部を改正する法律等の施行に伴う関係法律の整備等
　　　　に関する法律の施行に伴う商業・法人登記事務の取扱いについて
　　　　（令和3年1月29日民商第10号民事局長通達）…………………………665

第1部

株式の内容（種類）

第1章　総　論

1　株式の意義

　株式とは、細分化された均等な割合的単位としての株式会社の構成員（社員・株主）たる地位（持分）のことをいいます。株式会社は、一般的に、常に変動し得る多数の株主から成り立つことが想定されています。株主の会社に対する権利行使や他者に対する株式の譲渡を容易にすることができるように、持分（株式）を均一な割合的単位に分け（持分均一主義）、1人の社員（株主）が複数の持分を有することができる仕組み（持分複数主義）が採用されています。

2　社員たる地位（社員権）

　会社の社員（株主）たる地位を社員権といいます。この社員権には、①自益権（剰余金の配当を受ける権利（会社法105条1項1号）と残余財産の分配を受ける権利（同項2号）を中核とする権利）と、②共益権（株主総会に

おける議決権（会社法105条1項3号）や株主総会等の決議・取締役の業務執行等の会社の運営を監督是正する権利を中核とする会社の経営に参加する権利）に分類されます。

> **コラム　少数株主の救済**
>
> 　株式会社において、意思決定は多数決によってなされ、経営は取締役等に委ねられますが、多数決による決定結果や取締役等による経営が必ずしも適法・妥当なものであるとは限らず、株主の利益を害することがあります。そこで、法律上、少数株主の救済のために監督是正権が認められているのですが、あまり広範かつ強力な監督是正権を認めると、それが濫用的に行使され、会社経営の効率化を損なうおそれがあります。そのため、会社法においては、監督是正権の種類や行使要件については、その点のバランスに配慮した規定の仕方がなされています。

3　株主平等原則

(1)　意　義

　株主平等原則とは、株式会社が、株主をその有する株式の内容及び数に応じて、平等に取り扱わなければならないという原則のことをいいます（会社法109条1項）。この株主平等の原則については、株主の中核的な権利である剰余金の配当を受ける権利（会社法105条1項1号、454条3項）、残余財産の分配を受ける権利（会社法105条1項2号、504条3項）、株主総会の議決権（会社法105条1項3号、308条1項）等について個別の規定が置かれていますが、その他の場面を含むより一般的に適用される規定として会社法109条1項が設けられています。

(2)　保有株式数に応じた取扱い

　株主平等原則のもと、株式会社は、各株主の個性に着目することなく、同じ内容の株式を有する株主については、その株主の持株数に着目した

取り扱いをすることが求められます。典型的な物的会社である株式会社においては、社員である株主の個性は全く問題とされず、かつ、株主の交代が自由であるため、株主の人的な個性に着目した平等な扱いは、逆に株主間の不公平を招くことになります。株主は保有株式数に応じて会社資本に寄与しているため、保有株式数を基準とする平等が適切であるということになります。

なお、株主平等原則は、必ずしも保有株式数に応じた比例的取扱いを義務付けるものではなく、株主の個性に着目することなく、その保有株式数に着目して合理的な取扱いをすることを要求する原則として解釈されています。通常は、保有株式数に応じた比例的取扱いをすることが合理的な取扱いとして評価されるケースが多いと思われますが、保有株式数にかかわらず、株主を平等に取扱うことが合理的な取扱いとして評価されるケースもあり、そのようなケースでは、会社法109条1項の「数に応じて、平等に」取扱いがなされたということができます（逆に、合理的な取扱いとして評価されないケースは、会社法109条1項に違反するものといえます。）。

(3) 株式の内容（種類）に応じた取扱い

会社法109条1項は、株主を「株式の内容」に応じて平等に取扱うべきことを規定しています。すなわち、同規定は、株式の内容（種類）が異なる場合には、異なる内容（種類）の株式を有する株主について異なる取扱いをすることを許容しています。

なお、同じ内容の株式であっても、非公開会社においては、株主の移動が乏しく、株主相互の関係も緊密であることが通常であることから、剰余金の配当を受ける権利（会社法105条1項1号）、残余財産の分配を受ける権利（会社法105条1項2号）、株主総会の議決権（会社法105条1項3号）に関する事項について、株主の個性に着目して、株主ごとに異なる取扱いを行う旨を定款で定めることができます（会社法109条2

3　株主平等原則

項)(この属人的定めについての定款記載例は、後記資料のとおり。)。その場合には、当該株主が有する株式を当該権利に関する事項について内容の異なる種類の株式とみなして、法定種類株主総会の規定等が適用されます(同条3項)が、これは株主平等原則の例外として許容され、会社法109条1項に違反するものではないと解されています[1]。

【資料　定款記載例】

(株主の権利内容の特則)

第○条　会社法第109条第2項の規定により、各株主の権利内容に関し、次のとおり特別の定めを置く。

1．剰余金の配当

(1) 株主Aは、毎事業年度の末日において、他の株主に優先して、1株につき○○円の配当を受ける。

(2) (1)の残額については、株主Aを含むすべての株主が各自頭数に応じて平等に配当を受ける。

2．残余財産の分配

残余財産については、すべての株主が各自頭数に応じて平等に分配を受ける。

3．議決権

取締役である株主は、1株につき○○個の議決権を有する。

※　定款に会社法109条2項による株主ごとに異なる取扱いを行う旨の定めを設定したり、変更したりする場合(廃止する場合を除く。)は、株主総会の特殊決議が必要となります(会社法109条2項、309条4項)。

---

[1] 公開会社において特定の株主の個性に着目して、株主ごとに異なる取扱いを行う旨を定款で定めることは、非公開会社にのみそのような定めを許容するとしている会社法109条2項に違反するものと解されています。

4 株式の内容（種類）

　株式会社は、定款を変更して、発行可能種類株式総数及び発行する各種類の株式の内容を新たに定めることによって、①剰余金の配当、②残余財産の分配、③株主総会において議決権を行使することができる事項（議決権制限種類株式）、④譲渡によるその種類株式の取得について会社の承認を要すること（譲渡制限（種類）株式）、⑤その種類株式について、株主が会社に対してその取得を請求することができること（取得請求権付（種類）株式）、⑥その種類株式について、会社が一定の事由が生じたことを条件としてこれを取得することができること（取得条項付（種類）株式）、⑦その種類株式について、会社が株主総会の決議によってその全部を取得すること（全部取得条項付種類株式）、⑧株主総会（取締役会設置会社においては株主総会又は取締役会）において決議すべき事項のうち、その決議のほか、その種類株主総会の決議があることを必要とするもの（拒否権付種類株式（黄金株））、⑨その種類株主総会において取締役又は監査役を選任することについて異なる定めをした種類株式（役員選任権付種類株式）を発行することができます（会社法108条1項各号）。

　この9つの種類の組み合わせは自由ですので、⑨のみの種類株式を発行することも、①、③と④の組み合わせや⑥と⑧の組み合わせをした種類株式を発行することもできます（④、⑤、⑥は、他の種類株式が存在しないときでも発行することができます（会社法107条1項各号)。)。

　また、種類株式発行会社においては、種類株式の名称を自由に定めることができるので、「普通株式」、「A種類株式」、「乙種類株式」、「配当優先株式」等の名称を自由に付すことができます。株式の内容と名称が結びついている必要もありませんので、内容が、①の剰余金の配当優先と、③の完全無議決の種類株式であっても、「普通株式」という名称を付すこともできます。多

くの中小企業は、株式のすべてに会社法107条1項1号の譲渡制限を設定していますが、会社法上の「種類株式発行会社」は、会社法108条1項各号に掲げる事項について内容の異なる2以上の種類の株式を発行することを定款上定めている株式会社を指しますので、会社法107条1項各号により、すべて④、⑤、⑥を内容とする（④、⑤、⑥の内容は自由に組み合わせることができます。）単一の株式のみを発行している会社は、種類株式発行会社ではありません。そのため、株式の名称を自由に定めることはできません。

5　内容の異なる2以上の種類の株式の発行方法

　内容の異なる2以上の種類の株式を発行するためには、後記(1)定款変更手続及び(2)当該種類株式の発行手続を行う必要があります。

(1)　**定款変更手続**

　　内容の異なる2以上の種類の株式を発行するためには、その前提として、定款に会社法108条2項各号に定める事項及び発行可能種類株式総数を定める必要があります（会社法108条2項）。具体的な定款変更手続については、第1部の第2章から第11章を参照してください。

(2)　**種類株式の発行手続**

　ア　募集株式の発行、株式無償割当て

　　種類株式は、上記(1)の定款変更手続を経た後で、当該種類の株式について募集株式の発行や株式無償割当ての手続をすることで、発行することができます。

　　具体的な募集株式の発行手続については第2部、株式無償割当ての手続については第1部の第15章の5を参照してください。

　イ　既発行株式の一部の種類株式への内容変更

　　株式会社は、株主全員の同意を得ることで、発行済株式の一部を当

該種類の株式に内容変更することができます。

具体的な手続方法については、第１部の第14章を参照してください。

6 会社法322条２項の定めと単元株式制度

株式の内容に関する制度として、会社法上、上記４で記載した内容（種類）の株式のほかにも、次の２つの仕組みがあります。

(1) **会社法322条２項の定款の定め**

種類株式発行会社は、会社法322条１項各号に掲げる行為をする場合、当該行為がある種類の株式の種類株主に損害を及ぼすおそれがあるときは、当該種類株式の種類株主総会の特別決議を要しますが、そのうちの一定の事項を除く事項については、当該種類株式の種類株主総会の特別決議を要しない旨を定款で定めることができます（会社法322条２項）。会社法322条２項には、この定めは「ある種類の株式の内容として」（下線は筆者による。）定めるものとしていることから、この規定による定款の定めは、株式の内容（種類）を構成するものといえます。

(2) **単元株制度**

単元株制度が適用されると、一単元未満の数の株式のみを有する株主は、単元未満株主として扱われ、議決権を行使することができないこととなる（会社法189条１項、308条１項但書）ため、単元株式は、株式の内容（種類）を構成するものといえます。

第2章　譲渡制限（種類）株式

1　株式の譲渡

　株式は、原則的に、自由に譲渡することができます（会社法127条）。株券発行会社でない会社の株式は、譲渡人・譲受人間の譲渡についての意思表示のみで移転し、株主名簿の名義書換が、当該会社及び第三者に対する対抗要件となります（会社法130条1項）。
　一方、株券発行会社の株式は、譲渡人・譲受人間の譲渡についての意思表示に加え、譲渡人が譲受人に対して株券の交付をすることで移転し、かつ、第三者に対する対抗要件となります（会社法128条1項。株式会社に対する対抗要件は、株主名簿の名義変更をすることで備えることになります（会社法130条2項）。）。株券の発行前にした譲渡は、株券発行会社に対し、その効力を生じない（会社法128条2項）ため、株券不所持制度（会社法217条1項）等により株券の発行を受けていない株主も、株式会社から株券の発行を受けた上で、譲受人に株券を交付する必要があります。
　なお、株主に相続その他一般承継（以下、「相続等」という。）が開始したことにより、相続人その他一般承継人（以下、「相続人等」という。）が株式

を承継取得することは株式の譲渡ではないため、相続人等は株主名簿の名義書換をしなくとも、相続による株式の移転を株式会社に対抗することができます。

2 譲渡の制限

株式は、原則として自由に譲渡することができますが、次の場合には譲渡の自由性が制限されます。

(1) **株式に譲渡制限条項が付されている場合**

株式に会社法107条1項1号又は108条1項4号による譲渡制限条項が付されている場合、株式を譲渡するためには、譲渡についての株式会社の承認が必要になります。

(2) **株券発行会社において譲渡時に株券を発行していない場合**

株券発行会社においては、譲渡人・譲受人間の意思表示に加えて、譲渡人が譲受人に対して株券の交付をしたときに移転の効力が生じ(会社法128条1項)、株券発行前にした譲渡は、株券発行会社に対し、その効力を生じません(同条2項)。

(3) **自己株式を譲渡する場合**

株式会社が、自己株式を譲渡する場合は、募集株式の引受人に対する交付の手続(会社法199条以下)を経なければ、株式を譲渡することができません。

(4) **会社が自己株式を取得する場合**

株式会社が自己株式を取得する場合、会社法156条1項による手続等を経なければ株主から譲渡を受けることはできません。

(5) **単元未満株式について定款で株主の権利を制限した場合**

単元未満株式について、定款で株券発行請求権や株主名簿の名義書換

請求権を制限した場合も、株式の譲渡の自由性が影響を受けることになります。

(6) **子会社が親会社株式を取得する場合**

子会社が親会社株式を取得することは、原則的に認められていません（会社法135条1項）。

〈参考〉子会社が親会社株式を取得することが認められる場合

次の場合には、子会社が親会社株式を取得することが認められています。

① 他の会社（外国会社を含む。）の事業の全部を譲り受ける場合において当該他の会社の有する親会社株式を譲り受ける場合（会社法135条2項1号）

② 合併後消滅する会社から親会社株式を承継する場合（会社法135条2項2号）

③ 吸収分割により他の会社から親会社株式を承継する場合（会社法135条2項3号）

④ 新設分割により他の会社から親会社株式を承継する場合（会社法135条2項4号）

⑤ 吸収分割（会社法以外の法令（外国の法令を含む。）に基づく吸収分割に相当する行為を含む。）に際して親会社株式の割当てを受ける場合（会社法施行規則23条1号、会社法135条2項5号）

⑥ 株式交換（会社法以外の法令（外国の法令を含む。）に基づく株式交換に相当する行為を含む。）に際してその有する自己株式（持分その他これに準ずるものを含む。）と引換えに親会社株式の割当てを受ける場合（会社法施行規則23条2号、会社法135条2項5号）

⑦ 株式移転（会社法以外の法令（外国の法令を含む。）に基づく株式移転に相当する行為を含む。）に際してその有する自己株式（持分そ

の他これに準ずるものを含む。）と引換えに親会社株式の割当てを受ける場合（会社法施行規則23条3号、会社法135条2項5号）
⑧　他の法人等が行う株式交付（会社法以外の法令（外国の法令を含む。）に基づく株式交付に相当する行為を含む。）に際して親会社株式の割当てを受ける場合（会社法施行規則23条4号、会社法135条2項5号）
⑨　親会社株式を無償で取得する場合（会社法施行規則23条5号、会社法135条2項5号）
⑩　その有する他の法人等の株式につき当該他の法人等が行う剰余金の配当又は残余財産の分配（これらに相当する行為を含む。）により親会社株式の交付を受ける場合（会社法施行規則23条6号、会社法135条2項5号）
⑪　その有する他の法人等の株式につき当該他の法人等が行う次に掲げる行為に際して当該株式と引換えに当該親会社株式の交付を受ける場合
　　ⅰ　組織の変更（会社法施行規則23条7号イ、会社法135条2項5号）
　　ⅱ　合併（会社法施行規則23条7号ロ、会社法135条2項5号）
　　ⅲ　株式交換（会社法以外の法令（外国の法令を含む。）に基づく株式交換に相当する行為を含む。）（会社法施行規則23条7号ハ、会社法135条2項5号）
　　ⅳ　株式移転（会社法以外の法令（外国の法令を含む。）に基づく株式移転に相当する行為を含む。）（会社法施行規則23条7号ニ、会社法135条2項5号）
　　ⅴ　取得条項付株式（これに相当する株式を含む。）の取得（会社法施行規則23条7号ホ、会社法135条2項5号）
　　ⅵ　全部取得条項付種類株式（これに相当する株式を含む。）の取得（会社法施行規則23条7号ヘ、会社法135条2項5号）

⑫　その有する他の法人等の新株予約権等を当該他の法人等が当該新株予約権等の定めに基づき取得することと引換えに親会社株式の交付をする場合において、当該親会社株式の交付を受けるとき（会社法施行規則23条8号、会社法135条2項5号）

⑬　会社法135条1項の子会社である者（会社を除く。）が行う次に掲げる行為に際して当該者がその対価として親会社株式を交付するために、その対価として交付すべき当該親会社株式の総数を超えない範囲において当該親会社株式を取得する場合

　ⅰ　組織の変更（会社法施行規則23条9号イ、会社法135条2項5号）
　ⅱ　合併（会社法施行規則23条9号ロ、会社法135条2項5号）
　ⅲ　会社法以外の法令（外国の法令を含む。）に基づく吸収分割に相当する行為による他の法人等がその事業に関して有する権利義務の全部又は一部の承継（会社法施行規則23条9号ハ、会社法135条2項5号）
　ⅳ　会社法以外の法令（外国の法令を含む。）に基づく株式交換に相当する行為による他の法人等が発行している株式の全部の取得（会社法施行規則23条9号ニ、会社法135条2項5号）

⑭　他の法人等（会社及び外国会社を除く。）の事業の全部を譲り受ける場合において、当該他の法人等の有する親会社株式を譲り受けるとき（会社法施行規則23条10号、会社法135条2項5号）

⑮　合併後消滅する法人等（会社を除く。）から親会社株式を承継する場合（会社法施行規則23条11号、会社法135条2項5号）

⑯　吸収分割又は新設分割に相当する行為により他の法人等（会社を除く。）から親会社株式を承継する場合（会社法施行規則23条12号、会社法135条2項5号）

⑰　親会社株式を発行している株式会社（連結配当規制適用会社に限る。）の他の子会社から当該親会社株式を譲り受ける場合（会社法施

行規則23条13号、会社法135条2項5号）
⑱ その権利の実行に当たり目的を達成するために親会社株式を取得することが必要かつ不可欠である場合（前各号に掲げる場合を除く。）（会社法施行規則23条14号、会社法135条2項5号）

3　譲渡制限規定

(1) 規定の仕方

　株式に会社法107条1項1号又は108条1項4号による譲渡制限条項が付されている場合、株式を譲渡するためには、譲渡についての株式会社の承認が必要になります[2]。

　会社法136条及び137条1項による譲渡についての承認機関は、原則的に、株主総会の決議（取締役会設置会社にあっては、取締役会の決議）による必要があります（会社法139条1項本文）が、定款に別段の定めがある場合はそれにより定められた当該会社の機関によるとされています（同項但書）。承認機関についての定款の別段の定めは、代表取締役とすることや、取締役会設置会社において株主総会の決議とすることができます。ただし、承認機関は、当該株式会社の機関である必要があるので、当該株式会社の決定といえないような無関係な第三者を承認機関とすることはできないものと解されています。

　譲渡制限規定の定款への規定の仕方については、会社法107条2項1号イの規定中の「当該株式会社の承認を要する」で足りますが、具体的に「株主総会の承認を要する。」「取締役会の承認を要する。」「代表取締

2　株式会社の発行済株式の全部を発行している株主が、当該会社の承認を得ずに、その保有する株式の全部又は一部を譲渡したとしても、その譲渡は有効であると解されています（最判平成5年3月30日民集47巻4号3439頁）。

3　譲渡制限規定

役の承認を要する。」というように記載することもできます。ただし、「取締役会の承認を要する。」と規定した場合は、当該会社が、将来、取締役会設置会社の定めを廃止する定款変更の決議や解散決議をする場合に、承認機関についての定款規定も併せて変更し、それらの登記を申請する必要があります。当該会社に取締役会が置かれないこととなったにもかかわらず、承認機関の変更登記を失念して取締役会設置会社の定めを廃止する登記又は解散登記が申請されたとしても、登記実務上、その登記申請は却下されない扱いとなっていますが、登記記録が当該会社の状態を反映していないことになりますし、登記懈怠の問題があるため、承認機関の変更の登記申請はそれらの登記の申請と併せて行われるべきです。

また、一定の場合に株式会社が譲渡を承認したとみなす旨の規定の仕方も、株式会社の閉鎖性の基準を示したものとして有効とされています。例えば、譲受人側の属性に着目して、株主間における株式の譲渡について「当会社の株式を譲渡により取得するには、株主総会の承認を受けなければならない。ただし、当会社の株主に譲渡するときは、この限りでない。」というような規定の仕方は有効とされています。他方、一定数以上の株式を有する株主や従業員である株主の株式譲渡については承認を要しないとする等、譲渡人側の属性による区別は、株主平等原則に違反し、許されないものと解されています[3,4]。

なお、既に「当会社の株式を譲渡により取得するには、当会社の承認を要する。」との株式の譲渡制限に関する規定のある株式会社が、A種類株式とB種類株式を発行し得る種類株式発行会社になる場合、両種類株式について譲渡制限規定を設定したい場合は、定款に「第○条　当会社のA種類株式を譲渡により取得するには当会社の承認を要する。／第

3　稲葉威雄他『新訂版実務相談株式会社法2』（商事法務、1992年）14頁。
4　江頭憲治郎・門口正人編集代表『会社法体系2』（青林書院、2008年）63頁。

○条　当会社のＢ種類株式を譲渡により取得するには当会社の承認を要する。」という規定を種類株式ごとに設けなくとも、従前の定款中の株式の譲渡制限に関する規定を変更せずにそのままとすることで、両種類株式に譲渡制限規定が設定されたことになります（従前からの譲渡制限規定における「当会社の株式」＝「Ａ種類株式及びＢ種類株式」といえるためです。）。

(2)　発行する全部の株式の内容としての譲渡制限に関する規定の設定

　ア　手　続

　　　発行する全部の株式の内容として譲渡制限株式に関する規定を設定する場合は、以下①から④の手続をする必要があります。なお、手続の先後関係については、②の手続を①の手続の前に開始することも許容されていることから、②③④の手続をすべて完了している場合には、①の株主総会の特殊決議により、直ちに譲渡制限規定の設定の効力を発生させることができると解されています。

　　①　株主総会の特殊決議

　　　　発行する全部の株式の内容として譲渡制限規定に関する規定を設定する場合には、定款に次の事項を定めることについて、株主総会の特殊決議が必要となります（会社法309条3項1号）。

　　　(ⅰ)　当該株式を譲渡により取得することについて当該株式会社の承認を要する旨（会社法107条2項1号イ）

　　　(ⅱ)　一定の場合においては株式会社が会社法136条又は137条1項の承認をしたとみなすときは、その旨及び当該一定の場合（同号ロ）

　　②　株主に対する通知又は公告及び反対株主による株式買取請求

　　　　株式会社は、発行する全部の株式の内容として譲渡制限に関する規定を設定する定款変更の効力発生日の20日前までに、株主に対し、

3　譲渡制限規定

　　当該定款変更をする旨を通知又は公告しなければなりません（会社法116条3項・4項）。

　　反対株主[5]は、株式会社に対し、自己の有する株式を公正な価格で買い取ることを請求することができます（会社法116条1項1号）。

③　新株予約権者に対する通知又は公告及び新株予約権者による新株予約権買取請求

　　株式会社は、発行する全部の株式の内容としての譲渡制限規定を設定する定款変更の効力発生日の20日前までに、新株予約権者に対し、当該定款変更をする旨を通知又は公告しなければなりません（会社法118条3項・4項）。

　　新株予約権者は、株式会社に対し、自己の有する新株予約権を公正な価格で買い取ることを請求することができます（会社法118条1項1号）。新株予約権付社債に付された新株予約権の新株予約権者は、この新株予約権の買取請求をするときは、新株予約権に別段の定めのない限り、併せて、新株予約権付社債についての社債を買い取ることを請求しなければなりません（会社法118条2項）。

④　株券提出公告等

　　現に株券を発行している株券発行会社（株式（種類株式発行会社にあっては、全部の種類の株式）に係る株券を発行する旨を定款で定めている会社）は、当該株券発行会社に対し、発行する全部の株式に係る株券を提出しなければならない旨を株券提出日の1か月前までに、公告し、かつ、当該株式の株主及びその登録株式質権者には、各別にこれを通知する必要があります（会社法219条1項1号）。ただし、株券発行会社であっても現に株券を発行していない場合は、

5　反対株主とは、①当該株主総会に先立って当該行為に反対する旨を当該株式会社に対し通知し、かつ、当該株主総会において当該行為に反対した株主（当該株主総会において議決権を行使することができるものに限る。）、②当該株主総会において議決権を行使することができない株主のことをいいます（会社法116条2項1号イ・ロ）。

当該公告及び通知をする必要はありません。
イ 登記手続
　① 登記期間
　　　株式会社は、発行する全部の株式の内容として株式の譲渡制限に関する規定を設定する定款変更をしたときは、その設定がなされたときから、2週間以内にその本店の所在地において、変更の登記をしなければなりません（会社法915条1項、911条3項7号）。
　② 登記の事由
　　　登記の事由は、「株式の譲渡制限に関する規定の設定」です。
　③ 登記すべき事項
　　　登記すべき事項は、株式の譲渡制限に関する定めと設定年月日です。
　④ 添付書類
　　・株主総会議事録（商業登記法46条2項、後記資料1のとおり。）及び株主リスト（商業登記規則61条3項）
　　・現に株券を発行している株券発行会社においては、株券提出公告をしたことを証する書面（公告文例については後記資料2のとおり。）、現に株券を発行していない株券発行会社においては、株券を発行していないことを証する書面（株主名簿）（商業登記法62条・59条1項2号、後記資料3のとおり。）[6]
　　・司法書士等に申請代理を委任する場合は、委任状（商業登記法18条、後記資料4のとおり。）
　⑤ 登録免許税
　　　登録免許税は、申請1件につき金3万円（登録免許税法別表1第24号(1)ツ）です。

---

[6] 株券発行会社でない会社は、その旨が登記記録から明らかであるため、株主名簿等の添付は要しません。

3　譲渡制限規定

【登記申請書例】

株式会社変更登記申請書

1．会社法人等番号　　　〇〇〇〇-〇〇-〇〇〇〇〇〇

　　　　フリガナ　　　　〇〇〇〇
1．商　　　　号　　　　〇〇株式会社
1．本　　　　店　　　　〇〇県〇〇市…
1．登 記 の 事 由　　　株式の譲渡制限に関する規定の設定
1．登記すべき事項　　　別紙のとおり
1．登 録 免 許 税　　　金3万円
1．添 付 書 類　　　　株主総会議事録　　　　　1通
　　　　　　　　　　　　株主リスト　　　　　　　1通
　　　　　　　　　　　　株券提供公告関係書面　　1通
　　　　　　　　　　　　委任状　　　　　　　　　1通

　上記のとおり登記の申請をする。
　　令和〇年〇月〇日
　　　　　　〇〇県〇〇市…
　　　　　　　　申請人　　〇〇株式会社
　　　　　　〇〇県〇〇市…
　　　　　　　　代表取締役　〇〇〇〇
　　　　　　〇〇県〇〇市…
　　　　　　　　上記代理人　司法書士　〇〇〇〇
　　　　　　　　連絡先の電話番号　〇〇〇-〇〇〇〇-〇〇〇〇
〇〇法務局　御中

> 別　紙（登記すべき事項）
> 「株式の譲渡制限に関する規定」
> 当会社の株式を譲渡により取得するには、株主総会の承認を受けなければならない。ただし、当会社の株主に譲渡するときは、この限りでない。
> 「原因年月日」令和〇年〇月〇日設定

【資料１　株主総会議事録例】

臨時株主総会議事録

　令和〇年〇月〇日午前〇〇時〇〇分より、当会社の本店において、臨時株主総会を開催した。

株主の総数	〇名
発行済株式の総数	〇株
議決権を行使することができる株主の数	〇名
議決権を行使することができる株主の議決権の数	〇個
出席した株主の数（委任状による者を含む）	〇名
出席した株主の議決権の数	〇個

　　出席役員等
　　代表取締役　　Ａ（議長兼議事録作成者）
　　取　締　役　　Ｂ
　　取　締　役　　Ｃ

　上記のとおり出席があったので、本株主総会は適法に成立した。
　定刻代表取締役Ａは選ばれて議長となり、開会を宣し直ちに議事に入った。
　　議案　　　定款一部変更の件

3　譲渡制限規定

　議長は、この度、会社の運営の安定を図るため、株式の譲渡制限に関する規定を設けたいので、定款第〇条を次のとおり新設し、〇条以下を1条ずつ繰り下げたい旨を詳細に説明し、議場に諮ったところ、満場一致でこれを承認可決した。

　　第〇条　当会社の株式を譲渡により取得するには、株主総会の承認
　　　　　を受けなければならない。ただし、当会社の株主に譲渡する
　　　　　ときは、この限りでない。

　以上をもって本総会の議案全部を終了したので、議長は閉会の挨拶を述べ、午前〇〇時〇〇分散会した。
　上記の決議を明確にするため、この議事録を作成し、議長である出席代表取締役及び取締役が次に記名する。

　令和〇年〇月〇日

　　　　　　　　　　　　　　　　　〇〇株式会社　臨時株主総会
　　　　　　　　　　　　　　　議長　代表取締役　　　A
　　　　　　　　　　　　　　　　　　取　締　役　　　B
　　　　　　　　　　　　　　　　　　取　締　役　　　C

【資料2　株券提出公告例】

> **株式譲渡制限設定につき株券提出公告**
>
> 　当社は、定款を変更して譲渡による株式の取得につき会社の承認を要する旨の定めを設けることにいたしましたので、当社の株券を所有する方は、株券提出日である令和○年○月○日までに当社にご提出ください。
>
> 　　令和○年○月○日
> 　　　○○県○○市…
>
> 　　　　　　　　　○○株式会社
> 　　　　　　　　　代表取締役　　○○○○

（※）実際の公告は縦書きです。

【資料3　株主名簿等例】

> **株券を発行していないことを証する書面**
>
> 　当会社の株式全部につき、下記株主名簿のとおり、株券を発行していないことを証明します。
>
> 　　令和○年○月○日
>
> 　　　　　　　　　　○○県○○市…
> 　　　　　　　　　　○○株式会社
> 　　　　　　　　　　代表取締役　　A
>
> ----
>
> 　　　　　　　○○株式会社株主名簿

3　譲渡制限規定

令和○年○月○日現在

番号	氏名又は名称	住　　　　所	株式の種類	株式数	備　考
1	○○○○	○○県○○市…	普通株式	○○株	株券不発行
2	△△株式会社	△△県△△市…	普通株式	△△株	株券不発行
3	□□□	□□県□□市…	普通株式	□□株	株券不発行
4	▽▽株式会社	▽▽県▽▽市…	普通株式	▽▽株	株券不発行

【資料4　委任状】

委　任　状

住所　○○県○○市…

氏名　司法書士　○○○

　私は、上記の者を代理人と定め、下記事項に関する一切の権限を委任する。

記

1．株式の譲渡制限に関する規定の設定に関する登記申請についての一切の件
1．原本還付の請求及び受領の件

　令和○年○月○日

○○県○○市…
○○株式会社
代表取締役　　A　　㊞（※）

（※）登記所に提出している印鑑を押印します。

⑥　登記記録の編成

　株式の譲渡制限規定についての事項は、公開会社か非公開会社かという会社法の規定の適用関係を決する重要な指標であるため、登記記録中の「発行する株式の内容」欄や「発行可能種類株式総数及び発行する各種類の株式の内容」欄ではなく、「株式の譲渡制限に関する規定」欄に記録されます（平成18年3月31日民商782号民事局長通達）。

【登記記録例】

株式の譲渡制限に関する規定	当会社の株式を譲渡により取得するには、株主総会の承認を受けなければならない。ただし、当会社の株主に譲渡するときは、この限りでない。 　　　　令和○年○月○日設定　令和○年○月○日登記

(3)　種類株式としての譲渡制限に関する規定の設定

ア　手　続

①　株主総会の特別決議

　種類株式として譲渡制限規定を設定する場合は、次の事項を株主総会の特別決議により定めなければなりません（会社法466条、309条2項11号）。

（i）　当該株式を譲渡により取得することについて当該株式会社の承認を要する旨（会社法108条2項4号、107条2項1号イ）

（ii）　一定の場合においては株式会社が会社法136条又は137条1項の承認をしたものとみなすときは、その旨及び当該一定の場合（会社法108条2項4号、107条2項1号ロ）

（iii）　発行可能種類株式総数（会社法108条2項柱書）

　なお、(ii)に関しては、当該種類の株式を初めて発行する時までに、株主総会（取締役会設置会社にあっては株主総会又は取締役会、清

3　譲渡制限規定

算人会設置会社にあっては株主総会又は清算人会）の決議によって定める旨を定款で定めることができ、この場合においては、その内容の要綱[7]を定款で定めなければなりません（会社法108条3項、会社法施行規則20条1項4号）。

②　種類株主総会の特殊決議

種類株式発行会社が、ある種類の株式の内容として譲渡制限規定を設定する場合は、①の手続に加えて、(i)譲渡制限規定を設定する当該種類株式、及び(ii)当該種類株式を取得対価とする取得請求権付株式・取得条項付株式の種類株主総会の特殊決議が必要となります（会社法111条2項本文、324条3項1号）。ただし、当該種類株主総会において議決権を行使することができる種類株主が存しない場合は、種類株主総会の特殊決議は不要です（会社法111条2項但書）。

③　株主に対する通知又は公告及び反対株主による株式買取請求

株式会社は、当該定款変更の効力発生日の20日前までに、(i)譲渡制限規定を設定する当該種類株式及び(ii)当該種類株式を取得対価とする取得請求権付株式・取得条項付株式の株主に対し、当該定款変更をする旨を通知又は公告しなければなりません（会社法116条3項・4項）。

反対株主は、株式会社に対し、自己の有する譲渡制限規定を設定する当該種類株式及び当該種類株式を取得対価とする取得請求権付株式・取得条項付株式を公正な価格で買い取ることを請求することができます（会社法116条1項2号）。

④　新株予約権者に対する通知又は公告及び新株予約権者による新株予約権買取請求

---

[7]　この「要綱」については、定款変更後において行われる株主総会又は取締役会による細目の決定時において、どの程度の範囲で裁量を有するかを判断できるようにするための参考となる事項について定めれば足りると解されています。

株式会社は、当該定款変更の効力発生日の20日前までに、譲渡制限規定を設定する当該種類株式を目的とする新株予約権の新株予約権者に対し、当該定款変更をする旨を通知又は公告しなければなりません（会社法118条3項・4項）。

新株予約権者は、株式会社に対し、自己の有する新株予約権を公正な価格で買い取ることを請求することができます（会社法118条1項2号）。新株予約権付社債に付された新株予約権の新株予約権者は、この新株予約権の買取請求をするときは、新株予約権に別段の定めのない限り、併せて、新株予約権付社債についての社債を買い取ることを請求しなければなりません（会社法118条2項）。

⑤ 株券提出公告等

現に譲渡制限規定を設定する当該種類株式について株券を発行している株券発行会社は、当該株券発行会社に対し譲渡制限規定を設定する当該種類株式に係る株券を提出しなければならない旨を株券提出日の1か月前までに公告し、かつ、当該株式の株主及びその登録株式質権者には、各別にこれを通知する必要があります（会社法219条1項1号）。ただし、株券発行会社であっても現に譲渡制限規定を設定する当該種類株式の全部について株券を発行していない場合は、当該公告及び通知をする必要はありません（会社法219条1項但書）。

イ 登記手続

① 登記期間

株式会社は、種類株式として株式の譲渡制限に関する規定の設定をしたときは、その設定がなされたときから、2週間以内にその本店の所在地において、変更の登記をしなければなりません（会社法915条1項、911条3項7号）。

② 登記の事由

3　譲渡制限規定

　　　　登記の事由は、「発行可能種類株式総数及び発行する各種類の株式の内容の変更」です。
　　③　登記すべき事項
　　　　登記すべき事項は、(i)発行可能種類株式総数、(ii)(a)当該株式を譲渡により取得することについて当該株式会社の承認を要する旨（会社法108条2項4号、107条2項1号イ）、(b)一定の場合においては株式会社が会社法136条又は137条1項の承認をしたものとみなすときは、その旨及び当該一定の場合（会社法108条2項4号、107条2項1号ロ）及び(iii)変更年月日です。
　　④　添付書類
　　　・株主総会議事録（商業登記法46条2項、後記資料1のとおり。）及び株主リスト（商業登記規則61条3項）
　　　・現に譲渡制限規定を設定する当該種類株式について株券を発行している種類株式発行会社においては、当該種類株式に係る株券提供公告をしたことを証する書面、現に譲渡制限規定を設定する当該種類株式の全部について株券を発行していない種類株式発行会社においては、株券を発行していないことを証する書面（株主名簿）（商業登記法62条）
　　　・上記ア②の種類株主総会の特殊決議を要する場合は、当該種類株主総会議事録（商業登記法46条2項）及び株主リスト（商業登記規則61条3項）
　　　・司法書士等に申請代理を委任する場合は、委任状（商業登記法18条、後記資料2のとおり。）
　　⑤　登録免許税
　　　　登録免許税は、申請1件につき金3万円（登録免許税法別表1第24号(1)ツ）です。

【登記申請書例】

株式会社変更登記申請書

1．会社法人等番号	○○○○-○○-○○○○○○	
	フリガナ	○○○○
1．商　　　　号	○○株式会社	
1．本　　　　店	○○県○○市…	
1．登記の事由	発行可能種類株式総数及び発行する各種類の株式の内容の変更	
1．登記すべき事項	別紙のとおり	
1．登録免許税	金3万円	
1．添 付 書 類	株主総会議事録	1通
	株主リスト	1通
	株券提供公告関係書面	1通
	委任状	1通

　上記のとおり登記の申請をする。

　　令和○年○月○日
　　　　○○県○○市…
　　　　　　申請人　　○○株式会社
　　　　○○県○○市…
　　　　　　代表取締役　○○○○
　　　　○○県○○市…
　　　　　　上記代理人　司法書士　○○○○
　　　　　　連絡先の電話番号　○○○-○○○○-○○○○

　○○法務局　御中

3 譲渡制限規定

> 別　紙（登記すべき事項）
> 「発行可能種類株式総数及び発行する各種類の株式の内容」
> 甲種類株式　100株
> 乙種類株式　100株
> 「原因年月日」令和○年○月○日変更
> 「株式の譲渡制限に関する規定」
> 当会社の乙種類株式を譲渡により取得するには、株主総会の承認を要する。
> 「原因年月日」令和○年○月○日設定

【資料1　株主総会議事録例】

> 臨時株主総会議事録
>
> 　令和○年○月○日午前○○時○○分より、当会社の本店において、臨時株主総会を開催した。
>
> 　　株主の総数　　　　　　　　　　　　　　　　　　　　○名
> 　　発行済株式の総数　　　　　　　　　　　　　　　　　○株
> 　　議決権を行使することができる株主の数　　　　　　　○名
> 　　議決権を行使することができる株主の議決権の数　　　○個
> 　　出席した株主の数（委任状による者を含む）　　　　　○名
> 　　出席した株主の議決権の数　　　　　　　　　　　　　○個
> 　　出席役員等
> 　　代表取締役　　A（議長兼議事録作成者）
>
> 　上記のとおり出席があったので、本株主総会は適法に成立した。
> 　定刻代表取締役Aは選ばれて議長となり、開会を宣し直ちに議事に入った。

議案　　　発行可能種類株式総数及び発行する各種類の株式の内容
　　　　　　設定の件
　議長は、発行可能種類株式総数及び発行する各種類の株式の内容の設定について詳細な説明をしたうえ、本日付で下記のとおり定款規程を変更したい旨を提案し、その賛否を議場に諮ったところ、全員一致をもって原案どおり可決確定した。
　定款第5条の後に次の条項を新設し、以下条数を繰り下げる。
　なお、既に発行されている株式は甲種類株式とする。
（発行する株式の種類）
　第6条　当会社は、甲種類株式及び乙種類株式を発行する。
（発行可能種類株式総数）
　第7条　発行可能種類株式総数は、甲種類株式につき、100株、乙種類株式につき、100株とする。
（乙種類株式の内容）
　第8条　当会社の乙種類株式を譲渡により取得するには、株主総会の承認を要する。

　以上をもって本総会の議案全部を終了したので、議長は閉会の挨拶を述べ、午前〇〇時〇〇分散会した。
　上記の決議を明確にするため、この議事録を作成し、議長である出席代表取締役が次に記名する。

　令和〇年〇月〇日

　　　　　　　　　　　　　　　〇〇株式会社　臨時株主総会
　　　　　　　　　　　　　　　議長　代表取締役　　　A

3　譲渡制限規定

【資料2　委任状】

委　任　状

住所　〇〇県〇〇市…

氏名　司法書士　〇〇〇

　私は、上記の者を代理人と定め、下記事項に関する一切の権限を委任する。

記

1．発行可能種類株式総数及び発行する各種類の株式の内容の変更及び株式の譲渡制限に関する規定の設定に関する登記申請についての一切の件
1．原本還付の請求及び受領の件

　令和〇年〇月〇日

　　　　　　　　　　　　　　　〇〇県〇〇市…
　　　　　　　　　　　　　　　〇〇株式会社
　　　　　　　　　　　　　　　代表取締役　A　㊞（※）

（※）登記所に提出している印鑑を押印します。

　⑥　登記記録の編成

　　種類株式として株式の譲渡制限に関する規定を設定する登記においては、発行可能種類株式総数及び発行する各種類の株式の内容に変更を生じますが、譲渡制限についての定めは、公示の明示性から上記イの発行する全部の株式の内容としての株式の譲渡制限に関する規定の設定の場合と同様に「株式の譲渡制限に関する規定」欄に

記録されるため、同欄と「発行可能種類株式総数及び発行する各種類の株式の内容」欄に次のように記録されることになります。

【登記記録例】

発行可能種類株式総数及び発行する各種類の株式の内容	甲種類株式　100株 乙種類株式　100株 　　　令和○年○月○日変更　令和○年○月○日登記
株式の譲渡制限に関する規定	当会社の乙種類株式を譲渡により取得するには、株主総会の承認を要する。 　　　令和○年○月○日設定　令和○年○月○日登記

4　譲渡制限規定設定後の株式譲渡の流れ

(1)　株式譲渡の承認請求

　譲渡制限株式の株主は、その有する譲渡制限株式を他人（当該譲渡制限株式を発行した株式会社を除く。）に譲り渡そうとするときは、当該株式会社に対し、当該他人が当該譲渡制限株式を取得することについて承認をするか否かの決定をすることを請求することができます（会社法136条）。

ア　株券発行会社の場合

　株券発行会社においては、自己株式の処分による譲渡を除き、株式の譲渡には株券の交付を要するものとされており（会社法128条1項）、株券発行前になされた株式の譲渡は、当該株式会社との関係では効力を生じません（会社法128条2項）。会社法128条2項は、株券発行会社の株式については、株券発行前であっても、指名債権譲渡方式による譲渡をすることはできず、同条1項の適用があることを注意的に規定したものとされています。そのため、株券発行前の株式の譲渡にお

ける譲受人は、譲渡制限株式の取得者としての譲渡承認請求をすることはできません。

しかし、株主が株券発行請求をしたにもかかわらず、株式会社が不当に株券の発行を拒絶したときにまで会社法128条1項・2項を形式的に適用し、譲渡承認請求を認めないことは、株主の投下資本回収が不当に害されることになり、信義則に反するため、当該株式会社は当事者間で株券の交付がなされていないとして譲渡を無効とする主張をすることはできないものと解されています。そのため、そのような場合においては、株式の譲受人は、当該株式会社に対し、譲渡承認請求をすることができます。

イ 株式取得者からの承認請求

承認機関の承認を得ずに譲渡制限株式を取得した株式取得者は、当該株式会社に対し、当該譲渡制限株式を取得したことについて承認をするか否かの決定をすることを請求することができます（会社法137条1項）。この場合、株式取得者は、利害関係人の利益を害するおそれがないものとして会社法施行規則24条で定める次の場合を除き、その取得した株式の株主として株主名簿に記載され、もしくは記録された者又はその相続人その他の一般承継人と共同して承認請求をしなければならないとされています（会社法137条2項）。

―（※）利害関係人の利益を害するおそれがないものとして会社法施行規則24条で定める場合―
(1) 株券発行会社以外の場合
① 株式取得者が、株主として株主名簿に記載若しくは記録がされた者又はその一般承継人に対して当該株式取得者の取得した株式に係る会社法137条1項の規定による請求をすべきことを命ずる確定判決を得た場合において、当該確定判決の内容を証する書面その他の

資料を提供して請求をしたとき（会社法施行規則24条1項1号）

② 株式取得者が①の確定判決と同一の効力を有するものの内容を証する書面その他の資料を提供して請求をしたとき（会社法施行規則24条1項2号）

③ 株式取得者が当該株式会社の株式を競売により取得した者である場合において、当該競売により取得したことを証する書面その他の資料を提供して請求をしたとき（会社法施行規則24条1項3号）

④ 株式取得者が組織変更株式交換により当該株式会社の株式の全部を取得した会社である場合において、当該株式取得者が請求をしたとき（会社法施行規則24条1項4号）

⑤ 株式取得者が株式移転（組織変更株式移転を含む。）により当該株式会社の発行済株式の全部を取得した株式会社である場合において、当該株式取得者が請求をしたとき（会社法施行規則24条1項5号）

⑥ 株式取得者が会社法197条1項の株式を取得した者である場合において、同条2項の規定による売却に係る代金の全部を支払ったことを証する書面その他の資料を提供して請求をしたとき（会社法施行規則24条1項6号）

⑦ 株式取得者が株券喪失登録者である場合において、当該株式取得者が株券喪失登録日の翌日から起算して一年を経過した日以降に、請求をしたとき（株券喪失登録が当該日前に抹消された場合を除く。）（会社法施行規則24条1項7号）

⑧ 株式取得者が会社法234条2項（会社法235条2項において準用する場合を含む。）の規定による売却に係る株式を取得した者である場合において、当該売却に係る代金の全部を支払ったことを証する書面その他の資料を提供して請求をしたとき（会社法施行規則24条1項8号）

(2) 株券発行会社の場合
　① 株式取得者が株券を提示して請求をした場合（会社法施行規則24条2項1号）
　② 株式取得者が組織変更株式交換により当該株式会社の株式の全部を取得した会社である場合において、当該株式取得者が請求をしたとき（会社法施行規則24条2項2号）
　③ 株式取得者が株式移転（組織変更株式移転を含む。）により当該株式会社の発行済株式の全部を取得した株式会社である場合において、当該株式取得者が請求をしたとき（会社法施行規則24条2項3号）
　④ 株式取得者が会社法197条1項の株式を取得した者である場合において、同項の規定による競売又は同条2項の規定による売却に係る代金の全部を支払ったことを証する書面その他の資料を提供して請求をしたとき（会社法施行規則24条2項4号）
　⑤ 株式取得者が会社法234条1項若しくは235条1項の規定による競売又は会社法234条2項（会社法235条2項において準用する場合を含む。）の規定による売却に係る株式を取得した者である場合において、当該競売又は当該売却に係る代金の全部を支払ったことを証する書面その他の資料を提供して請求をしたとき（会社法施行規則24条2項5号）

(2) 譲渡の承認

　株式会社は、上記(1)の譲渡承認請求に対し、法律又は定款で定める承認機関において当該株式譲渡を承認するか否か決定することになり（会社法139条1項）、決定した場合は、譲渡承認請求者に対し、当該決定の内容を通知しなければなりません（同条2項）。

　株式会社は、当該株式の譲渡を承認しない旨の決定をしたときは、株

主総会の決議により、①当該承認請求に係る譲渡制限株式（以下、「対象株式」という。）を買い取る旨、②当該株式会社が買い取る対象株式の数（種類株式発行会社にあっては、対象株式の種類及び種類ごとの数）を定めて、対象株式を買い取らなければなりません（会社法140条1項・2項）。この場合、当該株式会社は、定款に別段の定めがある場合を除き、株主総会（取締役会設置会社にあっては、取締役会）の決議により、対象株式の全部又は一部を買い取る者（以下、「指定買取人」という。）を指定することができます（会社法140条4項・5項）。

なお、譲渡等承認請求者は、原則的に、この株主総会において議決権を行使することができません（会社法140条3項本文）が、当該譲渡等承認請求者以外の株主の全部がこの株主総会において議決権を行使することができない場合は、議決権を行使することができます（同項但書）。

(3) **譲渡の承認みなし**

譲渡承認請求がなされた場合に、株式会社が承認しなくても、次の場合には、株式会社が当該譲渡を承認したものとみなすことにより、承認請求者の投下資本の回収の機会を確保することとされています。

① 株式会社が譲渡承認請求の日から2週間（これを下回る期間を定款で定めた場合にあっては、その期間）以内に会社法139条2項の規定による通知をしなかった場合（会社法145条1号）

② 株式会社が会社法139条2項の規定による通知の日から40日（これを下回る期間を定款で定めた場合にあっては、その期間）以内に会社法141条1項の規定による通知をしなかった場合（指定買取人が会社法139条2項の規定による通知の日から10日（これを下回る期間を定款で定めた場合にあっては、その期間）以内に会社法142条1項の規定による通知をした場合を除く。）（会社法145条2号）

③ 株式会社が会社法139条2項の規定による通知の日から40日（これを下回る期間を定款で定めた場合にあっては、その期間）以内に会社

法141条1項の規定による通知をした場合において、当該期間内に譲渡等承認請求者に対して同条2項の書面を交付しなかったとき（指定買取人が会社法139条2項の規定による通知の日から10日（これを下回る期間を定款で定めた場合にあっては、その期間）以内に会社法142条1項の規定による通知をした場合を除く。）（会社法施行規則26条1号、会社法145条3号）

④　指定買取人が会社法139条2項の規定による通知の日から10日（これを下回る期間を定款で定めた場合にあっては、その期間）以内に会社法142条1項の規定による通知をした場合において、当該期間内に譲渡等承認請求者に対して同条2項の書面を交付しなかったとき（会社法施行規則26条2号、会社法145条3号）

⑤　譲渡等承認請求者が当該株式会社又は指定買取人との間の対象株式に係る売買契約を解除した場合（会社法施行規則26条3号、会社法145条3号）

(4) 株主名簿の名義変更

譲渡が承認され、当該株式を取得した者（当該株式会社を除く。以下、「株式取得者」という。）は、当該株式会社に対し、当該株式に係る株主名簿記載事項を株主名簿に記載し、又は記録することを請求することができます（会社法133条1項）。

その請求は、原則的に、株式の譲渡人と譲受人（又はその相続人その他一般承継人）とが共同して行う必要がありますが（会社法133条2項）、株券発行会社においては、譲受人が株券を提示することで単独で請求することができます（会社法133条2項、会社法施行規則22条2項1号）。

【株主名簿例】

株主名簿

株式会社○○

【株主】

住　　　所　○○県○○市…

氏　　　名　○○○○

現在所有株式数　150株

所有株式数	取得株式数	喪失株式数	原因年月日	受付年月日	備考
<u>100株</u>	100株		H○.○.○ 増資	H○.○.○	募集株式発行
150株	50株		R○.○.○ 増資	R○.○.○	募集株式発行

※　下線のあるものは抹消事項であることを示す。

※　株主名簿には次の事項を記載する必要があります。
① 株主の氏名又は名称及び住所（会社法121条1号）
② 株主の有する株式の数（種類株式発行会社にあっては、株式の種類及び種類ごとの数）（会社法121条2号）
③ 株主が株式を取得した日（会社法121条3号）
④ 株式会社が株券発行会社である場合には、株式（株券が発行されているものに限る。）に係る株券の番号（会社法121条4号）

第3章　取得請求権付（種類）株式

1　意　義

　取得請求権付株式とは、株式会社がその発行する全部又は一部の株式の内容として株主が当該株式会社に対して当該株式の取得を請求することができる旨の定めを設けている場合における当該株式のことをいいます（会社法2条18号）。

　取得する株式の対価としては、財産であれば、原則としてどのようなものでも定めることができます。対価の定めとして、株式、新株予約権又は社債を定めた場合には、取得請求権が行使されたときに、通常のそれらの募集手続をすることなく、取得請求者に対して、株式、新株予約権又は社債等の交付が行われます。同一種類の取得請求権付株式を取得対価とすることができますが、その場合は、取得請求権の行使条件等を工夫しないと、株式が無制限に増加するおそれがあるので注意する必要があります。

　また、取得請求権の行使について、一定の金額の払込みを条件とするような行使条件を付すことも認められています。

　取得請求権付株式の株主は、株式会社に対して取得請求をすることにより、

当該取得請求権付株式を当該株式会社に取得させ、その対価を得ることになりますが、当該株式会社は自己株式を取得することになります。そのため、取得対価（株式を除く。）の帳簿価格が分配可能額を超えるときは、取得請求をすることができないものとされています（会社法166条1項）[8]。株式会社が分配可能額を超えて、取得請求権付株式を取得した場合には、当該取得は無効となりますが、剰余金の配当等に関する責任についての規定である会社法462条の適用はありませんので、取得請求した株主と当該株式会社との間では、不当利得法理により処理されることになります。この場合、取締役等に任務懈怠が認められれば、会社法423条1項や429条1項に規定する責任が生ずる余地があります。

　株式会社は、その発行する全部の株式を取得請求権付株式にする場合には、会社法107条2項2号により、内容の異なる2以上の種類の株式の内容（取得請求権の有無又は取得請求権の内容の差異として取得請求権付株式とする場合には、会社法108条2項5号）により、各々所定の内容を定款に定めることになります。

2　発行可能株式総数・発行可能種類株式総数との関係

(1)　発行可能株式総数との関係

　　発行可能株式総数については、取得請求権付株式の取得対価である他の種類の株式の数を留保する義務規定がないため、これを留保する必要はありません。しかし、取得対価である株式の発行にあたり、発行可能株式総数を超えることはできないため、事前に取得対価である株式数を

　8　取得対価が新株予約権の場合で、取得請求により新たに新株予約権を発行し、その登記をする場合は、「分配可能額が存在することを証する書面」を添付する必要があります（商業登記規則61条10項）。

確保しておく必要があります。

　なお、取得請求がなされたことにより、株式会社が取得対価として株式を発行した結果、発行可能株式総数を超えてしまったとしても、取得請求権付株式の取得の効力は生じます。しかし、発行可能株式総数を超える部分については、無効事由があるものとされます。取得請求権が一斉に行使されたことにより、取得対価である株式の発行も一斉になされた場合は、どの株式の発行から発行可能株式総数を超えたか否かということが特定できないため、一斉に取得請求をした株主が交付を受けた株式の数に応じて割合的に無効事由があると解されることになります。取得対価としての株式の発行が無効事由となる場合は、株式発行無効の訴え（会社法828条1項2号）の対象となり、当該訴えの認容判決が確定するまでは、発行されたすべての株式は有効なものとして扱われます。

(2) 発行可能種類株式総数との関係

　発行可能種類株式総数から当該種類の株式の発行済株式（自己株式を除く。）の総数を控除して得た数は、当該種類の株式についての①取得請求権付株式（取得請求権の行使期間の初日が到来していないものを除く。）の株主（当該株式会社を除く。）が取得対価として取得することとなる株式の数、②取得条項付株式の株主（当該株式会社を除く。）が取得事由の発生により取得することとなる株式の数、③新株予約権（新株予約権の行使期間の初日が到来していないものを除く。）の新株予約権者が新株予約権の行使により取得することとなる株式の数の合計数を超えてはならないものとされています（会社法114条2項）。

3　発行する全部の株式の内容としての取得請求権付株式に関する規定の設定

(1)　手　続

　　発行する全部の株式の内容としての取得請求権付株式に関する規定を設定する場合は、株主総会の特別決議により、定款に次の事項を定めなければなりません（会社法107条2項2号、466条、309条2項11号）[9]。

① 　株主が当該株式会社に対して当該株主の有する株式を取得することを請求することができる旨（会社法107条2項2号イ）
② 　①の株式一株を取得するのと引換えに当該株主に対して当該株式会社の社債（新株予約権付社債についてのものを除く。）を交付するときは、当該社債の種類（会社法681条1号に規定する種類をいう。）及び種類ごとの各社債の金額の合計額又はその算定方法（会社法107条2項2号ロ）
③ 　①の株式一株を取得するのと引換えに当該株主に対して当該株式会社の新株予約権（新株予約権付社債に付されたものを除く。）を交付するときは、当該新株予約権の内容及び数又はその算定方法（会社法107条2項2号ハ）
④ 　①の株式一株を取得するのと引換えに当該株主に対して当該株式会社の新株予約権付社債を交付するときは、当該新株予約権付社債についての②の事項及び当該新株予約権付社債に付された新株予約権につ

---

[9] 種類株式発行会社においては、当該種類の株式と異なる他の種類株式を取得対価とすることができます（会社法108条2項5号ロ）が、発行する全部の株式の内容としての取得請求権付株式の設定をする株式会社は、種類株式発行会社ではなく、他の種類の株式が存在しないため、取得対価についてそのような定めをすることができません。

いての③の事項（会社法107条2項2号ニ）

⑤ ①の株式一株を取得するのと引換えに当該株主に対して当該株式会社の株式等（株式、社債及び新株予約権をいう。以下、本項において同じ。）以外の財産を交付するときは、当該財産の内容及び数若しくは額又はこれらの算定方法（会社法107条2項2号ホ）

⑥ 株主が当該株式会社に対して当該株式を取得することを請求することができる期間（会社法107条2項2号ヘ）

(2) 登記手続

ア 登記期間

株式会社は、発行する全部の株式の内容として取得請求権付株式に関する規定の設定をしたときは、その設定がなされたときから、2週間以内にその本店の所在地において、変更の登記をしなければなりません（会社法915条1項、911条3項7号）。

イ 登記の事由

登記の事由は、「発行する株式の内容の変更」です。

ウ 登記すべき事項

登記すべき事項は、上記(1)①から⑥の事項及び変更年月日です。

なお、取得対価として、社債、新株予約権、新株予約権付社債を交付するとの定めがある場合、当該社債、新株予約権、新株予約権付社債の内容のすべてを登記すべき事項として記載する必要はなく、当該社債、新株予約権、新株予約権付社債を特定し得る名称を記載すれば足りるとされています（平成18年3月31日民商782号民事局長通達）。

エ 添付書類

・株主総会議事録（商業登記法46条2項、後記資料1のとおり。）及び株主リスト（商業登記規則61条3項）

・司法書士等に申請代理を委任する場合は、委任状（商業登記法18条、

オ　登録免許税

　　　登録免許税は、申請1件につき金3万円（登録免許税法別表1第24号(1)ツ）です。

【登記申請書例】

株式会社変更登記申請書

1．会社法人等番号　　　〇〇〇〇-〇〇-〇〇〇〇〇〇

　　フリガナ　　　　　〇〇〇〇
1．商　　　　号　　　〇〇株式会社
1．本　　　　店　　　〇〇県〇〇市…
1．登 記 の 事 由　　　発行する株式の内容の変更
1．登記すべき事項　　　別紙のとおり
1．登 録 免 許 税　　　金3万円
1．添 付 書 類　　　株主総会議事録　　　1通
　　　　　　　　　　　株主リスト　　　　　1通
　　　　　　　　　　　委任状　　　　　　　1通

　上記のとおり登記の申請をする。

　　令和〇年〇月〇日
　　　　　〇〇県〇〇市…
　　　　　　　申請人　　〇〇株式会社
　　　　　〇〇県〇〇市…
　　　　　　　代表取締役　〇〇〇〇
　　　　　〇〇県〇〇市…

3　発行する全部の株式の内容としての取得請求権付株式に関する規定の設定

　　　　　　　　上記代理人　司法書士　〇〇〇〇
　　　　　　　　連絡先の電話番号　〇〇〇－〇〇〇〇－〇〇〇〇
〇〇法務局　御中

別　紙（登記すべき事項）

「発行する株式の内容」

株主は、いつでも当会社に対して当会社の株式を時価で取得することを請求することができる。

「時価」とは、当該取得請求日に先立つ45取引日目に始まる30取引日の株式会社〇〇証券取引所における毎日の終値の平均値をいう。

「原因年月日」令和〇年〇月〇日変更

【資料1　株主総会議事録例】

臨時株主総会議事録

　令和〇年〇月〇日午前〇〇時〇〇分より、当会社の本店において、臨時株主総会を開催した。

株主の総数	〇名
発行済株式の総数	〇株
議決権を行使することができる株主の数	〇名
議決権を行使することができる株主の議決権の数	〇個
出席した株主の数（委任状による者を含む）	〇名
出席した株主の議決権の数	〇個
出席役員等	
代表取締役　　A　（議長兼議事録作成者）	
取　締　役　　B	

上記のとおり出席があったので、本株主総会は適法に成立した。
　定刻代表取締役Aは選ばれて議長となり、開会を宣し直ちに議事に入った。

　　議案　　発行する株式の内容の件
　議長は、発行する株式の内容の変更について詳細な説明をしたうえ、本日付で下記のとおり定款規程を変更したい旨を提案し、その賛否を議場に諮ったところ、全員一致をもって原案どおり可決確定した。
定款第6条の後に次の条項を新設し、以下条数を繰り下げる。
（取得請求権の定め）
　　第7条　株主は、いつでも当会社に対して当会社の株式を時価で取得することを請求することができる。
　　　　　「時価」とは、当該取得請求日に先立つ45取引日目に始まる30取引日の株式会社〇〇証券取引所における毎日の終値の平均値をいう。

　以上をもって本総会の議案全部を終了したので、議長は閉会の挨拶を述べ、午前〇〇時〇〇分散会した。
　上記の決議を明確にするため、この議事録を作成し、議長である出席代表取締役及び取締役が次に記名する。
　　令和〇年〇月〇日
　　　　　　　　　　　　　　〇〇株式会社　臨時株主総会
　　　　　　　　　　　　　　議長　代表取締役　　　A
　　　　　　　　　　　　　　　　　取　締　役　　　B

3 発行する全部の株式の内容としての取得請求権付株式に関する規定の設定

【資料2　委任状】

委　任　状

住所　〇〇県〇〇市…
氏名　司法書士　〇〇〇

　私は、上記の者を代理人と定め、下記事項に関する一切の権限を委任する。

記
1．発行する株式の内容の変更に関する登記申請についての一切の件
1．原本還付の請求及び受領の件

　令和〇年〇月〇日

〇〇県〇〇市…
〇〇株式会社
代表取締役　Ａ　㊞（※）

（※）登記所に提出している印鑑を押印します。

　カ　登記記録の編成

　　発行する全部の株式の内容として取得請求権付株式に関する規定を設定するときの登記は、「発行する株式の内容」欄に次のように記録されます。

【登記記録例】

発行する株式の内容	株主は、いつでも当会社に対して当会社の株式を時価で取得することを請求することができる。 「時価」とは、当該取得請求日に先立つ45取引日目に始まる30取引日の株式会社○○証券取引所における毎日の終値の平均値をいう。 　　　令和○年○月○日変更　令和○年○月○日登記

4　種類株式としての取得請求権付株式に関する規定の設定

(1)　手　続

ア　株主総会の特別決議

　種類株式としての取得請求権付株式に関する規定を設定するには、株主総会の特別決議により、定款に次の事項を定めなければなりません（会社法108条2項5号、466条、309条2項11号）。

① 株主が当該株式会社に対して当該株主の有する種類株式を取得することを請求することができる旨（会社法108条2項5号イ、会社法107条2項2号イ）

② ①の株式一株を取得するのと引換えに当該株主に対して当該株式会社の社債（新株予約権付社債についてのものを除く。）を交付するときは、当該社債の種類（会社法681条1号に規定する種類をいう。）及び種類ごとの各社債の金額の合計額又はその算定方法（会社法108条2項5号イ、会社法107条2項2号ロ）

③ ①の株式一株を取得するのと引換えに当該株主に対して当該株式会社の新株予約権（新株予約権付社債に付されたものを除く。）を交付するときは、当該新株予約権の内容及び数又はその算定方法（会社法

4　種類株式としての取得請求権付株式に関する規定の設定

108条2項5号イ、会社法107条2項2号ハ）
④　①の株式一株を取得するのと引換えに当該株主に対して当該株式会社の新株予約権付社債を交付するときは、当該新株予約権付社債についての②の事項及び当該新株予約権付社債に付された新株予約権についての③の事項（会社法108条2項5号イ、会社法107条2項2号ニ）
⑤　①の株式一株を取得するのと引換えに当該株主に対して当該株式会社の株式等（株式、社債及び新株予約権をいう。以下、本項において同じ。）以外の財産を交付するときは、当該財産の内容及び数若しくは額又はこれらの算定方法（会社法108条2項5号イ、会社法107条2項2号ホ）
⑥　当該種類の株式一株を取得するのと引換えに当該株主に対して当該株式会社の他の株式を交付するときは、当該他の株式の種類及び種類ごとの数又はその算定方法（会社法108条2項5号ロ）
⑦　株主が当該株式会社に対して当該株式を取得することを請求することができる期間（会社法108条2項5号イ、会社法107条2項2号ヘ）
⑧　発行可能種類株式総数（会社法108条2項柱書）

　　なお、②から⑥の事項中の当該種類の株式一株を取得するのと引換えに当該種類の株主に対して交付する財産の種類以外に関する事項、及び⑦の事項に関しては、当該種類の株式を初めて発行する時までに、株主総会（取締役会設置会社にあっては株主総会又は取締役会、清算人会設置会社にあっては株主総会又は清算人会）の決議によって定める旨を定款で定めることができ、この場合においては、その内容の要綱[10]を定款で定めなければなりません（会社法108条3項、会社法施行規則20条1項5号イ・ロ）。

　イ　種類株主総会の特別決議
　　種類株式発行会社が、ある種類の株式の内容として取得請求権付株

式についての定款の定めを設けることにより、ある種類の株式の種類株主に損害を及ぼすおそれがある場合は、上記アの手続に加えて、当該種類株主総会の特別決議が必要となります（会社法322条1項1号、324条2項4号）。

ただし、当該種類株主総会において議決権を行使することができる種類株主が存しない場合は、種類株主総会の特別決議は不要です（会社法322条1項柱書但書）。

(2) 登記手続

ア 登記期間

株式会社は、種類株式として取得請求権付株式に関する規定を設定したときは、その設定がなされたときから、2週間以内にその本店の所在地において、変更の登記をしなければなりません（会社法915条1項、911条3項7号）。

イ 登記の事由

登記の事由は、「発行可能種類株式総数及び発行する各種類の株式の内容の変更」です。

ウ 登記すべき事項

登記すべき事項は、上記(1)ア①から⑧の事項及び変更年月日です。

なお、取得対価として、社債、新株予約権、新株予約権付社債を交付するとの定めがある場合、当該社債、新株予約権、新株予約権付社債の内容のすべてを登記すべき事項として記載する必要はなく、当該社債、新株予約権、新株予約権付社債を特定し得る名称を記載すれば足りるとされています（平成18年3月31日民商782号民事局長通達）。

エ 添付書類

---

10 この「要綱」については、定款変更後において行われる株主総会又は取締役会による細目の決定時において、どの程度の範囲で裁量を有するかを判断できるようにするための参考となる事項について定めれば足りると解されています。

4 種類株式としての取得請求権付株式に関する規定の設定

- 株主総会議事録（商業登記法46条２項、後記資料１のとおり。）及び株主リスト（商業登記規則61条３項）
- 上記(1)イの種類株主総会の特別決議を要する場合は、種類株主総会議事録（商業登記法46条２項）及び株主リスト（商業登記規則61条３項）
- 司法書士等に申請代理を委任する場合は、委任状（商業登記法18条、後記資料２のとおり。）

オ　登録免許税

　　登録免許税は、申請１件につき金３万円（登録免許税法別表１第24号(1)ツ）です。

【登記申請書例】

株式会社変更登記申請書

1．会社法人等番号　　　　○○○○－○○－○○○○○○

　　　フリガナ　　　　　○○○○
1．商　　　　号　　　　○○株式会社
1．本　　　　店　　　　○○県○○市…
1．登 記 の 事 由　　　発行可能種類株式総数及び発行する各種類の株式の内容の変更
1．登記すべき事項　　　別紙のとおり
1．登 録 免 許 税　　　金３万円
1．添 付 書 類　　　　株主総会議事録　　　　１通
　　　　　　　　　　　　株主リスト　　　　　　１通
　　　　　　　　　　　　委任状　　　　　　　　１通

上記のとおり登記の申請をする。

令和○年○月○日
　　　　　○○県○○市…
　　　　　　　申請人　　○○株式会社
　　　　　○○県○○市…
　　　　　　　代表取締役　　○○○○
　　　　　○○県○○市…
　　　　　　　上記代理人　司法書士　○○○○
　　　　　　　連絡先の電話番号　○○○－○○○○－○○○○
○○法務局　御中

別紙（登記すべき事項）

「発行可能種類株式総数及び発行する各種類の株式の内容」

甲種類株式　100株

乙種類株式　100株

甲種類株式　株主は、いつでも当会社に対して甲種類株式を時価で取得することを請求することができる。

乙種類株式　当会社は、当会社が別に定める日が到来したときに乙種類株式を時価で取得することができる。

「時価」とは、当該取得請求日に先立つ45取引日目に始まる30取引日の株式会社○○証券取引所における毎日の終値の平均値をいう。

「原因年月日」令和○年○月○日変更

4　種類株式としての取得請求権付株式に関する規定の設定

【資料1　株主総会議事録例】

臨時株主総会議事録

　令和○年○月○日午前○○時○○分より、当会社の本店において、臨時株主総会を開催した。

　　　　株主の総数　　　　　　　　　　　　　　　　　　　○名
　　　　発行済株式の総数　　　　　　　　　　　　　　　　○株
　　　　議決権を行使することができる株主の数　　　　　　○名
　　　　議決権を行使することができる株主の議決権の数　　○個
　　　　出席した株主の数（委任状による者を含む）　　　　○名
　　　　出席した株主の議決権の数　　　　　　　　　　　　○個
　　　　出席役員等
　　　　代表取締役　　Ａ（議長兼議事録作成者）

　上記のとおり出席があったので、本株主総会は適法に成立した。
　定刻代表取締役Aは選ばれて議長となり、開会を宣し直ちに議事に入った。

　　　議案　　発行可能種類株式総数及び発行する各種類の株式の内容
　　　　　　　設定の件

　議長は、発行可能種類株式総数及び発行する各種類の株式の内容の設定について詳細な説明をしたうえ、本日付で下記のとおり定款規程を変更したい旨を提案し、その賛否を議場に諮ったところ、全員一致をもって原案どおり可決確定した。

　定款第5条の後に次の条項を新設し、以下条数を繰り下げる。
　なお、既に発行されている株式は甲種類株式とする。
（発行する株式の種類）

第6条　当会社は、甲種類株式及び乙種類株式を発行する。

(発行可能種類株式総数)

第7条　発行可能種類株式総数は、甲種類株式につき、100株、乙種類株式につき、100株とする。

(各種類株式の内容)

第8条　甲種類株式及び乙種類株式の内容は、次のものとする。

　　　　甲種類株式　株主は、いつでも当会社に対して甲種類株式を時価で取得することを請求することができる。

　　　　乙種類株式　当会社は、当会社が別に定める日が到来したときに乙種類株式を時価で取得することができる。

　　　　「時価」とは、当該取得請求日に先立つ45取引日目に始まる30取引日の株式会社〇〇証券取引所における毎日の終値の平均値をいう。

　以上をもって本総会の議案全部を終了したので、議長は閉会の挨拶を述べ、午前〇〇時〇〇分散会した。

　上記の決議を明確にするため、この議事録を作成し、議長である出席代表取締役が次に記名する。

　　令和〇年〇月〇日

　　　　　　　　　　　　　　　〇〇株式会社　臨時株主総会
　　　　　　　　　　　　　　　議長　代表取締役　　　A

4　種類株式としての取得請求権付株式に関する規定の設定

【資料2　委任状】

委　任　状

住所　○○県○○市…

氏名　司法書士　○○○

　私は、上記の者を代理人と定め、下記事項に関する一切の権限を委任する。

記

1．発行可能種類株式総数及び発行する各種類の株式の内容の変更に関する登記申請についての一切の件
1．原本還付の請求及び受領の件

　令和○年○月○日

　　　　　　　　　　　　　　　　○○県○○市…

　　　　　　　　　　　　　　　　○○株式会社

　　　　　　　　　　　　　　　　代表取締役　A　　㊞(※)

(※)　登記所に提出している印鑑を押印します。

　カ　登記記録の編成

　　種類株式として取得請求権付株式に関する規定を設定するときの登記は、「発行可能種類株式総数及び発行する各種類の株式の内容」欄に次のように記録されます。

発行可能種類株式総数及び発行する各種類の株式の内容	甲種類株式　100株 乙種類株式　100株 甲種類株式　株主は、いつでも当会社に対して甲種類株式を時価で取得することを請求することができる。 乙種類株式　当会社は、当会社が別に定める日が到来したときに乙種類株式を時価で取得することができる。 「時価」とは、当該取得請求日に先立つ45取引日目に始まる30取引日の株式会社〇〇証券取引所における毎日の終値の平均値をいう。 　　　　令和〇年〇月〇日変更　令和〇年〇月〇日登記

第4章　取得条項付（種類）株式

1　意　義

　取得条項付株式とは、株式会社がその発行する全部又は一部の株式の内容として当該株式会社が一定の事由が生じたことを条件として当該株式を取得することができる旨の定めを設けている場合における当該株式のことをいいます（会社法2条19号）。

　取得する株式の対価としては、財産であれば、原則としてどのようなものでも定めることができます。対価の定めとして、株式、新株予約権又は社債を定めた場合には、取得事由が生じたときに、通常のそれらの募集手続をすることなく、当該取得条項付株式の株主に対して、株式、新株予約権又は社債等の交付が行われます。

　取得条項付株式の株主は、一定の取得事由の発生により、当該取得条項付株式を当該株式会社に取得させ、その対価を得ることになりますが、当該株式会社は自己株式を取得することになります。そのため、取得対価（株式を除く。）の帳簿価格が分配可能額を超えるときは、株式会社は当該取得をすることができないものとされています（会社法170条5項）[11]。株式会社が分

配可能額を超えて、取得条項付株式を取得した場合には、当該取得は無効となりますが、剰余金の配当等に関する責任についての規定である会社法462条の適用はありませんので、当該株主と当該株式会社との間では、不当利得法理により処理されることになります。この場合、取締役等に任務懈怠が認められれば、会社法423条1項や429条1項に規定する責任が生ずる余地があります。

株式会社は、その発行する全部の株式を取得条項付株式にする場合には、会社法107条2項3号により、内容の異なる2以上の種類の株式の内容（取得請求権の有無又は取得請求権の内容の差異）として取得請求権付株式とする場合には、会社法108条2項6号により、各々所定の内容を定款に定めることになります。

2 発行可能株式総数・発行可能種類株式総数との関係

(1) 発行可能株式総数との関係

発行可能株式総数については、取得条項付株式の取得対価である他の種類の株式の数を留保する義務規定がないため、これを留保する必要はありません。しかし、取得対価である株式の発行にあたり、発行可能株式総数を超えることはできないため、事前に取得対価である株式数を確保しておく必要があります。

なお、取得事由の発生により、株式会社が取得対価として株式を発行した結果、発行可能株式総数を超えてしまったとしても、取得条項付株式の取得の効力は生じます（会社法167条1項）。しかし、発行可能株式

---

11 取得対価が新株予約権の場合で、取得事由の発生により新たに新株予約権を発行し、その登記をする場合は、「分配可能額が存在することを証する書面」を添付する必要があります（商業登記規則61条10項）。

総数を超える部分については、無効事由があるものとされます。これにつき、取得事由の発生により、取得対価である株式の発行が一斉になされた場合は、どの株式の発行から発行可能株式総数を超えたか否かということが特定できないため、株主が交付を受けた株式の数に応じて割合的に無効事由があると解されることになります。取得対価としての株式の発行が無効事由となる場合は、株式発行無効の訴え（会社法828条1項2号）の対象となり、当該訴えの認容判決が確定するまでは、発行されたすべての株式は有効なものとして扱われます。

(2) **発行可能種類株式総数との関係**

発行可能種類株式総数から当該種類の株式の発行済株式（自己株式を除く。）の総数を控除して得た数は、当該種類の株式についての①取得請求権付株式（取得請求の行使期間の初日が到来していないものを除く。）の株主（当該株式会社を除く。）が取得対価として取得することとなる株式の数、②取得条項付株式の株主（当該株式会社を除く。）が取得事由の発生により取得することとなる株式の数、③新株予約権（新株予約権の行使期間の初日が到来していないものを除く。）の新株予約権者が新株予約権の行使により取得することとなる株式の数の合計数を超えてはならないものとされています（会社法114条2項）。

3 発行する全部の株式の内容としての取得条項付株式に関する規定の設定

(1) **手　続**

発行する全部の株式の内容としての取得条項付株式に関する規定の設定をする場合は、株主総会の特別決議に加え、株主全員の同意により、定款に次の事項を定めなければなりません（会社法466条、309条2項11号、110条、107条1項3号）。なお、株主全員の同意があったとしても、

定款変更決議としての株主総会の特別決議を省略することはできません。

① 一定の事由が生じた日に当該株式会社がその株式を取得する旨及びその事由（会社法107条２項３号イ）
（※）取得事由を複数定めて、取得事由ごとに異なる対価を交付する旨を定めることも可能です。

② 当該株式会社が別に定める日が到来することをもって①の事由とするときは、その旨（会社法107条２項３号ロ）
（※）この場合における取得日の決定は、定款に別段の定めのない限り、株主総会の普通決議（取締役会設置会社にあっては、取締役会の決議）により行います（会社法168条１項、309条１項）。

取得日を定めた場合、取得の対象となる取得条項付株式の株主及びその登録株式質権者に対し、当該日の２週間前までに当該日を通知又は公告しなければなりません（会社法168条２項・３項）。

③ ①の事由が生じた日に①の株式の一部を取得することとするときは、その旨及び取得する株式の一部の決定の方法（会社法107条２項３号ハ）
（※１）取得条項付株式の一部の株式のみを取得する場合は、株式会社は、定款に別段の定めがない限り、その取得する取得条項付株式を株主総会の普通決議（取締役会設置会社にあっては、取締役会の決議）によって決定し（会社法169条１項・２項）、その決定した取得条項付株式の株主及びその登録株式質権者に対し、直ちに、当該取得条項付株式を取得する旨を通知又は公告しなければならないとされています（会社法169条３項・４項）。

この通知の日又は公告の日から２週間を経過した日が取得事由の発生日より後であるときには、当該通知の日又は公告の日から２週間を経過した日に、当該株式会社が当該株式を取得することとされ

3 発行する全部の株式の内容としての取得条項付株式に関する規定の設定

ています（会社法170条1項）。

(※2) 例えば、1回しか発生しないような取得事由を定めて、当該取得事由の発生により、一部の取得条項付株式を取得した後は残りを取得することができなくなるという内容や、複数回発生し得る取得事由を定めて、取得事由が生じる度に、5分の1ずつ取得するというような内容とすることができます。

④ ①の株式一株を取得するのと引換えに当該株主に対して当該株式会社の社債（新株予約権付社債についてのものを除く。）を交付するときは、当該社債の種類及び種類ごとの各社債の金額の合計額又はその算定方法（会社法107条2項3号ニ）

⑤ ①の株式一株を取得するのと引換えに当該株主に対して当該株式会社の新株予約権（新株予約権付社債に付されたものを除く。）を交付するときは、当該新株予約権の内容及び数又はその算定方法（会社法107条2項3号ホ）

⑥ ①の株式一株を取得するのと引換えに当該株主に対して当該株式会社の新株予約権付社債を交付するときは、当該新株予約権付社債についての④に規定する事項及び当該新株予約権付社債に付された新株予約権についての⑤に規定する事項（会社法107条2項3号ヘ）

⑦ ①の株式一株を取得するのと引換えに当該株主に対して当該株式会社の株式等以外の財産を交付するときは、当該財産の内容及び数若しくは額又はこれらの算定方法（会社法107条2項3号ト）

(2) 登記手続

ア 登記期間

株式会社は、発行する全部の株式の内容として取得条項付株式に関する規定を設定したときは、その設定がなされたときから、2週間以内にその本店の所在地において、変更の登記をしなければなりません

(会社法915条1項、911条3項7号)。

イ　登記の事由

　　登記の事由は、「発行する株式の内容の変更」です。

ウ　登記すべき事項

　　登記すべき事項は、上記(1)①から⑦の事項及び変更年月日です。

エ　添付書類

・株主総会議事録（商業登記法46条2項、後記資料1のとおり。）及び株主リスト（商業登記規則61条3項）

・株主全員の同意書（商業登記法46条1項、後記資料2のとおり。）及び株主リスト（商業登記規則61条2項）

・司法書士等に申請代理を委任する場合は、委任状（商業登記法18条、後記資料3のとおり。）

オ　登録免許税

　　登録免許税は、申請1件につき金3万円（登録免許税法別表1第24号(1)ツ）です。

3　発行する全部の株式の内容としての取得条項付株式に関する規定の設定

【登記申請書例】

株式会社変更登記申請書

1．会社法人等番号　　　〇〇〇〇-〇〇-〇〇〇〇〇〇
　　　フリガナ　　　　〇〇〇〇
1．商　　　　　号　　　〇〇株式会社
1．本　　　　　店　　　〇〇県〇〇市…
1．登 記 の 事 由　　　発行する株式の内容の変更
1．登記すべき事項　　　別紙のとおり
1．登 録 免 許 税　　　金3万円
1．添 付 書 類　　　株主総会議事録　　　1通
　　　　　　　　　　　株主全員の同意書　　1通
　　　　　　　　　　　株主リスト　　　　　2通
　　　　　　　　　　　委任状　　　　　　　1通

　上記のとおり登記の申請をする。

　　令和〇年〇月〇日
　　　　　〇〇県〇〇市…
　　　　　　申請人　　〇〇株式会社
　　　　　〇〇県〇〇市…
　　　　　　代表取締役　〇〇〇〇
　　　　　〇〇県〇〇市…
　　　　　　上記代理人　司法書士　〇〇〇〇
　　　　　　連絡先の電話番号　〇〇〇-〇〇〇〇-〇〇〇〇
　〇〇法務局　御中

別　紙（登記すべき事項）
「発行する株式の内容」
当会社は、当会社の株主に次の事由が生じた場合には、その有する株式を取得することができる。なお、取得対価は金銭とし、その金額は取得時の1株あたりの簿価純資産額を基準とする。
　(1)　死亡したとき
　(2)　法定後見（後見・保佐・補助）開始の審判を受けたとき
　(3)　株主を委任者とする任意後見契約が発効したとき
「原因年月日」令和○年○月○日変更

【資料1　株主総会議事録例】

臨時株主総会議事録

　令和○年○月○日午前○○時○○分より、当会社の本店において、臨時株主総会を開催した。

株主の総数	○名
発行済株式の総数	○株
議決権を行使することができる株主の数	○名
議決権を行使することができる株主の議決権の数	○個
出席した株主の数（委任状による者を含む）	○名
出席した株主の議決権の数	○個

出席役員等
　代表取締役　　A　（議長兼議事録作成者）
　取　締　役　　B
　取　締　役　　C

3　発行する全部の株式の内容としての取得条項付株式に関する規定の設定

　上記のとおり出席があったので、本株主総会は適法に成立した。
　定刻代表取締役Ａは選ばれて議長となり、開会を宣し直ちに議事に入った。

　　議案　　発行する株式の内容の変更の件
　議長は、発行する株式の内容の変更について詳細な説明をしたうえ、本日付で下記のとおり定款規程を変更したい旨を提案し、その賛否を議場に諮ったところ、全員一致をもって原案どおり可決確定した。
定款第6条の後に次の条項を新設し、以下条数を繰り下げる。
（取得条項の定め）
　　第7条　当会社は、当会社の株主に次の事由が生じた場合には、その有する株式を取得することができる。なお、取得対価は金銭とし、その金額は取得時の1株あたりの簿価純資産額を基準とする。
　　　(1)　死亡したとき
　　　(2)　法定後見（後見・保佐・補助）開始の審判を受けたとき
　　　(3)　株主を委任者とする任意後見契約が発効したとき

　以上をもって本総会の議案全部を終了したので、議長は閉会の挨拶を述べ、午前〇〇時〇〇分散会した。
　上記の決議を明確にするため、この議事録を作成し、議長並びに出席代表取締役が次に記名する。

　　令和〇年〇月〇日

　　　　　　　　　　　　　　〇〇株式会社　臨時株主総会
　　　　　　　　　　　　　　議長　代表取締役　　　Ａ

【資料2　株主全員の同意書】

同　意　書

　私たち株主全員は、○○株式会社の定款を下記のとおり変更することについて同意します。

記

定款第6条の後に次の条項を新設し、以下条数を繰り下げる。
（取得条項の定め）
第7条　当会社は、当会社の株主に次の事由が生じた場合には、その有する株式を取得することができる。なお、取得対価は金銭とし、その金額は取得時の1株あたりの簿価純資産額を基準とする。
　(1)　死亡したとき
　(2)　法定後見（後見・保佐・補助）開始の審判を受けたとき
　(3)　株主を委任者とする任意後見契約が発効したとき

令和○年○月○日
○○株式会社　御中

　　　　　　　　　　　　　　住　所　○○県○○市…
　　　　　　　　　　　　　　氏　名　甲
　　　　　　　　　　　　　　住　所　○○県○○市…
　　　　　　　　　　　　　　氏　名　乙
　　　　　　　　　　　　　　住　所　○○県○○市…
　　　　　　　　　　　　　　氏　名　丙

3 発行する全部の株式の内容としての取得条項付株式に関する規定の設定

【資料3 委任状】

委　任　状

　　　　住所　〇〇県〇〇市…

　　　　氏名　司法書士　〇〇〇

　私は、上記の者を代理人と定め、下記事項に関する一切の権限を委任する。

記
1．発行する株式の内容の変更に関する登記申請についての一切の件
1．原本還付の請求及び受領の件

令和〇年〇月〇日

　　　　　　　　　　　　　　〇〇県〇〇市…
　　　　　　　　　　　　　　〇〇株式会社
　　　　　　　　　　　　　　代表取締役　A　㊞(※)

(※)登記所に提出している印鑑を押印します。

　カ　登記記録の編成

　　発行する全部の株式の内容として取得条項付株式に関する規定を設定するときの登記は、「発行する株式の内容」欄に次のように記録されます。

【登記記録例】

発行する株式の内容	当会社は、当会社の株主に次の事由が生じた場合には、その有する株式を取得することができる。なお、取得対価は金銭とし、その金額は取得時の1株あたりの簿価純資産額を基準とする。 (1) 死亡したとき (2) 法定後見（後見・保佐・補助）開始の審判を受けたとき (3) 株主を委任者とする任意後見契約が発行したとき 　　令和○年○月○日変更　令和○年○月○日登記

4　種類株式としての取得条項付株式の設定

(1) 手　続

ア　株主総会の特別決議

種類株式としての取得条項付株式に関する規定を設定をするには、株主総会の特別決議により、定款に次の事項を定めなければなりません（会社法108条2項6号、466条、309条2項11号）[12]。

----

① 一定の事由が生じた日に当該株式会社が当該種類の株式を取得する旨及びその事由（会社法108条2項6号イ、107条2項3号イ）

（※）取得事由を複数定めて、取得事由ごとに異なる対価を交付する旨を定めることも可能です。

② 当該株式会社が別に定める日が到来することをもって①の事由とす

----

[12] 種類株式発行会社においては、当該種類の株式と異なる他の種類株式を取得対価とすることができます（会社法108条2項6号ロ）が、発行する株式の全部の株式の内容として取得条項付株式に関する規定の設定をする株式会社は、種類株式発行会社ではなく、他の種類の株式が存在しないため、取得対価についてそのような定めをすることができません。

るときは、その旨（会社法108条2項6号イ、会社法107条2項3号ロ）

（※）この場合における取得日の決定は、定款に別段の定めのない限り、株主総会の普通決議（取締役会設置会社にあっては、取締役会の決議）により行います（会社法168条1項、309条1項）。

取得日を定めた場合、取得の対象となる取得条項付株式の株主及びその登録株式質権者に対し、当該日の2週間前までに当該日を通知又は公告しなければなりません（会社法168条2項・3項）。

③ ①の事由が生じた日に①の株式の一部を取得することとするときは、その旨及び取得する株式の一部の決定の方法（会社法108条2項6号イ、会社法107条2項3号ハ）

（※1）取得条項付株式の一部の株式のみを取得する場合は、株式会社は、定款に別段の定めがない限り、その取得する取得条項付株式を株主総会の普通決議（取締役会設置会社にあっては、取締役会の決議）によって決定し（会社法169条1項・2項）、その決定した取得条項付株式の株主及びその登録株式質権者に対し、直ちに、当該取得条項付株式を取得する旨を通知又は公告しなければならないとされています（会社法169条3項・4項）。

この通知の日又は公告の日から2週間を経過した日が取得事由の発生日より後であるときには、当該通知の日又は公告の日から2週間を経過した日に、当該株式会社が当該株式を取得することとされています（会社法170条1項）。

（※2）例えば、1回しか発生しないような取得事由を定めて、当該取得事由の発生により、一部の取得条項付株式を取得した後は残りを取得することができなくなるという内容や、複数回発生し得る取得事由を定めて、取得事由が生じる度に、5分の1ずつ取得するというような内容とすることができます。

④　①の株式一株を取得するのと引換えに当該株主に対して当該株式会社の社債（新株予約権付社債についてのものを除く。）を交付するときは、当該社債の種類及び種類ごとの各社債の金額の合計額又はその算定方法（会社法108条２項６号イ、会社法107条２項３号ニ）

⑤　①の株式一株を取得するのと引換えに当該株主に対して当該株式会社の新株予約権（新株予約権付社債に付されたものを除く。）を交付するときは、当該新株予約権の内容及び数又はその算定方法（会社法108条２項６号イ、会社法107条２項３号ホ）

⑥　①の株式一株を取得するのと引換えに当該株主に対して当該株式会社の新株予約権付社債を交付するときは、当該新株予約権付社債についての④に規定する事項及び当該新株予約権付社債に付された新株予約権についての⑤に規定する事項（会社法108条２項６号イ、会社法107条２項３号ヘ）

⑦　①の株式一株を取得するのと引換えに当該株主に対して当該株式会社の株式等以外の財産を交付するときは、当該財産の内容及び数若しくは額又はこれらの算定方法（会社法108条２項６号イ、会社法107条２項３号ト）

⑧　当該種類の株式一株を取得するのと引換えに当該株主に対して当該株式会社の他の株式を交付するときは、当該他の株式の種類及び種類ごとの数又はその算定方法（会社法108条２項６号ロ）

⑨　発行可能種類株式総数（会社法108条２項柱書）

　なお、③の事項（当該種類の株式の株主の有する当該種類の株式の数に応じて定める場合に限る。）（会社法施行規則20条１項６号ハ）、④から⑧の事項のうち当該種類の株式一株を取得するのと引換えに当該種類の株主に対して交付する財産の種類以外の事項（会社法施行規則20条１項６号ニ）に関しては、当該種類の株式を初めて発行する時

4 種類株式としての取得条項付株式の設定

までに、株主総会（取締役会設置会社にあっては株主総会又は取締役会、清算人会設置会社にあっては株主総会又は清算人会）の決議によって定める旨を定款で定めることができ、この場合においては、その内容の要綱[13]を定款で定めなければなりません（会社法108条3項、会社法施行規則20条1項6号）。

イ 種類株主全員の同意

種類株式発行会社がある種類の株式の発行後に定款を変更して当該種類の株式の内容として取得条項付株式についての定款に関する規定を設け、又は当該事項についての定款の変更（当該事項についての定款の定めを廃止するものを除く。）をしようとするときは、当該種類の株式を有する株主全員の同意を得なければなりません（会社法111条1項）。

ウ 種類株主総会の特別決議

種類株式発行会社が、ある種類の株式の内容として取得条項付株式についての定款の定めを設けることにより、ある種類の株式の種類株主に損害を及ぼすおそれがある場合は、上記の手続に加えて、当該種類株主総会の特別決議が必要となります（会社法322条1項1号、324条2項4号）。

ただし、当該種類株主総会において議決権を行使することができる種類株主が存しない場合は、種類株主総会の特別決議は不要です（会社法322条1項柱書但書）。

(2) 登記手続

ア 登記期間

株式会社は、種類株式として取得条項付株式に関する規定を設定し

---

13 この「要綱」については、定款変更後において行われる株主総会又は取締役会による細目の決定時において、どの程度の範囲で裁量を有するかを判断できるようにするための参考となる事項について定めれば足りると解されています。

たときは、その設定がなされたときから、2週間以内にその本店の所在地において、変更の登記をしなければなりません（会社法915条1項、911条3項7号）。

イ　登記の事由

　　登記の事由は、「発行可能種類株式総数及び発行する各種類の株式の内容の変更」です。

ウ　登記すべき事項

　　登記すべき事項は、上記(1)ア①から⑨の事項及び変更年月日です。

　　なお、取得対価として、社債、新株予約権、新株予約権付社債を交付するとの定めがある場合、当該社債、新株予約権、新株予約権付社債の内容のすべてを登記すべき事項として記載する必要はなく、当該社債、新株予約権、新株予約権付社債を特定し得る名称を記載すれば足ります（平成18年3月31日民商782号民事局長通達）。

エ　添付書類

・株主総会議事録（商業登記法46条2項、後記資料1のとおり。）及び株主リスト（商業登記規則61条3項）

・既発行の種類株式の内容として新たに取得条項を設定した場合は、当該種類株主全員の同意書（商業登記法46条1項、後記資料2のとおり。）及び株主リスト（商業登記規則61条2項）

・上記(1)イの種類株主総会の特別決議を要する場合は、種類株主総会議事録（商業登記法46条2項）及び株主リスト（商業登記規則61条3項）

・司法書士等に申請代理を委任する場合は、委任状（商業登記法18条、後記資料3のとおり。）

オ　登録免許税

　　登録免許税は、申請1件につき金3万円（登録免許税法別表1第24号(1)ツ）です。

4　種類株式としての取得条項付株式の設定

【登記申請書例】

株式会社変更登記申請書

1．会社法人等番号　　　○○○○－○○－○○○○○○

　　フリガナ　　　　　　○○○○
1．商　　　　号　　　　○○株式会社
1．本　　　　店　　　　○○県○○市…
1．登 記 の 事 由　　　発行可能種類株式総数及び発行する各種
　　　　　　　　　　　　類の株式の内容の変更
1．登記すべき事項　　　別紙のとおり
1．登 録 免 許 税　　　金３万円
1．添 付 書 類　　　　株主総会議事録　　　　　　１通
　　　　　　　　　　　　種類株主全員の同意書　　　　１通
　　　　　　　　　　　　株主リスト　　　　　　　　　２通
　　　　　　　　　　　　委任状　　　　　　　　　　　１通

　上記のとおり登記の申請をする。

　　令和○年○月○日
　　　　　　○○県○○市…
　　　　　　　　申請人　　○○株式会社
　　　　　　○○県○○市…
　　　　　　　　代表取締役　　○○○○
　　　　　　○○県○○市…
　　　　　　　　上記代理人　司法書士　○○○○
　　　　　　　　連絡先の電話番号　○○○－○○○○－○○○○

○○法務局　御中

別　紙（登記すべき事項）
「発行可能種類株式総数及び発行する各種類の株式の内容」
甲種類株式　100株
乙種類株式　100株
１．取得条項に関する定め
　(1)　当会社は、乙種類株式を有する株主が当会社の取締役又は監査役でなくなった場合には、その有する乙種類株式を取得することができる。
　(2)　当会社は、前項により当該乙種類株式を１株取得するのと引き換えに、その対価として、甲種類株式２株を交付する。
「原因年月日」令和○年○月○日変更

4 種類株式としての取得条項付株式の設定

【資料1 株主総会議事録例】

```
臨時株主総会議事録

　令和○年○月○日午前○○時○○分より、当会社の本店において、臨時株主総会を開催した。

　　　株主の総数　　　　　　　　　　　　　　　　　　　○名
　　　発行済株式の総数　　　　　　　　　　　　　　　　○株
　　　議決権を行使することができる株主の数　　　　　　○名
　　　議決権を行使することができる株主の議決権の数　　○個
　　　出席した株主の数（委任状による者を含む）　　　　○名
　　　出席した株主の議決権の数　　　　　　　　　　　　○個
　　　出席役員等
　　　代表取締役　　A（議長兼議事録作成者）

　上記のとおり出席があったので、本株主総会は適法に成立した。
　定刻代表取締役Aは選ばれて議長となり、開会を宣し直ちに議事に入った。

　　　議案　　発行可能種類株式総数及び発行する各種類の株式の内容
　　　　　　　設定の件
　議長は、発行可能種類株式総数及び発行する各種類の株式の内容の設定について詳細な説明をしたうえ、本日付で下記のとおり定款規程を変更したい旨を提案し、その賛否を議場に諮ったところ、全員一致をもって原案どおり可決確定した。
　定款第5条の後に次の条項を新設し、以下条数を繰り下げる。
```

なお、既に発行されている株式は甲種類株式とする。
(発行する株式の種類)
　　第6条　当会社は、甲種類株式及び乙種類株式を発行する。
(発行可能種類株式総数)
　　第7条　発行可能種類株式総数は、甲種類株式につき、100株、乙種類株式につき、100株とする。
(乙種類株式の内容)
　　第8条　乙種類株式の内容は、次のとおりとする。
　　　　1．取得条項に関する定め
　　　　　(1)　当会社は、乙種類株式を有する株主が当会社の取締役又は監査役でなくなった場合には、その有する乙種類株式を取得することができる。
　　　　　(2)　当会社は、前項により当該乙種類株式を1株取得するのと引き換えに、その対価として、甲種類株式2株を交付する。

　以上をもって本総会の議案全部を終了したので、議長は閉会の挨拶を述べ、午前〇〇時〇〇分散会した。
　上記の決議を明確にするため、この議事録を作成し、議長である出席代表取締役が次に記名する。

　　令和〇年〇月〇日

　　　　　　　　　　　　　　〇〇株式会社　臨時株主総会
　　　　　　　　　　　　　　議長　代表取締役　　　A

4 種類株式としての取得条項付株式の設定

【資料2　種類株主全員の同意書】

　　　　　　　　　同　意　書

　私たち乙種類株主全員は、○○株式会社の定款を下記のとおり変更することについて同意します。

　　　　　　　　　　　記

　定款第5条の後に次の条項を新設し、以下条数を繰り下げる。
（発行する株式の種類）
第6条　当会社は、甲種類株式及び乙種類株式を発行する。
（発行可能種類株式総数）
第7条　発行可能種類株式総数は、甲種類株式につき、100株、乙種類株式につき、100株とする。
（乙種類株式の内容）
第8条　乙種類株式の内容は、次のとおりとする。
　1．取得条項に関する定め
　　(1)　当会社は、乙種類株式を有する株主が当会社の取締役又は監査役でなくなった場合には、その有する乙種類株式を取得することができる。
　　(2)　当会社は、前項により当該乙種類株式を1株取得するのと引き換えに、その対価として、甲種類株式2株を交付する。

　令和○年○月○日
　○○株式会社　御中

　　　　　　　　　　　　　　住　所　○○県○○市…
　　　　　　　　　　　　　　氏　名　甲
　　　　　　　　　　　　　　住　所　○○県○○市…

氏　名　乙
住　所　〇〇県〇〇市…
氏　名　丙

【資料3　委任状】

委　任　状

　　　　住所　〇〇県〇〇市…
　　　　氏名　司法書士　〇〇〇

　私は、上記の者を代理人と定め、下記事項に関する一切の権限を委任する。

記

1．発行可能種類株式総数及び発行する各種類の株式の内容の変更に関する登記申請についての一切の件
1．原本還付の請求及び受領の件

　令和〇年〇月〇日
　　　　　　　　　　　　　　〇〇県〇〇市…
　　　　　　　　　　　　　　〇〇株式会社
　　　　　　　　　　　　　　代表取締役　A　㊞（※）

（※）登記所に提出している印鑑を押印します。

カ　登記記録の編成

　種類株式として取得条項付株式に関する規定を設定するときの登記は、「発行可能種類株式総数及び発行する各種類の株式の内容」欄に次のように記録されます。

【登記記録例】

| 発行可能種類株式総数及び発行する各種類の株式の内容 | 甲種類株式　100株
乙種類株式　100株
１．取得条項に関する定め
　⑴　当会社は、乙種類株式を有する株主が当会社の取締役又は監査役でなくなった場合には、その有する乙種類株式を取得することができる。
　⑵　当会社は、前項により当該乙種類株式を１株取得するのと引き換えに、その対価として、甲種類株式２株を交付する。
　　　令和○年○月○日変更　令和○年○月○日登記 |

第5章　全部取得条項付種類株式

1　意　義

　全部取得条項付種類株式とは、種類株式発行会社において、特定の種類の株式の全部を株主総会の特別決議により取得することができる旨の定款の定めがある種類の株式のことをいいます（会社法171条、108条1項7号）。実務上、少数株主を廃除するときに活用されることの多い種類株式です。

　全部取得条項付種類株式は、取得条項付株式と異なり、事前に取得事由を定めておくことは要せず、発行後に株主総会の特別決議により取得し、取得対価についても、当該株主総会において定めることに特徴があります。

　取得対価である財産の帳簿価額の総額は、分配可能額を超えてはならないこととされています（会社法461条1項4号）。株式会社が分配可能額を超える対価で全部取得条項付種類株式を取得した場合は、株主と取締役に、剰余金の配当等に関する責任（会社法462条1項）が生じることになります。

2　100％減資

　いわゆる100％減資とは、会社再建スキームの1つとして用いられることのある手法で、債務超過に陥っている株式会社が、既存の全株主を株主でなくしたうえで、新しい出資者に出資させることをいいます。

　普通株式のみを発行している株式会社が100％減資を行うためには、①何らかの種類株式（いわゆる当て馬株式（実際に発行する必要はない。））を定める定款変更のための株主総会や種類株主総会の特別決議等（会社法466条、309条2項11号）、②当該普通株式を全部取得条項付種類株式とする定款変更（会社法108条2項7号、466条、309条2項11号）、③全部取得条項付種類株式の取得及び対価の決定のための株主総会の特別決議（会社法171条1項、309条2項3号）、④募集株式の発行等（新株又は自己株式の交付）の手続（会社法199条以下）[14]が必要となります（全部取得条項付種類株式の取得と募集株式の発行等の効力は、必ずしも同時に発生させなくても良いものと解されています。）。株式会社が、100％減資の①から④の手続を行ったとしても、資本金の額が0円になるわけでも、取得した全部取得条項付種類株式が自動的に消却されるわけでもありません。そのため、必要に応じて、別途資本金の額の減少や株式の消却の手続を行うことになります。

　なお、④の募集株式の発行等と資本金の額の減少の手続をすれば、双方の登記申請が必要となり、登録免許税や官報公告の費用等のコストが増えることから、コストを抑えるために③により取得した全部取得条項付種類株式を④の募集株式の引受人に交付し、その後に全部取得条項を廃止する旨の定款

14　募集株式の発行等の手続に株主総会の決議を要する場合、その前に全部取得条項付種類株式の取得の効力が発生してしまうと、当該株主総会において議決権を行使することができる株主が不在となってしまい、決議ができないこととなってしまうため、注意が必要です。

変更を行うことで同様の目的を達成することも検討されるべきです。

3　全部取得条項付種類株式を設定する手続

(1) 手続

ア　株主総会の特別決議

種類株式としての全部取得条項付種類株式に関する規定を設定するには、株主総会の特別決議により、定款に次の事項を定めなければなりません（会社法108条2項7号、466条、309条2項11号）。

> ①　当該種類の株式について、当該株式会社が株主総会の決議によってその全部を取得すること（会社法108条2項7号柱書）
> ②　会社法171条1項1号に規定する取得対価の価額の決定の方法（会社法108条2項7号イ）
> ③　当該株主総会の決議をすることができるか否かについての条件を定めるときは、その条件（会社法108条2項7号ロ）
> ④　発行可能種類株式総数（会社法108条2項柱書）

なお、③の事項に関しては、当該種類の株式を初めて発行する時までに、株主総会（取締役会設置会社にあっては株主総会又は取締役会、清算人会設置会社にあっては株主総会又は清算人会）の決議によって定める旨を定款で定めることができ、この場合においては、その内容の要綱[15]を定款で定めなければなりません（会社法108条3項、会社

15　この「要綱」については、定款変更後において行われる株主総会又は取締役会による細目の決定時において、どの程度の範囲で裁量を有するかを判断できるようにするための参考となる事項について定めれば足りると解されています。

法施行規則20条1項7号)。

イ　種類株主総会の特別決議

　　種類株式発行会社が、ある種類の株式の内容として全部取得条項付種類株式についての定款の定めを設ける場合は、当該定款の変更は、上記アの手続に加えて、①当該種類株主を構成員とする種類株主総会の特別決議、②当該種類株式を取得対価とする取得請求権付株式及び取得条項付株式の種類株主総会の特別決議が必要となります(会社法111条2項、324条2項1号)。ただし、当該種類株主総会において議決権を行使することができる種類株主が存しない場合は、当該種類株主総会の特別決議は不要です(会社法111条2項但書)。

ウ　株主に対する通知又は公告及び反対株主による株式買取請求

　　株式会社は、種類株式として全部取得条項付種類株式を設定する定款変更の効力発生日の20日前までに、全部取得条項を設定する種類株式の株主及び当該種類株式が取得対価となる取得請求権付株式や取得条項付株式の種類株主に、当該定款変更をする旨を通知又は公告しなければなりません(会社法116条3項・4項、会社法111条2項)。

　　反対株主は、株式会社に対し、自己の有する株式を公正な価格で買い取ることを請求することができます(会社法116条1項2号)。

エ　新株予約権者に対する通知又は公告及び新株予約権者による新株予約権買取請求

　　株式会社は、種類としての全部取得条項付種類株式を設定する定款変更の効力発生日の20日前までに、当該種類株式を目的とする新株予約権の新株予約権者に対し、当該定款変更をする旨を通知又は公告しなければなりません(会社法118条3項・4項)。

　　新株予約権者は、株式会社に対し、自己の有する新株予約権を公正な価格で買い取ることを請求することができます(会社法118条1項2号)。新株予約権付社債に付された新株予約権の新株予約権者は、

3 全部取得条項付種類株式を設定する手続

　この新株予約権の買取請求をするときは、新株予約権に別段の定めのない限り、併せて、新株予約権付社債についての社債を買い取ることを請求しなければなりません（会社法118条2項）。

(2) 登記手続
　ア　登記期間
　　株式会社は、種類株式として全部取得条項付株式に関する規定を設定したときは、その設定がなされたときから、2週間以内にその本店の所在地において、変更の登記をしなければなりません（会社法915条1項、911条3項7号）。

　イ　登記の事由
　　登記の事由は、「発行可能種類株式総数及び発行する各種類の株式の内容の変更」です。

　ウ　登記すべき事項
　　登記すべき事項は、上記(1)ア①から④の事項及び変更年月日です。

　エ　添付書類
　　・株主総会議事録（商業登記法46条2項、後記資料1のとおり。）及び株主リスト（商業登記規則61条3項）
　　・上記(1)イの種類株主総会の特別決議を要する場合は、種類株主総会議事録（商業登記法46条2項）及び株主リスト（商業登記規則61条3項）
　　・司法書士等に申請代理を委任する場合は、委任状（商業登記法18条、後記資料2のとおり。）

　オ　登録免許税
　　登録免許税は、申請1件につき金3万円（登録免許税法別表1第24号(1)ツ）です。

【登記申請書例】

株式会社変更登記申請書

１．会社法人等番号	○○○○－○○－○○○○○○
１．商　　　　号	<ruby>フリガナ</ruby> ○○○○ ○○株式会社
１．本　　　　店	○○県○○市…
１．登 記 の 事 由	発行可能種類株式総数及び発行する各種類の株式の内容の変更
１．登記すべき事項	別紙のとおり
１．登 録 免 許 税	金３万円
１．添 付 書 類	株主総会議事録　　　　　　１通 株主リスト　　　　　　　　１通 委任状　　　　　　　　　　１通

　上記のとおり登記の申請をする。

　　令和○年○月○日
　　　　○○県○○市…
　　　　　　申請人　　○○株式会社
　　　　○○県○○市…
　　　　　　代表取締役　○○○○
　　　　○○県○○市…
　　　　　　上記代理人　司法書士　○○○○
　　　　　　連絡先の電話番号　○○○－○○○○－○○○○
○○法務局　御中

3　全部取得条項付種類株式を設定する手続

別　紙（登記すべき事項）

「発行可能種類株式総数及び発行する各種類の株式の内容」

甲種類株式　100株

乙種類株式　100株

１．全部取得条項に関する定め

⑴　当会社は、株主総会の決議によって乙種類株式の全部を取得することができる。

⑵　当会社は、乙種類株式を取得する場合には、乙種類株式1株の取得と引換えに、0.5株の甲種類株式を交付する。

「原因年月日」令和〇年〇月〇日変更

【資料1　株主総会議事録例】

臨時株主総会議事録

　令和〇年〇月〇日午前〇〇時〇〇分より、当会社の本店において、臨時株主総会を開催した。

株主の総数	〇名
発行済株式の総数	〇株
議決権を行使することができる株主の数	〇名
議決権を行使することができる株主の議決権の数	〇個
出席した株主の数（委任状による者を含む）	〇名
出席した株主の議決権の数	〇個

出席役員等
　代表取締役　　A（議長兼議事録作成者）

上記のとおり出席があったので、本株主総会は適法に成立した。
定刻代表取締役Aは選ばれて議長となり、開会を宣し直ちに議事に入った。

　　議案　　発行可能種類株式総数及び発行する各種類の株式の内容
　　　　　　設定の件

議長は、発行可能種類株式総数及び発行する各種類の株式の内容の設定について詳細な説明をしたうえ、本日付で下記のとおり定款規程を変更したい旨を提案し、その賛否を議場に諮ったところ、全員一致をもって原案どおり可決確定した。
定款第5条の後に次の条項を新設し、以下条数を繰り下げる。
　なお、既に発行されている株式は甲種類株式とする。
（発行する株式の種類）
　　第6条　当会社は、甲種類株式及び乙種類株式を発行する。
（発行可能種類株式総数）
　　第7条　発行可能種類株式総数は、甲種類株式につき、100株、乙種類株式につき、100株とする。
（乙種類株式の内容）
　　第8条　乙種類株式の内容は、次のとおりとする。
　　　　　　1．全部取得条項に関する定め
　　　　　　　(1)　当会社は、株主総会の決議によって乙種類株式の全部を取得することができる。
　　　　　　　(2)　当会社は、乙種類株式を取得する場合には、乙種類株式1株の取得と引換えに、0.5株の甲種類株式を交付する。

以上をもって本総会の議案全部を終了したので、議長は閉会の挨拶を

3 全部取得条項付種類株式を設定する手続

述べ、午前○○時○○分散会した。

　上記の決議を明確にするため、この議事録を作成し、議長である出席代表取締役が次に記名する。

　令和○年○月○日

　　　　　　　　　　　　　　　○○株式会社　臨時株主総会
　　　　　　　　　　　　　　　議長　代表取締役　　　Ａ

【資料２　委任状】

　　　　　　　　　　　委　任　状

　　　　　　　住所　○○県○○市…
　　　　　　　氏名　司法書士　　○○○

　私は、上記の者を代理人と定め、下記事項に関する一切の権限を委任する。

　　　　　　　　　　　　　記

１．発行可能種類株式総数及び発行する各種類の株式の内容の変更に関する登記申請についての一切の件
１．原本還付の請求及び受領の件

　令和○年○月○日

　　　　　　　　　　　　　　　○○県○○市…
　　　　　　　　　　　　　　　○○株式会社
　　　　　　　　　　　　　　　代表取締役　Ａ　㊞（※）

（※）登記所に提出している印鑑を押印します。

カ　登記記録の編成

　種類株式として全部取得条項付株式に関する規定を設定するときの登記は、「発行可能種類株式総数及び発行する各種類の株式の内容」欄に次のように記録されます。

【登記記録例】

| 発行可能種類株式総数及び発行する各種類の株式の内容 | 甲種類株式　100株
乙種類株式　100株
１．全部取得条項に関する定め
　(1)　当会社は、株主総会の決議によって乙種類株式の全部を取得することができる。
　(2)　当会社は、乙種類株式を取得する場合には、乙種類株式１株の取得と引換えに、0.5株の甲種類株式を交付する。
　　　令和○年○月○日変更　令和○年○月○日登記 |

第6章　剰余金配当種類株式

1　意　義

　剰余金配当種類株式とは、剰余金の配当について内容の異なる種類株式のことをいいます（会社法108条1項1号）。

　「剰余金の配当について内容の異なる」とは、例えば、他の株式より配当を優先される株式（優先株式）、他の株式より配当が劣後する株式（劣後株式）、全く配当のない株式（無配株式）、株式会社が有する特定の事業部門や子会社等の業績に剰余金が連動するように設計された株式（トラッキングストック）等とすることをいいます[16]。

　なお、剰余金の配当を受ける権利（会社法105条1項1号）と残余財産の分配を受ける権利（同項2号）の全部を与えない旨の定款の定めは、その効力を有しません（会社法105条2項）が、これらの権利の一方が完全に与えられなくとも、他方の権利が与えられるものであれば、そのような旨の定款の定めは効力を有します。

16　同類の優先株式等であっても、年100円の優先配当と年200円の優先配当を内容とするものは、異種類の株式となります。

2　累積／非累積型・参加／非参加型の優先株式

優先株式の分類の仕方として、累積型と非累積型、参加型と非参加型があります。

(1) 累積／非累積型

累積型の優先株式は、当該優先株式の株主に、ある事業年度における所定の優先配当金が支払われなかった場合に、配当を受けることのできなかった優先配当枠を翌期以降に繰り越して累積させていく方式を内容とする優先株式のことをいいます。

一方、非累積型の優先株式は、そのような優先配当枠の繰り越しができない優先株式のことをいいます。

【定款記載例】

(1) 累積型

> ある事業年度において乙種類株式を有する株主に対して支払う乙種類株式1株あたりの剰余金の配当額が優先配当金の額に達しないときは、当会社は、当該不足額を翌事業年度以降に累積し、累積した不足額については、当該翌事業年度以降に係る乙種類株主に対する優先配当金の交付に先立って、これを乙種類株主に支払う。

(2) 非累積型

> ある事業年度において乙種類株式を有する株主に対してした剰余金の配当額が優先配当金の額に達しないときは、当会社は、当該不足額を翌事業年度以降に累積しない。

（2） 参加／非参加型

　参加型の優先株式は、当該優先株式の株主が、所定の額の配当を受けた後に、一般の株主と同等の立場として配当を受けることができる優先株式のことをいいます。そのため、参加型の優先株式の株主は、一般の株主よりも常に多い配当を得ることになります。

　一方、非参加型の優先株式は、当該優先株式の株主が、所定の額の配当を受けた後に、一般の株主と同等の立場として配当を受けることができない優先株式のことをいいます。そのため、非参加型の優先株式の株主は、一般の株主よりも多い配当を得ることになるとは限りません。

【定款記載例】

（1） 参加型

> 当会社は、乙種類株式を有する株主に対して、第○項に定める優先配当金のほか、甲種類株式を有する株主に対して交付する剰余金の配当額と同額の剰余金の配当を行う。

（2） 非参加型

> 当会社は、乙種類株式を有する株主に対しては、優先配当金を超えて剰余金の配当は行わない。

3 手続

(1) 株主総会の特別決議

剰余金配当種類株式に関する規定を設定する場合は、株主総会の特別決議により、定款で次の事項を定めなければなりません（会社法108条2項1号、466条、309条2項11号）。

① 当該種類の株主に交付する配当財産の価額の決定の方法、剰余金の配当をする条件その他剰余金の配当に関する取扱いの内容（会社法108条2項1号）

（※）「その他剰余金の配当に関する取扱いの内容」とは、配当すべき(i)時期や(ii)財産の種類等についての内容のことをいいます。

② 発行可能種類株式総数（会社法108条2項柱書）

なお、①の事項のうち配当財産の種類以外の事項に関しては、当該種類の株式を初めて発行する時までに、株主総会（取締役会設置会社にあっては株主総会又は取締役会、清算人会設置会社にあっては株主総会又は清算人会）の決議によって定める旨を定款で定めることができ、この場合においては、その内容の要綱[17]を定款で定めなければなりません（会社法108条3項、会社法施行規則20条1項1号）。

(2) 種類株主総会の特別決議

種類株式発行会社がある種類の株式の内容として剰余金配当種類株式についての定款の定めを設けることにより、ある種類の株式の種類株主

---

17 この「要綱」については、定款変更後において行われる株主総会又は取締役会による細目の決定時において、どの程度の範囲で裁量を有するかを判断できるようにするための参考となる事項について定めれば足りると解されています。

に損害を及ぼすおそれがある場合には、当該定款の変更は、上記(1)の手続に加えて、当該種類株主を構成員とする種類株主総会の特別決議が必要となります（会社法322条1項1号、324条2項4号）。ただし、当該種類株主総会において議決権を行使することができる種類株主が存しない場合は、当該種類株主総会の特別決議は不要です（会社法322条1項柱書但書）。

4　登記手続

(1)　登記期間

　　株式会社は、種類株式として剰余金配当種類株式に関する規定の設定をしたときは、その設定がなされたときから、2週間以内にその本店の所在地において、変更の登記をしなければなりません（会社法915条1項、911条3項7号）。

(2)　登記の事由

　　登記の事由は、「発行可能種類株式総数及び発行する各種類の株式の内容の変更」です。

(3)　登記すべき事項

　　登記すべき事項は、上記3(1)アの①及び②の事項及び変更年月日です。

(4)　添付書類

・株主総会議事録（商業登記法46条2項、後記資料1のとおり。）及び株主リスト（商業登記規則61条3項）

・上記3(2)の種類株主総会の特別決議を要する場合は、種類株主総会議事録（商業登記法46条2項）及び株主リスト（商業登記規則61条3項）

・司法書士等に申請代理を委任する場合は、委任状（商業登記法18条、

後記資料2のとおり。)

(5) **登録免許税**

　　登録免許税は、申請1件につき金3万円（登録免許税法別表1第24号(1)ツ）です。

【登記申請書例】

株式会社変更登記申請書

1．会社法人等番号　　　　〇〇〇〇-〇〇-〇〇〇〇〇〇

　　　フリガナ　　　　　　〇〇〇〇
1．商　　　　号　　　　　〇〇株式会社
1．本　　　　店　　　　　〇〇県〇〇市…
1．登 記 の 事 由　　　　発行可能種類株式総数及び発行する各種類の株式の内容の変更
1．登記すべき事項　　　　別紙のとおり
1．登 録 免 許 税　　　　金3万円
1．添 付 書 類　　　　　株主総会議事録　　　　1通
　　　　　　　　　　　　株主リスト　　　　　　1通
　　　　　　　　　　　　委任状　　　　　　　　1通

　上記のとおり登記の申請をする。

　　令和〇年〇月〇日
　　　　　　〇〇県〇〇市…
　　　　　　　　申請人　　〇〇株式会社
　　　　　〇〇県〇〇市…
　　　　　　　　代表取締役　〇〇〇〇

　　　　　　　　　○○県○○市…
　　　　　　　　　　上記代理人　司法書士　○○○○
　　　　　　　　　　連絡先の電話番号　○○○−○○○○−○○○○
　　○○法務局　御中

別　紙（登記すべき事項）
「発行可能種類株式総数及び発行する各種類の株式の内容」
普通株式　100株
優先株式　100株
１．剰余金の配当
　　剰余金については、優先株式を有する株主に対し、普通株式を有する株主に先立ち、1株につき○万円の剰余金を支払う。
「原因年月日」令和○年○月○日変更

【資料１　株主総会議事録例】

臨時株主総会議事録

　令和○年○月○日午前○○時○○分より、当会社の本店において、臨時株主総会を開催した。

　　株主の総数　　　　　　　　　　　　　　　　　　　　　○名
　　発行済株式の総数　　　　　　　　　　　　　　　　　　○株
　　議決権を行使することができる株主の数　　　　　　　　○名
　　議決権を行使することができる株主の議決権の数　　　　○個
　　出席した株主の数（委任状による者を含む）　　　　　　○名
　　出席した株主の議決権の数　　　　　　　　　　　　　　○個
　　出席役員等

代表取締役　　　Ａ（議長兼議事録作成者）
　上記のとおり出席があったので、本株主総会は適法に成立した。
　定刻代表取締役Ａは選ばれて議長となり、開会を宣し直ちに議事に入った。

　　　議案　　　発行可能種類株式総数及び発行する各種類の株式の内容
　　　　　　　　設定の件
　議長は、発行可能種類株式総数及び発行する各種類の株式の内容の設定について詳細な説明をしたうえ、本日付で下記のとおり定款規程を変更したい旨を提案し、その賛否を議場に諮ったところ、全員一致をもって原案どおり可決確定した。
　定款第５条の後に次の条項を新設し、以下条数を繰り下げる。
　なお、既に発行されている株式は普通株式とする。
（発行する株式の種類）
　　第６条　当会社は、普通株式及び優先株式を発行する。
（発行可能種類株式総数）
　　第７条　発行可能種類株式総数は、普通株式につき、100株、優先
　　　　　株式につき、100株とする。
（優先株式の内容）
　　第８条　優先株式の内容は、次のとおりとする。
　　１．剰余金の配当
　　　　　剰余金については、優先株式を有する株主に対し、普通株式
　　　　　を有する株主に先立ち、１株につき○万円の剰余金を支払う。

　以上をもって本総会の議案全部を終了したので、議長は閉会の挨拶を述べ、午前○○時○○分散会した。
　上記の決議を明確にするため、この議事録を作成し、議長である出席

4 登記手続

代表取締役が次に記名する。
　　令和〇年〇月〇日

　　　　　　　　　　　　　　　〇〇株式会社　臨時株主総会
　　　　　　　　　　　　　　　議長　代表取締役　　　A

【資料2　委任状】

　　　　　　　　　　　委　任　状

　　　　　　　住所　〇〇県〇〇市…
　　　　　　　氏名　司法書士　〇〇〇

　　私は、上記の者を代理人と定め、下記事項に関する一切の権限を委任
する。
　　　　　　　　　　　　　　記
1．発行可能種類株式総数及び発行する各種類の株式の内容の変更に関
する登記申請についての一切の件
1．原本還付の請求及び受領の件

　　令和〇年〇月〇日
　　　　　　　　　　　　　　　〇〇県〇〇市…
　　　　　　　　　　　　　　　〇〇株式会社
　　　　　　　　　　　　　　　代表取締役　　A　　㊞（※）

（※）登記所に提出している印鑑を押印します。

(6)　登記記録の編成

　　種類株式として剰余金配当種類株式に関する規定を設定するときの登
記は、「発行可能種類株式総数及び発行する各種類の株式の内容」欄に

次のように記録されます。

発行可能種類株式総数及び発行する各種類の株式の内容	普通株式　100株 優先株式　100株 １．剰余金の配当 　　剰余金については、優先株式を有する株主に対し、普通株式を有する株主に先立ち、１株につき〇万円の剰余金を支払う。 　　　令和〇年〇月〇日変更　令和〇年〇月〇日登記

第7章　残余財産分配種類株式

1　意義

　残余財産分配種類株式とは、残余財産の分配について内容の異なる種類株式のことをいいます（会社法108条1項2号）。

　「残余財産の分配について内容の異なる」とは、例えば、他の株式より残余財産の分配を優先される株式（優先株式）、他の株式より残余財産の分配が劣後する株式（劣後株式）、全く残余財産の分配のない株式（無配株式）、株式会社が有する特定の事業部門や子会社等の業績に分配される残余財産が連動するように設計された株式（トラッキングストック）等とすることをいいます[18]。

　なお、剰余金の配当を受ける権利（会社法105条1項1号）と残余財産の分配を受ける権利（同項2号）の全部を与えない旨の定款の定めは、その効力を有しません（会社法105条2項）が、これらの権利の一方が完全に与えられなくとも、他方の権利が与えられるものであれば、そのような旨の定款

18　同類の優先株式等であっても、分配金額等の内容を異とするものは、異種類の株式となります。

の定めは、効力を有します。

2 手続

(1) **株主総会の特別決議**

残余財産分配種類株式に関する規定を設定する場合は、株主総会の特別決議により、定款で次の事項を定めなければなりません（会社法108条2項2号、466条、309条2項11号）。

① 当該種類の株主に交付する残余財産の価額の決定の方法、当該残余財産の種類その他残余財産の分配に関する取扱いの内容（会社法108条2項2号）
② 発行可能種類株式総数（会社法108条2項柱書）

なお、①の事項のうち残余財産の種類以外の事項に関しては、当該種類の株式を初めて発行する時までに、株主総会（取締役会設置会社にあっては株主総会又は取締役会、清算人会設置会社にあっては株主総会又は清算人会）の決議によって定める旨を定款で定めることができ、この場合においては、その内容の要綱[19]を定款で定めなければなりません（会社法108条3項、会社法施行規則20条1項2号）。

(2) **種類株主総会の特別決議**

種類株式発行会社がある種類の株式の内容として残余財産分配種類株式についての定款の定めを設けることにより、ある種類の株式の種類株

---

19 この「要綱」については、定款変更後において行われる株主総会又は取締役会による細目の決定時において、どの程度の範囲で裁量を有するかを判断できるようにするための参考となる事項について定めれば足りると解されています。

主に損害を及ぼすおそれがある場合には、当該定款の変更は、上記(1)の手続に加えて、当該種類株主を構成員とする種類株主総会の特別決議が必要となります（会社法322条1項1号、324条2項4号）。ただし、当該種類株主総会において議決権を行使することができる種類株主が存しない場合は、当該種類株主総会の特別決議は不要です（会社法322条1項柱書但書）。

3 登記手続

(1) 登記期間

　株式会社は、種類株式として残余財産分配種類株式に関する規定を設定したときは、その設定がなされたときから、2週間以内にその本店の所在地において、変更の登記をしなければなりません（会社法915条1項、911条3項7号）。

(2) 登記の事由

　登記の事由は、「発行可能種類株式総数及び発行する各種類の株式の内容の変更」です。

(3) 登記すべき事項

　登記すべき事項は、上記2(1)①②の事項及び変更年月日です。

(4) 添付書類

・株主総会議事録（商業登記法46条2項、後記資料1のとおり。）及び株主リスト（商業登記規則61条3項）

・上記2(2)の種類株主総会の特別決議を要する場合は、種類株主総会議事録（商業登記法46条2項）及び株主リスト（商業登記規則61条3項）

・司法書士等に申請代理を委任する場合は、委任状（商業登記法18条、

後記資料2のとおり。)
(5) **登録免許税**

登録免許税は、申請1件につき金3万円(登録免許税法別表1第24号(1)ツ)です。

【登記申請書例】

株式会社変更登記申請書

1．会社法人等番号　　　〇〇〇〇-〇〇-〇〇〇〇〇〇

　　フ　リ　ガ　ナ　　　〇〇〇〇
1．商　　　　　号　　　〇〇株式会社
1．本　　　　　店　　　〇〇県〇〇市…
1．登　記　の　事　由　発行可能種類株式総数及び発行する各種類の株式の内容の変更
1．登記すべき事項　　　別紙のとおり
1．登　録　免　許　税　金3万円
1．添　付　書　類　　　株主総会議事録　　　1通
　　　　　　　　　　　　株主リスト　　　　　1通
　　　　　　　　　　　　委任状　　　　　　　1通

上記のとおり登記の申請をする。

令和〇年〇月〇日
　　〇〇県〇〇市…
　　　　申請人　　〇〇株式会社
　　〇〇県〇〇市…
　　　　代表取締役　〇〇〇〇

```
                    ○○県○○市…
                      上記代理人　司法書士　○○○○
                      連絡先の電話番号　○○○−○○○○−○○○○
  ○○法務局　御中
```

```
別　紙（登記すべき事項）
「発行可能種類株式総数及び発行する各種類の株式の内容」
普通株式　　　　1,000株
第一種優先株式　　500株
第二種優先株式　　500株
第三種優先株式　　200株
1．残余財産の分配
　残余財産の分配については、第一種から第三種までの優先株式を有する株主に対し、普通株式を有する株主に先立ち、それぞれ次に定める額の金銭を支払う。
　　第一種優先株式　1株につき○○万円
　　第二種優先株式　1株につき○○万円
　　第三種優先株式　1株につき○○万円
「原因年月日」令和○年○月○日変更
```

【資料1　株主総会議事録例】

```
                    臨時株主総会議事録

　令和○年○月○日午前○○時○○分より、当会社の本店において、臨時株主総会を開催した。

　　株主の総数　　　　　　　　　　　　　　　　　　　　　　○名
```

発行済株式の総数	○株
議決権を行使することができる株主の数	○名
議決権を行使することができる株主の議決権の数	○個
出席した株主の数（委任状による者を含む）	○名
出席した株主の議決権の数	○個

出席役員等
　代表取締役　　A（議長兼議事録作成者）

上記のとおり出席があったので、本株主総会は適法に成立した。

定刻代表取締役Aは選ばれて議長となり、開会を宣し直ちに議事に入った。

　　議案　　発行可能種類株式総数及び発行する各種類の株式の内容設定の件

議長は、発行可能種類株式総数及び発行する各種類の株式の内容の設定について詳細な説明をしたうえ、本日付で下記のとおり定款規程を変更したい旨を提案し、その賛否を議場に諮ったところ、全員一致をもって原案どおり可決確定した。

定款第5条の後に次の条項を新設し、以下条数を繰り下げる。

なお、既に発行されている株式は普通株式とする。

（発行する株式の種類）
　第6条　当会社は、普通株式、第一種優先株式、第二種優先株式及び第三種優先株式を発行する。

（発行可能種類株式総数）
　第7条　発行可能種類株式総数は、普通株式につき、1,000株、第一種優先株式につき、500株、第二種優先株式につき、500株、第三種優先株式につき、200株、とする。

（各優先株式の内容）
　第8条　第一種から第三種までの優先株式の内容は、次のとおりとする。
　　1．残余財産の分配
　　　　残余財産の分配については、第一種から第三種までの優先株式を有する株主に対し、普通株式を有する株主に先立ち、それぞれ次に定める額の金銭を支払う。
　　　　第一種優先株式　　1株につき〇〇万円
　　　　第二種優先株式　　1株につき〇〇万円
　　　　第三種優先株式　　1株につき〇〇万円

　以上をもって本総会の議案全部を終了したので、議長は閉会の挨拶を述べ、午前〇〇時〇〇分散会した。
　上記の決議を明確にするため、この議事録を作成し、議長である出席代表取締役が次に記名する。

　　令和〇年〇月〇日

　　　　　　　　　　　　　　　〇〇株式会社　臨時株主総会
　　　　　　　　　　　　　　　議長　代表取締役　　　Ａ

【資料2　委任状】

委　任　状

　　　住所　〇〇県〇〇市…
　　　氏名　司法書士　〇〇〇

　私は、上記の者を代理人と定め、下記事項に関する一切の権限を委任

する。
　　　　　　　　　　　　　記
１．発行可能種類株式総数及び発行する各種類の株式の内容の変更に関する登記申請についての一切の件
１．原本還付の請求及び受領の件

　令和○年○月○日

　　　　　　　　　　　　　　　　　○○県○○市…
　　　　　　　　　　　　　　　　　○○株式会社
　　　　　　　　　　　　　　　　　代表取締役　Ａ　㊞（※）

（※）登記所に提出している印鑑を押印します。

(6) 登記記録の編成

　種類株式として残余財産分配種類株式に関する規定を設定するときの登記は、「発行可能種類株式総数及び発行する各種類の株式の内容」欄に次のように記録されます。

【登記記録例】

発行可能種類株式総数及び発行する各種類の株式の内容	普通株式　　　　　1,000株 第一種優先株式　　 500株 第二種優先株式　　 500株 第三種優先株式　　 200株 １．残余財産の分配 　　残余財産の分配については、第一種から第三種までの優先株式を有する株主に対し、普通株式を有する株主に先立ち、それぞれ次に定める額の金銭を支払う。 　　　第一種優先株式　１株につき○○万円 　　　第二種優先株式　１株につき○○万円 　　　第三種優先株式　１株につき○○万円 　　　　　令和○年○月○日変更　令和○年○月○日登記

第8章 議決権制限種類株式

1 意義

　議決権制限種類株式とは、株主総会において議決権を行使することができる事項について内容の異なる種類株式のことをいいます（会社法108条1項3号、115条）。

　この「株主総会において議決権を行使することができる事項について内容の異なる」とは、例えば、すべての事項について議決権がある株式（完全議決権株式）、すべての事項について議決権がない株式（完全無議決権株式）、一部の事項について議決権がある株式（議決権一部制限株式）を組み合わせたもののことをいいます。

　なお、公開会社において、議決権制限種類株式の数が発行済株式の総数の2分の1を超えるに至ったときは、株式会社は、直ちに、発行済の議決権制限種類株式の数を減少させたり、発行済株式の総数を増加させたりする等して、議決権制限株式の数を発行済株式の総数の2分の1以下にするための必要な措置をとらなければならないとされています（会社法115条)[20]。

2 手続

(1) 株主総会の特別決議

　議決権制限種類株式に関する規定を設定する場合は、株主総会の特別決議により、定款で次の事項を定めなければなりません（会社法108条2項3号、466条、309条2項11号）。

---

① 株主総会において議決権を行使することができる事項（会社法108条2項3号イ）
② 当該種類の株式につき議決権の行使の条件を定めるときは、その条件（会社法108条2項3号ロ）
③ 発行可能種類株式総数（会社法108条2項柱書）

　なお、②の事項に関しては、当該種類の株式を初めて発行する時までに、株主総会（取締役会設置会社にあっては株主総会又は取締役会、清算人会設置会社にあっては株主総会又は清算人会）の決議によって定める旨を定款で定めることができ、この場合においては、その内容の要綱[21]を定款で定めなければなりません（会社法108条3項、会社法施行規則20条1項3号）。

(2) 種類株主総会の特別決議

　種類株式発行会社がある種類の株式の内容として議決権制限種類株式についての定款の定めを設けることにより、ある種類の株式の種類株主

20　議決権制限種類株式の数が発行済株式の総数の2分の1を超える議決権制限種類株式の発行すること自体が無効となるものではありません。
21　この「要綱」については、定款変更後において行われる株主総会又は取締役会による細目の決定時において、どの程度の範囲で裁量を有するかを判断できるようにするための参考となる事項について定めれば足りると解されています。

に損害を及ぼすおそれがある場合には、当該定款の変更は、上記(1)の手続に加えて、当該種類株主を構成員とする種類株主総会の特別決議が必要となります（会社法322条1項1号、324条2項4号）。ただし、当該種類株主総会において議決権を行使することができる種類株主が存しない場合は、当該種類株主総会の特別決議は不要です（会社法322条1項柱書但書）。

3　登記手続

(1) **登記期間**

　株式会社は、種類株式として議決権制限種類株式に関する規定の設定をしたときは、その設定がなされたときから、2週間以内にその本店の所在地において、変更の登記をしなければなりません（会社法915条1項、911条3項7号）。

(2) **登記の事由**

　登記の事由は、「発行可能種類株式総数及び発行する各種類の株式の内容の変更」です。

(3) **登記すべき事項**

　登記すべき事項は、上記2(1)①から③の事項及び変更年月日です。

(4) **添付書類**

・株主総会議事録（商業登記法46条2項、後記資料1のとおり。）及び株主リスト（商業登記規則61条3項）

・上記2(2)の種類株主総会の特別決議を要する場合は、種類株主総会議事録（商業登記法46条2項）及び株主リスト（商業登記規則61条3項）

・司法書士等に申請代理を委任する場合は、委任状（商業登記法18条、

後記資料2のとおり。)

(5) **登録免許税**

登録免許税は、申請1件につき金3万円（登録免許税法別表1第24号(1)ツ）です。

【登記申請書例】

株式会社変更登記申請書

1．会社法人等番号　　○○○○－○○－○○○○○○

　　フリガナ　　　　　○○○○
1．商　　　号　　　　○○株式会社
1．本　　　店　　　　○○県○○市…
1．登記の事由　　　　発行可能種類株式総数及び発行する各種類の株式の内容の変更
1．登記すべき事項　　別紙のとおり
1．登録免許税　　　　金3万円
1．添付書類　　　　　株主総会議事録　　　　1通
　　　　　　　　　　　株主リスト　　　　　　1通
　　　　　　　　　　　委任状　　　　　　　　1通

上記のとおり登記の申請をする。

令和○年○月○日
　　　　○○県○○市…
　　　　　申請人　　○○株式会社
　　　　○○県○○市…
　　　　　　代表取締役　　○○○○

3 登記手続

```
                    ○○県○○市…
                         上記代理人　司法書士　○○○○
                         連絡先の電話番号　○○○－○○○○－○○○○
  ○○法務局　御中
```

```
別　紙（登記すべき事項）
「発行可能種類株式総数及び発行する各種類の株式の内容」
普通株式　　　　1,000株
第一種優先株式　　500株
第二種優先株式　　500株
第三種優先株式　　200株
1．議決権
　　第一種から第三種までの優先株式を有する株主は、株主総会において議決権を有しない。ただし、剰余金の優先配当に係る議案が定時株主総会に提出されないときはその総会から、その議案が定時株主総会において否決されたときはその総会の終結の時から、優先配当を受ける旨の決議のある時までは、議決権を有する。
「原因年月日」令和○年○月○日変更
```

【資料1　株主総会議事録例】

```
                    臨時株主総会議事録

　令和○年○月○日午前○○時○○分より、当会社の本店において、臨時株主総会を開催した。

　　株主の総数　　　　　　　　　　　　　　　　　　　　　　○名
　　発行済株式の総数　　　　　　　　　　　　　　　　　　　○株
```

議決権を行使することができる株主の数	○名
議決権を行使することができる株主の議決権の数	○個
出席した株主の数（委任状による者を含む）	○名
出席した株主の議決権の数	○個

出席役員等
　代表取締役　　　A（議長兼議事録作成者）

　上記のとおり出席があったので、本株主総会は適法に成立した。
　定刻代表取締役Aは選ばれて議長となり、開会を宣し直ちに議事に入った。

　　　議案　　発行可能種類株式総数及び発行する各種類の株式の内容
　　　　　　　設定の件
　議長は、発行可能種類株式総数及び発行する各種類の株式の内容の設定について詳細な説明をしたうえ、本日付で下記のとおり定款規程を変更したい旨を提案し、その賛否を議場に諮ったところ、全員一致をもって原案どおり可決確定した。
定款第5条の後に次の条項を新設し、以下条数を繰り下げる。
　なお、既に発行されている株式は普通株式とする。
（発行する株式の種類）
　　第6条　当会社は、普通株式、第一種優先株式、第二種優先株式及び第三種優先株式を発行する。
（発行可能種類株式総数）
　　第7条　発行可能種類株式総数は、普通株式につき、1,000株、第一種優先株式につき、500株、第二種優先株式につき、500株、第三種優先株式につき、200株、とする。
（各優先株式の内容）

第8条　第一種から第三種までの優先株式の内容は、次のとおりとする。
　　1．議決権
　　　　第一種から第三種までの優先株式を有する株主は、株主総会において議決権を有しない。ただし、剰余金の優先配当に係る議案が定時株主総会に提出されないときはその総会から、その議案が定時株主総会において否決されたときはその総会の終結の時から、優先配当を受ける旨の決議のある時までは、議決権を有する。

　以上をもって本総会の議案全部を終了したので、議長は閉会の挨拶を述べ、午前〇〇時〇〇分散会した。
　上記の決議を明確にするため、この議事録を作成し、議長である出席代表取締役が次に記名する。
　　令和〇年〇月〇日

　　　　　　　　　　　　　　　　〇〇株式会社　臨時株主総会
　　　　　　　　　　　　　　　　議長　代表取締役　　　A

【資料2　委任状】

委　任　状

　　　　　　住所　〇〇県〇〇市…
　　　　　　氏名　司法書士　〇〇〇

　私は、上記の者を代理人と定め、下記事項に関する一切の権限を委任する。

記

1．発行可能種類株式総数及び発行する各種類の株式の内容の変更に関する登記申請についての一切の件
1．原本還付の請求及び受領の件

　　令和○年○月○日

　　　　　　　　　　　　　　　　　　○○県○○市…
　　　　　　　　　　　　　　　　　　○○株式会社
　　　　　　　　　　　　　　　　　　代表取締役　A　㊞（※）

（※）登記所に提出している印鑑を押印します。

(6) **登記記録の編成**

　種類株式として議決権制限種類株式に関する規定を設定するときの登記は、「発行可能種類株式総数及び発行する各種類の株式の内容」欄に次のように記録されます。

【登記記録例】

発行可能種類株式総数及び発行する各種類の株式の内容	普通株式　　　　1,000株 第一種優先株式　　500株 第二種優先株式　　500株 第三種優先株式　　200株 1．議決権 　　第一種から第三種までの優先株式を有する株主は、株主総会において議決権を有しない。ただし、剰余金の優先配当に係る議案が定時株主総会に提出されないときはその総会から、その議案が定時株主総会において否決されたときはその総会の終結の時から、優先配当を受ける旨の決議のある時までは、議決権を有する。 　　　　　　令和○年○月○日変更　令和○年○月○日登記

第9章　拒否権付種類株式

1　意　義

　拒否権付種類株式（いわゆる「黄金株」）は、株主総会（取締役会設置会社にあっては株主総会又は取締役会、清算人会設置会社にあっては株主総会又は清算人会）において決議すべき事項のうち、当該決議のほか、当該種類の株式の種類株主を構成員とする種類株主総会の決議があることを必要とするものをいいます（会社法108条1項8号）。

> **コラム　事業承継における拒否権付種類株式の活用**
>
> 　拒否権付種類株式の株主がどのような拒否権を行使できるようにするかは、自由に定めることができます。
> 　簡潔に言うと、1株でもこの拒否権付種類株式を有していれば、たとえ通常の株主総会で承認された決議事項であっても、その事項が拒否権を行使できるものであれば、拒否権付種類株式の株主が、その種類株主総会において承認された事項を否決することができてしまいます。
> 　事業承継の場面においては、例えば、自社の大半の株式を保有している現在の代表取締役社長が、事業の後継者に株式の譲渡をしていくことを考えているものの、単なる贈与では後継者の保有株式数が増えてくると、自身の会社に対する議決権等の影響

力が薄れていってしまいます。後継者との関係の悪化によって、代表取締役の職を解任されてしまう心配が出てくる場合もあります。そのようなときに自社の株式の1株をこの拒否権付種類株式に変更し、その株のみを保有していれば持株数が減少しても会社に対する影響力を維持することができるのです。

　中小企業の場合、取引先に安心感を与えるために、前社長が会長として後見的に後継社長をサポートしつつ、株式を徐々に後継社長に譲渡していく期間が必要となることが多いように思います。拒否権付種類株式は、その過渡期にとても有効に活用できる種類株式です。

　しかし、拒否権付種類株式は、前述のとおり、株主総会や取締役会の決議に対して拒否権を有する株式ですので、その株主にとっては強力な権利ですが、他の株主や役員にとっては、大きな権利の制約を伴う株式です。想定外の人が拒否権付種類株式を取得すると、会社の運営に支障をきたすおそれがあります。そこで、拒否権付種類株式の株主が死亡したときや判断能力が不十分な状態に陥ったときに、会社が有償又は無償で拒否権付種類株式を強制取得できる仕組みを備える必要があります。

　例えば、拒否権付種類株式を有する株主が死亡してしまった場合、その株式は、株主の相続人に相続されてしまいます。その相続人が、会社の事業についてまったく関与していない者である場合、拒否権付種類株式の株主として強力な拒否権を行使できてしまうとなると、事業承継のプランだけでなく、日々の事業の遂行に支障が出てしまうおそれがあります。また、拒否権付種類株式の株主の判断能力が低下してしまい、株主としての議決権行使等の内容を自分で理解できない状態になってしまうと、成年後見制度を利用しない限り、その種類株主総会決議で、拒否権を行使し得る事項について議決権を行使することができません。それによって、会社の事業の遂行に支障が出てしまうことが考えられます。そこで、株主がそのような状態になった場合を取得条項として定めることで、会社がその拒否権付種類株式を取得できるという内容にすることができます。株式の譲渡等を用いた事業承継には、それなりの期間を要します。その間に、拒否権付種類株式の株主に万一のことがあっても、会社の運営に支障が出ないように拒否権付種類株式に取得条項を付すことは有効な対策だといえます。

2　手続

(1) **株主総会の特別決議**

　拒否権付種類株式を設定するには、株主総会の特別決議により、定款で次の事項を定めなければなりません（会社法108条2項3号、466条、309条2項11号）。

---
① 当該種類株主総会の決議があることを必要とする事項（会社法108条2項8号イ）
② 当該種類株主総会の決議を必要とする条件を定めるときは、その条件（会社法108条2項8号ロ）
③ 発行可能種類株式総数（会社法108条2項柱書）

　なお、②の事項に関しては、当該種類の株式を初めて発行する時までに、株主総会（取締役会設置会社にあっては株主総会又は取締役会、清算人会設置会社にあっては株主総会又は清算人会）の決議によって定める旨を定款で定めることができ、この場合においては、その内容の要綱[22]を定款で定めなければなりません（会社法108条3項、会社法施行規則20条1項8号）。

(2) **種類株主総会の特別決議**

　種類株式発行会社がある種類の株式の内容として拒否権付種類株式についての定款の定めを設けることにより、ある種類の株式の種類株主に損害を及ぼすおそれがある場合には、当該定款の変更は、上記(1)の手続

22　この「要綱」については、定款変更後において行われる株主総会又は取締役会による細目の決定時において、どの程度の範囲で裁量を有するかを判断できるようにするための参考となる事項について定めれば足りると解されています。

に加えて、当該種類株主を構成員とする種類株主総会の特別決議が必要となります（会社法322条1項1号、324条2項4号）。ただし、当該種類株主総会において議決権を行使することができる種類株主が存しない場合は、当該種類株主総会の特別決議は不要です（会社法322条1項柱書但書）。

3　登記手続

(1) 登記期間

　株式会社は、種類株式として拒否権付種類株式に関する規定の設定をしたときは、その設定がなされたときから、2週間以内にその本店の所在地において、変更の登記をしなければなりません（会社法915条1項、911条3項7号）。

(2) 登記の事由

　登記の事由は、「発行可能種類株式総数及び発行する各種類の株式の内容の変更」です。

(3) 登記すべき事項

　登記すべき事項は、上記2(1)①から③の事項及び変更年月日です。

(4) 添付書類

・株主総会議事録（商業登記法46条2項、後記資料1のとおり。）及び株主リスト（商業登記規則61条3項）

・上記2(2)の種類株主総会の特別決議を要する場合は、種類株主総会議事録（商業登記法46条2項）及び株主リスト（商業登記規則61条3項）

・司法書士等に申請代理を委任する場合は、委任状（商業登記法18条、後記資料2のとおり。）

3　登記手続

(5) 登録免許税

　　登録免許税は、申請1件につき金3万円（登録免許税法別表1第24号(1)ツ）です。

【登記申請書例】

株式会社変更登記申請書

1．会社法人等番号　　　　○○○○-○○-○○○○○○

　　フリガナ　　　　　　○○○○
1．商　　　　号　　　　○○株式会社
1．本　　　　店　　　　○○県○○市…
1．登 記 の 事 由　　　発行可能種類株式総数及び発行する各種
　　　　　　　　　　　類の株式の内容の変更
1．登記すべき事項　　　別紙のとおり
1．登 録 免 許 税　　　金3万円
1．添 付 書 類　　　　株主総会議事録　　　　　　1通
　　　　　　　　　　　株主リスト　　　　　　　　1通
　　　　　　　　　　　委任状　　　　　　　　　　1通

　　上記のとおり登記の申請をする。

　　　令和○年○月○日
　　　　　　○○県○○市…
　　　　　　　申請人　　○○株式会社
　　　　　　○○県○○市…
　　　　　　　代表取締役　　○○○○
　　　　　　○○県○○市…

　　　　　　上記代理人　司法書士　○○○○
　　　　　　連絡先の電話番号　○○○－○○○○－○○○○

○○法務局　御中

別　紙（登記すべき事項）

「発行可能種類株式総数及び発行する各種類の株式の内容」

普通株式　　　1,000株

甲種類株式　　　1株

1　次の決議については、株主総会のほか、甲種類株式を有する株主で構成する種類株主総会の決議を要する。
　(1)　定款変更
　(2)　取締役及び監査役の選任及び解任
　(3)　代表取締役の選定及び解職
　(4)　重要な財産の処分及び譲受
　(5)　合併、会社分割、株式交換及び株式移転
　(6)　事業の全部譲渡等（会社法第467条第1項各号規定事項）
　(7)　解散

「原因年月日」令和○年○月○日変更

【資料1　株主総会議事録例】

臨時株主総会議事録

　令和○年○月○日午前○○時○○分より、当会社の本店において、臨時株主総会を開催した。

　　　株主の総数　　　　　　　　　　　　　　　　　○名
　　　発行済株式の総数　　　　　　　　　　　　　　○株
　　　議決権を行使することができる株主の数　　　　○名

議決権を行使することができる株主の議決権の数	○個
出席した株主の数（委任状による者を含む）	○名
出席した株主の議決権の数	○個

出席役員等

代表取締役　　　A（議長兼議事録作成者）

上記のとおり出席があったので、本株主総会は適法に成立した。

定刻代表取締役Aは選ばれて議長となり、開会を宣し直ちに議事に入った。

　　議案　　発行可能種類株式総数及び発行する各種類の株式の内容
　　　　　　設定の件

議長は、発行可能種類株式総数及び発行する各種類の株式の内容の設定について詳細な説明をしたうえ、本日付で下記のとおり定款規程を変更したい旨を提案し、その賛否を議場に諮ったところ、全員一致をもって原案どおり可決確定した。

定款第5条の後に次の条項を新設し、以下条数を繰り下げる。

なお、既に発行されている株式は普通株式とする。

（発行する株式の種類）

　　第6条　当会社は、普通株式及び甲種類株式を発行する。

（発行可能種類株式総数）

　　第7条　発行可能種類株式総数は、普通株式につき、1,000株、甲種類株式につき、1株とする。

（甲種類株式の内容）

　　第8条　甲種類株式の内容は、次のとおりとする。

　　　　　1．次の決議については、株主総会のほか、甲種類株式を有する株主で構成する種類株主総会の決議を要する。

(1)　定款変更

　(2)　取締役及び監査役の選任及び解任

　(3)　代表取締役の選定及び解職

　(4)　重要な財産の処分及び譲受

　(5)　合併、会社分割、株式交換及び株式移転

　(6)　事業の全部譲渡等（会社法第467条第1項各号規定事項）

　(7)　解散

　以上をもって本総会の議案全部を終了したので、議長は閉会の挨拶を述べ、午前〇〇時〇〇分散会した。
　上記の決議を明確にするため、この議事録を作成し、議長である出席代表取締役が次に記名する。

　令和〇年〇月〇日

　　　　　　　　　　　　　　　〇〇株式会社　臨時株主総会
　　　　　　　　　　　　　　　議長　代表取締役　　　A

【資料2　委任状】

委　任　状

　　　住所　〇〇県〇〇市…
　　　氏名　司法書士　〇〇〇

　私は、上記の者を代理人と定め、下記事項に関する一切の権限を委任する。

記

1．発行可能種類株式総数及び発行する各種類の株式の内容の変更に関する登記申請についての一切の件
1．原本還付の請求及び受領の件

　　　令和○年○月○日

　　　　　　　　　　　　　　　　○○県○○市…
　　　　　　　　　　　　　　　　○○株式会社
　　　　　　　　　　　　　　　　代表取締役　A　㊞（※）

（※）登記所に提出している印鑑を押印します。

(6) 登記記録の編成

　　種類株式として拒否権付種類株式に関する規定を設定するときの登記は、「発行可能種類株式総数及び発行する各種類の株式の内容」欄に次のように記録されます。

【登記記録例】

| 発行可能種類株式総数及び発行する各種類の株式の内容 | 普通株式　　1,000株
甲種類株式　　1株
1　次の決議については、株主総会のほか、甲種類株式を有する株主で構成する種類株主総会の決議を要する。
　(1)　定款変更
　(2)　取締役及び監査役の選任及び解任
　(3)　代表取締役の選定及び解職
　(4)　重要な財産の処分及び譲受
　(5)　合併、会社分割、株式交換及び株式移転
　(6)　事業の全部譲渡等（会社法第467条第1項各号規定事項）
　(7)　解散
　　　　　令和○年○月○日変更　令和○年○月○日登記 |

第10章　役員選任権付種類株式

1　意　義

　役員選任権付種類株式とは、当該種類株式の株主を構成員とする種類株主総会において取締役（監査等委員会設置会社にあっては、監査等委員である取締役又はそれ以外の取締役。以下、本項において同じ。）又は監査役を選任することについての種類株式のことをいいます（会社法108条1項9号）。指名委員会等設置会社及び公開会社は、役員選任権付種類株式を発行することはできないので（同項柱書但書）[23]、当該株式会社が、指名委員会等設置

---

[23] 議決権制限種類株式を活用して、ある種類の株式に限り取締役や監査役等の選解任の決議をすることができるとする方法によっても、役員選任権付種類株式と類似の機能を果たすことができます。
　議決権制限種類株式は、役員選任権付種類株式と異なり、①公開会社又は指名委員会等設置会社においても設定できること、②取締役や監査役等の選任と解任を区別して、一方についてのみ議決権を認めることができること、③公開会社においては、議決権制限種類株式が発行済株式の総数の2分の1を超えたときは、直ちに、その2分の1以下にするために必要な措置をとらなければならないこと（会社法115条）等の特色があります。そのため、役員選任権付種類株式と議決権制限種類株式のどちらを活用するかという点は、それらの相違点を検討したうえ、決定することになります。

会社や公開会社になった場合は、当該定款の定めは効力を失うことになります。

　役員選任権付種類株式が発行されると、取締役又は監査役の選任についての決議は、株主総会ではなく、当該種類株主総会において行われます（会社法347条、329条1項）。また、取締役又は監査役の解任についての決議は、定款に別段の定めがある場合又は当該取締役又は監査役の任期満了前に当該種類株主総会において議決権を行使することができる株主が存在しなくなった場合を除き、当該種類株主総会において行われます（会社法347条、339条1項）。

　なお、役員選任権付種類株式についての定款の定めは、会社法又は定款で定めた取締役又は監査役の員数を欠いた場合において、そのために当該員数に足りる数の取締役又は監査役を選任することができないときは、廃止されたものとみなされます（会社法112条）。

2　手　続

(1)　**株主総会の特別決議**

　　役員選任権付種類株式を設定するには、株主総会の特別決議により、定款で次の事項を定めなければなりません（会社法108条2項9号、466条、309条2項11号）。

① 　当該種類株主を構成員とする種類株主総会において取締役又は監査役を選任すること及び選任する取締役又は監査役の数（会社法108条2項9号イ）
② 　①の定めにより選任することができる取締役又は監査役の全部又は一部を他の種類株主と共同して選任することとするときは、当該他の

種類株主の有する株式の種類及び共同して選任する取締役又は監査役の数（会社法108条2項9号ロ）
③　①又は②に掲げる事項を変更する条件があるときは、その条件及びその条件が成就した場合における変更後の①又は②に掲げる事項（会社法108条2項9号ハ）
④　当該種類の株式の種類株主を構成員とする種類株主総会において取締役（監査等委員会設置会社にあっては、監査等委員である取締役又はそれ以外の取締役）を選任することができる場合にあっては、次に掲げる事項（会社法施行規則19条1号、会社法108条2項9号ニ）
(i)　当該種類株主総会において社外取締役（監査等委員会設置会社にあっては、監査等委員である社外取締役又はそれ以外の社外取締役。(i)及び(ii)において同じ。）を選任しなければならないこととするときは、その旨及び選任しなければならない社外取締役の数（会社法施行規則19条1号イ）
(ii)　(i)の定めにより選任しなければならない社外取締役の全部又は一部を他の種類株主と共同して選任することとするときは、当該他の種類株主の有する株式の種類及び共同して選任する社外取締役の数（会社法施行規則19条1号ロ）
(iii)　(i)又は(ii)に掲げる事項を変更する条件があるときは、その条件及びその条件が成就した場合における変更後の(i)又は(ii)に掲げる事項（会社法施行規則19条1号ハ）
⑤　当該種類の株式の種類株主を構成員とする種類株主総会において監査役を選任することができる場合にあっては、次に掲げる事項（会社法施行規則19条2号、会社法108条2項9号ニ）
(i)　当該種類株主総会において社外監査役を選任しなければならないこととするときは、その旨及び選任しなければならない社外監査役の数（会社法施行規則19条2号イ）

2 手続

> (ii) (i)の定めにより選任しなければならない社外監査役の全部又は一部を他の種類株主と共同して選任することとするときは、当該他の種類株主の有する株式の種類及び共同して選任する社外監査役の数（会社法施行規則19条2号ロ）
> (iii) (i)又は(ii)に掲げる事項を変更する条件があるときは、その条件及びその条件が成就した場合における変更後の(i)又は(ii)に掲げる事項（会社法施行規則19条2号ハ）
> ⑥ 発行可能種類株式総数（会社法108条2項柱書）

なお、③から⑤の事項に関しては、当該種類の株式を初めて発行する時までに、株主総会（取締役会設置会社にあっては株主総会又は取締役会、清算人会設置会社にあっては株主総会又は清算人会）の決議によって定める旨を定款で定めることができ、この場合においては、その内容の要綱[24]を定款で定めなければなりません（会社法108条3項、会社法施行規則20条1項9号）。

(2) 種類株主総会の特別決議

種類株式発行会社がある種類の株式の内容として役員選任権付種類株式についての定款の定めを設けることにより、ある種類の株式の種類株主に損害を及ぼすおそれがある場合には、当該定款の変更は、上記(1)の手続に加えて、当該種類株主を構成員とする種類株主総会の特別決議が必要となります（会社法322条1項1号、324条2項4号）。ただし、当該種類株主総会において議決権を行使することができる種類株主が存しない場合は、当該種類株主総会の特別決議は不要です（会社法322条1項柱書但書）。

---

24 この「要綱」については、定款変更後において行われる株主総会又は取締役会による細目の決定時において、どの程度の範囲で裁量を有するかを判断できるようにするための参考となる事項について定めれば足りると解されています。

3　登記手続

(1) 登記期間

　株式会社は、種類株式として役員選任権付種類株式に関する規定を設定したときは、その設定がなされたときから、2週間以内にその本店の所在地において、変更の登記をしなければなりません（会社法915条1項、911条3項7号）。

(2) 登記の事由

　登記の事由は、「発行可能種類株式総数及び発行する各種類の株式の内容の変更」です。

(3) 登記すべき事項

　登記すべき事項は、上記2(1)①から⑥の事項及び変更年月日です。

(4) 添付書類

・株主総会議事録（商業登記法46条2項、後記資料1のとおり。）及び株主リスト（商業登記規則61条3項）

・上記2(2)の種類株主総会の特別決議を要する場合は、種類株主総会議事録（商業登記法46条2項）及び株主リスト（商業登記規則61条3項）

・司法書士等に申請代理を委任する場合は、委任状（商業登記法18条、後記資料2のとおり。）

(5) 登録免許税

　登録免許税は、申請1件につき金3万円（登録免許税法別表1第24号(1)ツ）です。

3　登記手続

【登記申請書例】

株式会社変更登記申請書

1．会社法人等番号	○○○○−○○−○○○○○○	
フリガナ	○○○○	
1．商　　　　号	○○株式会社	
1．本　　　　店	○○県○○市…	
1．登記の事由	発行可能種類株式総数及び発行する各種類の株式の内容の変更	
1．登記すべき事項	別紙のとおり	
1．登録免許税	金3万円	
1．添付書類	株主総会議事録	1通
	株主リスト	1通
	委任状	1通

　上記のとおり登記の申請をする。

　　令和○年○月○日
　　　　　○○県○○市…
　　　　　　　申請人　　○○株式会社
　　　　　○○県○○市…
　　　　　　　代表取締役　○○○○
　　　　　○○県○○市…
　　　　　　　上記代理人　司法書士　○○○○
　　　　　　　連絡先の電話番号　○○○−○○○○−○○○○
　○○法務局　御中

別　紙（登記すべき事項）

「発行可能種類株式総数及び発行する各種類の株式の内容」

甲種類株式　　　1,000株

乙種類株式　　　1,000株

第一種優先株式　　500株

第二種優先株式　　500株

１．甲種類株式を有する株主は、その種類株主総会において、取締役３名を選任する。

２．乙種類株式を有する株主は、その種類株主総会において、取締役１名及び監査役１名を選任する。

３．第一種優先株式及び第二種優先株式を有する株主は、種類株主総会において取締役を選任することはできない。

「原因年月日」令和○年○月○日変更

【資料１　株主総会議事録例】

臨時株主総会議事録

令和○年○月○日午前○○時○○分より、当会社の本店において、臨時株主総会を開催した。

株主の総数	○名
発行済株式の総数	○株
議決権を行使することができる株主の数	○名
議決権を行使することができる株主の議決権の数	○個
出席した株主の数（委任状による者を含む）	○名
出席した株主の議決権の数	○個

出席役員等
　　　代表取締役　　A（議長兼議事録作成者）
　　　取　締　役　　B
　　　取　締　役　　C
　　　監　査　役　　D

　上記のとおり出席があったので、本株主総会は適法に成立した。
　定刻代表取締役Aは選ばれて議長となり、開会を宣し直ちに議事に入った。

　　　議案　　発行可能種類株式総数及び発行する各種類の株式の内容
　　　　　　　設定の件
　議長は、発行可能種類株式総数及び発行する各種類の株式の内容の設定について詳細な説明をしたうえ、本日付で下記のとおり定款規程を変更したい旨を提案し、その賛否を議場に諮ったところ、全員一致をもって原案どおり可決確定した。
定款第5条の後に次の条項を新設し、以下条数を繰り下げる。
　なお、既に発行されている株式は甲種類株式とする。
（発行する株式の種類）
　　第6条　当会社は、甲種類株式、乙種類株式、第一種優先株式及び
　　　　　第二種優先株式を発行する。
（発行可能種類株式総数）
　　第7条　発行可能種類株式総数は、甲種類株式につき、1,000株、
　　　　　乙種類株式につき、1,000株、第一種優先株式につき、500株、
　　　　　第二種優先株式につき、500株とする。
（各種類株式の内容）
　　第8条　各種類株式の内容は、次のとおりとする。

　　　　　１．甲種類株式を有する株主は、その種類株主総会におい
　　　　　　て、取締役３名を選任する。
　　　　　２．乙種類株式を有する株主は、その種類株主総会におい
　　　　　　て、取締役１名及び監査役１名を選任する。
　　　　　３．第一種優先株式及び第二種優先株式を有する株主は、
　　　　　　種類株主総会において取締役を選任することはできない。

　以上をもって本総会の議案全部を終了したので、議長は閉会の挨拶を述べ、午前〇〇時〇〇分散会した。
　上記の決議を明確にするため、この議事録を作成し、議長が議事録作成者として次に記名する。

　　令和〇年〇月〇日

　　　　　　　　　　　　　　　　　　〇〇株式会社　臨時株主総会
　　　　　　　　　　　　　　　　　　　議事録作成者　　　Ａ

【資料２　委任状】

　　　　　　　　　　　委　任　状

　　　　　　住所　〇〇県〇〇市…
　　　　　　氏名　司法書士　〇〇〇

　　私は、上記の者を代理人と定め、下記事項に関する一切の権限を委任する。
　　　　　　　　　　　　　記
１．発行可能種類株式総数及び発行する各種類の株式の内容の変更に関する登記申請についての一切の件

1．原本還付の請求及び受領の件

令和〇年〇月〇日

〇〇県〇〇市…
〇〇株式会社
代表取締役　A　㊞(※)

(※)　登記所に提出している印鑑を押印します。

(6) 登記記録の編成

　種類株式として役員選任権付種類株式に関する規定を設定するときの登記は、「発行可能種類株式総数及び発行する各種類の株式の内容」欄に次のように登記されます。

発行可能種類株式総数及び発行する各種類の株式の内容	甲種類株式　　　1,000株 乙種類株式　　　1,000株 第一種優先株式　　500株 第二種優先株式　　500株 1．甲種類株式を有する株主は、その種類株主総会において、取締役3名を選任する。 2．乙種類株式を有する株主は、その種類株主総会において、取締役1名及び監査役1名を選任する。 3．第一種優先株式及び第二種優先株式を有する株主は、種類株主総会において取締役を選任することはできない。 　　　　令和〇年〇月〇日変更　令和〇年〇月〇日登記

第11章　種類株主総会の決議を要しない旨の定め

1　意　義

　種類株式発行会社が次の行為をする場合において、ある種類の株式の種類株主に損害を及ぼすおそれがある場合は、当該行為は、原則として、当該種類株式の種類株主を構成員とする種類株主総会（当該種類株主に係る株式の種類が2以上ある場合にあっては、当該2以上の株式の種類別に区分された種類株主を構成員とする各種類株主総会）の特別決議がなければ、その効力を生じません（会社法322条1項本文柱書、324条2項4号）[25]が、ある種類の株式の内容として、次の行為のうち、①の行為（単元株式数についてのものを除く。）についての定款変更を除くすべての行為をする場合に種類株主総会の決議を要しない旨を定款で定めることができ（会社法322条2項・3項）、定款にその旨を定めたときは、当該定めも当該種類株式の内容となります

25　当該種類株主総会において議決権を行使することができる種類株主が存しない場合は、当該種類株主総会の特別決議は不要です（会社法322条1項柱書但書）。

1　意　義

（会社法322条2項）。

---

① 次の事項についての定款の変更（会社法111条1項又は2項に規定するものを除く。）（会社法322条1項1号柱書）
　(i) 株式の種類の追加（会社法322条1項1号イ）
　(ii) 株式の内容の変更（会社法322条1項1号ロ）
　(iii) 発行可能株式総数又は発行可能種類株式総数の増加（会社法322条1項1号ハ）
② 会社法179条の3第1項の承認（会社法322条1項1号の2）
③ 株式の併合又は株式の分割（会社法322条1項2号）
④ 会社法185条に規定する株式無償割当て（会社法322条1項3号）
⑤ 当該株式会社の株式を引き受ける者の募集（会社法202条1項各号に掲げる事項を定めるものに限る。）（会社法322条1項4号）
⑥ 当該株式会社の新株予約権を引き受ける者の募集（会社法241条1項各号に掲げる事項を定めるものに限る。）（会社法322条1項5号）
⑦ 会社法277条に規定する新株予約権無償割当て（会社法322条1項6号）
⑧ 合併（会社法322条1項7号）
⑨ 吸収分割（会社法322条1項8号）
⑩ 吸収分割による他の会社がその事業に関して有する権利義務の全部又は一部の承継（会社法322条1項9号）
⑪ 新設分割（会社法322条1項10号）
⑫ 株式交換（会社法322条1項11号）
⑬ 株式交換による他の株式会社の発行済株式全部の取得（会社法322条1項12号）
⑭ 株式移転（会社法322条1項13号）
⑮ 株式交付（会社法322条1項14号）

2　手続

(1) **株主総会の特別決議**

　種類株主総会の決議を要しない旨の定款の定めを設定する場合、株主総会の特別決議を要します（会社法466条、309条2項11号）。

(2) **種類株主全員の同意**

　ある種類の株式の発行後に定款を変更して当該種類の株式について種類株主総会の決議を要しない旨の定款の定めを設定する場合は、当該種類の種類株主全員の同意を得なければなりません（会社法322条4項）。

3　登記手続

(1) **登記期間**

　株式会社は、ある種類の株式の内容として種類株主総会の決議を要しない旨に関する規定を設定したときは、その設定がなされたときから、2週間以内にその本店の所在地において、変更の登記をしなければなりません（会社法915条1項、911条3項7号）。

(2) **登記の事由**

　登記の事由は、「発行可能種類株式総数及び発行する各種類の株式の内容の変更」です。

(3) **登記すべき事項**

　登記すべき事項は、種類株主総会の決議を要しない旨の定め等及び変更年月日です。

(4) **添付書類**

・株主総会議事録（商業登記法46条2項、後記資料1のとおり。）及び

3　登記手続

　　株主リスト（商業登記規則61条3項）
- 上記2(2)の種類株主全員の同意を得た場合は、当該種類全員の同意書（商業登記法46条1項）及び株主リスト（商業登記規則61条2項）
- 司法書士等に申請代理を委任する場合は、委任状（商業登記法18条、後記資料2のとおり。）

(5) **登録免許税**

　　登録免許税は、申請1件につき金3万円（登録免許税法別表1第24号(1)ツ）です。

【登記申請書例】

株式会社変更登記申請書

1．会社法人等番号	○○○○-○○-○○○○○○
フリガナ	○○○○
1．商　　　　号	○○株式会社
1．本　　　　店	○○県○○市…
1．登記の事由	発行可能種類株式総数及び発行する各種類の株式の内容の変更
1．登記すべき事項	別紙のとおり
1．登録免許税	金3万円
1．添付書類	株主総会議事録　　　　1通 株主リスト　　　　　　1通 委任状　　　　　　　　1通

上記のとおり登記の申請をする。

令和○年○月○日

○○県○○市…
　　申請人　　○○株式会社
○○県○○市…
　　代表取締役　　○○○○
○○県○○市…
　　上記代理人　司法書士　○○○○
　　連絡先の電話番号　○○○－○○○○－○○○○
○○法務局　御中

別　紙（登記すべき事項）
「発行可能種類株式総数及び発行する各種類の株式の内容」
甲種類株式　　1,000株
乙種類株式　　1,000株
1．甲種類株式を有する株主は、その種類株主総会において、取締役3名を選任する。
2．乙種類株式を有する株主は、その種類株主総会において、取締役1名及び監査役1名を選任する。
3．乙種類株式を有する種類株主による会社法第322条第1項の規定に基づく種類株主総会の決議については、これを要しない。
「原因年月日」令和○年○月○日変更

【資料1　株主総会議事録例】

臨時株主総会議事録

　令和○年○月○日午前○○時○○分より、当会社の本店において、臨時株主総会を開催した。
　　株主の総数　　　　　　　　　　　　　　　　　　　　　　○名

発行済株式の総数　　　　　　　　　　　　　　○株
　　　議決権を行使することができる株主の数　　　　○名
　　　議決権を行使することができる株主の議決権の数　○個
　　　出席した株主の数（委任状による者を含む）　　○名
　　　出席した株主の議決権の数　　　　　　　　　　○個
　　　出席役員等
　　　代表取締役　　　A　（議長兼議事録作成者）
　　　取　締　役　　　B
　　　取　締　役　　　C
　　　監　査　役　　　D

　上記のとおり出席があったので、本株主総会は適法に成立した。
　定刻代表取締役Aは選ばれて議長となり、開会を宣し直ちに議事に入った。

　　　議案　　　発行可能種類株式総数及び発行する各種類の株式の内容
　　　　　　　　設定の件
　議長は、発行可能種類株式総数及び発行する各種類の株式の内容の設定について詳細な説明をしたうえ、本日付で下記のとおり定款規程を変更したい旨を提案し、その賛否を議場に諮ったところ、全員一致をもって原案どおり可決確定した。
定款第5条の後に次の条項を新設し、以下条数を繰り下げる。
　なお、既に発行されている株式は甲種類株式とする。
（発行する株式の種類）
　　　第6条　当会社は、甲種類株式及び乙種類株式を発行する。
（発行可能種類株式総数）
　　　第7条　発行可能種類株式総数は、甲種類株式につき、1,000株、

乙種類株式につき、1,000株とする。

（各種類株式の内容）

第８条　各種類株式の内容は、次のとおりとする。

　　１．甲種類株式を有する株主は、その種類株主総会において、取締役３名を選任する。

　　２．乙種類株式を有する株主は、その種類株主総会において、取締役１名及び監査役１名を選任する。

　　３．乙種類株式を有する種類株主による会社法第322条第１項の規定に基づく種類株主総会の決議については、これを要しない。

　以上をもって本総会の議案全部を終了したので、議長は閉会の挨拶を述べ、午前〇〇時〇〇分散会した。

　上記の決議を明確にするため、この議事録を作成し、議長が議事録作成者として次に記名する。

　令和〇年〇月〇日

〇〇株式会社　臨時株主総会
議事録作成者　Ａ

【資料２　委任状】

委　任　状

住所　〇〇県〇〇市…

氏名　司法書士　〇〇〇

私は、上記の者を代理人と定め、下記事項に関する一切の権限を委任

する。
記
1．発行可能種類株式総数及び発行する各種類の株式の内容の変更に関する登記申請についての一切の件
1．原本還付の請求及び受領の件

　　令和○年○月○日

　　　　　　　　　　　　　　　　○○県○○市…
　　　　　　　　　　　　　　　　○○株式会社
　　　　　　　　　　　　　　　　代表取締役　A　㊞（※）

（※）登記所に提出している印鑑を押印します。

(6) 登記記録の編成

　種類株式の内容として種類株主総会の決議を要しない旨の定めを設定するときの登記は、「発行可能種類株式総数及び発行する各種類の株式の内容」欄に次のように記録されます。

【登記記録例】

発行可能種類株式総数及び発行する各種類の株式の内容	甲種類株式　　1,000株 乙種類株式　　1,000株 1．甲種類株式を有する株主は、その種類株主総会において、取締役3名を選任する。 2．乙種類株式を有する株主は、その種類株主総会において、取締役1名及び監査役1名を選任する。 3．乙種類株式を有する種類株主による会社法第322条第1項の規定に基づく種類株主総会の決議については、これを要しない。 　　　　　　令和○年○月○日変更　令和○年○月○日登記

第12章　単元株制度

1　意義

　株式会社は、その発行する株式について、一定の数の株式をもって株主が株主総会又は種類株主総会において一個の議決権を行使することができる一単元の株式とする旨を定款で定めることができ、その一定の数の株式を単元株といいます（会社法2条20号、188条1項）。

　この単元株制度が適用されると、一単元未満の数の株式のみを有する株主は、単元未満株主として取り扱われ、議決権を行使することができないこととなります（会社法189条1項、308条1項但書）。単元株制度は、株主の管理コストの削減を図ることができる反面、少数株主の権利が制限されることとなるため、一単元の株式となる株式の数は、1,000及び発行済株式の総数の200分の1に当たる数を超えることはできず（会社法188条2項、会社法施行規則34条）、また、種類株式発行会社においては、単元株式数は、株式の種類ごとに定めなければならないとされています（会社法188条3項）。

2　単元未満株式についての権利の制限等

　単元未満株主は、その有する単元未満株式について、株主総会及び種類株主総会において議決権を行使することができません（会社法189条1項、308条1項但書）が、株式会社は、単元未満株主が当該単元未満株式について次の権利以外の権利の全部又は一部を行使することができない旨を定款で定めることができます（会社法189条2項、会社法施行規則35条）。

① 　会社法171条1項1号に規定する取得対価の交付を受ける権利（会社法189条2項1号）
② 　株式会社による取得条項付株式の取得と引換えに金銭等の交付を受ける権利（会社法189条2項2号）
③ 　会社法185条に規定する株式無償割当てを受ける権利（会社法189条2項3号）
④ 　会社法192条1項の規定により単元未満株式を買い取ることを請求する権利（会社法189条2項4号）
⑤ 　残余財産の分配を受ける権利（会社法189条2項5号）
⑥ 　会社法31条2項各号に掲げる請求をする権利（会社法施行規則35条1項1号・2項1号、会社法189条2項6号）
⑦ 　会社法122条1項の規定による株主名簿記載事項（会社法154条の2第3項に規定する場合にあっては、当該株主の有する株式が信託財産に属する旨を含む。）を記載した書面の交付又は当該株主名簿記載事項を記録した電磁的記録の提供を請求する権利（会社法施行規則35条1項2号、会社法189条2項6号。ただし、株券発行会社を除く（会社法施行規則35条2項1号）。）
⑧ 　会社法125条2項各号に掲げる請求をする権利（会社法施行規則35

条1項3号・2項1号、会社法189条2項6号）

⑨　会社法133条1項の規定による請求（次に掲げる事由により取得した場合における請求に限る。）をする権利（会社法施行規則35条1項4号、会社法189条2項6号。ただし、株券発行会社を除く（会社法施行規則35条2項1号）。）

　　イ　相続その他の一般承継

　　ロ　株式売渡請求による売渡株式の全部の取得

　　ハ　吸収分割又は新設分割による他の会社がその事業に関して有する権利義務の承継

　　ニ　株式交換又は株式移転による他の株式会社の発行済株式の全部の取得

　　ホ　会社法197条2項の規定による売却

　　ヘ　会社法234条2項（会社法235条2項において準用する場合を含む。）の規定による売却

　　ト　競売

⑩　会社法137条1項の規定による請求（上記⑨イからトまでに掲げる事由により取得した場合における請求に限る。）をする権利（会社法施行規則35条1項5号、会社法189条2項6号。ただし、株券発行会社を除く（会社法施行規則35条2項1号）。）

⑪　株式売渡請求により特別支配株主が売渡株式の取得の対価として交付する金銭の交付を受ける権利（会社法施行規則35条1項6号・2項1号、会社法189条2項6号）

⑫　株式会社が行う次に掲げる行為により金銭等の交付を受ける権利（会社法施行規則35条1項7号・2項1号、会社法189条2項6号）

　　イ　株式の併合

　　ロ　株式の分割

　　ハ　新株予約権無償割当て

2 単元未満株式についての権利の制限等

　　ニ　剰余金の配当
　　ホ　組織変更
⑬　株式会社が行う次の行為により当該各号に定める者が交付する金銭等の交付を受ける権利（会社法施行規則35条１項８号・２項１号、会社法189条２項６号）
　　イ　吸収合併（会社以外の者と行う合併を含み、合併により当該株式会社が消滅する場合に限る。）　当該吸収合併後存続するもの
　　ロ　新設合併（会社以外の者と行う合併を含む。）　当該新設合併により設立されるもの
　　ハ　株式交換　株式交換完全親会社
　　ニ　株式移転　株式移転設立完全親会社
⑭　株券発行会社においては、会社法133条１項の規定による請求をする権利（会社法施行規則35条２項２号、会社法189条２項６号）
⑮　株券発行会社においては、会社法137条１項の規定による請求をする権利（会社法　施行規則35条２項３号、会社法189条２項６号）
⑯　株券発行会社においては、会社法189条３項の定款の定めがある場合以外の場合における会社法215条４項及び217条６項の規定による株券の発行を請求する権利（会社法施行規則35条２項４号、会社法189条２項６号）
⑰　株券発行会社においては、会社法189条３項の定款の定めがある場合以外の場合における会社法217条１項の規定による株券の所持を希望しない旨の申出をする権利（会社法施行規則35条２項５号、会社法189条２項６号）

3 手続

(1) **株主総会の特別決議**

単元株式数の設定又は変更は、原則的に、株主総会の特別決議により定款を変更することで行います（会社法188条1項、309条2項11号）。

(2) **取締役の決定等**

①単元株式数を減少し又は廃止する場合（会社法195条1項）、②単元株式数の設定又は増加を株式の分割と同時に行い、その定款変更の前後において各株主の議決権数が減少しない場合（会社法191条）には、上記(1)の株主総会の特別決議を要せず、取締役の過半数の決定（取締役会設置会社にあっては、取締役会の決議）で足ります。

なお、①の場合、株式会社は、当該定款の変更の効力が生じた日以後遅滞なく、その株主（種類株式発行会社にあっては、同項の規定により単元株式数を変更した種類の種類株主）に対し、当該定款の変更をした旨を通知又は公告しなければなりません（会社法195条2項・3項）。

(3) **種類株主総会の特別決議**

種類株式発行会社における単元株式数についての定款の変更により、ある種類の株式の種類株主に損害を及ぼすおそれがある場合は、当該定款の変更は、原則的に、当該種類の株式の種類株主を構成員とする種類株主総会の特別決議がなければ、その効力を生じません（会社法322条1項1号）。

ただし、上記第11章の種類株主総会の決議を要しない旨を定款で定めたときは、株式会社は、種類株主総会の特別決議に代えて、当該定款変更が効力を生ずる日（以下、この条及び次条において「効力発生日」という。）の20日前までに、当該種類株式の株主に対し、当該定款変更をする旨を通知又は公告しなければならず、反対株主の株式買取請求の手

続が必要になります（会社法116条）。

4　登記手続

(1) 単元株式数の定めの設定

ア　登記期間

株式会社は、単元株式数の定めを設定したときは、その設定をしたときから、2週間以内にその本店の所在地において、変更の登記をしなければなりません（会社法915条1項、911条3項8号）。

イ　登記の事由

登記の事由は、「単元株式数の設定」です。

ウ　登記すべき事項

登記すべき事項は、設定した単元株式数と設定年月日です。

エ　添付書類

・株主総会議事録（商業登記法46条2項、後記資料1のとおり。）及び株主リスト（商業登記規則61条3項）。なお、上記3(2)の場合は、取締役の過半数の一致を証する書面（取締役会設置会社にあっては、取締役会議事録）（商業登記法46条1項・2項）

・上記3(3)の種類株主総会の特別決議を要する場合は、種類株主総会議事録（商業登記法46条2項）及び株主リスト（商業登記規則61条3項）

・司法書士等に申請代理を委任する場合は、委任状（商業登記法18条、後記資料2のとおり。）

オ　登録免許税

登録免許税は、申請1件につき金3万円（登録免許税法別表1第24号(1)ツ）です。

【登記申請書例】

株式会社変更登記申請書

1．会社法人等番号　　　○○○○-○○-○○○○○○

　　　　フリガナ　　　　○○○○
1．商　　　　　号　　　○○株式会社
1．本　　　　　店　　　○○県○○市…
1．登 記 の 事 由　　　単元株式数の設定
1．登記すべき事項　　　別紙のとおり
1．登 録 免 許 税　　　金3万円
1．添 付 書 類　　　　株主総会議事録　　　　1通
　　　　　　　　　　　株主リスト　　　　　　1通
　　　　　　　　　　　委任状　　　　　　　　1通

　上記のとおり登記の申請をする。

　　　令和○年○月○日
　　　　　　　○○県○○市…
　　　　　　　　　申請人　　○○株式会社
　　　　　　　○○県○○市…
　　　　　　　　　代表取締役　　○○○○
　　　　　　　○○県○○市…
　　　　　　　　　上記代理人　司法書士　　○○○○
　　　　　　　　　連絡先の電話番号　○○○-○○○○-○○○○
　○○法務局　御中

> 別　紙（登記すべき事項）
> 「単元株式数」○○株
> 「原因年月日」令和○年○月○日設定

【資料1　株主総会議事録例】

> ### 臨時株主総会議事録
>
> 　令和○年○月○日午前○○時○○分より、当会社の本店において、臨時株主総会を開催した。
>
> 　　株主の総数　　　　　　　　　　　　　　　　　　○名
> 　　発行済株式の総数　　　　　　　　　　　　　　　○株
> 　　議決権を行使することができる株主の数　　　　　○名
> 　　議決権を行使することができる株主の議決権の数　○個
> 　　出席した株主の数（委任状による者を含む）　　　○名
> 　　出席した株主の議決権の数　　　　　　　　　　　○個
> 　　出席役員等
> 　　代表取締役　　A（議長兼議事録作成者）
>
> 　上記のとおり出席があったので、本株主総会は適法に成立した。
> 　定刻代表取締役Aは選ばれて議長となり、開会を宣し直ちに議事に入った。
>
> 　　議案　　　定款変更の件
> 　議長は、単元株式数を設定する必要がある旨につき詳細な説明をしたうえ、本日付で下記のとおり定款規程を変更したい旨を提案し、その賛

否を議場に諮ったところ、全員一致をもって原案どおり可決確定した。
定款第○条の後に次の条項を新設し、以下条数を繰り下げる。

(単元株式数)
　　第○条　当会社の一単元の株式数は、○○株とする。
(単元未満株主の権利の制限)
　　第○条　当会社の単元未満株式を有する株主(以下、「単元未満株主」という。)は、その有する単元未満株式については、会社法第189条第2項各号に規定する権利以外の権利を行使できないものとする。
(単元未満株式売渡請求)
　　第○条　単元未満株主は、その有する単元未満株式の数と併せて単元株式数となる数の株式を自己に売り渡すことを請求することができる。

　以上をもって本総会の議案全部を終了したので、議長は閉会の挨拶を述べ、午前○○時○○分散会した。
　上記の決議を明確にするため、この議事録を作成し、議長である出席代表取締役が次に記名する。

　　令和○年○月○日

　　　　　　　　　　　　　　　○○株式会社　臨時株主総会
　　　　　　　　　　　　　　　議長　代表取締役　　　A

【資料2　委任状】

委　任　状

住所　〇〇県〇〇市…

氏名　司法書士　〇〇〇

　私は、上記の者を代理人と定め、下記事項に関する一切の権限を委任する。

記

1．単元株式数の設定に関する登記申請についての一切の件
1．原本還付の請求及び受領の件

　令和〇年〇月〇日

　　　　　　　　　　　　　　　〇〇県〇〇市…
　　　　　　　　　　　　　　　〇〇株式会社
　　　　　　　　　　　　　　　代表取締役　A　㊞（※）

（※）登記所に提出している印鑑を押印します。

カ　登記記録の編成

　単元株式数の定めを設定するときの登記は、「単元株式数」欄に次のように記録されます。

【登記記録例】

(1)　一単元の株式の数を設定した場合

単元株式数	〇〇株
	令和〇年〇月〇日設定　令和〇年〇月〇日登記

(2) 種類株式発行会社において、株式の種類ごとに異なる一単元の株式の数を設定した場合

| 単元株式数 | 甲種類株式　〇〇株
乙種類株式　〇〇株
　　　令和〇年〇月〇日設定　令和〇年〇月〇日登記 |

(2) 単元株式数の定めの変更

　ア　登記期間

　　　株式会社は、単元株式数の定めを変更したときは、その変更をしたときから、2週間以内にその本店の所在地において、変更の登記をしなければなりません（会社法915条1項、911条3項8号）。

　イ　登記の事由

　　　登記の事由は、「単元株式数の変更」です。

　ウ　登記すべき事項

　　　登記すべき事項は、変更した単元株式数と変更年月日です。

　エ　添付書類

　　・株主総会議事録（商業登記法46条2項）及び株主リスト（商業登記規則61条3項）。なお、上記3(2)の場合は、取締役の過半数の一致を証する書面（取締役会設置会社にあっては、取締役会議事録、後記資料1のとおり。商業登記法46条1項・2項）

　　・上記3(3)の種類株主総会の特別決議を要する場合は、種類株主総会議事録（商業登記法46条2項）及び株主リスト（商業登記規則61条3項）

　　・司法書士等に申請代理を委任する場合は、委任状（商業登記法18条、後記資料2のとおり。）

　オ　登録免許税

　　　登録免許税は、申請1件につき金3万円（登録免許税法別表1第24号(1)ツ）です。

【登記申請書例】

株式会社変更登記申請書

１．会社法人等番号	○○○○－○○－○○○○○○	
フリガナ	○○○○	
１．商　　　　号	○○株式会社	
１．本　　　　店	○○県○○市…	
１．登記の事由	単元株式数の変更	
１．登記すべき事項	別紙のとおり	
１．登録免許税	金３万円	
１．添付書類	取締役会議事録	１通
	株主リスト	１通
	委任状	１通

上記のとおり登記の申請をする。

　　令和○年○月○日
　　　　　○○県○○市…
　　　　　　　申請人　　○○株式会社
　　　　　○○県○○市…
　　　　　　　代表取締役　○○○○
　　　　　○○県○○市…
　　　　　　　上記代理人　司法書士　○○○○
　　　　　　　連絡先の電話番号　○○○－○○○○－○○○○

○○法務局　御中

別　紙（登記すべき事項）

「単元株式数」

甲種類株式　〇〇株

乙種類株式　△△株

「原因年月日」令和〇年〇月〇日変更

【資料1　取締役会議事録例】

取締役会議事録

　令和〇年〇月〇日午前〇〇時〇〇分より本店において、取締役会を開催した。

　　　取締役総数　　　〇名　　出席取締役数　　　〇名
　　　監査役総数　　　〇名　　出席監査役数　　　〇名
　　出席役員
　　　代表取締役　　〇〇〇〇（議長兼議事録作成者）
　　　取　締　役　　〇〇〇〇
　　　取　締　役　　〇〇〇〇
　　　監　査　役　　〇〇〇〇

　上記のとおり出席があったので定刻代表取締役〇〇〇〇は選ばれて議長となり開会を宣し直ちに議事に入った。

　　第1号議案　　定款変更の件
　議長は、当会社の乙種類株式について単元株式数を減少する必要がある旨を詳細に説明し、定款第〇条を下記のとおり変更することについて、

その賛否を議場に諮ったところ、全員一致をもって原案どおり可決確定した。

記

変更前	変更後
（単元株式数） 第○条　当会社の一単元の株式数は、次のとおりとする。 　　甲種類株式　○○株 　　乙種類株式　○○株	（単元株式数） 第○条　当会社の一単元の株式数は、次のとおりとする。 　　甲種類株式　○○株 　　乙種類株式　△△株

　以上をもって本取締役会の議案全部を終了したので、議長は閉会の挨拶を述べ、午前○○時○○分散会した。

　上記の決議を明確にするため、この議事録を作成し、出席取締役及び出席監査役の全員がこれに記名をする。
　令和○年○月○日

　　　　　　　　　　　　　　　　　○○株式会社
　　　　　　　　　　　　　　　　　　出席取締役　　A
　　　　　　　　　　　　　　　　　　同　　　　　　B
　　　　　　　　　　　　　　　　　　同　　　　　　C
　　　　　　　　　　　　　　　　　　出席監査役　　D

【資料2　委任状】

委　任　状

　　住所　○○県○○市…
　　氏名　司法書士　○○○

私は、上記の者を代理人と定め、下記事項に関する一切の権限を委任する。

　　　　　　　　　　　　　　　記
1．単元株式数の変更に関する登記申請についての一切の件
1．原本還付の請求及び受領の件

　　令和○年○月○日

　　　　　　　　　　　　　　　　　○○県○○市…
　　　　　　　　　　　　　　　　　○○株式会社
　　　　　　　　　　　　　　　　　代表取締役　A　㊞（※）

（※）登記所に提出している印鑑を押印します。

　カ　登記記録の編成

　　単元株式数の定めを変更するときの登記は、「単元株式数」欄に次のように記録されます。

　【登記記録例】
　(1)　一単元の株式の数を設定していた場合

単元株式数	○○株
	令和○年○月○日設定　令和○年○月○日登記
	○○株
	令和○年○月○日変更　令和○年○月○日登記

　(2)　種類株式発行会社において、株式の種類ごとに異なる一単元の株式の数を設定していた場合

単元株式数	甲種類株式　○○株
	乙種類株式　○○株
	令和○年○月○日設定　令和○年○月○日登記

4　登記手続

```
甲種類株式　○○株
乙種類株式　△△株
　　　　　令和○年○月○日変更　令和○年○月○日登記
```

(3) 単元株式数の定めの廃止

　ア　登記期間

　　　株式会社は、単元株式数の定めを廃止したときは、その廃止をしたときから、2週間以内にその本店の所在地において、変更の登記をしなければなりません（会社法915条1項、911条3項8号）。

　イ　登記の事由

　　　登記の事由は、「単元株式数の定めの廃止」です。

　ウ　登記すべき事項

　　　登記すべき事項は、単元株式数の定めの廃止の旨と廃止年月日です。

　エ　添付書類

　　・取締役の過半数の一致を証する書面（取締役会設置会社にあっては、取締役会議事録（後記資料1のとおり。））（商業登記法46条1項・2項）

　　・司法書士等に申請代理を委任する場合は、委任状（商業登記法18条、後記資料2のとおり。）

　オ　登録免許税

　　　登録免許税は、申請1件につき金3万円（登録免許税法別表1第24号(1)ツ）です。

【登記申請書例】

```
　　　　　　　　株式会社変更登記申請書

1．会社法人等番号　　　　○○○○-○○-○○○○○○
　　フリガナ　　　　　　○○○○
```

```
1．商　　　　号　　　○○株式会社
1．本　　　　店　　　○○県○○市…
1．登 記 の 事 由　　　単元株式数の定めの廃止
1．登記すべき事項　　　別紙のとおり
1．登 録 免 許 税　　　金３万円
1．添 付 書 類　　　取締役会議事録　　　　　１通
　　　　　　　　　　　委任状　　　　　　　　１通


　上記のとおり登記の申請をする。


　　令和○年○月○日
　　　　○○県○○市…
　　　　　　申請人　　○○株式会社
　　　　○○県○○市…
　　　　　　代表取締役　　○○○○
　　　　○○県○○市…
　　　　　　上記代理人　司法書士　○○○○
　　　　　　連絡先の電話番号　○○○-○○○○-○○○○
○○法務局　御中
```

別　紙（登記すべき事項）
「単元株式数」
「原因年月日」令和○年○月○日廃止

【資料1　取締役会議事録例】

取締役会議事録

　令和○年○月○日午前○○時○○分より本店において、取締役会を開催した。

　　取締役総数　　　　○名　　出席取締役数　　　○名
　　監査役総数　　　　○名　　出席監査役数　　　○名
出席役員
　　代表取締役　　○○○○（議長兼議事録作成者）
　　取　締　役　　○○○○
　　取　締　役　　○○○○
　　監　査　役　　○○○○

上記のとおり出席があったので定刻代表取締役○○○○は選ばれて議長となり開会を宣し直ちに議事に入った。

　　第1号議案　　　定款変更の件
議長は、当会社の株式について単元株式数の定めを廃止する必要がある旨を詳細に説明し、定款第○条を削除し、変更前の定款第○条を第○条とし、以下、1条ずつ繰り上げることについて、その賛否を議場に諮ったところ、全員一致をもってこれを可決確定した。

記

変更前	変更後
（単元株式数） 第○条　当会社の一単元の株式数は、次のとおりとする。	（単元株式数） 第○条　（削除）

```
    甲種類株式  ○○株
    乙種類株式  △△株
```

　以上をもって本取締役会の議案全部を終了したので、議長は閉会の挨拶を述べ、午前○○時○○分散会した。

　上記の決議を明確にするため、この議事録を作成し、出席取締役及び出席監査役の全員がこれに記名をする。
　令和○年○月○日

　　　　　　　　　　　　　　　　○○商事株式会社
　　　　　　　　　　　　　　　　　出席取締役　　A
　　　　　　　　　　　　　　　　　同　　　　　　B
　　　　　　　　　　　　　　　　　同　　　　　　C
　　　　　　　　　　　　　　　　　出席監査役　　D

【資料2　委任状】

委　任　状

　　　　住所　○○県○○市…
　　　　氏名　司法書士　○○○

　私は、上記の者を代理人と定め、下記事項に関する一切の権限を委任する。

記

1．単元株式数の定めの廃止に関する登記申請についての一切の件
1．原本還付の請求及び受領の件

4　登記手続

```
　　令和○年○月○日
　　　　　　　　　　　　　　○○県○○市…
　　　　　　　　　　　　　　　○○株式会社
　　　　　　　　　　　　　　　　代表取締役　A　㊞(※)
```

(※)　登記所に提出している印鑑を押印します。

カ　登記記録の編成

単元株式数の定めを廃止するときの登記は、「単元株式数」欄に次のように記録されます。

【登記記録例】

(1)　一単元の株式の数を設定していた場合

単元株式数	○○株
	令和○年○月○日設定　令和○年○月○日登記
	令和○年○月○日廃止　令和○年○月○日登記

(2)　種類株式発行会社において、株式の種類ごとに異なる一単元の株式の数を設定していた場合

単元株式数	甲種類株式　○○株 乙種類株式　○○株
	令和○年○月○日設定　令和○年○月○日登記
	令和○年○月○日廃止　令和○年○月○日登記

第13章　株式の内容についての定め設定後の変更・廃止

1　手続

　発行する全部の株式の内容や種類株式についての定めを設定した後、それを変更・廃止するには、当該定款の定めを変更する必要があります。

(1) **株主総会の特別決議**

　　発行する全部の株式の内容や種類株式についての定めについてのそれを変更・廃止する定款変更の手続は、原則的に、株主総会の特別決議で足ります（会社法466条、309条2項11号）。

(2) **株主全員の同意**

　　取得条項付株式の内容変更（廃止を除く。）については、上記(1)の手続に加えて、株主全員の同意（種類株式発行会社においては、当該種類株式を有する株主全員の同意）も必要となります（会社法110条、111条1項）。

(3) **種類株主総会の特別決議**

設定後の発行する全部の株式の内容や種類株式についての定めを変更・廃止をすることで、ある種類の株式の株主に損害を及ぼすおそれがある場合は、当該定款の変更には、当該種類株主を構成員とする種類株主総会の特別決議も必要となります（会社法322条1項1号ロ、324条2項4号）。ただし、当該種類株主総会において議決権を行使することができる種類株主が存しない場合は、当該種類株主総会の特別決議は不要です（会社法322条1項柱書但書）。

2　登記手続

　株式会社は、「株式の譲渡制限に関する規定」、「発行する株式の内容」、「発行可能種類株式総数及び発行する各種類の株式の内容」を変更・廃止したときは、その変更・廃止がなされたときから、2週間以内にその本店の所在地において、変更の登記をしなければなりません（会社法915条1項、911条3項7号）。

(1) **発行する株式の全部の株式の内容としての株式の譲渡制限に関する規定の変更・廃止**

　ア　変更の登記手続

　　株式の譲渡制限に関する規定を変更する場合は、それを設定する場合に必要であった株主に対する通知又は公告及び反対株主による株式買取請求、新株予約権者に対する通知又は公告及び新株予約権者による新株予約権買取請求、株券提出公告等の手続は不要です。

　① 登記期間

　　株式会社は、「発行する株式の全部の株式の内容としての株式の譲渡制限に関する規定」を変更するときは、その変更したときから、2週間以内にその本店の所在地において、変更の登記をしなければ

なりません（会社法915条1項、911条3項7号）。

② 登記の事由

登記の事由は、「株式の譲渡制限に関する規定の変更」です。

③ 登記すべき事項

登記すべき事項は、変更後の譲渡制限株式の定め及び変更年月日です。

④ 添付書類

・株主総会議事録（商業登記法46条2項、後記資料1のとおり。）及び株主リスト（商業登記規則61条3項）

・司法書士等に申請代理を委任する場合は、委任状（商業登記法18条、後記資料2のとおり。）

⑤ 登録免許税

登録免許税は、申請1件につき金3万円（登録免許税法別表1第24号(1)ツ）です。

【登記申請書例】

株式会社変更登記申請書

1．会社法人等番号	○○○○－○○－○○○○○○	
フリガナ	○○○○	
1．商　　　号	○○株式会社	
1．本　　　店	○○県○○市…	
1．登記の事由	株式の譲渡制限に関する規定の変更	
1．登記すべき事項	別紙のとおり	
1．登録免許税	金3万円	
1．添付書類	株主総会議事録	1通
	株主リスト	1通

委任状　　　　　　　　1通

上記のとおり登記の申請をする。

　令和○年○月○日
　　　　○○県○○市…
　　　　　申請人　　○○株式会社
　　　　○○県○○市…
　　　　　代表取締役　○○○○
　　　　○○県○○市…
　　　　　上記代理人　司法書士　○○○○
　　　　　連絡先の電話番号　○○○－○○○○－○○○○
○○法務局　御中

別　紙（登記すべき事項）
「株式の譲渡制限に関する規定」
当会社の株式を譲渡により取得するには、当会社の承認を受けなければならない。
「原因年月日」令和○年○月○日変更

【資料1　株主総会議事録例】

臨時株主総会議事録

　令和○年○月○日午前○○時○○分より、当会社の本店において、臨時株主総会を開催した。

　　株主の総数　　　　　　　　　　　　　　　　　　　○名

発行済株式の総数　　　　　　　　　　　　　　　　　　○株
　　　議決権を行使することができる株主の数　　　　　　　　○名
　　　議決権を行使することができる株主の議決権の数　　　　○個
　　　出席した株主の数（委任状による者を含む）　　　　　　○名
　　　出席した株主の議決権の数　　　　　　　　　　　　　　○個
　　　出席役員等
　　　代表取締役　　A（議長兼議事録作成者）

　上記のとおり出席があったので、本株主総会は適法に成立した。
　定刻代表取締役Aは選ばれて議長となり、開会を宣し直ちに議事に入った。

　　　議案　　　定款一部変更の件
　議長は、現行定款第○条の株式の譲渡制限に関する規定を「当会社の株式を譲渡により取得するには、当会社の承認を受けなければならない。」と変更する必要がある旨を詳細に説明し、議場に諮ったところ、満場一致でこれを承認可決した。（※）

　以上をもって本総会の議案全部を終了したので、議長は閉会の挨拶を述べ、午前○○時○○分散会した。
　上記の決議を明確にするため、この議事録を作成し、議長である出席代表取締役が次に記名する。
　　　令和○年○月○日
　　　　　　　　　　　　　○○株式会社　臨時株主総会
　　　　　　　　　　　　　議長　代表取締役　　A

（※）変更前後の定款規定を記載する方法もあります。

【資料2　委任状】

委　任　状

　　　　住所　〇〇県〇〇市…
　　　　氏名　司法書士　〇〇〇

　私は、上記の者を代理人と定め、下記事項に関する一切の権限を委任する。

記

1．株式の譲渡制限に関する規定の変更に関する登記申請についての一切の件
1．原本還付の請求及び受領の件

　令和〇年〇月〇日

　　　　　　　　　　　　　　　〇〇県〇〇市…
　　　　　　　　　　　　　　　〇〇株式会社
　　　　　　　　　　　　　　　代表取締役　A　㊞(※)

(※)　登記所に提出している印鑑を押印します。

⑥　登記記録の編成

　　株式の譲渡制限に関する規定を変更する登記は、「株式の譲渡制限に関する規定」欄に次のように記録されます。

【登記記録例】

株式の譲渡制限に関する規定	当会社の株式を譲渡により取得するには、株主総会の承認を受けなければならない。ただし、当会社の株主に譲渡するときは、この限りでない。 　　　令和〇年〇月〇日設定　令和〇年〇月〇日登記
	当会社の株式を譲渡により取得するには、当会社の承認を受けなければならない。 　　　令和〇年〇月〇日変更　令和〇年〇月〇日登記

イ　廃止の登記手続

　株式の譲渡制限規定の廃止の定款変更により、公開会社となる場合は、発行可能株式総数が発行済株式の総数の4倍を超えないように注意する必要があります（会社法113条3項2号）。

　株式の譲渡制限に関する規定を廃止する場合は、それを設定するときに必要であった株主に対する通知又は公告及び反対株主による株式買取請求、新株予約権者に対する通知又は公告及び新株予約権者による新株予約権買取請求、株券提出公告等の手続は不要です。

①　登記期間

　株式会社は、発行する株式の全部の株式の内容としての株式の譲渡制限に関する規定を廃止するときは、その変更がなされたときから、2週間以内にその本店の所在地において、変更の登記をしなければなりません（会社法915条1項、911条3項7号）。

②　登記の事由

　登記の事由は、「株式の譲渡制限に関する規定の廃止」です。

③　登記すべき事項

　登記すべき事項は、譲渡制限株式の定めの廃止の旨及び廃止年月日です。

④　添付書類

　・株主総会議事録（商業登記法46条2項、後記資料1のとおり。）

2 登記手続

及び株主リスト（商業登記規則61条3項）
・司法書士等に申請代理を委任する場合は、委任状（商業登記法18条、後記資料2のとおり。）
⑤ 登録免許税
登録免許税は、申請1件につき金3万円（登録免許税法別表1第24号(1)ツ）です。

【登記申請書例】

株式会社変更登記申請書

1．会社法人等番号	○○○○－○○－○○○○○○
フリガナ	○○○○
1．商　　　　号	○○株式会社
1．本　　　　店	○○県○○市…
1．登記の事由	株式の譲渡制限に関する規定の廃止
1．登記すべき事項	別紙のとおり
1．登録免許税	金3万円
1．添付書類	株主総会議事録　　　　　　　1通
	株主リスト　　　　　　　　　1通
	委任状　　　　　　　　　　　1通

上記のとおり登記の申請をする。

令和○年○月○日
　　　　○○県○○市…
　　　　　　申請人　　○○株式会社
　　　　○○県○○市…

　　　　　　　代表取締役　　○○○○
　　　　　○○県○○市…
　　　　　　　上記代理人　司法書士　○○○○
　　　　　　　連絡先の電話番号　○○○－○○○○－○○○○
○○法務局　御中

別　紙（登記すべき事項）
「株式の譲渡制限に関する規定」
「原因年月日」令和○年○月○日廃止

【資料1　株主総会議事録例】

臨時株主総会議事録

　令和○年○月○日午前○○時○○分より、当会社の本店において、臨時株主総会を開催した。

　　　株主の総数　　　　　　　　　　　　　　　　　　　　　　○名
　　　発行済株式の総数　　　　　　　　　　　　　　　　　　　○株
　　　議決権を行使することができる株主の数　　　　　　　　　○名
　　　議決権を行使することができる株主の議決権の数　　　　　○個
　　　出席した株主の数（委任状による者を含む）　　　　　　　○名
　　　出席した株主の議決権の数　　　　　　　　　　　　　　　○個
　　　出席役員等
　　　代表取締役　　A（議長兼議事録作成者）

　上記のとおり出席があったので、本株主総会は適法に成立した。
　定刻代表取締役Aは選ばれて議長となり、開会を宣し直ちに議事に入

った。

　　　議案　　　定款一部変更の件
　議長は、当会社は株式の譲渡制限に関する規定を定めていたが、諸般の事情から、この度、その規定を廃止することとしたいので、定款第〇条の「当会社の株式を譲渡により取得するには、株主総会の承認を受けなければならない。ただし、当会社の株主に譲渡するときは、この限りでない。」とあるのを削除し、第〇条以下を1条ずつ繰り上げたい旨を議場に諮ったところ、満場一致でこれを承認可決した。

　以上をもって本総会の議案全部を終了したので、議長は閉会の挨拶を述べ、午前〇〇時〇〇分散会した。
　上記の決議を明確にするため、この議事録を作成し、議長である出席代表取締役が次に記名する。

　令和〇年〇月〇日

　　　　　　　　　　　　　　　〇〇株式会社　臨時株主総会
　　　　　　　　　　　　　　　議長　代表取締役　　　A

【資料2　委任状】

　　　　　　　　　委　任　状

　　　　住所　　〇〇県〇〇市…
　　　　氏名　　司法書士　　〇〇〇

　私は、上記の者を代理人と定め、下記事項に関する一切の権限を委任する。

　　　　　　　　　　　記
１．株式の譲渡制限に関する規定の廃止に関する登記申請についての一
　切の件
１．原本還付の請求及び受領の件

　　令和○年○月○日

　　　　　　　　　　　　　　　　○○県○○市…
　　　　　　　　　　　　　　　　○○株式会社
　　　　　　　　　　　　　　　　　代表取締役　Ａ　㊞（※）

（※）登記所に提出している印鑑を押印します。

　　⑥　登記記録の編成
　　　株式の譲渡制限に関する規定を廃止する登記は、「株式の譲渡制限に関する規定」欄に次のように記録されます。

【登記記録例】

株式の譲渡制限に関する規定	当会社の株式を譲渡により取得するには、株主総会の承認を受けなければならない。ただし、当会社の株主に譲渡するときは、この限りでない。
	令和○年○月○日設定　令和○年○月○日登記
	令和○年○月○日廃止　令和○年○月○日登記

(2)　発行する株式の全部の株式の内容としての取得請求権付株式の変更・廃止
　ア　変更の登記手続
　　①　登記期間
　　　株式会社は、「発行する株式の内容」を変更したときは、その変更をしたときから、２週間以内にその本店の所在地において、変更

の登記をしなければなりません（会社法915条1項、911条3項7号）。

② 登記の事由

登記の事由は、「発行する株式の内容の変更」です。

③ 登記すべき事項

登記すべき事項は、変更後の発行する株式の内容及び変更年月日です。

④ 添付書類

・株主総会議事録（商業登記法46条2項、後記資料1のとおり。）及び株主リスト（商業登記規則61条3項）

・司法書士等に申請代理を委任する場合は、委任状（商業登記法18条、後記資料2のとおり。）

⑤ 登録免許税

登録免許税は、申請1件につき金3万円（登録免許税法別表1第24号(1)ツ）です。

【登記申請書例】

	株式会社変更登記申請書	
1．会社法人等番号	○○○○-○○-○○○○○○	
フリガナ	○○○○	
1．商　　　　号	○○株式会社	
1．本　　　店	○○県○○市…	
1．登記の事由	発行する株式の内容の変更	
1．登記すべき事項	別紙のとおり	
1．登録免許税	金3万円	
1．添付書類	株主総会議事録	1通
	株主リスト	1通

                    委任状   1通

　　上記のとおり登記の申請をする。

　　　令和○年○月○日
　　　　　　○○県○○市…
　　　　　　　　申請人　　○○株式会社
　　　　　　○○県○○市…
　　　　　　　　代表取締役　　○○○○
　　　　　　○○県○○市…
　　　　　　　　上記代理人　司法書士　○○○○
　　　　　　　　連絡先の電話番号　○○○-○○○○-○○○○
　　○○法務局　御中

　別　紙（登記すべき事項）
「発行する株式の内容の変更」
１．株主は、当会社に対して、その有する株式を取得することを請求することができる。
２．当会社は、前項により当該株式１株を取得するのと引換えに、その対価として、当該請求日における最終の貸借対照表の純資産額を発行済株式の総数で除して得た額の金銭を交付する。
３．第１項の権利行使期間は、令和○年○月○日から令和○年○月○日までとする。
「原因年月日」令和○年○月○日変更

【資料1　株主総会議事録例】

臨時株主総会議事録

　令和〇年〇月〇日午前〇〇時〇〇分より、当会社の本店において、臨時株主総会を開催した。

株主の総数	〇名
発行済株式の総数	〇株
議決権を行使することができる株主の数	〇名
議決権を行使することができる株主の議決権の数	〇個
出席した株主の数（委任状による者を含む）	〇名
出席した株主の議決権の数	〇個

出席役員等

代表取締役　　　A（議長兼議事録作成者）

上記のとおり出席があったので、本株主総会は適法に成立した。

定刻代表取締役Aは選ばれて議長となり、開会を宣し直ちに議事に入った。

　　　議案　　　定款一部変更の件

　議長は、現行定款第〇条の取得請求権付株式に関する規定を下記のとおり変更する必要がある旨を詳細に説明し、議場に諮ったところ、満場一致でこれを承認可決した。（※）

記

（取得請求に関する定め）

第〇条　当会社の発行する株式の内容は、次のとおりとする。

　　　1．株主は、当会社に対して、その有する株式を取得すること

を請求することができる。
2．当会社は、前項により当該株式1株を取得するのと引換えに、その対価として、当該請求日における最終の貸借対照表の純資産額を発行済株式の総数で除して得た額の金銭を交付する。
3．第1項の権利行使期間は、令和○年○月○日から令和○年○月○日までとする。

　以上をもって本総会の議案全部を終了したので、議長は閉会の挨拶を述べ、午前○○時○○分散会した。
　上記の決議を明確にするため、この議事録を作成し、議長である出席代表取締役が次に記名する。

　　令和○年○月○日

　　　　　　　　　　　　　　○○株式会社　臨時株主総会
　　　　　　　　　　　　　　議長　代表取締役　　　A

（※）変更前後の定款規定を記載する方法もあります。

【資料2　委任状】

委　任　状

住所　○○県○○市…
氏名　司法書士　○○○

　私は、上記の者を代理人と定め、下記事項に関する一切の権限を委任する。

記

1．発行する株式の内容の変更に関する登記申請についての一切の件
1．原本還付の請求及び受領の件

  令和〇年〇月〇日

        〇〇県〇〇市…
        〇〇株式会社
        代表取締役　A　㊞（※）

（※）登記所に提出している印鑑を押印します。

⑥　登記記録の編成

 発行する全部の株式の内容としての取得請求権付株式に関する規定を変更する登記は、「発行する株式の内容」欄に次のように記録されます。

【登記記録例】

発行する株式の内容	株主は、いつでも当会社に対して当会社の株式を時価で取得することを請求することができる。 「時価」とは、当該取得請求日に先立つ45取引日目に始まる30取引日の株式会社〇〇証券取引所における毎日の終値の平均値をいう。 令和〇年〇月〇日変更　令和〇年〇月〇日登記
	1．株主は、当会社に対して、その有する株式を取得することを請求することができる。 2．当会社は、前項により当該株式1株を取得するのと引換えに、その対価として、当該請求日における最終の貸借対照表の純資産額を発行済株式の総数で除して得た額の金銭を交付する。 3．第1項の権利行使期間は、令和〇年〇月〇日から令和〇年〇月〇日までとする。 令和〇年〇月〇日変更　令和〇年〇月〇日登記

イ　廃止の登記手続

① 登記期間

　　株式会社は、「発行する株式の内容」を廃止したときは、その廃止をしたときから、2週間以内にその本店の所在地において、変更の登記をしなければなりません（会社法915条1項、911条3項7号）。

② 登記の事由

　　登記の事由は、「発行する株式の内容の廃止」です。

③ 登記すべき事項

　　登記すべき事項は、発行する株式の内容の廃止の旨及び廃止年月日です。

④ 添付書類

・株主総会議事録（商業登記法46条2項、後記資料1のとおり。）及び株主リスト（商業登記規則61条3項）

・司法書士等に申請代理を委任する場合は、委任状（商業登記法18条、後記資料2のとおり。）

⑤ 登録免許税

　　登録免許税は、申請1件につき金3万円（登録免許税法別表1第24号(1)ツ）です。

【登記申請書例】

```
　　　　　　　　　　株式会社変更登記申請書

1．会社法人等番号　　　　○○○○－○○－○○○○○○

　　　フリガナ　　　　　　○○○○
1．商　　　　号　　　　　○○株式会社
1．本　　　　店　　　　　○○県○○市…
1．登 記 の 事 由　　　　発行する株式の内容の廃止
```

2　登記手続

```
1．登記すべき事項　　　別紙のとおり
1．登録免許税　　　　　金3万円
1．添付書類　　　　　　株主総会議事録　　　　1通
　　　　　　　　　　　　株主リスト　　　　　　1通
　　　　　　　　　　　　委任状　　　　　　　　1通


　上記のとおり登記の申請をする。


　　令和〇年〇月〇日
　　　　　　〇〇県〇〇市…
　　　　　　　　申請人　　〇〇株式会社
　　　　　　〇〇県〇〇市…
　　　　　　　　代表取締役　　〇〇〇〇
　　　　　　〇〇県〇〇市…
　　　　　　　　上記代理人　司法書士　〇〇〇〇
　　　　　　　　連絡先の電話番号　〇〇〇－〇〇〇〇－〇〇〇〇
〇〇法務局　御中
```

別　紙（登記すべき事項）

「発行する株式の内容」

「原因年月日」令和〇年〇月〇日廃止

【資料1　株主総会議事録例】

臨時株主総会議事録

　令和〇年〇月〇日午前〇〇時〇〇分より、当会社の本店において、臨時株主総会を開催した。

株主の総数	○名
発行済株式の総数	○株
議決権を行使することができる株主の数	○名
議決権を行使することができる株主の議決権の数	○個
出席した株主の数（委任状による者を含む）	○名
出席した株主の議決権の数	○個

出席役員等

代表取締役　　A（議長兼議事録作成者）

上記のとおり出席があったので、本株主総会は適法に成立した。

定刻代表取締役Aは選ばれて議長となり、開会を宣し直ちに議事に入った。

　　議案　　　定款一部変更の件

議長は、当会社は発行する株式の内容として取得請求権付株式に関する規定を定めていたが、諸般の事情から、この度、その規定を廃止することとしたいので、下記定款第○条を削除し、第○条以下を１条ずつ繰り上げたい旨を議場に諮ったところ、満場一致でこれを承認可決した。

　　　　　　　　　　　　記

（発行する株式の内容）

　　第○条　株主は、いつでも当会社に対して当会社の株式を時価で取得することを請求することができる。

　　　　　　「時価」とは、当該取得請求日に先立つ45取引日目に始まる30取引日の株式会社○○証券取引所における毎日の終値の平均値をいう。

以上をもって本総会の議案全部を終了したので、議長は閉会の挨拶を

述べ、午前〇〇時〇〇分散会した。

　上記の決議を明確にするため、この議事録を作成し、議長である出席代表取締役が次に記名する。

　令和〇年〇月〇日

　　　　　　　　　　　　　　　〇〇株式会社　臨時株主総会
　　　　　　　　　　　　　　　議長　代表取締役　　　A

【資料2　委任状】

委　任　状

　　　　　　　住所　〇〇県〇〇市…
　　　　　　　氏名　司法書士　〇〇〇

　私は、上記の者を代理人と定め、下記事項に関する一切の権限を委任する。

記

1．発行する株式の内容の廃止に関する登記申請についての一切の件
1．原本還付の請求及び受領の件

　令和〇年〇月〇日

　　　　　　　　　　　　　　　〇〇県〇〇市…
　　　　　　　　　　　　　　　〇〇株式会社
　　　　　　　　　　　　　　　代表取締役　　A　　㊞（※）

（※）登記所に提出している印鑑を押印します。

　　⑥　登記記録の編成

　　　　発行する全部の株式の内容としての取得請求権付株式に関する規

定を廃止する登記は、「発行する株式の内容」欄に次のように記録されます。

発行する株式の内容	株主は、いつでも当会社に対して当会社の株式を時価で取得することを請求することができる。 「時価」とは、当該取得請求日に先立つ45取引日目に始まる30取引日の株式会社○○証券取引所における毎日の終値の平均値をいう。 　　　令和○年○月○日変更　令和○年○月○日登記 　　　令和○年○月○日廃止　令和○年○月○日登記

(3) 発行する株式の全部の株式の内容としての取得条項付株式の変更・廃止

ア　変更の登記手続

① 登記期間

株式会社は、「発行する株式の内容」を変更したときは、その変更をしたときから、2週間以内にその本店の所在地において、変更の登記をしなければなりません（会社法915条1項、911条3項7号）。

② 登記の事由

登記の事由は、「発行する株式の内容の変更」です。

③ 登記すべき事項

登記すべき事項は、変更後の発行する株式の内容及び変更年月日です。

④ 添付書類

・株主総会議事録（商業登記法46条2項、後記資料1のとおり。）及び株主リスト（商業登記規則61条3項）

・上記1(2)の場合は、株主全員の同意書（商業登記法46条1項）及び株主リスト（商業登記規則61条2項）

・司法書士等に申請代理を委任する場合は、委任状（商業登記法18条、後記資料2のとおり。）

2 登記手続

⑤ 登録免許税

登録免許税は、申請1件につき金3万円(登録免許税法別表1第24号(1)ツ)です。

【登記申請書例】

株式会社変更登記申請書

1．会社法人等番号	○○○○-○○-○○○○○○
フリガナ	○○○○
1．商　　　　号	○○株式会社
1．本　　　　店	○○県○○市…
1．登 記 の 事 由	発行する株式の内容の変更
1．登記すべき事項	別紙のとおり
1．登 録 免 許 税	金3万円
1．添 付 書 類	株主総会議事録　　　　　1通
	株主全員の同意書　　　　1通
	株主リスト　　　　　　　2通
	委任状　　　　　　　　　1通

上記のとおり登記の申請をする。

令和○年○月○日

　　　○○県○○市…
　　　　申請人　　○○株式会社
　　　○○県○○市…
　　　　代表取締役　○○○○
　　　○○県○○市…

　　　　　　　上記代理人　司法書士　○○○○
　　　　　　　連絡先の電話番号　○○○－○○○○－○○○○
　○○法務局　御中

別　紙（登記すべき事項）

「発行する株式の内容」

当会社は、当会社の株主が当会社の取締役又は監査役でなくなった場合には、その有する株式を取得することができる。なお、取得対価は金銭とし、その金額は取得時の１株あたりの簿価純資産額を基準とする。

「原因年月日」令和○年○月○日変更

【資料１　株主総会議事録例】

臨時株主総会議事録

　令和○年○月○日午前○○時○○分より、当会社の本店において、臨時株主総会を開催した。

株主の総数	○名
発行済株式の総数	○株
議決権を行使することができる株主の数	○名
議決権を行使することができる株主の議決権の数	○個
出席した株主の数（委任状による者を含む）	○名
出席した株主の議決権の数	○個
出席役員等	
代表取締役　　A（議長兼議事録作成者）	

　上記のとおり出席があったので、本株主総会は適法に成立した。

　定刻代表取締役Aは選ばれて議長となり、開会を宣し直ちに議事に入

った。

　　議案　　定款一部変更の件
　議長は、現行定款第○条の取得条項付株式に関する規定を下記のとおり変更する必要がある旨を詳細に説明し、議場に諮ったところ、満場一致でこれを承認可決した。(※)

記

(取得条項に関する定め)
　第○条　当会社は、当会社の株主が当会社の取締役又は監査役でなくなった場合には、その有する株式を取得することができる。なお、取得対価は金銭とし、その金額は取得時の1株あたりの簿価純資産額を基準とする。

　以上をもって本総会の議案全部を終了したので、議長は閉会の挨拶を述べ、午前○○時○○分散会した。
　上記の決議を明確にするため、この議事録を作成し、議長である出席代表取締役が次に記名する。

　　令和○年○月○日

　　　　　　　　　　　　　○○株式会社　臨時株主総会
　　　　　　　　　　　　　議長　代表取締役　　　A

(※) 変更前後の定款規定を記載する方法もあります。

【資料２　委任状】

委　任　状

住所　○○県○○市…

氏名　司法書士　○○○

　私は、上記の者を代理人と定め、下記事項に関する一切の権限を委任する。

記

１．発行する株式の内容の変更に関する登記申請についての一切の件
１．原本還付の請求及び受領の件

　令和○年○月○日

　　　　　　　　　　　　　　○○県○○市…
　　　　　　　　　　　　　　○○株式会社
　　　　　　　　　　　　　　代表取締役　Ａ　㊞（※）

（※）登記所に提出している印鑑を押印します。

⑥　登記記録の編成

　発行する全部の株式の内容としての取得条項付株式に関する規定を変更する登記は、「発行する株式の内容」欄に次のように記録されます。

2　登記手続

【登記記録例】

発行する株式の内容	当会社は、当会社の株主に次の事由が生じた場合には、その有する株式を取得することができる。なお、取得対価は金銭とし、その金額は取得時の1株あたりの簿価純資産額を基準とする。 (1)　死亡したとき (2)　法定後見（後見・保佐・補助）開始の審判を受けたとき (3)　株主を委任者とする任意後見契約が発効したとき 　　　　令和○年○月○日変更　令和○年○月○日登記
	当会社は、当会社の株主が当会社の取締役又は監査役でなくなった場合には、その有する株式を取得することができる。なお、取得対価は金銭とし、その金額は取得時の1株あたりの簿価純資産額を基準とする。 　　　　令和○年○月○日変更　令和○年○月○日登記

イ　廃止の登記手続

① 登記期間

　株式会社は、「発行する株式の内容」を廃止したときは、その廃止がなされたときから、2週間以内にその本店の所在地において、変更の登記をしなければなりません（会社法915条1項、911条3項7号）。

② 登記の事由

　登記の事由は、「発行する株式の内容の廃止」です。

③ 登記すべき事項

　登記すべき事項は、発行する株式の内容の廃止の旨及び廃止年月日です。

④ 添付書類

・株主総会議事録（商業登記法46条2項、後記資料1のとおり。）

及び株主リスト（商業登記規則61条3項）
- 司法書士等に申請代理を委任する場合は、委任状（商業登記法18条、後記資料2のとおり。）
⑤ 登録免許税

登録免許税は、申請1件につき金3万円（登録免許税法別表1第24号(1)ツ）です。

【登記申請書例】

株式会社変更登記申請書

1．会社法人等番号	○○○○－○○－○○○○○○
フリガナ	○○○○
1．商　　　　　号	○○株式会社
1．本　　　　　店	○○県○○市…
1．登 記 の 事 由	発行する株式の内容の廃止
1．登記すべき事項	別紙のとおり
1．登 録 免 許 税	金3万円
1．添 付 書 類	株主総会議事録　　　　　　　1通
	株主リスト　　　　　　　　　1通
	委任状　　　　　　　　　　　1通

上記のとおり登記の申請をする。

令和○年○月○日
　　　　○○県○○市…
　　　　　　申請人　　○○株式会社
　　　　○○県○○市…

　　　　　　　　代表取締役　　○○○○
　　　　　　○○県○○市…
　　　　　　　　上記代理人　司法書士　○○○○
　　　　　　　　連絡先の電話番号　○○○−○○○○−○○○○
　○○法務局　御中

別　紙（登記すべき事項）
「発行する株式の内容」
「原因年月日」令和○年○月○日廃止

【資料1　株主総会議事録例】

臨時株主総会議事録

　令和○年○月○日午前○○時○○分より、当会社の本店において、臨時株主総会を開催した。

株主の総数	○名
発行済株式の総数	○株
議決権を行使することができる株主の数	○名
議決権を行使することができる株主の議決権の数	○個
出席した株主の数（委任状による者を含む）	○名
出席した株主の議決権の数	○個

　　　出席役員等
　　　代表取締役　　A（議長兼議事録作成者）

　上記のとおり出席があったので、本株主総会は適法に成立した。
　定刻代表取締役Aは選ばれて議長となり、開会を宣し直ちに議事に入

った。

　　議案　　　定款一部変更の件
　議長は、当会社は発行する株式の内容として取得条項付株式に関する規定を定めていたが、諸般の事情から、この度、その規定を廃止することとしたいので、下記定款第〇条を削除し、第〇条以下を１条ずつ繰り上げたい旨を議場に諮ったところ、満場一致でこれを承認可決した。
　　　　　　　　　　　記
（発行する株式の内容）
　　　　第〇条　当会社は、当会社の株主に次の事由が生じた場合には、その有する株式を取得することができる。なお、取得対価は金銭とし、その金額は取得時の１株あたりの簿価純資産額を基準とする。
　　　　⑴　死亡したとき
　　　　⑵　法定後見（後見・保佐・補助）開始の審判を受けたとき
　　　　⑶　株主を委任者とする任意後見契約が発効したとき

　以上をもって本総会の議案全部を終了したので、議長は閉会の挨拶を述べ、午前〇〇時〇〇分散会した。
　上記の決議を明確にするため、この議事録を作成し、議長である出席代表取締役が次に記名する。

　　令和〇年〇月〇日

　　　　　　　　　　　　　　〇〇株式会社　臨時株主総会
　　　　　　　　　　　　　　議長　代表取締役　　　A

【資料2　委任状】

委　任　状

　　　　　　　住所　〇〇県〇〇市…
　　　　　　　氏名　司法書士　〇〇〇

　私は、上記の者を代理人と定め、下記事項に関する一切の権限を委任する。

記

1．発行する株式の内容の廃止に関する登記申請についての一切の件
1．原本還付の請求及び受領の件

　令和〇年〇月〇日

　　　　　　　　　　　　　　〇〇県〇〇市…
　　　　　　　　　　　　　　〇〇株式会社
　　　　　　　　　　　　　　代表取締役　Ａ　㊞（※）

（※）登記所に提出している印鑑を押印します。

⑥　登記記録の編成

　発行する全部の株式の内容としての取得条項付株式に関する規定の廃止登記は、「発行する株式の内容」欄に次のように記録されます。

【登記記録例】

発行する株式の内容	当会社は、当会社の株主に次の事由が生じた場合には、その有する株式を取得することができる。なお、取得対価は金銭とし、その金額は取得時の１株あたりの簿価純資産額を基準とする。 (1)　死亡したとき (2)　法定後見（後見・保佐・補助）開始の審判を受けたとき (3)　株主を委任者とする任意後見契約が発効したとき 　　令和○年○月○日変更　令和○年○月○日登記
	令和○年○月○日廃止　令和○年○月○日登記

(4)　種類株式発行会社の発行する各種類の株式の内容の変更・廃止

ア　変更の登記手続

①　登記期間

　　株式会社は、「発行可能種類株式総数及び発行する各種類の株式の内容」を変更したときは、その変更をしたときから、２週間以内にその本店の所在地において、変更の登記をしなければなりません（会社法915条１項、911条３項７号）。

②　登記の事由

　　登記の事由は、「発行可能種類株式総数及び発行する各種類の株式の内容の変更」です。

③　登記すべき事項

　　登記すべき事項は、変更後の発行可能種類株式総数及び発行する各種類の株式の内容及び変更年月日です。

④　添付書類

・株主総会議事録（商業登記法46条２項、後記資料１のとおり。）及び株主リスト（商業登記規則61条３項）

・上記１(2)の場合、株主全員の同意書（種類株式発行会社にあって

2　登記手続

　　は、種類株主全員の同意書）（商業登記法46条1項）及び株主リスト（商業登記規則61条2項）
　・上記1⑶の種類株主総会の特別決議を要する場合は、種類株主総会議事録（商業登記法46条2項）及び株主リスト（商業登記規則61条3項）
　・司法書士等に申請代理を委任する場合は、委任状（商業登記法18条、後記資料2のとおり。）

　⑤　登録免許税

　　登録免許税は、申請1件につき金3万円（登録免許税法別表1第24号⑴ツ）です。

【登記申請書例】

```
                株式会社変更登記申請書

1．会社法人等番号      ○○○○-○○-○○○○○○
   フリガナ            ○○○○
1．商　　　号         ○○株式会社
1．本　　　店         ○○県○○市…
1．登 記 の 事 由     発行可能種類株式総数及び発行する各種
                      類の株式の内容の変更
1．登記すべき事項      別紙のとおり
1．登 録 免 許 税     金3万円
1．添 付 書 類       株主総会議事録              1通
                      株主リスト                  1通
                      委任状                      1通


上記のとおり登記の申請をする。
```

令和○年○月○日
　　　　　　○○県○○市…
　　　　　　　　申請人　　○○株式会社
　　　　　　○○県○○市…
　　　　　　　　代表取締役　　○○○○
　　　　　　○○県○○市…
　　　　　　　　上記代理人　司法書士　○○○○
　　　　　　　　連絡先の電話番号　○○○－○○○○－○○○○
○○法務局　御中

別　紙（登記すべき事項）

「発行可能種類株式総数及び発行する各種類の株式の内容の変更」

甲種類株式　100株

乙種類株式　50株

1．剰余金の配当

　　剰余金については、乙種類株式を有する株主に対し、甲種類株式を有する株主に先立ち、1株につき○万円の剰余金を支払う。

2．取締役の選任

　　甲種類株式を有する株主は、種類株主総会において、定款所定の定数すべての取締役を選任することができる。

　　乙種類株式を有する株主は、種類株主総会において、取締役を選任することはできない。

3．議決権

　　乙種類株式を有する株主は、株主総会において議決権を有しない。ただし、剰余金の優先配当に係る議案が定時株主総会に提出されないときはその総会から、その議案が定時株主総会において否決されたと

きはその総会の終結の時から、優先配当を受ける旨の決議のある時までは、議決権を有する。
「原因年月日」令和〇年〇月〇日変更

【資料1　株主総会議事録例】

臨時株主総会議事録

　令和〇年〇月〇日午前〇〇時〇〇分より、当会社の本店において、臨時株主総会を開催した。

　　株主の総数　　　　　　　　　　　　　　　　　　　〇名
　　発行済株式の総数　　　　　　　　　　　　　　　　〇株
　　議決権を行使することができる株主の数　　　　　　〇名
　　議決権を行使することができる株主の議決権の数　　〇個
　　出席した株主の数（委任状による者を含む）　　　　〇名
　　出席した株主の議決権の数　　　　　　　　　　　　〇個
　　出席役員等
　　代表取締役　　A（議長兼議事録作成者）

　上記のとおり出席があったので、本株主総会は適法に成立した。
　定刻代表取締役Aは選ばれて議長となり、開会を宣し直ちに議事に入った。

　　　議案　　　定款一部変更の件
　議長は、種類株式の内容について定める定款第〇条につき、令和〇年〇月〇日付で下記のとおり変更したい旨を議場に諮ったところ、満場一致でこれを承認可決した。

記

変更前第○条

　種類株式の内容は次のとおりとする。

　　乙種類株式　株主は、いつでも当会社に対して甲種類株式を時価で取得することを請求することができる。

　　「時価」とは、当該取得請求日に先立つ45取引日目に始まる30取引日の株式会社○○証券取引所における毎日の終値の平均値をいう。

変更後第○条

　種類株式の内容は次のとおりとする。

　１．剰余金の配当

　　　剰余金については、乙種類株式を有する株主に対し、甲種類株式を有する株主に先立ち、１株につき○万円の剰余金を支払う。

　２．取締役の選任

　　　甲種類株式を有する株主は、種類株主総会において、定款所定の定数すべての取締役を選任することができる。

　　　乙種類株式を有する株主は、種類株主総会において、取締役を選任することはできない。

　３．議決権

　　　乙種類株式を有する株主は、株主総会において議決権を有しない。ただし、剰余金の優先配当に係る議案が定時株主総会に提出されないときはその総会から、その議案が定時株主総会において否決されたときはその総会の終結の時から、優先配当を受ける旨の決議のある時までは、議決権を有する。

　以上をもって本総会の議案全部を終了したので、議長は閉会の挨拶を述べ、午前○○時○○分散会した。

2　登記手続

　　上記の決議を明確にするため、この議事録を作成し、議長である出席代表取締役が次に記名する。

　　令和〇年〇月〇日

　　　　　　　　　　　　　　　　〇〇株式会社　臨時株主総会
　　　　　　　　　　　　　　　　議長　代表取締役　　　Ａ

【資料２　委任状】

委　任　状

　　　　　　住所　〇〇県〇〇市…
　　　　　　氏名　司法書士　〇〇〇

　　私は、上記の者を代理人と定め、下記事項に関する一切の権限を委任する。

記

１．発行可能種類株式総数及び発行する各種類の株式の内容の変更に関する登記申請についての一切の件
１．原本還付の請求及び受領の件

　　令和〇年〇月〇日

　　　　　　　　　　　　　　　　〇〇県〇〇市…
　　　　　　　　　　　　　　　　〇〇株式会社
　　　　　　　　　　　　　　　　代表取締役　　Ａ　　㊞（※）

（※）登記所に提出している印鑑を押印します。

⑥　登記記録の編成

種類株式に関する規定を変更する登記は、「発行可能種類株式総数及び発行する各種類の株式の内容」欄に次のように記録されます。

【登記記録例】

発行可能種類株式総数及び発行する各種類の株式の内容	甲種類株式　100株 乙種類株式　　50株 乙種類株式　株主は、いつでも当会社に対して甲種類株式を時価で取得することを請求することができる。 「時価」とは、当該取得請求日に先立つ45取引日目に始まる30取引日の株式会社○○証券取引所における毎日の終値の平均値をいう。 　　　　令和○年○月○日変更　令和○年○月○日登記
	甲種類株式　100株 乙種類株式　　50株 １．剰余金の配当 　剰余金については、乙種類株式を有する株主に対し、甲種類株式を有する株主に先立ち、1株につき○万円の剰余金を支払う。 ２．取締役の選任 　甲種類株式を有する株主は、種類株主総会において、定款所定の定数すべての取締役を選任することができる。 　乙種類株式を有する株主は、種類株主総会において、取締役を選任することはできない。 ３．議決権 　乙種類株式を有する株主は、株主総会において議決権を有しない。ただし、剰余金の優先配当に係る議案が定時株主総会に提出されないときはその総会から、その議案が定時株主総会において否決されたときはその総会の終結の時から、優先配当を受ける旨の決議のある時までは、議決権を有する。 　　　　令和○年○月○日変更　令和○年○月○日登記

イ 廃止の登記手続

　発行可能種類株式総数及び発行する各種類の株式の内容を廃止するには、定款変更のために株主総会の特別決議が必要となります（この定款変更は、発行可能種類株式総数及び発行する各種類の株式の内容についての廃止に加えて、廃止後の単一株式が取得請求権付株式や取得条項付株式であるときは、発行する株式の内容の変更が必要になったり、廃止により株式の譲渡制限に関する規定に変更が生じるときは、当該規定の変更をしたりする必要があります。）。

　現に種類株式を発行している場合は、それが自己株式でない限り、実務上、当該株式会社がそのすべてを株主から取得し、自己株式を消却したうえで、株主総会の特別決議により廃止の定款変更等を行うことが多いように思います[26]。

① 登記期間

　株式会社は、「発行可能種類株式総数及び発行する各種類の株式の内容」に関する規定を廃止したときは、その廃止をしたときから、2週間以内にその本店の所在地において、変更の登記をしなければなりません（会社法915条1項、911条3項7号）。

② 登記の事由

　登記の事由は、「発行済株式の種類及び種類ごとの数の変更」及び「発行可能種類株式総数及び発行する各種類の株式の内容の廃止」です。

③ 登記すべき事項

　登記すべき事項は、変更後の発行済株式の種類及び種類ごとの数の変更、発行可能種類株式総数及び発行する各種類の株式の内容を

26　このように種類株式を設定するときは、将来それを廃止することも想定したうえで、株主からの当該種類株式の取得がより円滑に進むように、当該種類株式に取得条項、取得請求権又は全部取得条項を付しておくことが望ましいといえます。

廃止する旨及び廃止年月日です。

④ 添付書類

・株主総会議事録（商業登記法46条2項、後記資料1のとおり。）及び株主リスト（商業登記規則61条3項）等

・司法書士等に申請代理を委任する場合は、委任状（商業登記法18条、後記資料2のとおり。）

⑤ 登録免許税

登録免許税は、申請1件につき金3万円（登録免許税法別表1第24号(1)ツ）です。

【登記申請書例】

株式会社変更登記申請書

1．会社法人等番号	○○○○－○○－○○○○○○
フリガナ	○○○○
1．商　　　　号	○○株式会社
1．本　　　　店	○○県○○市…
1．登記の事由	発行可能種類株式総数及び発行する各種類の株式の内容の廃止 発行済株式の種類及び種類ごとの数の変更
1．登記すべき事項	別紙のとおり
1．登録免許税	金3万円
1．添付書類	株主総会議事録　　　　1通 株主リスト　　　　　　1通 委任状　　　　　　　　1通

> 　　上記のとおり登記の申請をする。
>
>
> 　　　令和○年○月○日
> 　　　　　　　○○県○○市…
> 　　　　　　　　申請人　　　○○株式会社
> 　　　　　　　○○県○○市…
> 　　　　　　　　代表取締役　　○○○○
> 　　　　　　　○○県○○市…
> 　　　　　　　　上記代理人　司法書士　○○○○
> 　　　　　　　　連絡先の電話番号　○○○－○○○○－○○○○
> 　○○法務局　御中

> 別　紙（登記すべき事項）
> 「発行可能種類株式総数及び発行する各種類の株式の内容」
> 「原因年月日」令和○年○月○日廃止
> 「発行済株式の総数並びに種類及び数」
> 「発行済株式の総数」○○株
> 「原因年月日」令和○年○月○日変更

【資料1　株主総会議事録例】

> 　　　　　　　　　　臨時株主総会議事録
>
> 　令和○年○月○日午前○○時○○分より、当会社の本店において、臨時株主総会を開催した。
>
> 　　株主の総数　　　　　　　　　　　　　　　　　　　　　○名
> 　　発行済株式の総数　　　　　　　　　　　　　　　　　　○株

議決権を行使することができる株主の数	○名
議決権を行使することができる株主の議決権の数	○個
出席した株主の数（委任状による者を含む）	○名
出席した株主の議決権の数	○個

出席役員等

代表取締役　　A（議長兼議事録作成者）

上記のとおり出席があったので、本株主総会は適法に成立した。

定刻代表取締役Aは選ばれて議長となり、開会を宣し直ちに議事に入った。

議案　　　定款一部変更の件

議長は、A種類株式を廃止すべく、現行定款第○条、第○条を下記のとおり変更し、以下条数を繰り上げたい旨を議場に諮ったところ、満場一致でこれを承認可決した。

記

変更前	変更後
（発行可能株式総数及び発行可能種類株式総数） 第○条　当会社の発行可能株式総数は、○○○○株とし、当会社の発行可能種類株式総数は、普通株式○○○○株、A種類株式○○○○株とする。 （種類株式の内容） 第○条　剰余金については、A種類株式を有する株主に対し、普通株式を有する株主に先立ち、1株につき○万円の剰余金を支払う。	（発行可能株式総数） 第○条　当会社の発行可能株式総数は、○○○○株とする。 （削除）

2 登記手続

　以上をもって本総会の議案全部を終了したので、議長は閉会の挨拶を述べ、午前○○時○○分散会した。
　上記の決議を明確にするため、この議事録を作成し、議長である出席代表取締役が次に記名する。

　　令和○年○月○日

　　　　　　　　　　　　　　　○○株式会社　臨時株主総会
　　　　　　　　　　　　　　　　議長　代表取締役　　　A

【資料2　委任状】

委　任　状

　　　　　住所　○○県○○市…
　　　　　氏名　司法書士　　○○○

　私は、上記の者を代理人と定め、下記事項に関する一切の権限を委任する。

記
1．発行可能種類株式総数及び発行する各種類の株式の内容の廃止及び発行済株式の種類及び種類ごとの数の変更に関する登記申請についての一切の件
1．原本還付の請求及び受領の件

　　令和○年○月○日

　　　　　　　　　　　　　　○○県○○市…
　　　　　　　　　　　　　　○○株式会社
　　　　　　　　　　　　　　代表取締役　A　㊞（※）

（※）登記所に提出している印鑑を押印します。

⑥ 登記記録の編成

　種類株式に関する規定を廃止する登記は、「発行可能種類株式総数及び発行する各種類の株式の内容」及び「発行済株式の総数並びに種類及び数」欄に次のように記録されます。

【登記記録例】

発行可能種類株式総数及び発行する各種類の株式の内容	普通株式　　　○○○○株 A種類株式　　○○○○株 剰余金については、A種類株式を有する株主に対し、普通株式を有する株主に先立ち、1株につき○万円の剰余金を支払う。 　　　　　令和○年○月○日変更　令和○年○月○日登記
	令和○年○月○日廃止　令和○年○月○日登記

発行済株式の総数並びに種類及び数	発行済株式の総数 　○○株 　　普通株式　　○○株 　　A種類株式　○○株
	発行済株式の総数 　○○株 　　　　　令和○年○月○日変更　令和○年○月○日登記

第14章　既発行株式の一部の株式の内容変更

1　意義

　既発行の株式の一部を他の種類の種類株式に内容変更することについて、会社法に明文の規定はありませんが、①株式の種類を追加する旨の定款変更に係る株主総会議事録、②株式会社と新たに追加する種類株式への変更を希望する株主との合意を証する書面、③普通株式にとどまる他の株主全員の同意を証する書面（普通株式にとどまる株主が一切の不利益を被らない場合は③の添付に代えて、その旨を証明する上申書）を添付することで変更登記をすることができます（昭和50年4月30日民四第2249号民事局長回答参照）。

2　登記手続

(1) **登記期間**

　株式会社は、既発行株式の一部の株式の内容変更をしたときは、その変更をしたときから、2週間以内にその本店の所在地において、変更の登記をしなければなりません（会社法915条1項、911条3項7号・9号）。

(2) **登記の事由**

　登記の事由は、「発行可能種類株式総数及び発行する各種類の株式の内容の変更」及び「発行済株式の種類及び種類ごとの数の変更」です。

(3) **登記すべき事項**

　登記すべき事項は、変更後の発行済株式の種類及び種類ごとの数、発行可能種類株式総数及び発行する各種類の株式の内容及び変更年月日です。

(4) **添付書類**

・株主総会議事録（商業登記法46条2項、後記資料1のとおり。）及び株主リスト（商業登記規則61条3項）

・株式会社と新たに追加する種類株式への変更を希望する株主との合意を証する書面（昭和50年4月30日民四第2249号民事局長回答、後記資料2のとおり。）、普通株式にとどまる他の株主全員の同意を証する書面（普通株式にとどまる株主が一切の不利益を被らない場合は当該書面に代えて、その旨を証明する上申書）（上記昭和50年回答、後記資料3のとおり。）及び株主リスト（商業登記規則61条2項）

・司法書士等に申請代理を委任する場合は、委任状（商業登記法18条、後記資料4のとおり。）

(5) **登録免許税**

　登録免許税は、申請1件につき金3万円（登録免許税法別表1第24号

209

2　登記手続

(1)ツ）です。

【登記申請書例】

株式会社変更登記申請書

1．会社法人等番号	○○○○-○○-○○○○○○	
フリガナ	○○○○	
1．商　　　　号	○○株式会社	
1．本　　　　店	○○県○○市…	
1．登記の事由	発行可能種類株式総数及び発行する各種類の株式の内容の変更 発行済株式の種類及び種類ごとの数の変更	
1．登記すべき事項	別紙のとおり	
1．登録免許税	金3万円	
1．添付書類	株主総会議事録	1通
	株主リスト	2通
	合意書	1通
	同意書	1通
	委任状	1通

　上記のとおり登記の申請をする。

　　令和○年○月○日
　　　　　○○県○○市…
　　　　　　　申請人　　○○株式会社
　　　　　○○県○○市…

　　　　　　　　　代表取締役　〇〇〇〇
　　　　　　〇〇県〇〇市…
　　　　　　　　　上記代理人　司法書士　〇〇〇〇
　　　　　　　　　連絡先の電話番号　〇〇〇-〇〇〇〇-〇〇〇〇
〇〇法務局　御中

別　紙（登記すべき事項）

「発行可能種類株式総数及び発行する各種類の株式の内容」

普通株式　　1,000株

甲種類株式　　1株

1　次の決議については、株主総会のほか、甲種類株式を有する株主で構成する種類株主総会の決議を要する。

　(1)　定款変更

　(2)　取締役及び監査役の選任及び解任

　(3)　代表取締役の選定及び解職

　(4)　重要な財産の処分及び譲受

　(5)　合併、会社分割、株式交換及び株式移転

　(6)　事業の全部譲渡等（会社法第467条第1項各号規定事項）

　(7)　解散

2　当会社は、甲種類株式を有する株主に次の事由が生じた場合には、その有する甲種類株式を取得することができる。なお、取得時の対価は金銭とし、その金額は取得時の1株あたりの簿価純資産額を基準とする。

　(1)　死亡したとき

　(2)　法定後見（後見・保佐・補助）開始の審判を受けたとき

　(3)　株主を委任者とする任意後見契約が発効したとき

「原因年月日」令和〇年〇月〇日変更

2　登記手続

「発行済株式の総数並びに種類及び数」
発行済株式の総数　100株
普通株式　　　　　99株
甲種類株式　　　　 1株
「原因年月日」令和〇年〇月〇日変更

【資料1　株主総会議事録例】

臨時株主総会議事録

　令和〇年〇月〇日午前〇〇時〇〇分より、当会社の本店において、臨時株主総会を開催した。

　　　株主の総数　　　　　　　　　　　　　　　　　　　　〇名
　　　発行済株式の総数　　　　　　　　　　　　　　　　　〇株
　　　議決権を行使することができる株主の数　　　　　　　〇名
　　　議決権を行使することができる株主の議決権の数　　　〇個
　　　出席した株主の数（委任状による者を含む）　　　　　〇名
　　　出席した株主の議決権の数　　　　　　　　　　　　　〇個
　　　出席役員等
　　　代表取締役　　〇〇〇〇（議長兼議事録作成者）

　上記のとおり出席があったので、本株主総会は適法に成立した。
　定刻代表取締役Aは選ばれて議長となり、開会を宣し直ちに議事に入った。

　　　議案　　発行可能種類株式総数及び発行する各種類の株式の内容
　　　　　　　の設定並びに発行済株式の一部の株式の内容変更の件

議長は、発行可能種類株式総数及び発行する各種類の株式の内容の設定について詳細に説明し、これに関して本日付で下記のとおり定款規定を変更し、併せて既に発行されている株式100株のうち、株主Ａ氏所有の１株を甲種類株式とし、その余の99株を普通株式としたい旨を提案し、その賛否を議場に諮ったところ、全員一致をもって原案どおり可決確定した。
　定款第５条の後に次の条項を新設し、以下条数を繰り下げる。
（発行する株式の種類）
　第６条　当会社は、普通株式及び甲種類株式を発行する。
（発行可能種類株式総数）
　第７条　発行可能種類株式総数は、普通株式につき、1,000株、甲種類株式につき、１株とする。
（種類株式の内容）
　第８条　種類株式の内容は、次のとおりとする。
　　　１　次の決議については、株主総会のほか、甲種類株式を有する株主で構成する種類株主総会の決議を要する。
　　　　(1)　定款変更
　　　　(2)　取締役及び監査役の選任及び解任
　　　　(3)　代表取締役の選定及び解職
　　　　(4)　重要な財産の処分及び譲受
　　　　(5)　合併、会社分割、株式交換及び株式移転
　　　　(6)　事業の全部譲渡等（会社法第467条第１項各号規定事項）
　　　　(7)　解散
　　　２　当会社は、甲種類株式を有する株主に次の事由が生じた場合には、その有する甲種類株式を取得することができる。なお、取得時の対価は金銭とし、その金額は取得

時の1株あたりの簿価純資産額を基準とする。
(1) 死亡したとき
(2) 法定後見（後見・保佐・補助）開始の審判を受けたとき
(3) 株主を委任者とする任意後見契約が発効したとき

　以上をもって本総会の議案全部を終了したので、議長は閉会の挨拶を述べ、午前〇〇時〇〇分散会した。
　上記の決議を明確にするため、この議事録を作成し、議長である出席代表取締役が次に記名する。

　令和〇年〇月〇日

　　　　　　　　　　　　　　〇〇株式会社　臨時株主総会
　　　　　　　　　　　　　　議長　代表取締役　　　〇〇〇〇

【資料2　甲種類株式に変更される株式をそのままの状態で有することになる株主全員の同意書】

同　意　書

　株主A氏が有する貴社株式1株が令和〇年〇月〇日付で次の内容の甲種類株式に変更されることにつき、私たち（同株主を除く貴社株主全員）は同意します。

記

甲種類株式の内容
1　次の決議については、株主総会のほか、甲種類株式を有する株主で構成する種類株主総会の決議を要する。

(1)　定款変更

　(2)　取締役及び監査役の選任及び解任

　(3)　代表取締役の選定及び解職

　(4)　重要な財産の処分及び譲受

　(5)　合併、会社分割、株式交換及び株式移転

　(6)　事業の全部譲渡等（会社法第467条第１項各号規定事項）

　(7)　解散

2　当会社は、甲種類株式を有する株主に次の事由が生じた場合には、その有する甲種類株式を取得することができる。なお、取得時の対価は金銭とし、その金額は取得時の１株あたりの簿価純資産額を基準とする。

　(1)　死亡したとき

　(2)　法定後見（後見・保佐・補助）開始の審判を受けたとき

　(3)　株主を委任者とする任意後見契約が発効したとき

令和○年○月○日
○○県○○市○○町○○番地
　　○○株式会社　御中

住　所
氏　名　　B

住　所
氏　名　　C

住　所
氏　名　　D

【資料3】

合　意　書

　〇〇株式会社及び株主Aは、Aが有する〇〇株式会社の株式1株が令和〇年〇月〇日付で次の内容の甲種類株式に変更されることにつき、合意した。

記

甲種類株式の内容
1　次の決議については、株主総会のほか、甲種類株式を有する株主で構成する種類株主総会の決議を要する。
　(1)　定款変更
　(2)　取締役及び監査役の選任及び解任
　(3)　代表取締役の選定及び解職
　(4)　重要な財産の処分及び譲受
　(5)　合併、会社分割、株式交換及び株式移転
　(6)　事業の全部譲渡等（会社法第467条第1項各号規定事項）
　(7)　解散
2　当会社は、甲種類株式を有する株主に次の事由が生じた場合には、その有する甲種類株式を取得することができる。なお、取得時の対価は金銭とし、その金額は取得時の1株あたりの簿価純資産額を基準とする。
　(1)　死亡したとき
　(2)　法定後見（後見・保佐・補助）開始の審判を受けたとき
　(3)　株主を委任者とする任意後見契約が発効したとき

令和○年○月○日

　　　　　　　　　　　　　　　○○県○○市○○町○○番地
　　　　　　　　　　　　　　　○○株式会社
　　　　　　　　　　　　　　　　代表取締役　○○○○
　　　　　　　　　　　　　　　○○県○○市○○町○○番地
　　　　　　　　　　　　　　　　　　　　　　A

【資料4　委任状】

委　任　状

　　　　住所　○○県○○市…
　　　　氏名　司法書士　○○○

　私は、上記の者を代理人と定め、下記事項に関する一切の権限を委任する。

記

1．発行可能種類株式総数及び発行する各種類の株式の内容の変更及び発行済株式の種類及び種類ごとの数の変更に関する登記申請についての一切の件
1．原本還付の請求及び受領の件

　　令和○年○月○日

　　　　　　　　　　　　　　　○○県○○市…
　　　　　　　　　　　　　　　○○株式会社
　　　　　　　　　　　　　　　　代表取締役　A　㊞（※）

（※）登記所に提出している印鑑を押印します。

(6) 登記記録の編成

既発行株式の一部の株式の内容を変更する登記は、「発行可能種類株式総数及び発行する各種類の株式の内容」及び「発行済株式の総数並びに種類及び数」欄に次のように記録されます。

【登記記録例】

| 発行可能種類株式総数及び発行する各種類の株式の内容 | 普通株式　　　1,000株
甲種類株式　　　1株
1　次の決議については、株主総会のほか、甲種類株式を有する株主で構成する種類株主総会の決議を要する。
　(1)　定款変更
　(2)　取締役及び監査役の選任及び解任
　(3)　代表取締役の選定及び解職
　(4)　重要な財産の処分及び譲受
　(5)　合併、会社分割、株式交換及び株式移転
　(6)　事業の全部譲渡等（会社法第467条第1項各号規定事項）
　(7)　解散
2　当会社は、甲種類株式を有する株主に次の事由が生じた場合には、その有する甲種類株式を取得することができる。なお、取得時の対価は金銭とし、その金額は取得時の1株あたりの簿価純資産額を基準とする。
　(1)　死亡したとき
　(2)　法定後見（後見・保佐・補助）開始の審判を受けたとき
　(3)　株主を委任者とする任意後見契約が発効したとき
　　　令和○年○月○日変更　令和○年○月○日登記 |

発行済株式の総数並びに種類及び数	発行済株式の総数 　〇〇株
	発行済株式の総数 　〇〇株 普通株式　　〇〇株 甲種類株式　〇〇株 　　令和〇年〇月〇日変更　令和〇年〇月〇日登記

第15章　株券を発行する旨の定款の定め廃止、株式の消却、併合等による変更登記

1　株券を発行する旨の定款の定め廃止

(1)　意　義

　株式会社は、株券（種類株式発行会社にあっては、全部の種類の株式に係る株券）を発行する旨を定款で定めることができ、定款に当該定めのある株式会社を株券発行会社といいます（会社法117条7項）。株券発行会社は、下記(2)の手続を行うことで株券発行会社でなくなることができます。

(2)　手　続

　現に株券を発行している株券発行会社が、その株式（種類株式発行会社にあっては、全部の種類の株式）に係る株券を発行する旨の定款の定めを廃止する場合は、株主総会の特別決議による定款変更（会社法466

条、309条2項11号) のほか、当該定款の変更の効力が生ずる日の2週間前までに、次に掲げる事項を公告し、かつ、株主及び登録株式質権者には、各別にこれを通知しなければなりません (会社法218条1項)。なお、現に株券を発行していない株券発行会社においては、公告又は通知のいずれかで足ります (会社法218条3項・4項)。

---
① その株式 (種類株式発行会社にあっては、全部の種類の株式) に係る株券を発行する旨の定款の定めを廃止する旨 (会社法218条1項1号)
② 定款の変更がその効力を生ずる日 (会社法218条1項2号。株券は、この日に無効となります (会社法218条2項)。)
③ ②の日において当該株式会社の株券は無効となる旨 (会社法218条1項3号)

---

(3) 登記手続

　ア　登記期間

　　　株式会社は、株券を発行する旨の定めの廃止をしたときは、その廃止をしたときから、2週間以内にその本店の所在地において、変更の登記をしなければなりません (会社法915条1項、911条3項10号)。

　イ　登記の事由

　　　登記の事由は、「株券を発行する旨の定めの廃止」です。

　ウ　登記すべき事項

　　　登記すべき事項は、株券を発行する旨の定めを廃止する旨及び廃止年月日です。

　エ　添付書類

　　　・株主総会議事録 (商業登記法46条2項、後記資料1のとおり。) 及び株主リスト (商業登記規則61条3項)

1　株券を発行する旨の定款の定め廃止

- 会社法218条1項の規定による公告をしたことを証する書面（公告文例は、後記資料2のとおり。）、現に株券を発行していない株券発行会社においては、その事実を証する書面（株主名簿）（商業登記法63条、後記資料3のとおり。）
- 司法書士等に申請代理を委任する場合は、委任状（商業登記法18条、後記資料4のとおり。）

オ　登録免許税

登録免許税は、申請1件につき金3万円（登録免許税法別表1第24号(1)ツ）です。

【登記申請書例】

```
                株式会社変更登記申請書

1．会社法人等番号      ○○○○-○○-○○○○○○

       フリガナ         ○○○○
1．商      号         ○○株式会社
1．本      店         ○○県○○市…
1．登記の事由         株券を発行する旨の定め廃止
1．登記すべき事項      別紙のとおり
1．登録免許税         金3万円
1．添付書類          株主総会議事録           1通
                   株主リスト             1通
                   会社法218条第1項の公告をしたこと
                   を証する書面            1通
                   委任状                1通


上記のとおり登記の申請をする。
```

第15章　株券を発行する旨の定款の定め廃止、株式の消却、併合等による変更登記

```
　　令和〇年〇月〇日
　　　　　〇〇県〇〇市…
　　　　　　　申請人　　〇〇株式会社
　　　　　〇〇県〇〇市…
　　　　　　　代表取締役　〇〇〇〇
　　　　　〇〇県〇〇市…
　　　　　　　上記代理人　司法書士　〇〇〇〇
　　　　　　　連絡先の電話番号　〇〇〇-〇〇〇〇-〇〇〇〇
〇〇法務局　御中
```

```
別　　紙（登記すべき事項）
「株券を発行する旨の定め」
「原因年月日」令和〇年〇月〇日廃止
```

【資料1　株主総会議事録例】

臨時株主総会議事録

　令和〇年〇月〇日午前〇〇時〇〇分より、当会社の本店において、臨時株主総会を開催した。

株主の総数	〇名
発行済株式の総数	〇株
議決権を行使することができる株主の数	〇名
議決権を行使することができる株主の議決権の数	〇個
出席した株主の数（委任状による者を含む）	〇名
出席した株主の議決権の数	〇個

1 株券を発行する旨の定款の定め廃止

　　出席役員等
　　代表取締役　　　A（議長兼議事録作成者）

　上記のとおり出席があったので、本株主総会は適法に成立した。
　定刻代表取締役Aは選ばれて議長となり、開会を宣し直ちに議事に入った。

　　　議案　　　定款一部変更の件
　議長は、令和○年○月○日付で、当会社の定款を下記のとおり変更し、株券を発行する旨の定めを廃止する必要がある旨を述べ、議場に諮ったところ、満場一致でこれを承認可決した。

　　　　　　　　　　　　　　記

変更前	変更後
（株券） 第○条　当会社の株式については、株券を発行する。 （※）	（株券の不発行） 第○条　当会社の株式については、株券を発行しない。 （※）

　以上をもって本総会の議案全部を終了したので、議長は閉会の挨拶を述べ、午前○○時○○分散会した。
　上記の決議を明確にするため、この議事録を作成し、議長である出席代表取締役が次に記名する。

　　令和○年○月○日

　　　　　　　　　　　　　　○○株式会社　臨時株主総会
　　　　　　　　　　　　　　　議長　代表取締役　　　A

（※）その他、名義書換、株券の再発行等の定款規程がある場合は、それらについても変更前後の規定を記載します。

第15章　株券を発行する旨の定款の定め廃止、株式の消却、併合等による変更登記

【資料２　公告文例】

定款変更につき通知公告

　当社は、令和〇年〇月〇日付で株券を発行する旨の定款の定めを廃止することにいたしましたので公告します。

　なお、同日に当社の株券は無効となります。

　　令和〇年〇月〇日
　　　〇〇県〇〇市…
　　　　　　〇〇株式会社
　　　　　　代表取締役　〇〇〇〇

（※）実際の公告は縦書きです。

【資料３　株主名簿例】

株券を発行していないことを証する書面

　当会社の株式全部につき、下記株主名簿のとおり、株券を発行していないことを証明します。

　　令和〇年〇月〇日

　　　　　　　　　　　〇〇県〇〇市…
　　　　　　　　　　　〇〇株式会社
　　　　　　　　　　　代表取締役　　A

225

1　株券を発行する旨の定款の定め廃止

○○株式会社株主名簿

令和○年○月○日現在

番号	氏名又は名称	住　　　　所	株式の種類	株式数	備　考
1	○○○○	○○県○○市…	普通株式	○○株	株券不発行
2	△△株式会社	△△県△△市…	普通株式	△△株	株券不発行
3	□□□	□□県□□市…	普通株式	□□株	株券不発行
4	▽▽株式会社	▽▽県▽▽市…	普通株式	▽▽株	株券不発行

【資料4　委任状】

委　任　状

住所　○○県○○市…

氏名　司法書士　○○○

　私は、上記の者を代理人と定め、下記事項に関する一切の権限を委任する。

記

1．当会社の株券を発行する旨の定款の定めの廃止に関する登記申請についての一切の件
1．原本還付の請求及び受領の件

　令和○年○月○日

○○県○○市…
○○株式会社
代表取締役　A　㊞（※）

（※）登記所に提出している印鑑を押印します。

カ　登記記録の編成

　株券を発行する旨の定款の定めを廃止する登記は、登記記録中の「株券を発行する旨の定め」欄に次のように記録されます。

【登記記録例】

株券を発行する旨の定め	当会社の株式については、株券を発行する。
	令和○年○月○日設定　令和○年○月○日登記
	令和○年○月○日廃止　令和○年○月○日登記

2　株式の消却

(1)　意　義

　株式会社は、自己株式を消却することができ、それにより、自己株式の数及び発行済株式の総数が減少します。

　会社法においては、株式と資本金との関係は切断されているので、株式を消却して発行済株式の総数が減少したとしても、資本金の額は減少しません。また、株式の消却により当然に発行可能株式総数が減少することはないので、発行可能株式総数を減少させる場合は、別途株主総会の決議を行う必要があります。しかし、「株式の消却をした場合には消却した株式の数について発行可能株式総数が減少する」旨の定款の定めがある場合には、定款に定められた発行可能株式総数の減少に係る株主総会の特別決議を要することなく、株式の消却により当該発行可能株式総数が減少します。

(2) 手　続
ア　取締役の決定等

　　取締役会設置会社は、取締役会の決議により、自己株式を消却することができ、この場合においては、消却する自己株式の数（種類株式発行会社にあっては、自己株式の種類及び種類ごとの数）を定めなければなりません（会社法178条）。

　　また、取締役会設置会社以外の会社は、取締役の過半数の決定により、それを定めることで自己株式を消却することができます（会社法348条1項・2項）。

イ　単元株制度との関係

　　単元株式数を設定している株式会社において、株式の消却により、単元株式数が発行済株式の総数の200分の1を超える場合は、併せて、取締役の過半数の決定（取締役会設置会社にあっては、取締役会の決議）により、単元株式数の定めも変更し、その旨の登記申請をする必要があります。

(3) 登記手続
ア　登記期間

　　株式会社は、株式の消却をしたときは、その消却がなされたときから、2週間以内にその本店の所在地において、変更の登記をしなければなりません（会社法915条1項、911条3項9号）。

イ　登記の事由

　　登記の事由は、「株式の消却」です。

ウ　登記すべき事項

　　登記すべき事項は、消却後の発行済株式の総数並びに種類及び数と変更年月日です。

エ　添付書類

・取締役の過半数の一致を証する書面（取締役会設置会社にあっては、

第15章　株券を発行する旨の定款の定め廃止、株式の消却、併合等による変更登記

取締役会議事録）（商業登記法46条2項、後記資料1のとおり。）
・司法書士等に申請代理を委任する場合は、委任状（商業登記法18条、後記資料2のとおり。）

オ　登録免許税

登録免許税は、申請1件につき金3万円（登録免許税法別表1第24号(1)ツ）です。

【登記申請書例】

株式会社変更登記申請書

1．会社法人等番号　　　　○○○○－○○－○○○○○○

　　　　フリガナ　　　　　○○○○
1．商　　　　号　　　　　○○株式会社
1．本　　　　店　　　　　○○県○○市…
1．登 記 の 事 由　　　　株式の消却
1．登記すべき事項　　　　別紙のとおり
1．登 録 免 許 税　　　　金3万円
1．添 付 書 類　　　　　取締役会議事録　　　　　1通
　　　　　　　　　　　　委任状　　　　　　　　　1通

上記のとおり登記の申請をする。

　　令和○年○月○日
　　　　○○県○○市…
　　　　　　申請人　　○○株式会社
　　　　○○県○○市…
　　　　　　代表取締役　　○○○○

229

○○県○○市…
　　　　　上記代理人　司法書士　○○○○
　　　　　連絡先の電話番号　○○○－○○○○－○○○○

○○法務局　御中

別　紙（登記すべき事項）
「発行済株式の総数並びに種類及び数」
発行済株式の総数　○株
甲種類株式　○株
乙種類株式　○株
「原因年月日」令和○年○月○日変更

【資料1　取締役会議事録例】

取締役会議事録

令和○年○月○日午前○○時○○分より、当会社の本店において、取締役会を開催した。

　　取締役総数　　　○名　　出席取締役数　　○名
　　監査役総数　　　○名　　出席監査役数　　○名
　　出席役員
　　　代表取締役　　○○○○（議長兼議事録作成者）
　　　取　締　役　　○○○○
　　　取　締　役　　○○○○
　　　監　査　役　　○○○○

上記のとおり出席があったので定刻代表取締役○○○○は選ばれて議

長となり開会を宣し直ちに議事に入った。

　議長は、自己株式を消却する件を議題として慎重に討議した結果、満場一致をもって以下のとおり可決確定した。

決　議　事　項

　当会社の保有する自己株式○株のうち乙種類株式○株を消却することとする。

　以上をもって本取締役会の議案全部を終了したので、議長は閉会の挨拶を述べ、午前○○時○○分散会した。
　上記の決議を明確にするため、この議事録を作成し、出席取締役及び出席監査役の全員がこれに記名をする。
　　令和○年○月○日

○○株式会社
出席取締役　　A
同　　　　　　B
同　　　　　　C
監査役　　　　D

【資料２　委任状】

委　任　状

　　　住所　○○県○○市…
　　　氏名　司法書士　○○○

　私は、上記の者を代理人と定め、以下の権限を委任する。

2　株式の消却

```
1．令和○年○月○日、乙種類株式○株を消却したので、下記のとおり
  変更の登記を申請する一切の件
                            記
  発行済株式の総数　○株
  発行済各種の株式の数　甲種類株式　○株
                      乙種類株式　○株
1．原本還付の請求及び受領の件


  令和○年○月○日
                              ○○県○○市…
                              ○○株式会社
                              代表取締役　A　㊞（※）
```

（※）登記所に提出している印鑑を押印します。

　　カ　登記記録の編成

　　　株式の消却により発行済株式の総数が減少するため、登記記録中の「発行済株式の総数並びに種類及び数」欄に次のように記録されます。

　　【登記記録例】

発行可能株式総数	○○株
発行済株式の総数並びに種類及び数	発行済株式の総数 　　○株 各種の株式の数 　　甲種類株式　○株 　　乙種類株式　○株
	発行済株式の総数 　　○株

232

	各種の株式の数
	甲種類株式　○株
	乙種類株式　○株
	令和○年○月○日変更　令和○年○月○日登記
資本金の額	金○○万円

3　株式併合

(1)　意　義

　株式の併合とは、株主の有する株式を併合割合に応じて株式の種類ごとに一律に減少させることをいいます。併合割合には、会社法上、特に限界が定められているわけではないため、理論上は、すべての株式を1株にするような株式併合も可能と解されています。

　株式併合は、株式の種類ごとに行うこととされているため、異なる種類の株式間の併合はすることができません。

　会社法においては、株式と資本金との関係は切断されているので、株式を併合して発行済株式の総数が減少したとしても、資本金の額は減少することはありませんし、資本金の額の減少により株式の併合の効果が発生することはありません。また、株式の併合により当然に発行可能株式総数が減少することはないので、発行可能株式総数を減少させる場合は、別途その旨の株主総会の特別決議を行う必要があります。

　なお、新株予約権を発行している会社が株式併合をする場合は、新株予約権の目的である株式の数や行使価格等の登記事項について修正変更が必要となることがあります。

(2)　手　続

ア　株主総会の特別決議

　　株式会社は、株式の併合をしようとするときは、その都度、株主総

会の特別決議によって、次の事項を定めなければなりません（会社法180条2項、309条2項4号）。また、取締役は、当該株主総会において、株式の併合をすることを必要とする理由を説明しなければなりません（会社法180条4項）。

① 併合の割合（会社法180条2項1号）
② 株式併合の効力発生日（会社法180条2項2号）
③ 株式会社が種類株式発行会社である場合には、併合する株式の種類（会社法180条2項3号）
④ 効力発生日における発行可能株式総数（会社法180条2項4号）

　なお、公開会社においては、発行可能株式総数は、効力発生日における発行済株式の総数の4倍を超えることができません（会社法180条3項）。

イ　種類株主総会の特別決議

　種類株式発行会社においては、株式併合は、異なる種類の株式間では行うことができませんが、ある種類の株式のみ併合することや複数の種類の株式間で異なる比率で併合することはできます。ただし、当該株式併合がある種類の株式の種類株主に損害を及ぼすおそれがある場合は、当該定款の変更は、原則的に、当該種類の株式の種類株主を構成員とする種類株主総会の特別決議がなければ、その効力を生じません（会社法322条1項2号、324条2項4号）。上記第11章の種類株主総会の決議を要しない旨を定款で定めたときは、株式会社は、種類株主総会の特別決議に代えて、当該定款変更の効力発生日の20日前までに、当該種類株式の株主に対し、当該定款変更をする旨を通知又は公告しなければならず、反対株主の株式買取請求の手続が必要になります（会社法116条）。

第15章　株券を発行する旨の定款の定め廃止、株式の消却、併合等による変更登記

ウ　単元株制度との関係

　　単元株式数を設定している株式会社において、株式併合により、単元株式数が発行済株式の総数の200分の1を超える場合は、併せて、取締役の過半数の決定（取締役会設置会社にあっては、取締役会の決議）により、単元株式数の定めも変更し、その旨の登記申請をする必要があります。

エ　株主等に対する通知・公告

　　株式会社は、株式併合の効力発生日の2週間前[27]までに、株主（種類株式発行会社にあっては、上記ア③の種類の種類株主。以下、本項において同じ。）及びその登録株式質権者に対し、上記ア①から④の事項を通知又は公告しなければなりません（会社法181条）。

　　また、株券発行会社は、併合する株式の全部について株券を発行していない場合を除き、株式併合の効力発生日の1か月前までに当該株券発行会社に対し全部の株式（種類株式発行会社にあっては、上記ア③の種類の株式）に係る株券を提出しなければならない旨を公告し、かつ、当該株式の株主及びその登録株式質権者には、各別にこれを通知しなければなりません（会社法219条1項2号）。

オ　株式の併合に関する書面等の備置き及び閲覧等

①　事前開示

　　(ⅰ)　備　置

　　　　株式の併合（単元株式数（種類株式発行会社にあっては、ア③の種類の株式の単元株式数。以下、本項において同じ。）を定款で定めている場合にあっては、当該単元株式数に併合の割合を乗

---

[27] 株式併合により株式の数に一株に満たない端数が生じる場合、反対株主は、当該株式会社に対し、自己の有する株式のうちその端数となるものの全部を公正な価格で買い取ることを請求できますが、その場合は、「20日前」となります（会社法182条の4第3項）。

じて得た数に1に満たない端数が生ずる場合に限る。以下、本項において同じ。）をする株式会社は、①会社法180条2項の株主総会（株式の併合をするために種類株主総会の決議を要する場合にあっては、当該種類株主総会を含む。）の日の2週間前の日（会社法319条1項の場合にあっては、同項の提案があった日）、②会社法182条の4第3項の規定により読み替えて適用する181条1項の規定による株主に対する通知の日又は181条2項の公告の日のいずれか早い日から効力発生日後6か月を経過する日までの間、次の事項を記載し、又は記録した書面又は電磁的記録をその本店に備え置かなければなりません（会社法182条の2第1項）。

① 併合の割合（会社法180条2項1号）
② 株式併合の効力発生日（会社法180条2項2号）
③ 株式会社が種類株式発行会社である場合には、併合する株式の種類（会社法180条2項3号）
④ 効力発生日における発行可能株式総数（会社法180条2項4号）
⑤ 次の事項その他の①③の事項についての定めの相当性に関する事項（会社法施行規則33条の9第1号）
　イ　株式の併合をする株式会社に親会社等がある場合には、当該株式会社の株主（当該親会社等を除く。）の利益を害さないように留意した事項（当該事項がない場合にあっては、その旨）
　ロ　会社法235条の規定により一株に満たない端数の処理をすることが見込まれる場合における次の事項
　　(1)　次に掲げる事項その他の当該処理の方法に関する事項
　　　(i)　会社法235条1項又は同条2項において準用する会社法234条2項のいずれの規定による処理を予定しているかの別及びその理由

(ii) 会社法235条1項の規定による処理を予定している場合には、競売の申立てをする時期の見込み（当該見込みに関する取締役（取締役会設置会社にあっては、取締役会。(iii)及び(iv)において同じ。）の判断及びその理由を含む。）

(iii) 会社法235条2項において準用する会社法234条2項の規定による処理（市場において行う取引による売却に限る。）を予定している場合には、売却する時期及び売却により得られた代金を株主に交付する時期の見込み（当該見込みに関する取締役の判断及びその理由を含む。）

(iv) 会社法235条2項において準用する会社法234条2項の規定による処理（市場において行う取引による売却を除く。）を予定している場合には、売却に係る株式を買い取る者となると見込まれる者の氏名又は名称、当該者が売却に係る代金の支払のための資金を確保する方法及び当該方法の相当性並びに売却する時期及び売却により得られた代金を株主に交付する時期の見込み（当該見込みに関する取締役の判断及びその理由を含む。）

(2) 当該処理により株主に交付することが見込まれる金銭の額及び当該額の相当性に関する事項

⑥ 株式の併合をする株式会社（清算株式会社を除く。以下、本項において同じ。）についての次に掲げる事項（会社法施行規則33条の9第2号）

イ 当該株式会社において最終事業年度の末日（最終事業年度がない場合にあっては、当該株式会社の成立の日）後に重要な財産の処分、重大な債務の負担その他の会社財産の状況に重要な影響を与える事象が生じたときは、その内容（備置開始日（会社法182条の2第1項各号に掲げる日のいずれか早い日をいう。次号において同じ。）後株式の併合がその効力を生ずる日までの間に新たな最終事業年度

　　　　が存することとなる場合にあっては、当該新たな最終事業年度の末日後に生じた事象の内容に限る。）
　　　ロ　当該株式会社において最終事業年度がないときは、当該株式会社の成立の日における貸借対照表
⑦　備置開始日後株式の併合がその効力を生ずる日までの間に、⑤⑥の事項に変更が生じたときは、変更後の当該事項（会社法施行規則33条の9第3号）

　　(ii)　閲　覧
　　　　株式の併合をする株式会社の株主は、当該株式会社に対して、その営業時間内は、いつでも、次の請求をすることができます（会社法182条の2第2項本文）。ただし、②又は④の請求をするには、当該株式会社の定めた費用を支払わなければなりません（同項但書）。

①　上記(i)の書面の閲覧の請求（会社法182条の2第2項1号）
②　上記(i)の書面の謄本又は抄本の交付の請求（会社法182条の2第2項2号）
③　上記(i)の電磁的記録に記録された事項を法務省令で定める方法により表示したものの閲覧の請求（会社法182条の2第2項3号）
④　上記(i)の電磁的記録に記録された事項を電磁的方法であって株式会社の定めたものにより提供することの請求又はその事項を記載した書面の交付の請求（会社法182条の2第2項4号）

　②　事後開示
　　(i)　備　置
　　　　株式の併合をした株式会社は、効力発生日後遅滞なく、株式の

併合が効力を生じた時における発行済株式（種類株式発行会社にあっては、上記ア③の種類の発行済株式）の総数その他の株式の併合に関する事項として会社法施行規則33条の10で定める次の事項を記載し、又は記録した書面又は電磁的記録を作成し、効力発生日から6か月間、その書面又は電磁的記録をその本店に備え置かなければなりません（会社法182条の6第1項・2項）。

① 株式の併合が効力を生じた日（会社法施行規則33条の10第1号）
② 会社法182条の3の規定による請求に係る手続の経過（会社法施行規則33条の10第2号）
③ 会社法182条の4の規定による手続の経過（会社法施行規則33条の10第3号）
④ 株式の併合が効力を生じた時における発行済株式（種類株式発行会社にあっては、上記ア③の種類の発行済株式）の総数（会社法施行規則33条の10第4号）
⑤ ①から④に掲げるもののほか、株式の併合に関する重要な事項（会社法施行規則33条の10第5号）

(ii) 閲　覧

株式の併合をした株式会社の株主又は効力発生日に当該株式会社の株主であった者は、当該株式会社に対して、その営業時間内は、いつでも、次の請求をすることができます（会社法182条の6第3項本文）。ただし、②又は④の請求をするには、当該株式会社の定めた費用を支払わなければなりません（同項但書）。

① 上記(i)の書面の閲覧の請求（会社法182条の6第3項1号）
② 上記(i)の書面の謄本又は抄本の交付の請求（会社法182条の6第3

項2号)

③ 上記(i)の電磁的記録に記録された事項を法務省令で定める方法により表示したものの閲覧の請求（会社法182条の６第３項３号）

④ 上記(i)の電磁的記録に記録された事項を電磁的方法であって株式会社の定めたものにより提供することの請求又はその事項を記載した書面の交付の請求（会社法182条の６第３項４号）

(3) 登記手続

ア 登記期間

株式会社は、株式併合をしたときは、その併合がなされたときから、２週間以内にその本店の所在地において、変更の登記をしなければなりません（会社法915条１項、911条３項９号）。

イ 登記の事由

登記の事由は、「株式の併合」です。

ウ 登記すべき事項

登記すべき事項は、併合後の発行済株式の総数並びに種類及び数及び変更年月日です。

エ 添付書類

・株主総会議事録（商業登記法46条２項、後記資料１のとおり。）及び株主リスト（商業登記規則61条３項）

・上記(2)イの種類株主総会の特別決議を要する場合は、種類株主総会議事録（商業登記法46条２項）及び株主リスト（商業登記規則61条３項）

・現に株券を発行している株券発行会社においては、株券提供公告をしたことを証する書面（公告文例は、後記資料２のとおり。）、現に株券を発行していない株券発行会社においては、その事実を証する書面（株主名簿）（商業登記法61条、59条１項２号）

第15章　株券を発行する旨の定款の定め廃止、株式の消却、併合等による変更登記

・司法書士等に申請代理を委任する場合は、委任状（商業登記法18条、後記資料3のとおり。）

オ　登録免許税

　　登録免許税は、申請1件につき金3万円（登録免許税法別表1第24号(1)ツ）です。

【登記申請書例】

株式会社変更登記申請書

1．会社法人等番号　　　　○○○○－○○－○○○○○○

　　　フリガナ　　　　　　○○○○
1．商　　　　　号　　　　○○株式会社
1．本　　　　　店　　　　○○県○○市…
1．登 記 の 事 由　　　　株式の併合
1．登記すべき事項　　　　別紙のとおり
1．登 録 免 許 税　　　　金3万円
1．添 付 書 類　　　　　　株主総会議事録　　　　　　1通
　　　　　　　　　　　　　株主リスト　　　　　　　　1通
　　　　　　　　　　　　　公告をしたことを証する書面　1通
　　　　　　　　　　　　　委任状　　　　　　　　　　1通

　上記のとおり登記の申請をする。

　　令和○年○月○日
　　　　　○○県○○市…
　　　　　　　申請人　　○○株式会社
　　　　　○○県○○市…

241

3 株式併合

>   代表取締役　○○○○
>   ○○県○○市…
>   上記代理人　司法書士　○○○○
>   連絡先の電話番号　○○○-○○○○-○○○○
> ○○法務局　御中

> 別　紙（登記すべき事項）
> 「発行済株式の総数並びに種類及び数」
> 発行済株式の総数　○株
> A種類株式　○株
> B種類株式　○株
> 「原因年月日」令和○年○月○日変更

【資料1　株主総会議事録例】

> ### 臨時株主総会議事録
>
> 　令和○年○月○日午前○○時○○分より、当会社の本店において、臨時株主総会を開催した。
>
> | | |
> |---|---:|
> | 株主の総数 | ○名 |
> | 発行済株式の総数 | ○株 |
> | 議決権を行使することができる株主の数 | ○名 |
> | 議決権を行使することができる株主の議決権の数 | ○個 |
> | 出席した株主の数（委任状による者を含む） | ○名 |
> | 出席した株主の議決権の数 | ○個 |
>
> 　　出席役員等
>
> 　　代表取締役　　A（議長兼議事録作成者）

上記のとおり出席があったので、本株主総会は適法に成立した。
　定刻代表取締役Aは選ばれて議長となり、開会を宣し直ちに議事に入った。

　　議案　　　定款一部変更の件
　議長は、当会社の株式数を見直し、下記のとおり株式を併合する必要がある旨を述べ、議場に諮ったところ、満場一致でこれを承認可決した。
　　　　　　　　　　　　　記
　併合の割合　　　A種類株式2株を1株に併合する
　併合の効力発生日　令和〇年〇月〇日
　効力発生日における発行可能株式総数　〇〇株（※）

　以上をもって本総会の議案全部を終了したので、議長は閉会の挨拶を述べ、午前〇〇時〇〇分散会した。
　上記の決議を明確にするため、この議事録を作成し、議長である出席代表取締役が次に記名する。

　令和〇年〇月〇日

　　　　　　　　　　　　　　〇〇株式会社　臨時株主総会
　　　　　　　　　　　　　　議長　代表取締役　　　A

（※）株式の併合により、発行可能株式総数に変更が生じる場合は、発行可能株式総数の変更登記も行います。

3 株式併合

【資料2 公告文例】

> 当社は、株式○○株を△△株に併合することにいたしましたので、当社の株券を所有する方は、株券提出日である令和○年○月○日までに当社にご提出ください。
> 　令和○年○月○日
> 　　　　○○県○○市…
> 　　　　　○○株式会社
> 　　　　　　代表取締役　○○○○

（※）実際の公告は縦書きです。

【資料3 委任状】

委　任　状

　　　　住所　○○県○○市…
　　　　氏名　司法書士　○○○

　私は、上記の者を代理人と定め、以下の権限を委任する。

1．令和○年○月○日、当会社のA種類株式○株を○株に併合したので、下記のとおり変更の登記を申請する一切の件
　　　　　　　　記
　　発行済株式の総数　○株
　　発行済各種の株式の数　A種類株式　○株
　　　　　　　　　　　　　B種類株式　○株

1．原本還付の請求及び受領の件

　　令和○年○月○日

　　　　　　　　　　　　　　　　○○県○○市…
　　　　　　　　　　　　　　　　○○株式会社
　　　　　　　　　　　　　　　　　代表取締役　A　㊞(※)

(※) 登記所に提出している印鑑を押印します。

カ　登記記録の編成

株式の併合により発行済株式の総数が減少するため、登記記録中の「発行済株式の総数並びに種類及び数」欄に次のように記録されます。

【登記記録例】

発行可能株式総数	○○株
発行済株式の総数並びに種類及び数	発行済株式の総数 　○株 各種の株式の数 　A種類株式　○株 　B種類株式　○株
	発行済株式の総数 　○株 各種の株式の数 　A種類株式　○株 　B種類株式　○株 令和○年○月○日変更　令和○年○月○日登記
資本金の額	金○○万円

4　株式分割

(1)　意　義

　株式分割とは、株主の有する株式の数を分割割合に応じて一律に増加させることをいいます。株式の一株当たりの市場価格を引き下げ、市場における流通性を高める目的等で行われます。株式無償割当てと異なり、必ず同一種類の株式の数が増加し、自己株式についても分割の効果が生じます。

　株式分割は、株式の種類ごとに行うこととされているため、異なる種類の株式にまたがる株式の分割は行うことができません。

　株式分割により、発行済株式の総数が増加することから、分割割合は、一応、発行可能株式総数及び発行可能種類株式総数が限度ということになりますが、現に2以上の種類の株式を発行していない株式会社は、株主総会の決議によらないで、株式分割と同時に、それにより増加する株式数の範囲内で、取締役会や取締役の決定により、発行可能株式総数を増加する定款の変更をすることができる（会社法184条2項）[28]ので、当該定款変更を行うことでどのような分割割合の株式の分割も行うことができます。

　なお、新株予約権を発行している会社が株式分割をする場合は、新株予約権の目的である株式の数や行使価格についての登記事項について修正変更が必要となることがあります。

(2)　手　続

ア　原　則

①　株主総会・取締役会の決議

　　株式会社は、株式の分割をしようとするときは、その都度、株主総会の普通決議（取締役会設置会社にあっては、取締役会の決議）

によって[29]、次の事項を定めなければなりません（会社法183条2項）。

(ⅰ) 株式の分割により増加する株式の総数の株式の分割前の発行済株式（種類株式発行会社にあっては、(ⅲ)の種類の発行済株式）の総数に対する割合及び当該株式の分割に係る基準日（会社法183条2項1号）

(ⅱ) 株式分割の効力発生日（会社法183条2項2号）[30]

(ⅲ) 株式会社が種類株式発行会社である場合には、分割する株式の種類（会社法183条2項3号）

株式分割の効力は、(ⅱ)の効力発生日に生じ、基準日において株主名簿に記載され、又は記録されている株主（種類株式発行会社にあっては、基準日において株主名簿に記載され、又は記録されている(ⅲ)の種類の種類株主）は、同日に、基準日に有する株式（種類株式発行会社にあっては、(ⅲ)の種類の株式。以下、本項において同じ。）の数に(ⅰ)の割合を乗じて得た数の株式を取得します（会社法184条1項）。

28　会社法184条2項は、発行可能種類株式総数については適用されないため、種類株式発行会社においては、株主総会の決議で発行可能種類株式総数を変更しない限り、大幅な分割をすることができない場合があります。

29　取締役会設置会社にあっては、定款で、株主総会の決議によると定めることもできますが、この場合は、株主総会と取締役会のいずれもが決定権限を有することになります。

30　株式分割の効力発生日は、基準日から3か月以内の日である必要があり（会社法124条2項）、基準日と同一日とすることもできると解されています。

4　株式分割

(※) 株式分割に関する基準日公告文例

```
基準日設定につき通知公告
　当社は、令和〇年〇月〇日を基準
日と定め、同日〇〇時現在の株主名
簿上の株主をもって、その所有する
株式〇〇株を△△株とする株式分割
により株式の割当てを受ける株主と
定めましたので公告します。
　令和〇年〇月〇日
　　〇〇県〇〇市…
　　　　〇〇株式会社
　　　　代表取締役　〇〇〇〇
```

※　実際の官報公告は縦書きです。

②　種類株主総会の特別決議

当該株式分割がある種類の株式の種類株主に損害を及ぼすおそれがある場合は、当該定款の変更は、原則的に、当該種類の株式の種類株主を構成員とする種類株主総会の特別決議がなければ、その効力を生じません（会社法322条1項2号、324条2項4号）。上記第11章の種類株主総会の決議を要しない旨を定款で定めたときは、株式会社は、種類株主総会の特別決議に代えて、当該定款変更の効力発生日の20日前までに、当該種類株式の株主に対し、当該定款変更をする旨を通知又は公告しなければならず、反対株主の株式買取請求の手続が必要になります（会社法116条）。

イ　例　外

現に2以上の種類の株式を発行していない株式会社は、株主総会の

決議によらず、取締役の決定（取締役会設置会社にあっては、取締役会の決議）により、株式分割の効力発生日における発行可能株式総数をその日の前日の発行可能株式総数にア①(i)の割合を乗じて得た数の範囲内で増加する定款の変更をすることができます（会社法184条2項）。

(3) 登記手続

　ア　登記期間

　　株式会社は、株式分割をしたときは、その分割がなされたときから、2週間以内にその本店の所在地において、変更の登記をしなければなりません（会社法915条1項、911条3項9号）。

　イ　登記の事由

　　登記の事由は、「株式の分割」です。

　ウ　登記すべき事項

　　登記すべき事項は、分割後の発行済株式の総数並びに種類及び数及び変更年月日です。

　エ　添付書類

　　・株主総会議事録（商業登記法46条2項、後記資料1のとおり。）及び株主リスト（商業登記規則61条3項）、又は取締役会議事録（商業登記法46条2項）

　　・上記(2)アの種類株主総会の特別決議を要する場合は、種類株主総会議事録（商業登記法46条2項）及び株主リスト（商業登記規則61条3項）

　　・司法書士等に申請代理を委任する場合は、委任状（商業登記法18条、後記資料2のとおり。）

　オ　登録免許税

　　登録免許税は、申請1件につき金3万円（登録免許税法別表1第24号(1)ツ）です。

4 　株式分割

【登記申請書例】

株式会社変更登記申請書

１．会社法人等番号	○○○○-○○-○○○○○○	
フリガナ	○○○○	
１．商　　　　号	○○株式会社	
１．本　　　　店	○○県○○市…	
１．登記の事由	株式の分割	
１．登記すべき事項	別紙のとおり	
１．登録免許税	金３万円	
１．添付書類	株主総会議事録	１通
	株主リスト	１通
	委任状	１通

　上記のとおり登記の申請をする。

　　令和○年○月○日
　　　　　○○県○○市…
　　　　　　　申請人　　○○株式会社
　　　　　○○県○○市…
　　　　　　　代表取締役　　○○○○
　　　　　○○県○○市…
　　　　　　　上記代理人　司法書士　○○○○
　　　　　　　連絡先の電話番号　○○○-○○○○-○○○○

　○○法務局　御中

別　紙（登記すべき事項）
「発行済株式の総数並びに種類及び数」
発行済株式の総数　〇株
A種類株式　〇株
B種類株式　〇株
「原因年月日」令和〇年〇月〇日変更

【資料1　株主総会議事録例】

臨時株主総会議事録

令和〇年〇月〇日午前〇〇時〇〇分より、当会社の本店において、臨時株主総会を開催した。

株主の総数	〇名
発行済株式の総数	〇株
議決権を行使することができる株主の数	〇名
議決権を行使することができる株主の議決権の数	〇個
出席した株主の数（委任状による者を含む）	〇名
出席した株主の議決権の数	〇個

出席役員等
代表取締役　　A（議長兼議事録作成者）

上記のとおり出席があったので、本株主総会は適法に成立した。
定刻代表取締役Aは選ばれて議長となり、開会を宣し直ちに議事に入った。

議案　　　定款一部変更の件
　議長は、当会社の株式数を下記のとおり分割したい旨を述べた上で内容を詳細に説明し、議場に諮ったところ、満場一致でこれを承認可決した。

記

　　分割により増加する株式数　　A種類株式　○○株
　　分割の方法　令和○年○月○日を基準日として、最終の株主名簿に
　　　　　　　　記載された株主の所有するA種類株式1株につき2株の
　　　　　　　　割合をもって分割する。
　　分割の効力発生日　令和○年○月○日

　以上をもって本総会の議案全部を終了したので、議長は閉会の挨拶を述べ、午前○○時○○分散会した。
　上記の決議を明確にするため、この議事録を作成し、議長である出席代表取締役が次に記名する。

　　令和○年○月○日

　　　　　　　　　　　　　　　　○○株式会社　臨時株主総会
　　　　　　　　　　　　　　　　議長　代表取締役　　　A

【資料2　委任状】

委　任　状

　　　　　住所　○○県○○市…
　　　　　氏名　司法書士　○○○

　私は、上記の者を代理人と定め、以下の権限を委任する。

第15章　株券を発行する旨の定款の定め廃止、株式の消却、併合等による変更登記

1．令和○年○月○日、当会社のA種類株式○株を○株に分割したので、下記のとおり変更の登記を申請する一切の件

記

　発行済株式の総数　○株

　発行済各種の株式の数　A種類株式　○株

　　　　　　　　　　　　B種類株式　○株

1．原本還付の請求及び受領の件

令和○年○月○日

　　　　　　　　　　　　　　　　○○県○○市…
　　　　　　　　　　　　　　　　○○株式会社
　　　　　　　　　　　　　　　　代表取締役　A　㊞（※）

（※）登記所に提出している印鑑を押印します。

　カ　登記記録の編成

　　株式分割により発行済株式の総数が減少するため、登記記録中の「発行済株式の総数並びに種類及び数」欄に次のように記録されます。

【登記記録例】

発行可能株式総数	○○株
発行済株式の総数並びに種類及び数	発行済株式の総数 　○株 各種の株式の数 　A種類株式　○株 　B種類株式　○株
	発行済株式の総数 　○株

	各種の株式の数 　　A種類株式　　○株 　　B種類株式　　○株 令和○年○月○日変更　令和○年○月○日登記
資本金の額	金○○万円

5　株式無償割当て

(1)　意　義

　株式無償割当てとは、株主（種類株式発行会社にあっては、ある種類の種類株主）に対して新たに払込みをさせずに、当該会社の株式の割当てをすることをいいます（会社法185条）。

　株式無償割当ては、株式分割と類似しますが、①株式分割においては自己株式の数も増加するのに対して、株式無償割当てにおいては自己株式については割当てが生じないこと、②株式分割においては自己株式を交付することはできないのに対して、株式無償割当てにおいては自己株式を交付することができること、③株式分割においては同一の種類の株式の数が増加するのに対して、株式無償割当てにおいては同一又は異種の株式を交付することができること、④株式分割においては基準日を定める必要があるのに対して、株式無償割当てにおいては必ずしも基準日を定める必要がないこと、⑤株式分割においては株主総会の決議を経ずに発行可能株式総数を増加させることができる（会社法184条2項）のに対して、株式無償割当てにおいては発行可能株式総数を増加させるのに必ず株主総会の決議を要すること[31]等の違いがあります。

　株式無償割当てにおいては、出資が生じないため、新株を発行するか、自己株式を処分するかにかかわらず、資本金の額は増加しません（会社計算規則16条1項）。

なお、新株予約権を発行している会社が株式無償割当てをする場合は、新株予約権の目的である株式の数や行使価格についての登記事項について修正変更が必要となることがあります。

(2) 手　続

ア　株主総会・取締役会の決議

株主割当てをするときは、定款に別段の定めのある場合を除き、株主総会の普通決議（取締役会設置会社にあっては、取締役会の決議）によって、次の事項を定めなければなりません（会社法186条）。

---

① 株主（当該株式会社を除く。）に割り当てる株式の数（種類株式発行会社にあっては、株式の種類及び種類ごとの数）又はその数の算定方法（会社法186条1項1号）
② 当該株式無償割当ての効力発生日（会社法186条1項2号）
③ 株式会社が種類株式発行会社である場合には、当該株式無償割当てを受ける株主の有する株式の種類（会社法186条1項3号）

株主無償割当ての効力は、②の効力発生日に生じ、①の株式の割当てを受けた株主は、当該日に、①の株式の株主となります（会社法187条1項）。

イ　種類株主総会の特別決議

株式無償割当てによりある種類の株式の種類株主に損害を及ぼすお

31　株式無償割当てには、株式分割における会社法184条2項のような規定がないため、発行可能株式総数を増加して割り当てる株式数を増加するには、株主総会の決議による必要があります。これにより、発行可能株式総数を増加する定款変更ができるとしても、公開会社では発行済株式の総数の4倍を超えては、それを増加させることができない（会社法113条3項。4倍ルール）ため、その範囲で割り当てる株式の数に限界があるといえます（非公開会社においては、4倍ルールがないため、株主総会の決議により発行可能株式総数を増加するのと同時に株式の無償割当てを行う場合は、割り当てる株式の数に制約がないといえます。）。

それがある場合は、当該株式無償割当ては、原則的に、当該種類の株式の種類株主を構成員とする種類株主総会の特別決議がなければ、その効力を生じません（会社法322条1項2号、324条2項4号）。

なお、上記第11章の種類株主総会の決議を要しない旨を定款で定めたときは、株式会社は、種類株主総会の特別決議に代えて、当該定款変更の効力発生日の20日前までに、当該種類株式の株主に対し、当該定款変更をする旨を通知又は公告しなければならず、反対株主の株式買取請求の手続が必要になります（会社法116条）。

ウ　株主等への通知

株式会社は、株主無償割当ての効力発生日後遅滞なく、株主（種類株式発行会社にあっては、ア③の種類の種類株主）及びその登録株式質権者に対し、当該株主が割当てを受けた株式の数（種類株式発行会社にあっては、株式の種類及び種類ごとの数）を通知しなければなりません（会社法187条2項）。

(3) 登記手続

ア　登記期間

株式無償割当てにより登記事項に変更があったとき[32]は、その割当てがなされたときから、2週間以内にその本店の所在地において、変更の登記をしなければなりません（会社法915条1項、911条3項9号）。

イ　登記の事由

登記の事由は、「株式無償割当て」です。

ウ　登記すべき事項

登記すべき事項は、割当て後の発行済株式の総数並びに種類及び数及び変更年月日です。

エ　添付書類

32　自己株式のみを交付する場合には、登記事項は変更が生じないため、登記申請は不要です。

・株主総会議事録（商業登記法46条2項、後記資料1のとおり。）及び株主リスト（商業登記規則61条3項）、又は取締役会議事録（商業登記法46条2項）
・上記(2)イの種類株主総会の特別決議を要する場合は、種類株主総会議事録（商業登記法46条2項）及び株主リスト（商業登記規則61条3項）
・司法書士等に申請代理を委任する場合は、委任状（商業登記法18条、後記資料2のとおり。）

オ　登録免許税

　　登録免許税は、申請1件につき金3万円（登録免許税法別表1第24号(1)ツ）です。

【登記申請書例】

株式会社変更登記申請書

1．会社法人等番号　　　○○○○－○○－○○○○○○

　　フリガナ　　　　　　○○○○
1．商　　　　号　　　　○○株式会社
1．本　　　　店　　　　○○県○○市…
1．登記の事由　　　　　株式無償割当て
1．登記すべき事項　　　別紙のとおり
1．登録免許税　　　　　金3万円
1．添付書類　　　　　　株主総会議事録　　　　1通
　　　　　　　　　　　　株主リスト　　　　　　1通
　　　　　　　　　　　　委任状　　　　　　　　1通

上記のとおり登記の申請をする。

5 株式無償割当て

```
     令和○年○月○日
             ○○県○○市…
             申請人    ○○株式会社
          ○○県○○市…
             代表取締役   ○○○○
          ○○県○○市…
             上記代理人  司法書士   ○○○○
             連絡先の電話番号  ○○○-○○○○-○○○○
  ○○法務局  御中
```

```
別  紙（登記すべき事項）
「発行済株式の総数並びに種類及び数」
発行済株式の総数  ○株
A種類株式  ○株
B種類株式  ○株
「原因年月日」令和○年○月○日変更
```

【資料1 株主総会議事録例】

臨時株主総会議事録

　令和○年○月○日午前○○時○○分より、当会社の本店において、臨時株主総会を開催した。

　　株主の総数　　　　　　　　　　　　　　　　　　　　　　○名
　　発行済株式の総数　　　　　　　　　　　　　　　　　　　○株

議決権を行使することができる株主の数	○名
議決権を行使することができる株主の議決権の数	○個
出席した株主の数（委任状による者を含む	○名
出席した株主の議決権の数	○個

出席役員等

　　代表取締役　　A（議長兼議事録作成者）

　上記のとおり出席があったので、本株主総会は適法に成立した。

　定刻代表取締役Aは選ばれて議長となり、開会を宣し直ちに議事に入った。

　　議案　　　株式無償割当ての件

　議長は、下記のとおり株式の無償割当てを行いたい旨を述べた上で内容を詳細に説明し、議場に諮ったところ、満場一致でこれを承認可決した。

　　　　　　　　　　　　記

株主に割り当てる株式の種類及び種類ごとの数　　A種類株式　○○株

割当の方法　　令和○年○月○日午前○○時○○分現在の株主名簿に記載されたB種類株式の株主に対し、その所有するB種類株式1株につき、A種類株式1株の割合をもって割り当てる。

　　　　　　　なお、割り当てるすべてのA種類株式（○○株）は、本割当てに際し、新たに発行するものとする。

効力発生日　　令和○年○月○日

　以上をもって本総会の議案全部を終了したので、議長は閉会の挨拶を述べ、午前○○時○○分散会した。

上記の決議を明確にするため、この議事録を作成し、議長である出席代表取締役が次に記名する。

　　令和〇年〇月〇日

　　　　　　　　　　　　　　　〇〇株式会社　臨時株主総会
　　　　　　　　　　　　　　　議長　代表取締役　　　A

【資料2　委任状】

委　任　状

　　　　　　　　　住所　〇〇県〇〇市…
　　　　　　　　　氏名　司法書士　〇〇〇

　私は、上記の者を代理人と定め、以下の権限を委任する。

1．令和〇年〇月〇日、当会社の株主に株式無償割当てをしたので、下記のとおり変更の登記を申請する一切の件
　　　　　　　　　　　　　記
　　発行済株式の総数　〇株
　　発行済各種の株式の数　A種類株式　〇株
　　　　　　　　　　　　　B種類株式　〇株
1．原本還付の請求及び受領の件

　　令和〇年〇月〇日

　　　　　　　　　　　　　　　〇〇県〇〇市…
　　　　　　　　　　　　　　　〇〇株式会社

第12章　単元株制度

代表取締役　A　㊞（※）

（※）登記所に提出している印鑑を押印します。

　カ　登記記録の編成

　株式無償割当てにより、発行済株式の総数が増加する登記は、登記記録中の「発行済株式の総数並びに種類及び数」欄に次のように記録されます。

【登記記録例】

発行可能株式総数	○○株
発行済株式の総数並びに種類及び数	発行済株式の総数 　○株 各種の株式の数 　A種類株式　○株 　B種類株式　○株
	発行済株式の総数 　○株 各種の株式の数 　A種類株式　○株 　B種類株式　○株 令和○年○月○日変更　令和○年○月○日登記
資本金の額	金○○万円

261

第2部

増減資

第1章　募集株式

1　募集株式の発行等

(1) 新株式の発行と自己株式の処分

　会社法199条以下は、募集株式の発行等について規定しています。発行する新株式を引き受ける者の募集手続と処分する自己株式を引き受ける者の募集手続は、いずれも株式の引受人についての募集手続であるという点において共通していることから、会社法199条1項は、「株式会社は、その発行する株式又はその処分する自己株式を引き受ける者の募集をしようとするときは、…」とし、両者を同一の規定によって規律しています（以下、新株式の発行は、単に「株式の発行」という。）。このように、新株式の発行と自己株式の処分を1つの手続として統合して規定していることから、1つの募集で株式の発行と自己株式の処分を同時に行うことができます（募集事項の決定をする決議においても、議案を分けることなく、同一議案にて決議することができます[33]。）。

(2) 割当ての種類

　募集株式の発行等には、①株主に持ち株数に応じて株式の割当てを受

ける権利を与える場合（株主割当て）、②株主であるかを問わず、特定の第三者に株式の割当てを受ける権利を与える場合（第三者割当て）、③株主や特定の第三者に限らず、一般のすべての投資家に対して株式の割当てを受ける権利を与える場合（公募増資）があります（会社法の規定上②と③は区別されていません。）[34]。

(3) 手続の概要

募集株式の発行等の基本的な手続の概要は、次のとおりです。

① 株式会社による募集事項等の決定
② 株式引受人の株式会社に対する募集株式の引受けの申込み
③ 株式会社から株式引受人に対する募集株式の割当ての決定・通知
④ 株式引受人から株式会社に対する出資の履行
⑤ 登記申請

2 募集事項等の決定

(1) 募集事項等

株式会社は、その発行する株式又はその処分する自己株式を引き受ける者の募集をしようとするときは、その都度、募集株式（当該募集に応じてこれらの株式の引受けの申込みをした者に対して割り当てる株式を

---

[33] ある募集株式の発行等が、株式の発行であるか、自己株式の処分であるか、又はそれらが混在したものであるかということは、募集事項の決定時に必ずしも定める必要はなく、払込（給付）期日等までの間に定めれば足りるとされています。

[34] 株主に募集株式の発行等により株式を割り当てる場合、それが株主割当てか、第三者割当てかの判断がつきにくいケースもあります。株主は常に変動し得るものであることから、たとえ、その募集株式の発行等により結果的に株主に持ち株数に応じて株式を割り当てるような場合であっても、「株主に株式の割当てを受ける権利を付与する」旨の決議がなされていない限り、第三者割当てにより行うことができます。

いう。）について、次の事項を定めなければなりません（会社法199条１項柱書、202条１項。以下、①から⑤を「募集事項」、①から⑦を「募集事項等」という。）。なお、これらの事項は、募集ごとに、均等に定めなければなりません（199条５項）。

① 募集株式の数（種類株式発行会社にあっては、募集株式の種類及び数）（会社法199条１項１号）
　（※１）種類株式発行会社においては、会社法108条２項各号に定める事項の全部又は一部については、当該種類の株式を初めて発行する時までに、株主総会（取締役会設置会社にあっては株主総会又は取締役会、清算人会設置会社にあっては株主総会又は清算人会）の決議によって定める旨を定款で定めることができ、その場合においては、その内容の要綱を定款で定めなければならないとされています（会社法108条３項）。この「内容の要綱」を定款に定めたにもかかわらず、未だその部分について具体的に定めていない場合は、最初に発行する種類株式の募集事項を決定する株主総会等にて、その部分の具体的な内容を併せて決定することになります。
　（※２）種類株式発行会社においては、募集事項等の決定は１種類の株式ごとに行う必要があるため、複数の種類の株式の募集事項をまとめて決定することはできません。
② 募集株式の払込金額（募集株式--株と引換えに払い込む金銭又は給付する金銭以外の財産の額をいう。）又はその算定方法（会社法199条１項２号）
　（※１）公開会社における第三者割当ての場合で、かつ、取締役会の決議により募集事項を定める場合（会社法201条１項、199条２項）には、市場価格のある株式を公正な価額で募集するときは、

②の事項に代えて、公正な価額による払込みを実現するために適当な払込金額の決定の方法を定めることができます（会社法202条２項）。この「決定の方法」は、実務上公正な方法として認知されているものである必要があり、例えば、「ブック・ビルディング方式（機関投資家等へのヒアリング、需要の積上げを通じて価格を決定するもの）による。」という定め方も実務上有効なものとされています。

（※２）払込金額が募集株式を引き受ける者に特に有利な金額である場合には、取締役は、募集事項の決定をする株主総会において、当該払込金額でその者の募集をすることを必要とする理由を説明しなければなりません（会社法199条３項）。

（※３）実際に払い込む金額が、募集事項として定めた払込金額を超えたとしても問題ありません。

③　金銭以外の財産を出資の目的とするときは、その旨並びに当該財産の内容及び価額（会社法199条１項３号）

（※１）現物出資の対象となるのは、動産、不動産、債権、有価証券、知的財産権、事業等の金銭以外の価値のある財産です。

（※２）設立時においては、金銭出資者と現物出資者との間で、払込みに係る金銭の価額と現物出資財産の価額の比率に応じて平等に設立時の発行株式が割り当てられていなくても差し支えないのですが、募集株式の発行においては、両者を均等に扱う必要があります（会社法199条５項、208条２項）。

④　募集株式と引換えにする金銭の払込み又は③の財産の給付の期日又はその期間（会社法199条１項４号）

⑤　株式を発行するときは、増加する資本金及び資本準備金に関する事項（会社法199条１項５号）

（※）株主となる者が現実に払込み又は給付した額の総額が資本金と

して計上されますが（会社法445条１項）、その額の２分の１を超えない額については、資本金として計上しないことができます（同条２項）。この際、資本金として計上しないこととした額は、資本準備金として計上しなければなりません（同条３項）。
（株主に株式の割当てを受ける権利を与える場合（株主割当ての場合）は、）
⑥　株主に対し、会社法203条２項の株式の引受けの申込みをすることにより当該株式会社の募集株式（種類株式発行会社にあっては、当該株主の有する種類の株式と同一の種類のもの）の割当てを受ける権利を与える旨（会社法202条１項１号）
⑦　⑥の募集株式の引受けの申込みの期日（会社法202条１項２号）

(2) 募集株式の数と発行可能株式総数・発行可能種類株式総数との関係

　株式を発行する場合、発行する株式の数は、発行後の発行済株式の総数が発行可能株式総数の範囲内である必要があります。また、種類株式発行会社においては、種類株式は、定款に「発行可能種類株式総数及び発行する各種類の株式の内容」の定めがある場合に限り発行することができ、発行する種類株式の数は、発行後の当該種類株式の発行済株式の総数が、当該種類の発行可能種類株式総数の範囲内である必要があります。

　発行可能株式総数や当該種類株式の発行可能種類株式総数を超える株式の発行（いわゆる枠外発行）がなされた場合、株式発行の無効原因があると解されるため、公開会社においては、株式発行の効力発生日から６か月、非公開会社においては、株式発行の効力発生日から１年の株式発行無効の訴えの提訴期間が経過しない限り、これによる変更登記をすることはできないとされています（会社法828条１項２号、商業登記法

25条1項・24条9号)[35]。このような不都合を回避するために、発行可能株式総数や発行可能種類株式総数が増加する定款変更がされることを条件として、募集株式の発行決議をすることができます(発行可能株式総数につき、昭和34年8月29日民甲第1923号回答)[36]。

(3) 取締役の報酬等に係る募集事項の決定の特則

これまで取締役の報酬等として募集株式を発行するためには、引受人たる取締役に金銭報酬請求権を付与した上で、これを現物出資財産として募集株式を発行する等する必要がありましたが、令和元年の会社法改正により、上場会社では無償で募集株式を発行することができるようになりました。

上場会社は、定款又は株主総会の決議による会社法361条1項3号に掲げる事項(①当該募集株式の数(種類株式発行会社にあっては、募集株式の種類及び種類ごとの数)の上限(会社法361条1項3号)、②一定

---

35 枠外発行がなされた後で、発行後の発行済株式の総数を超える発行可能株式総数の増加(公開会社においては発行後の発行済株式の総数の4倍を超えない範囲での増加)についての定款変更がなされた場合には、当該瑕疵が治癒されたものとされ、提訴期間の経過を待たず、当該株式の発行による変更登記と発行可能株式総数の変更登記は受理されると解されています(昭和40年11月13日民甲第3214号回答、登記研究218号71頁、昭和57年11月12日民四第6853号民事局第四課長回答、登記研究423号109頁)。また、枠外発行にあたる募集株式の発行決議がなされた場合であっても、後日、その発行の効力が生じる前に、定款変更により発行可能株式総数や発行可能種類株式総数を増加させたときにも、やはり当該瑕疵は治癒されたものとされ、当該募集株式の発行は有効なものとされると解されています(昭和32年6月27日民甲第1248号回答)。
36 例えば、発行済株式の総数が3万株、発行可能株式総数が4万株の公開会社において、発行可能株式総数を12万株(発行済株式の総数の4倍以下)に増加する定款変更を条件として、その枠内で株式を発行するというケースです(昭和34年8月29日民甲第1923号民事局長電報回答)。

なお、上記発行済株式の総数と発行可能株式総数の公開会社においては、登記実務上、①取締役会にて、下記②の株主総会の第1号議案が可決されることを条件として、9万株の募集株式の発行を決議し、②株主総会の第1号議案にて、発行可能株式総数を12万株に増加変更する決議を可決してその効力を生じさせた後で、第2号議案にて、発行可能株式総数を48万株に増加する定款変更を決議するということもできるとされています(登記研究273号70頁)。

の事由が生ずるまで当該募集株式を他人に譲り渡さないことを取締役に約させることとするときは、その旨及び当該一定の事由の概要（会社法施行規則98条の2第1号、会社法361条1項3号）、③一定の事由が生じたことを条件として当該募集株式を当該株式会社に無償で譲り渡すことを取締役に約させることとするときは、その旨及び当該一定の事由の概要（会社法施行規則98条の2第2号、会社法361条1項3号）、④②③のほか、取締役に対して当該募集株式を割り当てる条件を定めるときは、その条件の概要（会社法施行規則98条の2第3号、会社法361条1項3号）についての定め[37]に従いその発行する株式又はその処分する自己株式を引き受ける者の募集をするときは、上記(1)の募集事項のうち、②及び④の事項を定めることを要しません（会社法202条の2第1項柱書）。この場合において、株式会社は、次の事項を定める必要があります（同柱書）。

① 取締役[38]の報酬、賞与その他の職務執行の対価として株式会社から受ける財産上の利益（以下、「報酬等」という。）として当該募集に係る株式の発行又は自己株式の処分をするものであり、募集株式と引換えにする金銭の払込み又は会社法199条1項3号の金銭以外の財産の給付を要しない旨（会社法202条の2第1項1号）

② 募集事項の割当日（同項2号）

---

[37] 指名委員会等設置会社においては、「報酬委員会による会社法409条3項3号に定める事項に規定する事項（①当該募集株式の数（種類株式発行会社にあっては、募集株式の種類及び種類ごとの数）（会社法409条3項3号）、②一定の事由が生ずるまで当該募集株式を他人に譲り渡さないことを執行役等に約させることとするときは、その旨及び当該一定の事由（会社法施行規則111条1号）、③一定の事由が生じたことを条件として当該募集株式を当該株式会社に無償で譲り渡すことを執行役等に約させることとするときは、その旨及び当該一定の事由（会社法施行規則111条2号）、④②③のほか、執行役等に対して当該募集株式を割り当てる条件を定めるときは、その条件（会社法施行規則111条3号））についての決定」となります（会社法202条の2第3項）。

[38] 指名委員会等設置会社においては、「執行役又は取締役」となります（会社法202条の2第3項）。

募集株式の引受人は、当該割当日に株主になります（会社法209条4項）。

(4) 募集事項等の決定機関等

上記(1)の募集事項等を決定する機関等については、①非公開会社における第三者割当ての場合、②公開会社における第三者割当ての場合、③非公開会社における株主割当ての場合、④公開会社における株主割当ての場合に分けて規律されています。

ア 非公開会社における第三者割当ての場合

① 原 則

非公開会社における第三者割当ての場合、募集事項の決定は、株主総会の特別決議による必要があります（会社法199条2項、309条2項・5項）。

② 取締役・取締役会への決定の委任

株主総会の特別決議によって、募集事項の決定を取締役（取締役会設置会社にあっては、取締役会）に委任することができます（会社法200条1項、309条2項5号）。この場合においては、その委任に基づいて募集事項の決定をすることができる募集株式の数の上限及び払込金額の下限を定めなければなりません（会社法200条1項）。この株主総会の特別決議は、上記(1)④の払込み又は給付の期日（期間を定めた場合にあっては、その期間の末日）が当該決議の日から1年以内の日である募集についてのみその効力を有します（会社法200条3項）。

③ 払込金額が募集株式を引き受ける者に特に有利な金額である場合

上記①の場合は、払込金額、上記②の場合は、払込金額の下限が、募集株式を引き受ける者に特に有利な金額であるときには、取締役は、上記①②の株主総会において、当該払込金額でその者の募集をすることを必要とする理由を説明しなければなりません（会社法

199条3項、200条2項)。

④　種類株式発行会社の場合

　種類株式発行会社においては、募集株式の種類が譲渡制限株式であるときは、当該種類の株式に関する募集事項の決定及び上記②の募集事項の決定の取締役・取締役会への委任は、当該種類株主総会の特別決議がなければ、その効力を生じません（会社法199条4項本文、200条4項本文、324条2項2号）。

　ただし、(i)当該種類株主総会において議決権を行使することができる種類株主が存しない場合（会社法199条4項但書、200条4項但書）、(ii)当該種類の株式を引き受ける者の募集について当該種類の株式の種類株主を構成員とする種類株主総会の決議を要しない旨の定款の定めがある場合（会社法199条4項本文、200条4項本文）は、当該種類株主総会の特別決議は不要です。

イ　公開会社における第三者割当ての場合

① 　原　則

　　公開会社における第三者割当ての場合、募集事項の決定は、(i)払込金額が募集株式を引き受ける者に特に有利な金額である場合、(ii)これを株主総会での決議事項とする旨の定款の定めがあるとき（会社法295条2項）を除き、取締役会の決議による必要があります（会社法201条1項）。

② 　払込金額が募集株式を引き受ける者に特に有利な金額である場合

　(i)　基　本

　　　払込金額が募集株式を引き受ける者に特に有利な金額である場合は、①にかかわらず、募集事項の決定は、株主総会の特別決議による必要があります（会社法199条2項、309条2項5号）。

　(ii)　取締役会への決定の委任

　　　払込金額が募集株式を引き受ける者に特に有利な金額である場

合は、上記ア②と同様に、株主総会の特別決議によって、募集事項の決定を取締役会に委任することができます（会社法200条1項、309条2項5号）。この場合においては、その委任に基づいて募集事項の決定をすることができる募集株式の数の上限及び払込金額の下限を定めなければなりません（会社法200条1項）。この株主総会の特別決議は、上記(1)④の払込み又は給付の期日（期間を定めた場合にあっては、その期間の末日）が当該決議の日から1年以内の日である募集についてのみその効力を有します（会社法200条3項）。

(iii) 取締役の説明

上記(i)の場合は、払込金額、上記(ii)の場合は、払込金額の下限が、募集株式を引き受ける者に特に有利な金額であるときには、取締役は、上記(i)(ii)の株主総会において、当該払込金額でその者の募集をすることを必要とする理由を説明しなければなりません（会社法199条3項、200条2項）。

(iv) 種類株式発行会社の場合

種類株式発行会社においては、募集株式の種類が譲渡制限株式であるときは、当該種類の株式に関する募集事項の決定及び上記(ii)の募集事項の決定の取締役会への委任は、当該種類株主総会の特別決議がなければ、その効力を生じません（会社法199条4項本文、200条4項本文、324条2項2号）。

ただし、(i)当該種類株主総会において議決権を行使することができる種類株主が存しない場合（会社法199条4項但書、200条4項但書）、(ii)当該種類の株式を引き受ける者の募集について当該種類の株式の種類株主を構成員とする種類株主総会の決議を要しない旨の定款の定めがある場合（会社法199条4項本文、200条4項本文）は、当該種類株主総会の特別決議は不要です。

ウ　非公開会社における株主割当ての場合

① 原　則

非公開会社における株主割当ての場合、募集事項等の決定は、原則的に、株主総会の特別決議によりますが（会社法202条3項4号、309条2項5号）、募集事項等を取締役の決定（取締役会設置会社においては、取締役会の決議）によって定めることができる旨の定款の定めがある場合は、取締役の決定（取締役会設置会社においては、取締役会の決議[39]）によります（会社法202条3項1号・2号）。

② 種類株主総会の特別決議が必要となる場合

種類株式発行会社が株主割当てをする場合において、ある種類の株式の種類株主に損害を及ぼすおそれがあるときは、当該種類の株式の種類株主を構成員とする種類株主総会の特別決議がなければ、その効力を生じません（会社法322条1項4号、324条2項4号）。

ただし、(i)当該種類株主総会において議決権を行使することができる種類株主が存しない場合（会社法322条1項柱書但書）、(ii)当該種類株主総会の決議を要しない旨を定款の定めがある場合（会社法322条2項・3項）[40]には、当該種類株主総会の特別決議は不要です。

エ　公開会社における株主割当ての場合

① 原　則

公開会社における株主割当ての場合、募集事項等の決定は、これを株主総会での決議事項とする旨の定款の定めがあるとき（会社法295条2項）を除き、取締役会の決議による必要があります（会社法202条3項3号）。

---

[39] 会社法施行前から存する完全譲渡制限会社においては、その定款に、募集事項等を取締役会の決議によって定めることができる旨の会社法202条3項2号の定めがあるものとみなされます（会社法の施行に伴う関係法律の整備等に関する法律76条3項）。

[40] この場合には、当該種類株主総会の特別決議に代えて、反対株主の株式買取請求の手続が必要になります（会社法116条）。

② 種類株主総会の決議が必要となる場合

　種類株式発行会社が株主割当てをする場合において、ある種類の株式の種類株主に損害を及ぼすおそれがあるときは、当該種類の株式の種類株主を構成員とする種類株主総会の特別決議がなければ、その効力を生じません（会社法322条1項4号、324条2項4号）。

　ただし、(i)当該種類株主総会において議決権を行使することができる種類株主が存しない場合（会社法322条1項柱書但書）、(ii)当該種類株主総会の決議を要しない旨の定款の定めがある場合（会社法322条2項・3項）[41]には、当該種類株主総会の特別決議は不要です。

3　株主に対する通知・公告

(1) 差止請求権の行使機会を確保するための通知・公告

　公開会社における第三者割当ての場合、取締役会の決議によって募集事項を定めたとき（会社法201条1項）は、払込又は給付の期日（期間を定めた場合にあっては、その期間の初日）の2週間前までに、株主に対し、当該募集事項（会社法202条2項の規定により払込金額の決定の方法を定めた場合にあっては、その方法を含む。以下、本項において同じ。）を通知又は公告しなければなりません（会社法201条3項・4項）[42・43]。

　これは、当該募集株式の発行等が、法令又は定款に違反したり、著しく不公正な方法により行われたりしたときに、不利益を受けるおそれのあ

41　この場合には、当該種類株主総会の特別決議に代えて、反対株主の株式買取請求の手続が必要になります（会社法116条）。

42　この通知又は公告を欠く募集株式の発行等は、差止請求権を行使したとしても差止めの事由がないためにこれが許容されないと認められる場合でない限り、無効原因があるものとされます（最判平成9年1月28日民集51巻1号71頁）。

43　後述の総数引受契約による場合でも同様です。

る株主に、募集株式の発行等についての差止請求権（会社法210条）を行使する機会を与えるためのものですので、公開会社においても払込金額が募集株式を引き受ける者に特に有利な金額である場合で株主総会の特別決議により募集事項を決定する場合や非公開会社が株主総会の特別決議により募集事項を決定する場合は、株主総会において募集事項の開示がなされるため、この通知又は公告をする必要はありません。

　なお、この払込又は給付の期日（期間を定めた場合にあっては、その期間の初日）までの2週間の期間は、株主全員の同意があれば短縮することができます（昭和41年10月5日民甲第2875号回答）。また、株式会社が、この払込又は給付の期日（期間を定めた場合にあっては、その期間の初日）の2週間前までに金融商品取引法4条1項から3項までの届出をしている場合その他の株主の保護に欠けるおそれがないものとして会社法施行規則40条で定める場合（※）には、当該通知又は公告は不要です（会社法201条5項）[44]。

―（※）会社法施行規則40条で定める場合 ―――――――――――

　会社法施行規則40条で定める場合とは、株式会社が払込又は給付の期日（期間を定めた場合にあっては、その期間の初日）の2週間前までに、金融商品取引法の規定に基づき次の書類（募集事項に相当する事項をその内容とするものに限る。）の届出又は提出をしている場合（当該書類に記載すべき事項を同法の規定に基づき電磁的方法により提供している場合を含む。）であって、内閣総理大臣が当該期日の2週間前の日から当該期日まで継続して同法の規定に基づき当該書類を公衆の縦覧に供し

---

[44] この場合に、払込又は給付の期日（期間を定めた場合にあっては、その期間の初日）の2週間前までに金融商品取引法の規定に基づき届出又は提出をした書類を登記の添付書類としたとしても、期間短縮に関する株主全員の同意書又は有利発行に関する株主総会議事録の添付が必要となります。

ているときとされています（会社法施行規則40条柱書）。

> ① 金融商品取引法４条１項から３項までの届出をする場合における同法５条１項の届出書（訂正届出書を含む。）（会社法施行規則40条１号）
> ② 金融商品取引法23条の３第１項に規定する発行登録書及び同法第23条の８第１項に規定する発行登録追補書類（訂正発行登録書を含む。）（会社法施行規則40条２号）
> ③ 金融商品取引法24条１項に規定する有価証券報告書（訂正報告書を含む。）（会社法施行規則40条３号）
> ④ 金融商品取引法24条の５第１項に規定する半期報告書（訂正報告書を含む。）（会社法施行規則40条４号）
> ⑤ 金融商品取引法24条の５第４項に規定する臨時報告書（訂正報告書を含む。）（会社法施行規則40条５号）

(2) 株主割当ての場合の株主への通知

株主割当ての場合は、上記(1)の通知・公告は不要です（会社法202条５項）が、公開会社か非公開会社かにかかわらず、募集株式の引受けの申込期日の２週間前までに、株主（当該株式会社を除く。）に対し、①募集事項、②当該株主が割当てを受ける募集株式の数、③募集株式の引受けの申込期日を通知しなければなりません（会社法202条４項）[45]。

なお、この募集株式の引受けの申込期日までの２週間の期間は、株主全員の同意があれば短縮することができます（昭和54年11月６日民四第5692号民事局第四課長回答、登記研究386号90頁）。

---

[45] この通知は、上記(1)の通知のように、公告をもって代えることはできません。

4　募集株式の引受けの申込み

(1)　募集株式の引受けの申込みをしようとする者に対する通知

　株式会社は、当該募集株式の発行等が、株主割当てであるか、第三者割当てであるかを問わず、募集株式の引受けの申込みをしようとする者に対し、次の事項を通知しなければなりません（会社法203条1項柱書）[46・47]。

　なお、株主割当ての場合は、この通知は、上記3(2)の通知と併せて1通の通知書で行うこともできます。

① 　株式会社の商号（会社法203条1項1号）
② 　募集事項（会社法203条1項2号）
③ 　金銭の払込みをすべきときは、払込みの取扱いの場所（会社法203条1項3号）
④ 　発行可能株式総数（種類株式発行会社にあっては、各種類の株式の発行可能種類株式総数を含む。）（会社法施行規則41条1号、会社法203条1項4号）
⑤ 　株式会社（種類株式発行会社を除く。）が発行する株式の内容として会社法107条1項各号に掲げる事項を定めているときは、当該株式

---

[46] 株式会社は、上記①から⑪の事項について変更があったときは、直ちに、その旨及び当該変更があった事項を募集株式の申込みをした者（申込者）に通知しなければなりません（会社法203条5項）。

[47] 株式会社が申込者に対してする通知又は催告は、申込者が株式会社に交付した書面（会社法203条2項）又は株式会社の承諾を得て提供した電磁的方法（同条3項）に記載又は記録されている申込者の住所（当該申込者が別に通知又は催告を受ける場所又は連絡先を当該株式会社に通知した場合にあっては、その場所又は連絡先）にあてて発すれば足ります（会社法203条6項）。また、この通知又は催告は、それが通常到達すべきであった時に、到達したものとみなされます（同条7項）。

の内容（会社法施行規則41条２号、会社法203条１項４号）
⑥　株式会社（種類株式発行会社に限る。）が会社法108条１項各号に掲げる事項につき内容の異なる株式を発行することとしているときは、各種類の株式の内容（ある種類の株式につき同条第三項の定款の定めがある場合において、当該定款の定めにより株式会社が当該種類の株式の内容を定めていないときは、当該種類の株式の内容の要綱）（会社法施行規則41条３号、会社法203条１項４号）
⑦　単元株式数についての定款の定めがあるときは、その単元株式数（種類株式発行会社にあっては、各種類の株式の単元株式数）（会社法施行規則41条４号、会社法203条１項４号）
⑧　次に掲げる定款の定めがあるときは、その規定
　(i)　会社法139条１項、140条５項又は145条１号若しくは２号に規定する定款の定め（会社法施行規則41条５号イ、会社法203条１項４号）
　(ii)　会社法164条１項に規定する定款の定め（会社法施行規則41条５号ロ、会社法203条１項４号）
　(iii)　会社法167条３項に規定する定款の定め（会社法施行規則41条５号ハ、会社法203条１項４号）
　(iv)　会社法168条１項又は169条２項に規定する定款の定め（会社法施行規則41条５号ニ、会社法203条１項４号）
　(v)　会社法174条に規定する定款の定め（会社法施行規則41条５号ホ、会社法203条１項４号）
　(vi)　会社法347条に規定する定款の定め（会社法施行規則41条５号ヘ、会社法203条１項４号）
　(vii)　会社法施行規則26条１号又は２号に規定する定款の定め（会社法施行規則41条５号ト、会社法203条１項４号）
⑨　株主名簿管理人を置く旨の定款の定めがあるときは、その氏名又は

名称及び住所並びに営業所（会社法施行規則41条6号、会社法203条
　　1項4号）
⑩　電子提供措置をとる旨の定款の定めがあるときは、その規定（会社
　　法施行規則41条7号、会社法203条1項4号）
⑪　定款に定められた事項（会社法203条1項1号から3号まで及び上
　　記(i)から(vii)に掲げる事項を除く。）であって、当該株式会社に対して
　　募集株式の引受けの申込みをしようとする者が当該者に対して通知す
　　ることを請求した事項（会社法施行規則41条8号、会社法203条1項
　　4号）

　なお、例外として、次の場合であって、株式会社が、募集株式の申込みをしようとする者に対して、上記①から⑪の事項を提供している場合は、この通知は不要です（会社法203条4項）。

(i)　当該株式会社が金融商品取引法2条10項に規定する目論見書を募
　　集株式の申込みをしようとする者に対して交付又は電磁的方法によ
　　り提供している場合（会社法203条4項、会社法施行規則42条1号）
(ii)　当該株式会社が外国の法令に基づき目論見書その他これに相当す
　　る書面その他の資料を提供している場合（会社法施行規則42条2
　　号）

(2)　申込み

　募集株式の引受けの申込みをする者は、①申込みをする者の氏名又は名称及び住所、及び②引き受けようとする募集株式の数を記載した書面を株式会社に交付しなければなりません（会社法203条2項）。申込みをする者は、この書面の交付に代えて、政令（会社法施行令1条）で定めるところにより、株式会社の承諾を得て、この書面に記載すべき①②の

5　募集株式の割当て

事項を電磁的方法により提供することができ、この場合において、当該申込みをした者は、この書面を交付したものとみなされます（会社法203条3項）。

(3) **株主割当てにおいて株主が申込みをしない場合**

株主割当ての場合において、株主が申込期日までに申込みをしないときは、当該株主は、募集株式の割当てを受ける権利を失います（会社法204条4項）。これにより、失権にかかる分の株式を第三者に引受けてもらうためには、別途、募集株式の発行手続を行う必要があります。

5　募集株式の割当て

(1) **割当ての決定**

株主割当ての場合は、申込者の募集株式の割当てを受ける権利の行使（上記4(2)の申込み）により、当然に当該募集株式の引受人となります[48]が、第三者割当ての場合、株式会社は、申込者の中から募集株式の割当てを受ける者を定め、かつ、その者に割り当てる募集株式の数を定めなければなりません（会社法204条1項前段）。この場合において、株式会社は、当該申込者に割り当てる募集株式の数を、申込者が引き受けようとする募集株式の数よりも減少することができます（同項後段）。第三者割当ての場合の割当ての決定機関は、次のように規律されており、株式会社は、払込又は給付の期日（期間を定めた場合にあっては、その期間の初日）の前日までに、申込者に対し、当該申込者に割り当てる募集株式の数を通知しなければならないものとされています（会社法204条3項）。

---

[48] そのため、株主割当てには、会社法204条1項から3項までの割当手続は不要と解されています。

① 非公開会社においては、定款に別段の定めのない限り、株主総会の特別決議（取締役会設置会社にあっては、取締役会の決議）により決定します（会社法204条2項）。

② 公開会社において、募集株式が譲渡制限株式である場合には、定款に別段の定めのない限り、株主総会の特別決議（取締役会設置会社においては、取締役会の決議）により決定します（会社法204条2項）。

　　また、当該募集株式の発行により支配株主の異動を伴う一定の場合（下記(2)の場合）は、さらに、会社法206条の2第4項で規定する下記(2)イ記載の株主総会の決議も必要になります。

③ 公開会社において、募集株式が譲渡制限株式以外の株式である場合には、代表取締役等の適宜の業務執行機関の決定により決定します（代表者による割当て自由の原則）。

　　また、当該募集株式の発行により支配株主の異動を伴う一定の場合（下記(2)の場合）は、上記②と同様に、さらに、会社法206条の2第4項で規定する下記(2)イ記載の株主総会の決議も必要になります。

(2) 公開会社における支配株主の異動を伴う募集株式の割当て等の特則

　ア　特定引受人についての通知・公告

　　　公開会社は、募集株式の引受人について、「当該引受人（その子会社等を含む。）がその引き受けた募集株式の株主となった場合に有することとなる議決権の数」の「当該募集株式の引受人の全員がその引き受けた募集株式の株主となった場合における総株主の議決権の数」に対する割合が2分の1を超える場合には、払込又は給付の期日（期間を定めた場合にあっては、その期間の初日）の2週間前までに、株主に対し、当該引受人（以下、本項において「特定引受人」という。）

についての次の事項を通知又は公告しなければなりません（会社法206条の2第1項・2項）。

> ① 特定引受人の氏名又は名称及び住所（会社法施行規則42条の2第1号）
> ② 特定引受人（その子会社等を含む。⑤及び⑦において同じ。）がその引き受けた募集株式の株主となった場合に有することとなる議決権の数（会社法施行規則42条の2第2号）
> ③ ②の募集株式に係る議決権の数（会社法施行規則42条の2第3号）
> ④ 募集株式の引受人の全員がその引き受けた募集株式の株主となった場合における総株主の議決権の数（会社法施行規則42条の2第4号）
> ⑤ 特定引受人に対する募集株式の割当て又は特定引受人との間の株式総数引受契約の締結に関する取締役会の判断及びその理由（会社法施行規則42条の2第5号）
> ⑥ 社外取締役を置く株式会社において、⑤の取締役会の判断が社外取締役の意見と異なる場合には、その意見（会社法施行規則42条の2第6号）
> ⑦ 特定引受人に対する募集株式の割当て又は特定引受人との間の株式総数引受契約の締結に関する監査役、監査等委員会又は監査委員会の意見（会社法施行規則42条の2第7号）

ただし、(i)当該特定引受人が当該公開会社の親会社等である場合（会社法206条の2第1項但書）、(ii)当該募集株式の発行が株主割当ての場合（同項但書）、又は(iii)株式会社が上記①から⑦の事項について払込又は給付の期日（期間を定めた場合にあっては、その期間の初日）の2週間前までに金融商品取引法4条1項から3項までの届出をしている場合その他の株主の保護に欠けるおそれがないものとして会

社法施行規則42条の3で定める場合（※）には、通知又は公告は不要です（会社法206条の2第3項）。

（※）会社法施行規則42条の3で定める場合

　会社法施行規則42条の3で定める場合は、株式会社が払込又は給付の期日（期間を定めた場合にあっては、その期間の初日）の2週間前までに、金融商品取引法の規定に基づき会社法施行規則40条各号に掲げる次の書類（上記①から⑦の事項に掲げる事項に相当する事項をその内容とするものに限る。）の届出又は提出をしている場合（当該書類に記載すべき事項を法の規定に基づき電磁的方法により提供している場合を含む。）であって、内閣総理大臣が当該期日の2週間前の日から当該期日まで継続して同法の規定に基づき当該書類を公衆の縦覧に供しているときとされています（会社法施行規則42条の3）。

　　i　金融商品取引法4条1項から3項までの届出をする場合における同法5条1項の届出書（訂正届出書を含む。）（会社法施行規則40条1号）

　　ii　金融商品取引法23条の3第1項に規定する発行登録書及び同法23条の8第1項に規定する発行登録追補書類（訂正発行登録書を含む。）（会社法施行規則40条2号）

　　iii　金融商品取引法24条1項に規定する有価証券報告書（訂正報告書を含む。）（会社法施行規則40条3号）

　　iv　金融商品取引法24条の5第1項に規定する半期報告書（訂正報告書を含む。）（会社法施行規則40条4号）

　　v　金融商品取引法24条の5第4項に規定する臨時報告書（訂正報告書を含む。）（会社法施行規則40条5号）

5 　募集株式の割当て

イ　株主総会の決議

　　総株主（株主総会において議決権を行使することができない株主を除く。）の議決権の10分の1（これを下回る割合を定款で定めた場合にあっては、その割合）以上の議決権を有する株主が上記アの通知又は公告の日（上記アのただし書(ⅲ)（会社法206条の2第3項）の場合にあっては、会社法施行規則42条の4で定める日（※））から2週間以内に特定引受人（その子会社等を含む。以下、本項において同じ。）による募集株式の引受けに反対する旨を公開会社に対し通知したときは、当該公開会社は、払込又は給付の期日（期間を定めた場合にあっては、その期間の初日）の前日までに、株主総会の決議によって、当該特定引受人に対する募集株式の割当て又は当該特定引受人との間の株式総数引受契約の承認を受けなければなりません（会社法206条の2第4項本文）。この株主総会の決議は、会社法309条1項の規定にかかわらず、議決権を行使することができる株主の議決権の過半数（3分の1以上の割合を定款で定めた場合にあっては、その割合以上）を有する株主が出席し、出席した当該株主の議決権の過半数（これを上回る割合を定款で定めた場合にあっては、その割合以上）をもって行わなければならないとされています（会社法206条の2第5項）。

　　ただし、当該公開会社の財産の状況が著しく悪化している場合において、当該公開会社の事業の継続のため緊急の必要があるときは、当該株主総会の決議による承認は不要です（会社法206条の2第4項但書）。

─（※）会社法施行規則42条の4で定める日──────────
　　会社法施行規則42条の4で定める日とは、株式会社が金融商品取引法の規定に基づき会社法施行規則40条各号に掲げる次の書類（上記ア①か

ら⑦の事項に掲げる事項に相当する事項をその内容とするものに限る。）の届出又は提出（当該書類に記載すべき事項を同法の規定に基づき電磁的方法により提供した場合にあっては、その提供）をした日のことをいいます（会社法施行規則42条の4）。

　(i)　金融商品取引法4条1項から3項までの届出をする場合における同法5条1項の届出書（訂正届出書を含む。）（会社法施行規則40条1号）

　(ii)　金融商品取引法23条の3第1項に規定する発行登録書及び同法23条の8第1項に規定する発行登録追補書類（訂正発行登録書を含む。）（会社法施行規則40条2号）

　(iii)　金融商品取引法24条1項に規定する有価証券報告書（訂正報告書を含む。）（会社法施行規則40条3号）

　(iv)　金融商品取引法24条の5第1項に規定する半期報告書（訂正報告書を含む。）（会社法施行規則40条4号）

　(v)　金融商品取引法24条の5第4項に規定する臨時報告書（訂正報告書を含む。）（会社法施行規則40条5号）

(3) 募集事項の決定決議と割当ての決定決議との関係

　会社法上、募集事項の決定と割当ての決定は別個の手続として規定されていますが、募集株式を割当てるべき第三者が既に存在し、募集事項の決定機関と割当ての決定機関が同一である場合には、当該第三者からの株式の引受けの申込みがあることを条件として、募集事項を決議した同一の株主総会又は取締役会で、割当てに係る事項を決議することができます。

6　総数引受契約

　第三者割当てにおいて、株式会社と募集株式を引き受けようとする者との間で総数引受契約を締結する場合は、当該契約行為において申込みと割当ての2つの行為が行われているため、それらに関する規定（会社法203条、204条）は適用されません（会社法205条1項）[49]。総数引受契約による場合は、払込み又は給付の期日（期間を定めた場合は、当該期間の初日）の前日までに申込者に対して割当通知を義務付ける会社法204条3項の適用がないため、最短一日で第三者割当てを行うことも可能です。

　総数引受契約は、実質的に同一の機会に一体的な契約で募集株式の総数の引受けが行われたものと評価し得るものであることを要しますが、契約書が1通であることや契約の当事者が1人であることは必要とされていません。そのため、複数の契約書で複数の当事者との間で契約を締結する場合も、総数引受契約にあたります。

　募集株式が譲渡制限株式であるときは、株式会社は、定款に別段の定めがある場合を除き、株主総会の特別決議（取締役会設置会社にあっては、取締役会の決議）によって、総数引受契約の承認を受けなければなりません（会社法205条2項、309条2項5号）。

7　引受け

　申込者は、株式会社の割り当てた募集株式の数について、また、総数引受契約により募集株式の総数を引き受けた者は、その者が引き受けた募集株式

---

[49] 株主割当ては、株主に割当てを受ける権利を付与して行うものであり、契約により割り当てるわけではないため、株主割当てにおいては総数引受契約を利用することはできません。

の数についてその引受人となります（会社法206条）。

8　株式の引受人による出資

　株主は、株式会社から株式の割当てを受ける際には、募集事項として定められた払込（給付）期日又は払込（給付）期間内に、金銭を払い込む（金銭出資）か、又は（募集事項として現物出資事項を定めた場合は）金銭以外の財産を給付する（現物出資）かする必要があります[50・51]。募集株式の引受人は、出資の履行をしないときは、当該出資の履行をすることにより募集株式の株主となる権利を失います（会社法208条5項）。なお、出資の履行をすることにより募集株式の株主となる権利の譲渡は、株式会社に対抗することができません（同条4項）。

(1) **金銭出資**

　　金銭出資をする募集株式の引受人は、募集事項として定められた払込期日又は払込期間内に、株式会社が定めた銀行等の払込みの取扱いの場所において、それぞれの募集株式の払込金額の全額を払い込まなければなりません（会社法208条1項）。募集株式の引受人は、金銭の払込みをする債務と株式会社に対する債権とを相殺することができません（会社法208条3項。一方、会社からの相殺及び会社と募集株式の引受人との相殺契約をすることは可能と解されています。）。

　　募集株式の引受人は、払込期日（払込期間を定めた場合は、出資の履

50　1回の株主への株式の割当てについてそのすべてを金銭出資か現物出資のどちらかにしなければならないわけではなく、1回の株主への株式の割当てのうち、「80株については金銭出資、20株については債権出資」という具合に、金銭出資と現物出資を併存させて割当てを行うこともできます。

51　上記2(3)の上場会社の取締役等の報酬等である株式に関する特則による募集株式の発行の場合は、出資不要です。

行をした日）に募集株式の株主となります（会社法209条1項）[52]。

(2) 現物出資

　現物出資をする募集株式の引受人は、募集事項として定められた給付期日又は給付期間内に、それぞれの募集株式の払込金額の全額に相当する現物出資財産を給付しなければなりません（会社法208条2項）。募集株式の引受人は、金銭以外の給付をする債務と株式会社に対する債権とを相殺することができません（会社法208条3項。一方、会社からの相殺及び会社と募集株式の引受人との相殺契約をすることは可能と解されています。）。

　募集株式の引受人は、給付期日（給付期間を定めた場合は、出資の履行をした日）に募集株式の株主となります（会社法209条1項）。

　また、募集事項として現物出資事項を定めた場合、株式会社は、現物出資財産の価額を調査させるため、裁判所に対し、検査役の選任の申立てをしなければなりませんが（会社法207条1項）、次のいずれかの場合は、それぞれの財産の価額については、例外として検査役の調査は不要となります[53]。

> ① 募集株式の引受人に割り当てる株式の総数が発行済株式の総数の10分の1を超えない場合における当該募集株式の引受人が給付する現物出資財産の価額（会社法207条9項1号）
> ② 現物出資財産について定められた現物出資財産の価額の総額が500万円を超えない場合における当該現物出資財産の価額（会社法207条9項2号）

---

[52] 上記2(3)の上場会社の取締役等の報酬等である株式に関する特則による募集株式の発行の場合、募集株式の引受人は、割当日に募集株式の株主となります。
[53] 実務上は、検査役による調査手続を回避するため、①から⑤の要件に該当するようにして、現物出資事項を定めることが多いです。

（※）複数の財産を現物出資する場合は、その合計額が500万円以下である必要があります。
③　市場価額のある有価証券について募集事項の決定の際に定められた価額が、その有価証券の市場価格として法務省令で定める方法により算定されるものを超えない場合における当該有価証券についての現物出資財産の価額（会社法207条9項3号）

（※）法務省令で定める方法では、次の価額のうち、いずれか高い額をもって有価証券の価格とされます（会社法施行規則43条）。
(ⅰ)　会社法第199条1項3号の価額を定めた日（以下この条において「価額決定日」という。）における当該有価証券を取引する市場における最終の価格（当該価額決定日に売買取引がない場合又は当該価額決定日が当該市場の休業日に当たる場合にあっては、その後最初になされた売買取引の成立価格）
(ⅱ)　価額決定日において当該有価証券が公開買付け等の対象であるときは、当該価額決定日における当該公開買付け等に係る契約における当該有価証券の価格

④　現物出資財産について募集事項の決定の際に定められた価額が相当であることについて、弁護士、弁護士法人、弁護士・外国法事務弁護士共同法人、公認会計士、監査法人、税理士又は税理士法人の証明（現物出資財産が不動産である場合にあっては、その証明及び不動産鑑定士の鑑定評価）を受けた場合における当該証明を受けた現物出資財産の価額（会社法207条9項4号）

（※）ただし、(ⅰ)取締役、会計参与、監査役若しくは執行役又は支配人その他の使用人、(ⅱ)募集株式の引受人、(ⅲ)業務の停止の処分を受け、その停止の期間を経過しない者、(ⅳ)弁護士法人、弁護士・外国法事務弁護士共同法人、監査法人又は税理士法人であって、その社員の半数以上が(ⅰ)又は(ⅱ)のいずれかに該当するものは、この証明をする

ことはできません（会社法207条10項）。
⑤　会社に対する既に弁済期が到来している金銭債権について、募集事項の決定の際に定められた価額がその金銭債権に係る負債の帳簿価額を超えない場合における当該金銭債権についての現物出資財産の価額（会社法207条9項5号）

　現物出資と商業登記申請の添付情報との関係では、上記①と②の要件は、募集株式の発行による変更登記の登記申請情報の内容や登記記録から判明するため、それらに該当する場合、特段の添付情報を要しません。
　検査役が選任されたときは、検査役の調査報告書（現物出資財産の価額の相当性に関するもの）及びその附属書類（商業登記法56条3号イ）の添付を要します（実務上、検査役の調査が必要となるような現物出資はそれほど多くないように思います。）。また、同様に①と②の要件に該当しない場合に、③の要件を立証するために、市場価格のある有価証券について募集事項の決定の際に定められた価額が市場価格以下であるときは、その市場価格を証する書面（商業登記法56条3号ロ）を、④の証明を受けたことを立証するためには、弁護士等の証明書及びその附属書類（商業登記法56条3号ハ）を、さらに、⑤の要件を立証するために、その金銭債権について記載された会計帳簿（商業登記法56条3号ニ）等をそれぞれ添付する必要があります。

(3)　払込期日前の払込み

　株式会社は、募集事項で定めた払込期日の前に出資の払込みを受けることができますが、その場合、払い込まれた金額相当額は、申込証拠金とされ、払込期日の到来により、当該募集株式の払込金に振り替えられます。

9　資本金の額の計上

　株式会社は、募集による株式の発行の場合は、株式引受人から出資された財産の価額を資本金等増加限度額（資本金の額及び資本準備金の額の合計額の上限）として、計上しなければなりません。株式会社は、資本金等増加限度額のうち、2分の1以上の額を資本金の額と定め、その残額を資本準備金の額として定めなければなりません（会社法445条1項ないし3項）。なお、自己株式の処分のみで、株式の発行を一切行わない場合は、資本金の額は増加しません（会社法445条1項・2項）。

　商業登記申請の添付情報との関係では、設立登記の場合と異なり、金銭出資のみの募集株式の発行の場合でも株式発行割合を証明する必要があるため、資本金の額が会社法及び会社計算規則の規定に従って計上されたことを証する書面（商業登記規則61条9項）の添付を省略することはできないので注意が必要です。

　なお、上記2(3)の上場会社の取締役等の報酬等である株式に関する特則による募集株式の発行による資本金の額の増加については、取締役等が募集株式を対価とする役務を提供する時期に応じて、次のとおりとされています（令和3年1月29日民商14号民事局長通達）。

ア　事前交付型（株式割当後に役務を提供する場合）

　　取締役等が株式会社に対し割当日後にその職務の執行として募集株式を対価とする役務を提供するときは、各事業年度の末日（臨時計算書類を作成しようとし、又は作成した場合にあっては臨時決算日。以下、「株主資本変動日」という。）において増加する資本金の額は、下記①の額から②の額を減じて得た額に株式発行割合（当該募集に際して発行する株式の数を当該募集に際して発行する株式の数及び処分する自己株式の数の合計数で除して得た割合をいう。以下同じ。）を乗

9　資本金の額の計上

じて得た額（ゼロ未満である場合にあっては、ゼロ。以下、「資本金等増加限度額」という。）ですが、その2分の1を超えない額は、資本金として計上せず、資本準備金とすることができます（会社計算規則42条の2第1項ないし第3項）。

① (i)の額から(ii)の額を減じて得た額
　(i) 取締役等が当該株主資本変動日までにその職務の執行として株式会社に提供した募集株式を対価とする役務の公正な評価額
　(ii) 取締役等が当該株主資本変動日の直前の株主資本変動日までにその職務の執行として株式会社に提供した募集株式を対価とする役務の公正な評価額
② 募集株式の交付に係る費用の額のうち、株式会社が資本金等増加限度額から減ずるべき額と定めた額

イ　事後交付型（株式割当前に役務を提供する場合）

取締役等が株式会社に対し割当日前にその職務の執行として募集株式を対価とする役務を提供するときは、割当日において増加する資本金の額は、下記①の額から②の額を減じて得た額に株式発行割合を乗じて得た額（ゼロ未満である場合にあっては、ゼロ。以下、「資本金等増加限度額」という。）ですが、その2分の1を超えない額は、資本金として計上せず、資本準備金とすることができます（会社計算規則42条の3第1項ないし第3項）。

① 割当日における取締役等がその職務の執行として提供した役務の公正な評価額の帳簿価額（減少すべき株式引受権の額）
② 募集株式の交付に係る費用の額のうち、株式会社が資本金等増加限度額から減ずるべき額と定めた額

10　登記手続

(1) 登記期間

募集株式の発行により登記事項に変更があったとき[54]は、募集株式と引換えにする金銭の払込み又は現物出資財産の給付の日[55]（払込（給付）期間を定めた場合は、当該期間の末日）から2週間以内にその本店の所在地にて、変更の登記をしなければなりません（会社法915条1項・2項、911条3項5号・9号）。

なお、払込（給付）期間を定めた場合においても、当該期間の末日前に株式引受人からの金銭の払込み又は現物出資財産の給付が完了したときは、当該期間の末日前に募集株式の発行による変更の登記を申請することができます。しかし、この場合には、出資の履行があった都度、それぞれの出資の履行日を変更年月日として変更後の資本金の額、発行済株式の総数（種類株式発行会社にあっては、発行済株式の総数並びに種類及び数）を登記することになります。

(2) 登記の事由

登記の事由は、「募集株式の発行」です。

(3) 登記すべき事項

登記すべき事項は、変更後の資本金の額[56]、発行済株式の総数（種類株式発行会社にあっては、発行済株式の総数並びに種類及び数[57]）及び

54　自己株式のみを交付する場合には、登記事項に変更が生じないため、登記申請は不要です。

55　払込（給付）期日を定めている場合では、当該期日より前に金銭の払込み又は現物出資財産の給付が完了したとしても、当該期日より前には募集株式の発行による変更登記の申請はすることができません（昭和37年4月18日民甲第1104号回答）。

56　募集株式の発行により、資本準備金の額に変動が生じるとしても、それは登記事項ではないため、登記申請は不要です。

変更年月日（払込（給付期日）（払込（給付）期間を定めた場合は、当該期間の末日。ただし、上記2(3)の上場会社の取締役の報酬等に係る募集事項の決定の特則の場合は、割当日））です。

(4) 添付書類

ア　募集事項等の決定機関（募集株式が譲渡制限株式である場合は、その割当てについての決定機関を含む。）に応じ、株主総会議事録、種類株主総会議事録、株主リスト、取締役会議事録又は取締役の過半数の一致を証する書面（商業登記法46条2項・1項、商業登記規則61条3項)[58]

【議事録等例】

1　第三者割当ての募集事項の決定の場合

(1)　非公開会社が、第三者割当てにおいて募集事項の決定と募集株式の割当ての決定を1つの株主総会で決議する場合の株主総会議事録

臨時株主総会議事録

令和○年○月○日午前○○時○○分より、当会社の本店において、臨時株主総会を開催した。

株主の総数　　　　　　　　　　　　　　　　　　　　○名
発行済株式の総数　　　　　　　　　　　　　　　　　○株

57　登記記録中の「発行済株式の総数並びに種類及び数」欄は、1つの単位なので、募集株式の発行により1つの種類の株式についてのみ変更が生じたとしても、登記申請書には、すべての種類株式にかかる発行済株式の数を登記事項として記載する必要があります。

58　会社法202条の2に基づき、上場会社が取締役の報酬等として募集株式を発行する場合、上場会社であることに係る特別な添付書類は不要で、登記官の審査においては、登記記録等から非公開会社でないことを認識すれば足りるとされています（令和3年1月29日民商14号民事局長通達）。

議決権を行使することができる株主の数	○名
議決権を行使することができる株主の議決権の数	○個
出席した株主の数（委任状による者を含む）	○名
出席した株主の議決権の数	○個

出席役員等

代表取締役　　A（議長兼議事録作成者）

上記のとおり出席があったので、本株主総会は適法に成立した。

定刻代表取締役Aは選ばれて議長となり、開会を宣し直ちに議事に入った。

第1号議案　　募集株式の発行に関する件

議長は、資本金の額を○○万円増加して○○万円としたい旨を述べ、下記要領により募集株式を発行することにつきその承認を求めたところ、満場異議なくこれを承認可決した。

記

1．募集株式の数　　○○株
2．募集株式の発行方法　　第三者割当てとする。
3．募集株式の払込金額　　1株につき金○万円（※1）
4．募集株式と引換えにする金銭の払込期日
　　　　令和○年○月○日
5．増加する資本金の額及び資本準備金の額
　　　　資本金の額　　　金○○万円
　　　　資本準備金の額　金○○万円

第2号議案　　募集株式割当ての件（※2）

議長は、第1号議案にて承認可決された「募集株式の発行に関する

件」に関しての割当事項を以下のとおりとしたい旨を述べ、その承認を求めたところ、満場異議なくこれを承認可決した。
1．募集株式の数　〇〇株
2．割当て方法　第三者割当てとし、発行する募集株式を次の者に与える。
　　B（住所）　〇〇株
3．条件　上記第三者から申込みがされることを条件とする。

　以上をもって本総会の議案全部を終了したので、議長は閉会の挨拶を述べ、午前〇〇時〇〇分散会した。
　上記の決議を明確にするため、この議事録を作成し、議長である出席代表取締役が次に記名する。

　　令和〇年〇月〇日

　　　　　　　　　　　　　　〇〇株式会社　臨時株主総会
　　　　　　　　　　　　　　議長　代表取締役　　　A

※1　この払込金額が、募集株式を引き受ける者に対し特に有利な払込金額である場合は、当該払込金額でその者の募集をする理由を説明する必要があります。

【例】

　　　第2号議案　　　募集株式を引き受ける者に対し特に有利な払込金額で募集する件
　議長は、上記議案を付議し、これを必要とする理由を以下のとおり開示したところ、満場一致をもって、原案どおり可決された。
　　理由
　　　当会社は、最近の業界事情に即応するため、〇〇の設備を整備強化する必要があるが、その資金を得るためには、現下の経済事情及び当

第1章　募集株式

> 会社の現状から、募集事項のとおり、特に有利な払込金額をもって、募集株式を発行することとし、出資を得たいと考えている。よって、本議案に賛成願いたい。

※2　募集株式を割当てるべき第三者が既に存在する場合には、当該第三者からの株式の引受けの申込みがあることを条件として、募集事項を決議した同一の株主総会で、割当てに係る事項を決議することができます。なお、当該第三者が定まっていない場合は、この第2号議案は、後日決議することになり、登記申請書には当該議事録も併せて添付します。

(2)　公開会社が、第三者割当てにおいて募集事項の決定を取締役会で決議する場合の取締役会議事録

取締役会議事録

令和○年○月○日午前○○時○○分より本店において、取締役会を開催した。

取締役総数	○名	出席取締役数	○名
監査役総数	○名	出席監査役数	○名

出席役員
　代表取締役　　○○○○（議長兼議事録作成者）
　取　締　役　　○○○○
　取　締　役　　○○○○
　監　査　役　　○○○○

上記のとおり出席があったので定刻代表取締役○○○○は選ばれて議長となり開会を宣し直ちに議事に入った。

第1号議案　　募集株式発行に関する募集事項決定の件

　議長は、資本金の額を○○万円増加して○○万円としたい旨を述べ、以下のとおり募集株式を発行することを提案したところ、全員一致をもって承認可決した。

1．募集株式の数　　○○株
2．募集株式の発行方法　　第三者割当てとする。
3．募集株式の払込金額　　1株につき金○万円
4．募集株式と引換えにする金銭の払込期日
　　　　令和○年○月○日
5．増加する資本金の額及び資本準備金の額
　　　　資本金の額　　　　金○○万円
　　　　資本準備金の額　　金○○万円

　以上をもって本取締役会の議案全部を終了したので、議長は閉会の挨拶を述べ、午前○○時○○分散会した。

　上記の決議を明確にするため、この議事録を作成し、出席取締役及び出席監査役の全員がこれに記名をする。

　令和○年○月○日

　　　　　　　　　　　　　　　○○株式会社
　　　　　　　　　　　　　　　　出席取締役　　　A
　　　　　　　　　　　　　　　　同　　　　　　　B
　　　　　　　　　　　　　　　　同　　　　　　　C
　　　　　　　　　　　　　　　　出席監査役　　　D

2　株主割当ての募集事項の決定の場合
(1)　株主総会議事録

臨時株主総会議事録

　令和〇年〇月〇日午前〇〇時〇〇分より、当会社の本店において、臨時株主総会を開催した。

　　株主の総数　　　　　　　　　　　　　　　　　　　　〇名
　　発行済株式の総数　　　　　　　　　　　　　　　　　〇株
　　議決権を行使することができる株主の数　　　　　　　〇名
　　議決権を行使することができる株主の議決権の数　　　〇個
　　出席した株主の数（委任状による者を含む）　　　　　〇名
　　出席した株主の議決権の数　　　　　　　　　　　　　〇個
　　出席役員等
　　代表取締役　　A（議長兼議事録作成者）

　上記のとおり出席があったので、本株主総会は適法に成立した。
　定刻代表取締役Aは選ばれて議長となり、開会を宣し直ちに議事に入った。

　　　第1号議案　　　募集株式の発行に関する件
　議長は、資本金の額を〇〇万円増加して〇〇万円としたい旨を述べ、下記要領により募集株式を発行することにつきその承認を求めたところ、満場異議なくこれを承認可決した。
　　　　　　　　　　　　　　　記
　1．募集株式の数　〇〇株

2．募集株式の払込金額　1株につき金〇万円
　3．募集株式の引受けの申込みの期日
　　　　令和〇年〇月〇日
　4．募集株式と引換えにする金銭の払込期日
　　　　令和〇年〇月〇日
　5．増加する資本金の額及び資本準備金の額
　　　　資本金の額　　　金〇〇万円
　　　　資本準備金の額　金〇〇万円
　6．令和〇年〇月〇日午前〇〇時現在の株主名簿に記載されている株主に、その有する株式5株につき1株の割合で募集株式の割当てを受ける権利を与える。

　以上をもって本総会の議案全部を終了したので、議長は閉会の挨拶を述べ、午前〇〇時〇〇分散会した。
　上記の決議を明確にするため、この議事録を作成し、議長である出席代表取締役が次に記名する。

　　令和〇年〇月〇日

　　　　　　　　　　　〇〇株式会社　臨時株主総会
　　　　　　　　　　　議長　代表取締役　　　A

(2)　取締役の過半数の一致を証する書面

取締役決定書

　令和〇年〇月〇日午前〇〇時〇〇分より、当会社の本店において、取締役全員の一致をもって、次の事項につき可決確定した。

1．募集株式の発行に関する件
　資本金の額を〇〇万円増加して〇〇万円としたいため、下記により募集株式を発行すること

記

1．募集株式の数　　〇〇株
2．募集株式の払込金額　1株につき金〇万円
3．募集株式の引受けの申込みの期日
　　　　令和〇年〇月〇日
4．募集株式と引換えにする金銭の払込期日
　　　　令和〇年〇月〇日
5．増加する資本金の額及び資本準備金の額
　　　　資本金の額　　　金〇〇万円
　　　　資本準備金の額　金〇〇万円
6．発行する募集株式全部について株主に割当てを受ける権利を与えることとし、本株主総会開催時の株主に対し、申込みがあることを条件としてその所有株式3株につき発行株式1株の割合をもって割り当てる。なお、これにより計算した割当株式数に1株に満たない端数があるときは、これを切り捨てるものとする。

上記決定を明確にするため、この決定書を作成し、取締役の全員がこれに記名をする。

　令和〇年〇月〇日

　　　　　　　　　　　　　　　　　〇〇株式会社
　　　　　　　　　　　　　　　　　　取締役　　　A
　　　　　　　　　　　　　　　　　　取締役　　　B

(3) 取締役会議事録

取締役会議事録

　令和○年○月○日午前○○時○○分より本店において、取締役会を開催した。

　　　取締役総数　　　○名　　出席取締役数　　○名
　　　監査役総数　　　○名　　出席監査役数　　○名
　出席役員
　　　代表取締役　　○○○○（議長兼議事録作成者）
　　　取　締　役　　○○○○
　　　取　締　役　　○○○○
　　　監　査　役　　○○○○

　上記のとおり出席があったので定刻代表取締役○○○○は選ばれて議長となり開会を宣し直ちに議事に入った。

　第1号議案　　募集株式発行に関する募集事項決定の件
　議長は、資本金の額を○○万円増加して○○万円としたい旨を述べ、以下のとおり募集株式を発行することを提案したところ、全員一致をもって承認可決した。

　1．募集株式の数　○○株
　2．募集株式の払込金額　1株につき金○万円
　3．募集株式の引受けの申込みの期日
　　　　令和○年○月○日

4．募集株式と引換えにする金銭の払込期日
　　　　令和○年○月○日
　　5．増加する資本金の額及び資本準備金の額
　　　　資本金の額　　　金○○万円
　　　　資本準備金の額　金○○万円
　　6．令和○年○月○日午前○○時現在の株主名簿に記載されている株主に、その有する株式5株につき1株の割合で募集株式の割当てを受ける権利を与える。

　以上をもって本取締役会の議案全部を終了したので、議長は閉会の挨拶を述べ、午前○○時○○分散会した。
　　上記の決議を明確にするため、この議事録を作成し、出席取締役及び出席監査役の全員がこれに記名をする。

　　令和○年○月○日

　　　　　　　　　　　　　　　　　○○株式会社
　　　　　　　　　　　　　　　　　　出席取締役　　A
　　　　　　　　　　　　　　　　　　同　　　　　　B
　　　　　　　　　　　　　　　　　　同　　　　　　C
　　　　　　　　　　　　　　　　　　出席監査役　　D

3　募集事項の決定を取締役（取締役会設置会社にあっては、取締役会）に委任する場合
(1)　株主総会議事録

臨時株主総会議事録

　令和○年○月○日午前○○時○○分より、当会社の本店において、臨

時株主総会を開催した。

  株主の総数   〇名
  発行済株式の総数   〇株
  議決権を行使することができる株主の数   〇名
  議決権を行使することができる株主の議決権の数 〇個
  出席した株主の数(委任状による者を含む)   〇名
  出席した株主の議決権の数   〇個
  出席役員等
  代表取締役 A (議長兼議事録作成者)
  取　締　役 B

上記のとおり出席があったので、本株主総会は適法に成立した。

定刻代表取締役Aは選ばれて議長となり、開会を宣し直ちに議事に入った。

第1号議案   募集株式の発行に関する件

議長は、募集株式の発行を行うため、下記事項につき本株主総会の承認を得たい旨を説明し、その承認を求めたところ、満場異議なくこれを承認可決した。

記

1．募集株式の種類及び数 普通株式〇〇株を上限とする。
2．募集株式の払込金額   募集株式1株につき金〇万円を下限とする。(※1)
3．募集事項の決定   会社法第199条第1項に定める募集事項の決定については取締役(※2、3)に委任するものとする。

以上をもって本総会の議案全部を終了したので、議長は閉会の挨拶を述べ、午前〇〇時〇〇分散会した。
　上記の決議を明確にするため、この議事録を作成し、議長である出席代表取締役及び取締役が次に記名する。

　　令和〇年〇月〇日

　　　　　　　　　　　　　　〇〇株式会社　臨時株主総会
　　　　　　　　　　　　　　　議長　代表取締役　　　A
　　　　　　　　　　　　　　　　　　取　締　役　　　B

（※1）この払込金額が、募集株式を引き受ける者に対し特に有利な払込金額である場合は、当該払込金額でその者の募集をする理由を説明する必要があります。

【例】

　　　第2号議案　　募集株式を引き受ける者に対し特に有利な払込金額で募集する件
　議長は、上記議案を付議し、これを必要とする理由を以下のとおり開示したところ、満場一致をもって、原案どおり可決された。
　　理由
　当会社は、最近の業界事情に即応するため、〇〇の設備を整備強化する必要があるが、その資金を得るためには、現下の経済事情及び当会社の現状から、募集事項のとおり、特に有利な払込金額をもって、募集株式を発行することとし、出資を得たいと考えている。よって、本議案に賛成願いたい。

（※2）取締役が複数いる場合は、定款に別段の定めがない限り、取締役の過半数によって決定する必要があります。
（※3）取締役会に委任する場合の取締役会議事録例は下記(3)に掲載します。

(2) 取締役の過半数の一致を証する書面

取締役決定書

　令和○年○月○日午前○○時○○分より、当会社の本店において、取締役全員の一致をもって、次の事項につき可決確定した。

　１．募集株式の発行に関する件
　令和○年○月○日開催された臨時株主総会において承認可決された「募集株式の発行に関する件」の取締役への委任に基づき資本金の額を○○万円増加して○○万円としたいため、下記より募集株式を発行すること

記

　１．募集株式の数　　○○株
　２．募集株式の発行方法　第三者割当てとする。
　３．募集株式の払込金額　１株につき金○万円
　４．募集株式と引換えにする金銭の払込期日
　　　　　令和○年○月○日
　５．増加する資本金の額及び資本準備金の額
　　　　　資本金の額　　　金○○万円
　　　　　資本準備金の額　金○○万円

　上記決定を明確にするため、この決定書を作成し、取締役の全員がこれに記名をする。

　　令和○年○月○日

　　　　　　　　　　　　　　　　　　○○株式会社

　　　　　　　　　　　　　　取締役　　　A
　　　　　　　　　　　　　　取締役　　　B

(3)　取締役会議事録

取締役会議事録

　令和○年○月○日午前○○時○○分より本店において、取締役会を開催した。

　　取締役総数　　　　○名　　出席取締役数　　　○名
　　監査役総数　　　　○名　　出席監査役数　　　○名
　　出席役員
　　　代表取締役　　　○○○○（議長兼議事録作成者）
　　　取　締　役　　　○○○○
　　　取　締　役　　　○○○○
　　　監　査　役　　　○○○○

　上記のとおり出席があったので定刻代表取締役○○○○は選ばれて議長となり開会を宣し直ちに議事に入った。

　　第1号議案　　　募集株式発行に関する募集事項決定の件
　議長は、令和○年○月○日開催された臨時株主総会において承認可決された「募集株式の発行に関する件」の取締役会への委任に基づき資本金の額を○○万円増加して○○万円としたい旨を述べ、以下のとおり募集株式を発行することを提案したところ、全員一致をもって承認可決した。

1．募集株式の数　〇〇株
2．募集株式の発行方法　第三者割当てとする。
3．募集株式の払込金額　1株につき金〇万円
4．募集株式と引換えにする金銭の払込期日
　　　令和〇年〇月〇日
5．増加する資本金の額及び資本準備金の額
　　　資本金の額　　　金〇〇万円
　　　資本準備金の額　金〇〇万円

　　第2号議案　　　募集株式割当ての件
　第1号議案にて承認可決された「募集株式の発行に関する件」に関して、当該募集株式の割当てを受ける者及び割り当てる募集株式の数を定める必要があることを述べ、慎重協議した結果、全員一致をもって承認可決した。
1．募集株式の数　〇〇株
2．割当て方法　第三者割当てとし、発行する募集株式を次の者に与える。
　　　　　E（住所）　〇〇株
3．条件　上記第三者から申込みがされることを条件とする。

　以上をもって本取締役会の議案全部を終了したので、議長は閉会の挨拶を述べ、午前〇〇時〇〇分散会した。
　上記の決議を明確にするため、この議事録を作成し、出席取締役及び出席監査役の全員がこれに記名をする。

　　令和〇年〇月〇日
　　　　　　　　　　　　　〇〇株式会社

出席取締役	A
同	B
同	C
出席監査役	D

4　募集株式が譲渡制限株式である場合（会社法204条2項）
　⑴　取締役会設置会社でない会社が、定款の定めにより取締役の決定により割当てを決定するとしている場合の取締役の過半数の一致を証する書面

取締役決定書

　令和○年○月○日午前○○時○○分より、当会社の本店において、取締役全員の一致をもって、次の事項につき可決確定した。

　　議題　　募集株式割当ての件
　令和○年○月○日開催された臨時株主総会において承認可決された「募集株式の発行に関する件」に関しての割当事項を以下のとおりとする。

記

　1．募集株式の数　　○○株
　2．割当て方法　　第三者割当てとし、発行する募集株式を次の者に与える。
　　　　　　　C（住所）　　○○株
　3．条　　件　　上記第三者から申込みがされることを条件とする。

　上記決定を明確にするため、この決定書を作成し、取締役の全員がこ

311

         れに記名をする。

         　　　令和○年○月○日

　　　　　　　　　　　　　　　　　　　○○株式会社
　　　　　　　　　　　　　　　　　　　　取締役　　A
　　　　　　　　　　　　　　　　　　　　取締役　　B

(2)　取締役会により割当てを決定する場合の取締役会議事録

取締役会議事録

　令和○年○月○日午前○○時○○分より本店において、取締役会を開催した。

　　　取締役総数　　　○名　　出席取締役数　　○名
　　　監査役総数　　　○名　　出席監査役数　　○名
　　出席役員
　　　代表取締役　　○○○○（議長兼議事録作成者）
　　　取　締　役　　○○○○
　　　取　締　役　　○○○○
　　　監　査　役　　○○○○

　上記のとおり出席があったので定刻代表取締役○○○○は選ばれて議長となり開会を宣し直ちに議事に入った。

　　　第１号議案　　　募集株式割当ての件
　議長は、令和○年○月○日開催された臨時株主総会において承認可決された「募集株式の発行に関する件」に関して、当該募集株式の割当て

を受ける者及び割り当てる募集株式の数を定める必要があることを述べ、慎重協議した結果、全員一致をもって承認可決した。

　1．募集株式の数　　〇〇株
　2．割当て方法　　第三者割当てとし、発行する募集株式を次の者に与える。
　　　　　　　　　　E（住所）　　〇〇株
　3．条　　　件　　上記第三者から申込みがされることを条件とする。

　以上をもって本取締役会の議案全部を終了したので、議長は閉会の挨拶を述べ、午前〇〇時〇〇分散会した。
　上記の決議を明確にするため、この議事録を作成し、出席取締役及び出席監査役の全員がこれに記名をする。

　　令和〇年〇月〇日

　　　　　　　　　　　　　　　〇〇株式会社
　　　　　　　　　　　　　　　　出席取締役　　A
　　　　　　　　　　　　　　　　同　　　　　　B
　　　　　　　　　　　　　　　　同　　　　　　C
　　　　　　　　　　　　　　　　出席監査役　　D

5　非公開会社における第三者割当ての場合で、株主総会にて種類株式の定めと募集事項の定めを決議する場合

臨時株主総会議事録

　令和〇年〇月〇日午前〇〇時〇〇分より、当会社の本店において、臨時株主総会を開催した。

株主の総数	○名
発行済株式の総数	○株
議決権を行使することができる株主の数	○名
議決権を行使することができる株主の議決権の数	○個
出席した株主の数（委任状による者を含む）	○名
出席した株主の議決権の数	○個

出席役員等
代表取締役　　A　（議長兼議事録作成者）
取　締　役　　B

　上記のとおり出席があったので、本株主総会は適法に成立した。
　定刻代表取締役Aは選ばれて議長となり、開会を宣し直ちに議事に入った。

　　第1号議案　　　発行可能種類株式総数及び発行する各種類の株式
　　　　　　　　　　の内容設定の件
　議長は、発行可能種類株式総数及び発行する各種類の株式の内容の設定について詳細な説明をしたうえ、令和○年○月○日付で下記のとおり定款規程を変更したい旨を提案し、その賛否を議場に諮ったところ、全員一致をもって原案どおり可決確定した。

　定款第5条の後に次の条項を新設し、以下条数を繰り下げる。
　なお、既に発行されている株式は普通株式とする。
（発行する株式の種類）
　　第6条　当会社は、普通株式及び甲種類株式を発行する。
（発行可能種類株式総数）

第7条　発行可能種類株式総数は、普通株式につき、1,000株、甲種類株式につき、1株とする。

（種類株式の内容）

第8条　種類株式の内容は、次のとおりとする。

1　次の決議については、株主総会のほか、甲種類株式を有する株主で構成する種類株主総会の決議を要する。

(1)　定款変更

(2)　取締役及び監査役の選任及び解任

(3)　代表取締役の選定及び解職

(4)　重要な財産の処分及び譲受

(5)　合併、会社分割、株式交換及び株式移転

(6)　事業の全部譲渡等（会社法第467条第1項各号規定事項）

(7)　解散

2　当会社は、甲種類株式を有する株主に次の事由が生じた場合には、その有する甲種類株式を取得することができる。なお、取得時の対価は金銭とし、その金額は取得時の1株あたりの簿価純資産額を基準とする。

(1)　死亡したとき

(2)　法定後見（後見・保佐・補助）開始の審判を受けたとき

(3)　株主を委任者とする任意後見契約が発効したとき

第2号議案　　　募集株式の発行に関する件

議長は、資本金の額を〇〇万円増加して〇〇万円としたい旨を述べ、下記要領により募集株式を発行することにつきその承認を求めたところ、満場異議なくこれを承認可決した。

記

1．募集株式の種類及び数　甲種類株式〇〇株

2．募集株式の発行方法　第三者割当てとする。
3．募集株式の払込金額　1株につき金〇万円
4．募集株式と引換えにする金銭の払込期日
　　　　令和〇年〇月〇日
5．増加する資本金の額及び資本準備金の額
　　　　資本金の額　　　金〇〇万円
　　　　資本準備金の額　金〇〇万円

　以上をもって本総会の議案全部を終了したので、議長は閉会の挨拶を述べ、午前〇〇時〇〇分散会した。
　上記の決議を明確にするため、この議事録を作成し、議長である出席代表取締役及び取締役が次に記名する。

　　令和〇年〇月〇日

　　　　　　　　　　　　　　　〇〇株式会社　臨時株主総会
　　　　　　　　　　　　　　　議長　代表取締役　　A
　　　　　　　　　　　　　　　　　　取　締　役　　B

6　募集株式の発行によりある種類の株主が損害を受けるおそれがある場合の当該種類株主総会議事録

甲種類株主総会議事録

　令和〇年〇月〇日午前〇〇時〇〇分より、当会社の本店において、臨時株主総会を開催した。

　　甲種類株主の総数　　　　　　　　　　　　　　　　〇名
　　発行済甲種類株式の総数　　　　　　　　　　　　　〇株

議決権を行使することができる甲種類株主の数	○名
議決権を行使することができる甲種類株主の議決権の数	○個
出席した甲種類株主の数（委任状による者を含む）	○名
出席した甲種類株主の議決権の個数	○個

出席役員等

代表取締役　　A（議長兼議事録作成者）

上記のとおり出席があったので、本株主総会は適法に成立した。

定刻代表取締役Aは選ばれて議長となり、開会を宣し直ちに議事に入った。

第1号議案　　　募集株式の発行に関する件

議長は、資本金の額を○○万円増加して○○万円としたい旨を述べ、下記要領により募集株式を発行することにつきその承認を求めたところ、満場異議なくこれを承認可決した。

記

1．募集株式の種類及び数　　乙種類株式○○株
2．募集株式の方法　　第三者割当とする。
3．募集株式の払込金額　　1株につき金○万円
4．募集株式と引換えにする金銭の払込期日
　　　　令和○年○月○日
5．増加する資本金の額及び資本準備金の額
　　　　資本金の額　　　　金○○万円
　　　　資本準備金の額　　金○○万円

以上をもって本総会の議案全部を終了したので、議長は閉会の挨拶を述べ、午前○○時○○分散会した。

上記の決議を明確にするため、この議事録を作成し、議長である出席代表取締役が次に記名する。

　　令和〇年〇月〇日

　　　　　　　　　　　　　　　〇〇株式会社　甲種類株主総会
　　　　　　　　　　　　　　　　議　　　長
　　　　　　　　　　　　　　　　代表取締役　　Ａ

7　種類株式の要綱の具体的な内容と募集事項を決定する場合の株主総会議事録

臨時株主総会議事録

　令和〇年〇月〇日午前〇〇時〇〇分より、当会社の本店において、臨時株主総会を開催した。

　　　株主の総数　　　　　　　　　　　　　　　　　　　〇名
　　　発行済株式の総数　　　　　　　　　　　　　　　　〇株
　　　議決権を行使することができる株主の数　　　　　　〇名
　　　議決権を行使することができる株主の議決権の数　　〇個
　　　出席した株主の数（委任状による者を含む）　　　　〇名
　　　出席した株主の議決権の数　　　　　　　　　　　　〇個
　　　出席役員等
　　　代表取締役　　Ａ（議長兼議事録作成者）

　上記のとおり出席があったので、本株主総会は適法に成立した。
　定刻代表取締役Ａは選ばれて議長となり、開会を宣し直ちに議事に入った。

第1号議案　　甲種類株式の具体的内容決定に関する件

　議長は、下記1の当会社の甲種類株式の内容に関し、その剰余金の配当額を令和〇年〇月〇日付で下記2のとおり定めたい旨を詳細に説明し、議場に諮ったところ、満場一致をもってこれを承認可決した。

記

1．甲種類株式の内容
　　剰余金の配当
　　　甲種類株式は、毎決算期において、普通株式に先立ち1株につき年200円を限度として甲種類株式発行に際し、株主総会の決議で定める額の剰余金の配当を受けるものとする。
2．剰余金の配当額は、年150円とする。

第2号議案　　募集株式の発行に関する件

　議長は、資本金の額を〇〇万円増加して〇〇万円としたい旨を述べ、下記要領により募集株式を発行することにつきその承認を求めたところ、満場異議なくこれを承認可決した。

記

1．募集株式の種類及び数　　甲種類株式〇〇株
2．募集株式の払込金額　　1株につき金〇万円
3．募集株式と引換えにする金銭の払込期日
　　　令和〇年〇月〇日
4．増加する資本金の額及び資本準備金の額
　　　資本金の額　　　　金〇〇万円
　　　資本準備金の額　　金〇〇万円

　以上をもって本総会の議案全部を終了したので、議長は閉会の挨拶を

述べ、午前○○時○○分散会した。

　上記の決議を明確にするため、この議事録を作成し、議長である出席代表取締役が次に記名する。

　　令和○年○月○日

　　　　　　　　　　　　　○○株式会社　臨時株主総会
　　　　　　　　　　　　　議長　代表取締役　　　A

（参考）種類株式の要綱の具体的な内容を決定した場合に、その旨の変更登記をしたときは、登記記録中の「発行可能種類株式総数及び発行する各種類の株式の内容」欄に次のように記録されます。

発行可能種類株式総数及び発行する各種類の株式の内容	普通株式　　○○○株 甲種類株式　○○○株 　甲種類株式は、毎決算期において、普通株式に先立ち1株につき年200円を限度として甲種類株式発行に際し、株主総会の決議で定める額の剰余金の配当を受けるものとする。 　　　　令和○年○月○日変更　令和○年○月○日登記
	普通株式　　○○○株 甲種類株式　○○○株 　甲種類株式は、毎決算期において、普通株式に先立ち1株につき年150円の剰余金の配当を受けるものとする。 　　　　令和○年○月○日変更　令和○年○月○日登記

8　総数引受契約の承認

(1)　株主総会議事録

臨時株主総会議事録

　令和○年○月○日午前○○時○○分より、当会社の本店において、臨

時株主総会を開催した。

  株主の総数   ○名
  発行済株式の総数   ○株
  議決権を行使することができる株主の数   ○名
  議決権を行使することができる株主の議決権の数 ○個
  出席した株主の数（委任状による者を含む）   ○名
  出席した株主の議決権の数   ○個
  出席役員等
  代表取締役 A（議長兼議事録作成者）

 上記のとおり出席があったので、本株主総会は適法に成立した。
 定刻代表取締役Aは選ばれて議長となり、開会を宣し直ちに議事に入った。

  第1号議案   募集株式の発行の件
 議長は、資本金の額を○○万円増加して○○万円としたい旨を述べ、下記要領により募集株式を発行することにつきその承認を求めたところ、満場異議なくこれを承認可決した。

記

 1．募集株式の数 ○○株
 2．募集株式の払込金額 1株につき金○万円
 3．募集株式と引換えにする金銭の払込期日
    令和○年○月○日
 4．増加する資本金の額及び資本準備金の額
    資本金の額   金○○万円
    資本準備金の額 金○○万円

5．割当方法
　　　　新株式を次の者に割り当て、総数引受契約によって行う。
　　　　B（住所）　　○○株

　　第2号議案　　募集株式の総数引受契約承認の件
　議長は、第1号議案において承認可決された「募集株式の発行に関する件」に関して、当会社がB氏と当該募集株式の総数の引受けを行う契約を締結することにつき承認願いたい旨を述べ、議場に諮ったところ、全員一致をもって承認可決した。

　以上をもって本総会の議案全部を終了したので、議長は閉会の挨拶を述べ、午前○○時○○分散会した。
　上記の決議を明確にするため、この議事録を作成し、議長である出席代表取締役が次に記名する。

　　令和○年○月○日

　　　　　　　　　　　　　　　○○株式会社　臨時株主総会
　　　　　　　　　　　　　　　議長　代表取締役　　A

(2)　取締役会議事録

取締役会議事録

　令和○年○月○日午前○○時○○分より本店において、取締役会を開催した。

　　　取締役総数　　　○名　　出席取締役数　　○名
　　　監査役総数　　　○名　　出席監査役数　　○名

出席役員
　　代表取締役　　○○○○（議長兼議事録作成者）
　　取　締　役　　○○○○
　　取　締　役　　○○○○
　　監　査　役　　○○○○

　上記のとおり出席があったので定刻代表取締役○○○○は選ばれて議長となり開会を宣し直ちに議事に入った。

　　第１号議案　　　募集株式割当ての件
　取締役○○○○は選ばれて議長となり、令和○年○月○日開催された臨時株主総会において承認可決された「募集株式の発行に関する件」に関して、当会社がＢ氏と当該募集株式の総数の引受けを行う契約を締結することにつき承認願いたい旨を述べ、慎重協議した結果、全員一致をもって承認可決した。
　なお、取締役Ｂは、本議案につき特別利害関係を有するので、審議及び議決に加わらなかった。

〈第２号議案以下の内容については記載省略〉

　以上をもって本取締役会の議案全部を終了したので、議長は閉会の挨拶を述べ、午前○○時○○分散会した。
　上記の決議を明確にするため、この議事録を作成し、出席取締役及び出席監査役の全員がこれに記名をする。

　　令和○年○月○日
　　　　　　　　　　　　　　　　　○○株式会社

出席取締役	A
同	B
同	C
出席監査役	D

9 現物出資(債権出資)の場合の株主総会議事録

(1) 現物出資のみの場合

臨時株主総会議事録

　令和○年○月○日午前○○時○○分より、当会社の本店において、臨時株主総会を開催した。

株主の総数	○名
発行済株式の総数	○株
議決権を行使することができる株主の数	○名
議決権を行使することができる株主の議決権の数	○個
出席した株主の数(委任状による者を含む)	○名
出席した株主の議決権の数	○個

　出席役員等
　代表取締役　　A(議長兼議事録作成者)

　上記のとおり出席があったので、本株主総会は適法に成立した。
　定刻代表取締役Aは選ばれて議長となり、開会を宣し直ちに議事に入った。

　　第1号議案　　募集株式の発行に関する件
　議長は、資本金の額を○○万円増加して○○万円としたい旨を述べ、下記要領により募集株式を発行することにつきその承認を求めたところ、

満場異議なくこれを承認可決した。

記

1．募集株式の数　　普通株式　〇〇〇株
2．割当ての方法　　第三者割当てとする。
3．募集株式の払込金額　　1株につき　金〇〇〇〇円
4．払込期日

　　　　令和〇年〇月〇日
5．増加する資本金の額及び資本準備金の額

　　　　資本金の額　　　金〇〇〇〇円

　　　　資本準備金の額　金〇〇〇〇円
6．現物出資に関する事項

　(1)　財産の内容　次の金銭債権

　　　当社社長Ａの当社に対する令和〇年〇月〇日から令和〇年〇月〇日までの間の貸付金〇〇〇〇円のうち、発生順に金〇〇〇〇円

　(2)　価額　金〇〇〇〇円

　(3)　現物出資をする者の氏名　Ａ

　(4)　(3)に対して与える募集株式　普通株式〇〇〇株

　以上をもって本総会の議案全部を終了したので、議長は閉会の挨拶を述べ、午前〇〇時〇〇分散会した。

　上記の決議を明確にするため、この議事録を作成し、議長である出席代表取締役が次に記名する。

　　令和〇年〇月〇日

　　　　　　　　　　　　　　〇〇株式会社　臨時株主総会

　　　　　　　　　　　　　　議長　代表取締役　　　Ａ

(2) 金銭出資と現物出資の混合の場合

臨時株主総会議事録

　令和○年○月○日午前○○時○○分より、当会社の本店において、臨時株主総会を開催した。

　　株主の総数　　　　　　　　　　　　　　　　　　　　○名
　　発行済株式の総数　　　　　　　　　　　　　　　　　○株
　　議決権を行使することができる株主の数　　　　　　　○名
　　議決権を行使することができる株主の議決権の数　　　○個
　　出席した株主の数（委任状による者を含む）　　　　　○名
　　出席した株主の議決権の数　　　　　　　　　　　　　○個
　　出席役員等
　　代表取締役　　A（議長兼議事録作成者）

　上記のとおり出席があったので、本株主総会は適法に成立した。
　定刻代表取締役Aは選ばれて議長となり、開会を宣し直ちに議事に入った。
　　第1号議案　　募集株式の発行に関する件
　議長は、資本金の額を700万円増加して1,000万円としたい旨を述べ、下記要領により募集株式を発行することにつきその承認を求めたところ、満場異議なくこれを承認可決した。
　　　　　　　　　　　　　　記
　　1．募集株式の数　　　　普通株式700株
　　2．募集株式の発行方法　第三者割当てとする。
　　3．募集株式の払込金額　1株につき金1万円

4．募集株式と引換えにする金銭の払込期日
    令和○年○月○日
5．金銭出資分につき、払込みを取り扱う金融機関及び取扱場所
    ○○県○○市…　○○信用金庫○○支店
6．現物出資に関する事項
 (1) 財産の内容　次の金銭債権
    当社社長Aの当社に対する令和○年○月○日から令和○年○月○日までの間の貸付金○○○○円のうち、発生順に金300万円
 (2) 価額　金300万円
 (3) 現物出資をする者の氏名　A
 (4) (3)に対して与える募集株式　普通株式300株
7．募集株式の発行により増加する資本金の額　金700万円

　　第2号議案　　　募集株式割当ての件
　議長は、第1号議案にて承認可決された「募集株式の発行に関する件」に関しての割当事項を以下のとおりとしたい旨を述べ、その承認を求めたところ、満場異議なくこれを承認可決した。
1．募集株式の数　700株
2．割当て方法　第三者割当てとし、発行する募集株式を次の者に与える。
    A（住所）　普通株式　400株（金銭出資）
    B（住所）　普通株式　300株（現物出資）
3．条件　上記第三者から申込み給付がされることを条件とする。

　以上をもって本総会の議案全部を終了したので、議長は閉会の挨拶を述べ、午前○○時○○分散会した。
　上記の決議を明確にするため、この議事録を作成し、議長である出席

代表取締役が次に記名する。

　　令和○年○月○日

　　　　　　　　　　　　　○○株式会社　臨時株主総会

　　　　　　　　　　　　　議長　代表取締役　　　A

10　特定引受人に対する割当て承認の株主総会議事録

臨時株主総会議事録

　令和○年○月○日午前○○時○○分より、当会社の本店において、臨時株主総会を開催した。

　　株主の総数　　　　　　　　　　　　　　　　　　　　○名
　　発行済株式の総数　　　　　　　　　　　　　　　　　○株
　　議決権を行使することができる株主の数　　　　　　　○名
　　議決権を行使することができる株主の議決権の数　　　○個
　　出席した株主の数（委任状による者を含む）　　　　　○名
　　出席した株主の議決権の数　　　　　　　　　　　　　○個
　　出席役員等
　　代表取締役　　A（議長兼議事録作成者）
上記のとおり出席があったので、本株主総会は適法に成立した。
　定刻代表取締役Aは選ばれて議長となり、開会を宣し直ちに議事に入った。

　　議案　　　特定引受人に対する募集株式の割当て承認の件
　議長は、令和○年○月○日開催された取締役会において承認可決された下記内容の特定引受人に対する募集株式の割当てに関して、総株主の

10分の1以上の議決権を有する株主から反対の通知があったため、当該割当ては会社法第206条の2第4項の規定により本株主総会において承認を受ける必要がある旨を述べ、その承認を求め、議場に諮ったところ、満場異議なくこれを承認可決した。
1．募集株式の特定引受人の氏名及び住所
甲　（住所：○○県○○市…）
2．上記特定引受人に割り当てる募集株式の数　○○○株
3．上記特定引受人（その子会社等を含む。）がその引き受けた募集株式の株主となった場合に有することとなる議決権の数　○○○○個
4．募集株式の引受人全員がその引き受けた募集株式の株主になった場合における総株主の議決権の数　○○○○個

以上をもって本総会の議案全部を終了したので、議長は閉会の挨拶を述べ、午前○○時○○分散会した。
上記の決議を明確にするため、この議事録を作成し、議長である出席代表取締役が次に記名する。

令和○年○月○日

　　　　　　　　　　　　　　○○株式会社　臨時株主総会
　　　　　　　　　　　　　　議長　代表取締役　　A

イ　募集株式の引受けの申込み又は総数引受契約を証する書面（商業登記法56条1号）
①　募集株式の引受けの申込みを証する書面
募集株式の引受けの申込みを証する書面（後記資料1のとおり。）は、会社法203条2項各号に規定する事項（申込みをする者の氏名

又は名称及び住所並びに引き受けようとする募集株式の数）の記載があれば足り、同条1項に規定する通知の内容の記載がされていることは要しません。通常は、申込人の人数分の申込証を添付することになりますが、それに代えて、発行会社の代表者が作成した募集株式の引受けの申込みがあったことを証する書面に申込証のひな形と申込者の一覧表を合綴したもので代用することも認められています。

株主割当ての場合は、公開会社か非公開会社かにかかわらず、募集株式の引受けの申込期日の2週間前までに、①募集事項、②当該株主が割当てを受ける募集株式の数、③募集株式の引受けの申込期日を通知しなければなりません（会社法202条4項）が、この期間は、株主全員の同意があれば短縮することができます（昭和54年11月6日民四第5692号民事局第四課長回答、登記研究386号90頁）。その場合には、期間の短縮についての総株主の同意を証する書面（後記資料2のとおり。）及び株主リスト（商業登記規則61条2項）の添付が必要となります[59]。

【資料1　募集株式の引受けの申込みを証する書面】　法務局ＨＰより

(1) 申込み証拠金を定めていない場合

募集株式申込証

1　〇〇株式会社株式　〇株
　　（普通株式）　〇株

貴社の定款及び募集要項並びに本証の諸事項承認の上、株式を引き受

---

[59] 会社法202条4項の株主に通知したことを証する書面は、添付不要です。

けたく、ここに上記のとおり申込みいたします。

　　令和○年○月○日

　　　　　　　　　　　　　住所　○県○市○町○丁目○番○号
　　　　　　　　　　　　　株式申込人　　○○　　○○

　○○株式会社　御中

(2) 申込み証拠金を定めている場合

募集株式申込証

1　○○株式会社株式　○株
　　（普通株式）　　○株

　貴社の定款及び募集要項並びに本証の諸事項承認の上、株式を引き受けたく、ここに上記のとおり申込みいたします。

1　申込拠出金は、割当てを受けた株式に対する払込金に振り替えて充当されても異議がないこと。
2　割当ての結果、申し込んだ株式の全部又は一部を引き受けられないときでも、申込証拠金に対する利息又は損害金等は一切請求することができないこと。
　　なお、この場合における当該申込証拠金の返還の時期及び方法については、会社において適宜取り扱われて差し支えないこと。
3　株金の払込期日までに割当てを受けた株式に対する全額の払込みをしないときは、上記の申込証拠金を没収されても異議がないこと。

　　令和○年○月○日

```
                              住所　〇県〇市〇町〇丁目〇番〇号
                              株式申込人　〇〇　〇〇

    〇〇株式会社　御中
```

(3) 現物出資の場合

募集株式申込証

1．〇〇株式会社
　　普通株式　　　　　　　　　　　　　　　　　〇〇〇株
　　この引受金額　　　　　　　　　　　　　　　金〇〇〇円
　　払込金額　　　　　　　　　　　　　1株につき金〇〇〇円
　なお、現物出資に関し、私の保有する下記の記載の財産につき、価格金〇〇〇円と評価し、これに相当する貴社の株式について上記のとおり引受けの申込みをします。

記

　私の貴社に対する令和〇年〇月〇日から令和〇年〇月〇日までの間の貸付金〇〇〇〇〇円のうち、発生順に金〇〇〇万円

　　令和〇年〇月〇日
　　　　　　　　　　　　　住所　〇県〇市〇町〇丁目〇番〇号
　　　　　　　　　　　　　株式申込人　〇〇　〇〇

　〇〇株式会社　御中

第1章　募集株式

【資料2　総株主の同意書例】

期間短縮に関する総株主の同意書

　私たち株主全員は、○○株式会社が令和○年○月○日開催の株主総会の決議に基づいて募集株式の発行をするにあたって、会社法第202条第4項に定める通知期間を短縮してこれを行うことに同意します。

令和○年○月○日

　　　　　　　　　　　　　　　　　　　○○県○○市…
　　　　　　　　　　　　　　　　　　　　株主　　A
　　　　　　　　　　　　　　　　　　　○○県○○市…
　　　　　　　　　　　　　　　　　　　　株主　　B
　　　　　　　　　　　　　　　　　　　○○県○○市…
　　　　　　　　　　　　　　　　　　　　株主　　C
　　　　　　　　　　　　　　　　　　　○○県○○市…
　　　　　　　　　　　　　　　　　　　　株主　　D

② 総数引受契約を証する書面

　総数引受契約を証する書面は、その契約書が1通であることや契約の当事者が1人であることは必要ないため、複数の契約書で複数の当事者との間で契約を締結する内容のものであっても、当該契約が実質的に同一の機会に一体的な契約で募集株式の総数の引受けが行われたものと評価することができるものであれば、有効なものと解されています。契約書が複数ある場合は、発行会社の代表者が作成した総数引受契約があったことを証する書面[60]に総数引受契約書のひな形及び引受者の一覧表を合綴したものにより代用することが

できます（令和4年3月28日民商第122号通知）。

なお、一般的に、株式引受人のみが署名した書面であって会社に差し入れたものは、当該株式会社と株式引受人の合意を証するものとはいえず、総数引受契約を証する書面にあたりません。しかし、登記実務上は、株式引受人のみが署名した書面であっても、その書面に当該株式会社の代表者が、①契約書が作成されていないこと、②契約成立日、③当該書面が会社法205条1項の総数引受契約を証する書面にあたることを奥書きしたものを添付した場合には、有効なものとして取り扱われています。

【総数引受契約を証する書面】
(1) 複数の当事者が1通の契約書で総数引受契約を締結する場合

総数引受契約書

　A（以下、「甲」という。）、B（以下、「乙」という。）及びC（以下、「丙」という。）は、○○株式会社（以下、「丁」という。）に対し、令和○年○月○日開催の株主総会において決議された下記募集株式につき、その総数を引受ける契約を申込み、丁はこれを承諾した。

記

1．募集株式の数　○○株
2．募集株式の払込金額　1株につき金○万円
3．募集株式と引換えにする金銭の払込期日
　　　令和○年○月○日

60　この書面には、総数引受契約書の枚数、引受けがあった募集株式の数、募集株式の払込金額・払込期日（又は期間）を記載し、当該記載事項のとおり総数引受契約があったことを証する旨を記載したうえで、発行会社の代表者が記名する必要があります（同通知）。

4．増加する資本金の額及び資本準備金の額
　　　　資本金の額　　　金〇〇万円
　　　　資本準備金の額　金〇〇万円
5．払込取扱金融機関
　　　　〇〇県〇〇市…
　　　　株式会社〇〇銀行〇〇支店
6．株式引受人及び引受株式数
　　　　甲　〇〇株
　　　　乙　〇〇株
　　　　丙　〇〇株

以上、本契約の成立を証するため、契約書1通を作成し、丁が原本を、甲ないし丙がその写しを各自保管する。

　令和〇年〇月〇日
　　　　　　　　　　　　（甲）〇〇県〇〇市…
　　　　　　　　　　　　　　　A
　　　　　　　　　　　　（乙）〇〇県〇〇市…
　　　　　　　　　　　　　　　B
　　　　　　　　　　　　（丙）〇〇県〇〇市…
　　　　　　　　　　　　　　　C
　　　　　　　　　　　　（丁）〇〇県〇〇市…
　　　　　　　　　　　　　　〇〇株式会社
　　　　　　　　　　　　　　　代表取締役　　D

(2) 複数の当事者が複数の契約書で総数引受契約を締結する場合

総数引受契約書

　〇〇株式会社（以下、「甲」という。）及びA（以下、「乙」という。）は、甲が令和〇年〇月〇日開催の株主総会において決議された下記募集株式につき、乙及びBが共同してその総数を引受ける契約を締結した。

記

1．募集株式の数　　〇〇株
2．募集株式の払込金額　　1株につき金〇万円
3．募集株式と引換えにする金銭の払込期日
　　　　令和〇年〇月〇日
4．増加する資本金の額及び資本準備金の額
　　　　資本金の額　　金〇〇万円
　　　　資本準備金の額　金〇〇万円
5．払込取扱金融機関　株式会社〇〇銀行〇〇支店（〇〇県〇〇市…）
6．株式引受人及び引受株式数
　　　　乙　　〇〇〇株
　　　　B　　〇〇株

　以上、本契約の成立を証するため、契約書2通を作成し、甲乙各1通を保管する。

　　令和〇年〇月〇日

　　　　　　　　　　（甲）〇〇県〇〇市…
　　　　　　　　　　　　　〇〇株式会社
　　　　　　　　　　　　　　代表取締役　〇〇〇〇

> 　　　　　　　　（乙）〇〇県〇〇市…
> 　　　　　　　　　　　　　　　　　　　A

　ウ　公開会社における第三者割当てにおいて取締役会の決議をする場合に、当該決議日と払込（給付）期日（期間を定めた場合は、当該期間の初日）との間に２週間以上の期間がないときの期間短縮の同意書（会社法201条３項・４項、商業登記法46条１項、昭和41年10月５日民甲2875民事局長号回答）[61]及び株主リスト（商業登記規則61条２項）

【総株主の同意書】

> 　　　　　　　期間短縮に関する総株主の同意書
>
> 　私たち株主全員は、〇〇株式会社が令和〇年〇月〇日開催の取締役会の決議に基づいて募集株式の発行をするにあたって、会社法第201条第３項に定める通知期間を短縮してこれを行うことに同意します。
>
> 　　令和〇年〇月〇日
>
> 　　　　　　　　　　　　　　　　〇〇県〇〇市…
> 　　　　　　　　　　　　　　　　株主　　A
> 　　　　　　　　　　　　　　　　〇〇県〇〇市…
> 　　　　　　　　　　　　　　　　株主　　B
> 　　　　　　　　　　　　　　　　〇〇県〇〇市…
> 　　　　　　　　　　　　　　　　株主　　C
> 　　　　　　　　　　　　　　　　〇〇県〇〇市…
> 　　　　　　　　　　　　　　　　株主　　D

61　会社法201条３項・４項の通知又は公告をしたことを証する書面は、添付不要です。

エ　金銭を出資の目的とするときは、払込みがあったことを証する書面（商業登記法56条2号）

　具体的には、払込金受入証明書（ひな形は、後記資料1のとおり。）や代表取締役等の作成に係る払込取扱機関に払い込まれた金額を証明する書面（後記資料2のとおり。）に、①払込取扱機関における口座の預金通帳の写し、②取引明細表その他の払込取扱機関が作成した書面のいずれかを合綴したもののことをいいます（平成18年3月31日民商782号民事局長通達）。

　なお、それらについて、株式引受人が、払込期日や払込期間前に申込証拠金として払込みがなされた旨が記載されている場合でも、登記申請は受理されます。

【資料1　払込金受入証明書ひな形】

使用区分（○印）	会社法人用・登記用

払込受入証明書

払込金額	
法人名	
証明書発行の目的	□　株式会社　　　　（発起設立　　募集株式） □　新株予約権　　　（募集　　　　行使） □　投資法人　　　　（募集投資口） □　有限責任事業組合（設立　　　　社員の加入） □　その他（　　　　　　　　　　　　　　）
摘要	

　当行は、払込取扱場所として、その払込事務を取扱い、上記のとおり払込金を受け入れたことを証明します。

> 令和　年　月　日
> 　　　　所　在　地
> 　証明者
> 　　　　銀行名・店名　　　　　　　印
> 　　　　代　表　者

注１．この証明書は、払込期日・期限以後（当日を含む）の日をもって２通（会社法人用・登記用）作成し、当該会社・法人に交付する。
　２．払込金額はチェックライター等により記入する。
　３．目的欄の該当にレ点を付すとともに、設立等の該当個所に○を付す。なお、目的欄に該当しない払込金を受け入れる場合には、「その他」に目的を記載する。

【資料２　代表取締役等の作成に係る払込取扱機関に払い込まれた金額を証明する書面】法務局ＨＰより

> 　　　　　　　　　　証　明　書
>
> 　当会社の募集株式については以下のとおり、全額の払込みがあったことを証明します。
> 　　　　　　　払込みがあった募集株式数　○○株
> 　　　　　　　払込みを受けた金額　金○○円
> 　令和○年○月○日
> 　　　　　　　　　　　　　　　　　　○○株式会社
> 　　　　　　　　　　　　　　　　　　　代表取締役　法務　太郎

※　取引明細書や預金通帳の写し（口座名義人が判明する部分を含む）を合わせてとじます。また、添付した取引明細表や預金通帳の写しの入金又は振込に関する部分にマーカー又は下線を付す等して、払い込まれた金額が分かるようにします。

オ 現物出資の場合は、次の書面[62]

① 検査役が選任されたときは、検査役の調査報告を記載した書面及びその附属書類（商業登記法56条3号イ）

② 市場価額のある有価証券について募集事項の決定の際に定められた価額が、その有価証券の市場価格として法務省令で定める方法により算定されるものを超えない場合（会社法207条9項3号）には、有価証券の市場価格を証する書面（商業登記法56条3号ロ）

　具体的には、当該有価証券が上場されている証券取引所の開設する市場における募集事項決定の日の前日の最終価格（その日に売買取引がないときは、遡った直近の取引日の最終価格）が掲載されている証券取引所日報、新聞又は証券会社が営業所や顧客に株式、債券等の株価情報をオンラインシステム等を利用して作成した書面がこれに該当します（平成3年4月22日民四第2635号通知）。

③ 現物出資財産について募集事項の決定の際に定められた価額が相当であることについて、弁護士、弁護士法人、弁護士・外国法事務弁護士共同法人、公認会計士、監査法人、税理士又は税理士法人の証明（現物出資財産が不動産である場合にあっては、その証明及び不動産鑑定士の鑑定評価）を受けた場合（会社法207条9項4号）には、弁護士等の証明を記載した書面及びその附属書類（商業登記法56条3号ハ）

---

[62] 募集株式の引受人に割り当てる株式の総数が発行済株式の総数の10分の1を超えない場合（会社法207条9項1号）と現物出資財産について定められた現物出資財産の価額の総額が500万円を超えない場合（会社法207条9項2号）は、募集株式の発行による変更登記の登記申請情報の内容や登記記録から判明するため、それらに該当する場合、①から⑤の書類は添付不要です。

【税理士の証明書例】

証　明　書

〇〇県〇〇市…

〇〇株式会社

〇〇県〇〇市…

〇〇税理士事務所

税理士〇〇〇〇

　当職は、〇〇株式会社の新株発行事項に関する取締役会の決議（令和〇年〇月〇日）で定めた現物出資に関する事項につき、代表取締役〇〇〇〇から依頼を受け、不動産鑑定士〇〇〇〇の鑑定評価に基づき調査したところ、下記のとおり、その事項は相当であると認めるので、これを証明する。

記

１．取締役会において新株発行の決議をした現物出資に関する事項

　(1)　現物出資者の住所氏名

　　　　住所　〇〇県〇〇市…

　　　　氏名　〇〇〇〇

　(2)　現物出資の目的たる不動産

　　　①　不動産の表示

　　　　　　土地　所　在　〇〇県〇〇市〇〇町〇丁目

　　　　　　　　　地　番　〇番

　　　　　　　　　地　目　宅地

　　　　　　　　　地　積　〇〇㎡

　　　　　　　　　所有者　〇〇〇〇

　　　②　所有権、用益権等の別

　　　　　　所有権
　　　③　第三者に対して負担する物権又は賃借権の有無
　　　　　　有　地役権
　　　　　　　　原　因　令和○年○月○日設定
　　　　　　　　目　的　通行
　　　　　　　　範　囲　東側○○㎡
　　　　　　　　要役地　○○県○○市○○町○丁目○番
　(3)　(2)の不動産の価格
　　　　金○○万円
　(4)　現物出資者に与える株式の種類及び数
　　　　普通株式　○○株
2．1(2)の不動産の鑑定評価
　(1)　鑑定評価を行った不動産鑑定士
　　　　住所　○○県○○市○町○番地
　　　　氏名　○○○○
　(2)　鑑定評価の年月日
　　　　令和○年○月○日
　(3)　鑑定評価額
　　　　金○○万円
3．調査の方法・経過等
　1(2)の不動産につき、令和○年○月○日、土地登記記録を閲覧するとともに、同月○日、現地調査を行う等により、権利関係を確認した上、2(1)の不動産鑑定士○○○○作成に係る不動産鑑定評価書の内容を検討し、その結果、1(2)の不動産の価格を少なくとも金○○万円であるとする鑑定評価額は正当であると認めた。
4．結論
　1(1)の者が現物出資する1(2)の不動産の価格は、少なくとも金○○万

円であると見積もられるところ、これは、1(3)の価格金〇〇万円を上回る価格であり、これに与える株式の数は、1(4)のとおり普通株式〇〇株であるから、取締役会において募集事項の決議をした現物出資（不動産）に関する事項は相当である。

附属書類等

　不動産鑑定評価書　　1通

　登記事項証明書　　　1通

　　令和〇年〇月〇日

　　　　　　　　　　　　　　　住所　〇〇県〇〇市…

　　　　　　　　　　　　　　　　　税理士　〇〇〇〇

④　会社に対する既に弁済期が到来している金銭債権について、募集事項の決定の際に定められた価額がその金銭債権に係る負債の帳簿価額を超えない場合（会社法207条9項5号）には、金銭債権について記載された会計帳簿（商業登記法56条3号ニ）

　具体的には、日記帳、仕訳帳、総勘定元帳、補助簿等で、債権者（現物出資者）及び債権の内容が特定でき、かつ、当該金銭債権に係る負債の帳簿価額を確認することができるものである必要があります。それらについて、当該金銭債権の弁済期の到来の事実を確認することができない場合でも、当該株式会社が期限の利益を放棄していないことが添付書面から明らかな場合を除き、本規定の会計帳簿の要件を満たすものとして扱われます（平成18年3月31日民商第782号民事局長通達）。

⑤　検査役の報告に関する裁判があったときは、その謄本（商業登記法56条4号）

　検査役の報告に基づき、現物出資事項を不当とするときは、裁判所はこれを変更する裁判（決定）をすることになります。この裁判

があったときは、登記官が、登記事項中の現物出資の部分の適否を審査するため、裁判の謄本を添付する必要があります。

カ　資本金の額が会社法及び会社計算規則の規定に従って計上されたことを証する書面（商業登記規則61条9項）

　資本金の額が会社法及び会社計算規則の規定に従って計上されたことを証する書面には、会社計算規則14条に規定する方法に従った計算の経過が記載されている必要があります。

　金銭出資のみの場合であっても、株式発行割合を証明する必要があるので、この書面の添付を省略することはできません（平成19年1月17日民商第91号民事局長通達）。

　また、出資財産の額から募集株式の交付に係る費用のうち減ずるべき額と定めた額を減ずる扱いについては、企業会計基準等の会計慣行の動向を踏まえて、当該定めた額は、当分の間、ゼロとされています（会社計算規則附則11条）が、登記官が、交付された株式のうちの自己株式の割合を確認する必要があるため、本書面の添付を省略することはできません（同通達）。

【資本金の額の計上に関する証明書（自己株式の処分を伴わない場合）】法務局HPより

資本金の額の計上に関する証明書

① 払込みを受けた金銭の額（会社計算規則第14条第1項第1号）

　　　　　　　　　　　　　　　　　　　　　　　金〇〇円

② 給付を受けた金銭以外の財産の給付があった日における当該財産の価額（会社計算規則第14条第1項第2号）（※1）

　　　　　　　　　　　　　　　　　　　　　　　金〇〇円

③ 資本金等増加限度額（①＋②）

金○○円

　募集株式の発行により増加する資本金の額○○円は、会社法第445条及び会社計算規則第14条の規定に従って計上されたことに相違ないことを証明する。（※２）

　なお、本募集株式の発行においては、自己株式の処分を伴わない。

　　令和○年○月○日

　　　　　　　　　　　　　　　　　○県○市○町○丁目○番○号
　　　　　　　　　　　　　　　　　○○株式会社
　　　　　　　　　　　　　　　　　　代表取締役　　○○○○

※１　出資をした者における帳簿価額を計上すべき場合（会社計算規則14条１項２号イ、ロ）には、帳簿価額を記載します。
※２　資本金等増加限度額（③の額）の２分の１を超えない額を資本金として計上しないこととした場合は、その旨を上記証明書に記載するとともに、その額を決定したことを証する取締役会議事録等の添付が必要です。

【資本金の額の計上に関する証明書（自己株式の処分を伴う場合）】

資本金の額の計上に関する証明書

① 払込みを受けた金銭の額（会社計算規則第14条第１項第１号）
　　　　　　　　　　　　　　　　　　　　　　　　　金○○円
② 給付を受けた金銭以外の財産の給付があった日における当該財産の価額（会社計算規則第14条第１項第２号）（※１）　　金○○円
③ 募集株式の交付に係る費用の額のうち、株式会社が資本金等増加限度額から減ずるべき額と定めた額（会社計算規則第14条第１項第３号）
　　　　　　　　　　　　　　　　　　　　　　　　　金○○円

④	発行する株式の数	○株
⑤	処分する自己株式の数	○株
⑥	株式発行割合　（④／（④＋⑤））	○○％
⑦	(①＋②－③）の額に株式発行割合（⑥）を乗じて得た額	金○○円
⑧	自己株式処分差損（会社計算規則第14条第1項第4号）	金○円
⑨	資本金等増加限度額（⑦－⑧）	金○○円
⑩	増加する資本準備金の額	金○円
⑪	増加する資本金の額（⑨－⑩）	金○○円

　募集株式の発行により増加する資本金の額○○円は、会社法第445条及び会社計算規則第14条の規定に従って計上されたことに相違ないことを証明する。(※2)

　　令和○年○月○日

　　　　　　　　　　　　　　　　○県○市○町○丁目○番○号
　　　　　　　　　　　　　　　　○○株式会社
　　　　　　　　　　　　　　　　　代表取締役　　○○○○

※1　出資をした者における帳簿価額を計上すべき場合（会社計算規則14条1項2号イ、ロ）には、帳簿価額を記載します。

※2　資本金等増加限度額（⑦の額）の2分の1を超えない額を資本金として計上しないこととした場合は、その旨を上記証明書に記載するとともに、募集事項に定めのあるときを除き、その額を決定したことを証する取締役会議事録等の添付が必要です。

キ　公開会社における支配株主の異動を伴う募集株式の割当て等の特則において、会社法206条の2第4項の規定による募集株式の引受けに反対する旨の通知があった場合において、同項の規定により株主総会の決議による承認を受けなければならない場合に該当しないときは、当該場合に該当しないことを証する書面（商業登記法56条5号）

【会社法第206条の2第4項の規定により株主総会の決議による承認を受けなければならない場合に該当しないことを証する書面】　法務局HPより

株主総会の決議による承認を受けなければならない場合に該当しないことを証する書面

　当会社の募集株式の引受人が、会社法第206条の2第1項の特定引受人に該当したため、同項の規定により株主に通知をしたところ、総株主の議決権の10分の1以上の議決権を有する株主から、当該特定引受人による募集株式の引受けに反対する旨の通知があったが、当会社の財産の状況が著しく悪化しており、当会社の事業の継続のため緊急の必要があったことから、同条第4項ただし書の規定により、株主総会の決議による承認を受けることなく、当該募集株式を発行したことを証明します。

　　令和○年○月○日

　　　　　　　　　　　　　　　○県○市○町○丁目○番○号
　　　　　　　　　　　　　　　○○商事株式会社
　　　　　　　　　　　　　　　　代表取締役　　○○○

10　登記手続

　ク　司法書士等に申請代理を委任する場合は、委任状（商業登記法18
　　条）

【委任状】
(1)　募集株式の発行のみの変更登記を申請する場合

　　　　　　　　　　　委　任　状

　　　　　　　住所　〇〇県〇〇市…
　　　　　　　氏名　司法書士　〇〇〇

　　私は、上記の者を代理人と定め、下記事項に関する一切の権限を委任
　する。
　　　　　　　　　　　　　記
　１．当会社の募集株式の発行による変更登記の申請をする一切の件
　１．原本還付の請求及び受領の件

　　令和〇年〇月〇日
　　　　　　　　　　　　　　　〇〇県〇〇市…
　　　　　　　　　　　　　　　〇〇株式会社
　　　　　　　　　　　　　　　代表取締役　　A　㊞（※）

（※）登記所に提出している印鑑を押印します。

(2) 種類株式の定めの設定登記と同時に募集株式の発行の変更登記を申請する場合

委　任　状

　　　住所　〇〇県〇〇市…

　　　氏名　司法書士　〇〇〇

　私は、上記の者を代理人と定め、下記事項に関する一切の権限を委任する。

記

1．当会社の発行可能種類株式総数及び発行する各種類の株式の内容の変更の登記の申請に関する一切の件
1．当会社の募集株式の発行による変更登記の申請に関する一切の件
1．原本還付の請求及び受領の件

　令和〇年〇月〇日

　　　　　　　　　　　　〇〇県〇〇市…
　　　　　　　　　　　　〇〇株式会社
　　　　　　　　　　　　代表取締役　　A　㊞（※）

（※）登記所に提出している印鑑を押印します。

(5) 登録免許税

　登録免許税は、申請1件につき、増加した資本金の額（課税標準金額）に1,000分の7を乗じた額です。ただし、これによって計算した税額が3万円に満たない場合は、申請1件につき、金3万円です（登録免許税法別表1第24号(1)ニ）。また、資本金の額の増加を伴わない場合は、

3万円です（登録免許税法別表1第24号(1)ツ）。

　なお、募集株式の発行により、資本金の額のほか、発行済株式の総数（種類株式発行会社にあっては、発行済株式の総数並びに種類及び数）の変更登記も必要となりますが、資本金の額の変更登記に係る登録免許税を納付する限り、それらの変更登記に係る登録免許税は別途納付する必要はありません。ただし、募集株式の発行と同時に発行可能株式総数の変更や発行可能種類株式総数及び発行する各種類の株式の内容の変更についての登記をする場合、それらについては、別途3万円の登録免許税を納付する必要があります（登録免許税法別表第一第24号(1)ツ）。

【登記申請書例】

(1) 募集株式の発行

株式会社変更登記申請書

1. 会社法人等番号	○○○○-○○-○○○○○○	
フリガナ	○○○○	
1. 商　　　号	○○株式会社	
1. 本　　　店	○○県○○市…	
1. 登記の事由	募集株式の発行	
1. 登記すべき事項	別紙のとおり	
1. 課税標準金額	金2,000万円（※）	
1. 登録免許税	金14万円	
1. 添付書類	株主総会議事録	○通
	種類株主総会議事録	○通
	株主リスト	○通
	募集株式の引受けの申込みを証する書面	1通

```
                        払込みがあったことを証する書面    1通
                        資本金の額の計上に関する証明書    1通
                        委任状                          1通


   上記のとおり登記の申請をする。


     令和○年○月○日
              ○○県○○市…
                 申請人    ○○株式会社
              ○○県○○市…
                 代表取締役  ○○○○
              ○○県○○市…
                 上記代理人  司法書士  ○○○○
                 連絡先の電話番号  ○○○-○○○○-○○○○
     ○○法務局  御中
```

（※）資本金の額の増加分を記載します。

(1) 種類株式発行会社でない場合

```
別　紙（登記すべき事項）
「発行済株式の総数」
○○○○株
「原因年月日」令和○年○月○日変更
「資本金の額」
金○○○○万円
「原因年月日」令和○年○月○日変更
```

10　登記手続

(2) 種類株式発行会社の場合

> 別　　紙（登記すべき事項）
> 「発行済株式の総数並びに種類及び数」
> 発行済株式の総数　〇〇〇〇株
> 各種の株式の数
> 甲種類株式　〇〇〇〇株
> 乙種類株式　〇〇〇〇株
> 「原因年月日」令和〇年〇月〇日変更
> 「資本金の額」
> 金〇〇〇〇万円
> 「原因年月日」令和〇年〇月〇日変更

（※）種類株式の定めを設定し、併せて当該種類株式を発行する場合は、変更後の「発行可能株式総数及び発行する各種類の株式の内容」と変更年月日も記載します。

（参考）株主総会にて定款に種類株式の定めの設定と当該種類株式の発行を決議した場合の登記申請書例

> 　　　　　　　　株式会社変更登記申請書
>
> １．会社法人等番号　　　〇〇〇〇-〇〇-〇〇〇〇〇〇
> 　　　フリガナ　　　　　〇〇〇〇
> １．商　　　　号　　　　〇〇株式会社
> １．本　　　　店　　　　〇〇県〇〇市…
> １．登記の事由　　　　　発行可能種類株式総数及び発行する各種
> 　　　　　　　　　　　　類の株式の内容の変更
> 　　　　　　　　　　　　募集株式の発行
> １．登記すべき事項　　　別紙のとおり

352

1．課税標準金額　　　金2,000万円（※）
1．登録免許税　　　　金17万円
　　　　　　　　　　　　内訳
　　　　　　　　　　　　　　資本金の額増加分　金14万円
　　　　　　　　　　　　　　その他変更分　　　金3万円
1．添付書類　　　　　株主総会議事録　　　　　　　　1通
　　　　　　　　　　　株主リスト　　　　　　　　　　1通
　　　　　　　　　　　募集株式の引受けの申込みを証する書面
　　　　　　　　　　　　　　　　　　　　　　　　　　1通
　　　　　　　　　　　払込みがあったことを証する書面　1通
　　　　　　　　　　　資本金の額の計上に関する証明書　1通
　　　　　　　　　　　委任状　　　　　　　　　　　　1通
　上記のとおり登記の申請をする。
　　　令和〇年〇月〇日
　　　　　　　〇〇県〇〇市…
　　　　　　　　　　申請人　　〇〇株式会社
　　　　　　　〇〇県〇〇市…
　　　　　　　　　　代表取締役　〇〇〇〇
　　　　　　　〇〇県〇〇市…
　　　　　　　　　　上記代理人　司法書士　〇〇〇〇
　　　　　　　　　　連絡先の電話番号　〇〇〇－〇〇〇〇－〇〇〇〇
　〇〇法務局　御中

（※）資本金の額の増加分を記載します。

別紙（登記すべき事項）
「発行済株式の総数並びに種類及び数」
発行済株式の総数　　〇〇〇〇株

各種の株式の数

甲種類株式　○○○○株

乙種類株式　○○○○株

「原因年月日」令和○年○月○日変更

「資本金の額」

金○○○○万円

「原因年月日」令和○年○月○日変更

「発行可能種類株式総数及び発行する各種類の株式の内容」

甲種類株式　　　　○○株

乙種類株式　　　　○○株

1　次の決議については、株主総会のほか、乙種類株式を有する株主で構成する種類株主総会の決議を要する。

(1)　定款変更

(2)　取締役及び監査役の選任及び解任

(3)　代表取締役の選定及び解職

(4)　重要な財産の処分及び譲受

(5)　合併、会社分割、株式交換及び株式移転

(6)　事業の全部譲渡等（会社法第467条第1項各号規定事項）

(7)　解散

2　当会社は、乙種類株式を有する株主に次の事由が生じた場合には、その有する乙種類株式を取得することができる。なお、取得時の対価は金銭とし、その金額は取得時の1株あたりの簿価純資産額を基準とする。

(1)　死亡したとき

(2)　法定後見（後見・保佐・補助）開始の審判を受けたとき

(3)　株主を委任者とする任意後見契約が発効したとき

「原因年月日」令和○年○月○日変更

(6) 登記記録の編成

募集株式の発行による変更の登記は、登記記録中の「発行済株式の総数並びに種類及び数」欄及び「資本金の額」欄に次のように記録されます。

【登記記録】

(1) 種類株式発行会社でない場合

発行済株式の総数並びに種類及び数	発行済株式の総数 　〇〇株
	発行済株式の総数 　〇〇株 　　令和〇年〇月〇日変更　令和〇年〇月〇日登記
資本金の額	金〇〇万円 金〇〇万円 　　令和〇年〇月〇日変更　令和〇年〇月〇日登記

(2) 種類株式発行会社の場合

発行済株式の総数並びに種類及び数	発行済株式の総数 　〇〇株 各種の株式の数 　普通株式　〇〇株
	発行済株式の総数 　〇〇株 各種の株式の数 　普通株式　　〇〇株 　甲種類株式　〇〇株 　　　　令和〇年〇月〇日変更　令和〇年〇月〇日登記
資本金の額	金〇〇万円
	金〇〇万円 　　令和〇年〇月〇日変更　令和〇年〇月〇日登記

11 発行可能株式総数・株主名簿管理人の登記

(1) 発行可能株式総数の変更
ア 意 義

　　公開会社が定款を変更して発行可能株式総数を増加する場合や非公開会社が定款を変更して公開会社となる場合は、発行可能株式総数は、それら定款変更の効力発生時における発行済株式の総数の4倍を超えることはできません（会社法113条3項）。

　　また、発行可能株式総数を減少する場合は、減少後の発行可能株式総数は、その定款変更の効力発生時の発行済株式の総数（行使期間の到来した新株予約権がある場合は、その行使による交付予定株式数から自己株式の数を差し引いた数を加えたもの）を下回ることはできません（会社法113条4項）。

イ 発行可能種類株式総数との関係

　　発行可能株式総数と各種類株式の発行可能種類株式総数との関係ですが、一般的には、両者が一致する株式会社が多いのですが、理論的には、両者は一致する必要はありません。そのため、各種類株式の発行可能種類株式総数の合計が発行可能株式総数を超えることも、逆に、各種類株式の発行可能種類株式総数が発行可能株式総数を下回ることも差し支えないとされています。

ウ 手 続
① 原 則

　　発行可能株式総数の変更は、原則的に、株主総会の特別決議により定款を変更することで行います（会社法309条2項11号）。

② 例外1

　　株式会社（現に2以上の種類の株式を発行しているものを除く。）

は、上記①の株主総会の決議によらず、取締役の決定（取締役会設置会社にあっては、取締役会の決議）により、株式分割の効力発生日における発行可能株式総数をその日の前日の発行可能株式総数に株式分割により増加する株式の総数の株式の分割前の発行済株式（種類株式発行会社にあっては、分割する種類株式の発行済株式）の総数に対する割合を乗じて得た数の範囲内で増加する定款の変更をすることができます（会社法184条2項）。

③ 例外2

定款に「株式の消却をした場合には、消却した株式の数について発行可能株式総数が減少する」旨の定めがある場合には、定款に定められた発行可能株式総数の減少に係る上記①の株主総会の特別決議を要することなく、株式の消却により当該発行可能株式総数が減少します。

エ　登記手続

① 登記期間

株式会社は、発行可能株式総数を変更したときは、その変更がなされた日から2週間以内に、その本店の所在地において、変更の登記をしなければなりません（会社法915条1項、911条3項11号）。

② 登記の事由

登記の事由は、「発行可能株式総数の変更」です。

③ 登記すべき事項

登記すべき事項は、変更後の発行可能株式総数及び変更年月日です。

④ 添付書類

・株主総会議事録（商業登記法46条2項、後記資料1のとおり。）及び株主リスト（商業登記規則61条3項）。ただし、上記ウ②・③の例外1・2に該当する場合は、取締役の過半数の一致を証す

る書面（取締役会設置会社にあっては、取締役会議事録）。
・司法書士等に申請代理を委任する場合は、委任状（商業登記法18条、後記資料2のとおり。）

⑤ 登録免許税

登録免許税は、申請1件につき金3万円（登録免許税法別表1第24号(1)ツ）です。

【登記申請書例】

株式会社変更登記申請書

1．会社法人等番号　　　○○○○－○○－○○○○○○
　　フリガナ　　　　　　○○○○
1．商　　　号　　　　　○○株式会社
1．本　　　店　　　　　○○県○○市…
1．登記の事由　　　　　発行可能株式総数の変更
1．登記すべき事項　　　別紙のとおり
1．登録免許税　　　　　金3万円
1．添付書類　　　　　　株主総会議事録　　　　　1通
　　　　　　　　　　　　株主リスト　　　　　　　1通
　　　　　　　　　　　　委任状　　　　　　　　　1通

上記のとおり登記の申請をする。

令和○年○月○日
　　　　　○○県○○市…
　　　　　　　　申請人　　○○株式会社
　　　　　○○県○○市…

```
                        代表取締役　〇〇〇〇
                〇〇県〇〇市…
                        上記代理人　司法書士　〇〇〇〇
                        連絡先の電話番号　〇〇〇－〇〇〇〇－〇〇〇〇
    〇〇法務局　御中
```

別　紙（登記すべき事項）
「発行可能株式総数」〇〇〇〇株
「原因年月日」令和〇年〇月〇日変更

【資料1　株主総会議事録例】

臨時株主総会議事録

　令和〇年〇月〇日午前〇〇時〇〇分より、当会社の本店において、臨時株主総会を開催した。

株主の総数	〇名
発行済株式の総数	〇株
議決権を行使することができる株主の数	〇名
議決権を行使することができる株主の議決権の数	〇個
出席した株主の数（委任状による者を含む）	〇名
出席した株主の議決権の数	〇個
出席役員等	
代表取締役　　A（議長兼議事録作成者）	

　上記のとおり出席があったので、本株主総会は適法に成立した。
　定刻代表取締役Aは選ばれて議長となり、開会を宣し直ちに議事に入

った。

　議案　　　定款一部変更の件
　議長は、当会社の発行可能株式総数は、現行定款第○条により○○株となっているところ、既にその全部（又は○○株）が発行済となったので、定款第○条を下記のとおり変更する必要がある旨を詳細に説明し、議場に諮ったところ、満場一致でこれを承認可決した。
記
（発行可能株式総数）
　第○条　当会社の発行可能株式総数は、○○株とする。

　以上をもって本総会の議案全部を終了したので、議長は閉会の挨拶を述べ、午前○○時○○分散会した。
　上記の決議を明確にするため、この議事録を作成し、議長である出席代表取締役が次に記名する。

　令和○年○月○日

　　　　　　　　　　　　　　○○株式会社　臨時株主総会
　　　　　　　　　　　　　　議長　代表取締役　　　A

【資料2　委任状】

委　任　状

　　　　　住所　○○県○○市…
　　　　　氏名　司法書士　○○○

　私は、上記の者を代理人と定め、下記事項に関する一切の権限を委任

する。
記
1．当会社の発行可能株式総数の増加による変更登記の申請についての一切の件
1．原本還付の請求及び受領の件

　　令和○年○月○日

　　　　　　　　　　　　　　　○○県○○市…
　　　　　　　　　　　　　　　○○株式会社
　　　　　　　　　　　　　　　代表取締役　　A　　㊞（※）

（※）登記所に提出している印鑑を押印します。

⑥　登記記録の編成
　　発行可能株式総数の変更をするときの登記は、登記記録中の「発行可能株式総数」欄に次のように記録されます。

【登記記録例】

発行可能株式総数	100株
	400株 　　　令和○年○月○日変更　令和○年○月○日登記

(2) 株主名簿管理人
ア　意　義

　　株式会社は、株主名簿を作成して、その本店に備え置き（会社法121条、125条1項）、株式取得者からの株主名簿への氏名等の記載の請求（会社法133条）や株主及び債権者からの閲覧等の請求（会社法125条2項）に応じなければなりません。しかし、株式会社は、株主名簿管理人（株式会社に代わって株主名簿の作成及び備置きその他の

株主名簿に関する事務を行う者をいう。）を置く旨を定款で定め、それらの事務を行うことを委託することができます（会社法123条）。

イ　株主名簿管理人の設置

① 手　続

株主名簿管理人を設置するためには、(i)株主総会の特別決議により定款を変更して株主名簿管理人を置く旨を定め（既に定款にその旨の規定がある場合は、この株主総会の特別決議は不要です。）、(ii)取締役の決定（取締役会設置会社にあっては、取締役会の決議）により株主名簿管理人を定め（会社法348条2項、362条2項1号）、(iii)会社の代表者が当該株主名簿管理人と事務委託契約を締結することが必要です。

② 登記手続

（ⅰ）登記期間

株式会社は、株主名簿管理人を置いたときは、その設置した日から2週間以内に、その本店の所在地において、変更の登記をしなければなりません（会社法915条1項、911条3項11号）。

（ⅱ）登記の事由

登記の事由は、「株主名簿管理人の設置」です。

（ⅲ）登記すべき事項

登記すべき事項は、設置した株主名簿管理人の氏名又は名称及び住所並びにその営業所と設置年月日です。

（ⅳ）添付書類

・定款（商業登記法64条）

・取締役の過半数の一致を証する書面（取締役会設置会社にあっては、取締役会議事録）（商業登記法46条1項・2項、後記資料1のとおり。）

・株主名簿管理人との間の契約を証する書面（商業登記法64条）

・司法書士等に申請代理を委任する場合は、委任状（商業登記法18条、後記資料2のとおり。）
(ⅴ) 登録免許税
登録免許税は、申請1件につき金3万円（登録免許税法別表1第24号(1)ツ）です。

【登記申請書例】

株式会社変更登記申請書

1．会社法人等番号　　〇〇〇〇－〇〇－〇〇〇〇〇〇

　　フリガナ　　　　　〇〇〇〇
1．商　　　号　　　　〇〇株式会社
1．本　　　店　　　　〇〇県〇〇市…
1．登記の事由　　　　株主名簿管理人の設置
1．登記すべき事項　　別紙のとおり
1．登録免許税　　　　金3万円
1．添付書類　　　　　定款　　　　　　　　　　　1通
　　　　　　　　　　　取締役会議事録　　　　　　1通
　　　　　　　　　　　株主名簿管理人との契約書　1通
　　　　　　　　　　　委任状　　　　　　　　　　1通

上記のとおり登記の申請をする。

令和〇年〇月〇日
　　　〇〇県〇〇市…
　　　　　申請人　　〇〇株式会社
　　　〇〇県〇〇市…

代表取締役　○○○○
○○県○○市…
　　上記代理人　司法書士　○○○○
　　連絡先の電話番号　○○○－○○○○－○○○○

○○法務局　御中

別　紙（登記すべき事項）

「株主名簿管理人の氏名又は名称及び住所並びに営業所」

○○県○○市…

○○信託株式会社本店

「原因年月日」令和○年○月○日設置

【資料1　取締役会議事録例】

取締役会議事録

　令和○年○月○日午前○○時○○分より本店において、取締役会を開催した。

取締役総数	○名	出席取締役数	○名
監査役総数	○名	出席監査役数	○名

出席役員
　代表取締役　　○○○○（議長兼議事録作成者）
　取　締　役　　○○○○
　取　締　役　　○○○○
　監　査　役　　○○○○

　上記のとおり出席があったので定刻代表取締役○○○○は選ばれて議

長となり開会を宣し直ちに議事に入った。

　　議案　　　株主名簿管理人設置の件

　議長は、当会社の事務合理化を図るため、下記のとおり株主名簿管理人を設置したい旨を詳細に説明し、議場に諮ったところ、満場一致でこれを可決確定した。

記

　○○県○○市…
　○○信託株式会社本店

　以上をもって本取締役会の議案全部を終了したので、議長は閉会の挨拶を述べ、午前○○時○○分散会した。
　上記の決議を明確にするため、この議事録を作成し、出席取締役及び出席監査役の全員がこれに記名をする。

　　令和○年○月○日

	○○株式会社	
	出席取締役	A
	同	B
	同	C
	監査役	D

【資料２　委任状】

委　任　状

　　　住所　○○県○○市…
　　　氏名　司法書士　○○○

私は、上記の者を代理人と定め、下記事項に関する一切の権限を委任する。

記

１．当会社の株主名簿管理人を設置したので、その変更登記の申請に関する一切の件
１．原本還付の請求及び受領の件

　令和○年○月○日

　　　　　　　　　　　　　　　　　○○県○○市…
　　　　　　　　　　　　　　　　　○○株式会社
　　　　　　　　　　　　　　　　　代表取締役　　A　㊞（※）

（※）登記所に提出している印鑑を押印します。

　(vi)　登記記録の編成

　　　株主名簿管理人を設置するときの登記は、登記記録中の「株主名簿管理人の氏名又は名称及び住所並びに営業所」欄に次のように記録されます。

【登記記録例】

株主名簿管理人の氏名又は名称及び住所並びに営業所	○○県○○市… ○○信託株式会社本店 　　令和○年○月○日設置　令和○年○月○日登記

　ウ　株主名簿管理人の交代

　　① 手　続

　　　株主名簿管理人を交代変更する場合は、従前の株主名簿管理人との間の契約を解除し、(i)取締役の決定（取締役会設置会社にあっては、取締役会の決議）により新たな株主名簿管理人を定め（会社法348条2項、362条2項1号）、(ii)会社の代表者が当該株主名簿管理

人と事務委託契約を締結することが必要です。
② 登記手続
　(i) 登記期間
　　　株式会社は、株主名簿管理人を交代したときは、その交代の日から2週間以内に、その本店の所在地において、変更の登記をしなければなりません（会社法915条1項、911条3項11号）。
　(ii) 登記の事由
　　　登記の事由は、「株主名簿管理人の変更」です。
　(iii) 登記すべき事項
　　　登記すべき事項は、新たに設置した株主名簿管理人の氏名又は名称及び住所並びにその営業所と変更年月日です。
　(iv) 添付書類
　　・定款（商業登記法64条）
　　・従前の株主名簿管理人との契約を解除した旨の記載のある取締役の過半数の一致を証する書面（取締役会設置会社にあっては、取締役会議事録）（商業登記法46条2項・1項、後記資料1のとおり。）
　　・新たな株主名簿管理人との間の契約を証する書面（商業登記法64条）
　　・司法書士等に申請代理を委任する場合は、委任状（商業登記法18条、後記資料2のとおり。）
　(v) 登録免許税
　　　登録免許税は、申請1件につき金3万円（登録免許税法別表1第24号(1)ツ）です。

11　発行可能株式総数・株主名簿管理人の登記

【登記申請書例】

株式会社変更登記申請書

```
１．会社法人等番号    ○○○○－○○－○○○○○○
      フリガナ        ○○○○
１．商      号       ○○株式会社
１．本      店       ○○県○○市…
１．登 記 の 事 由    株主名簿管理人の変更
１．登記すべき事項    別紙のとおり
１．登 録 免 許 税    金３万円
１．添 付 書 類      定款                    １通
                    取締役会議事録          １通
                    株主名簿管理人との契約書  １通
                    委任状                  １通
```

　上記のとおり登記の申請をする。

　　令和○年○月○日
　　　　○○県○○市…
　　　　　申請人　　○○株式会社
　　　　○○県○○市…
　　　　　代表取締役　○○○○
　　　　○○県○○市…
　　　　　上記代理人　司法書士　○○○○
　　　　　連絡先の電話番号　○○○－○○○○－○○○○

　○○法務局　御中

別　紙（登記すべき事項）
「株主名簿管理人の氏名又は名称及び住所並びに営業所」
〇〇県〇〇市…
□□信託株式会社本店
「原因年月日」令和〇年〇月〇日株主名簿管理人〇〇を変更

【資料1　取締役会議事録例】

取締役会議事録

　令和〇年〇月〇日午前〇〇時〇〇分より本店において、取締役会を開催した。

　　取締役総数　　　〇名　　出席取締役数　　〇名
　　監査役総数　　　〇名　　出席監査役数　　〇名
　出席役員
　　代表取締役　〇〇〇〇（議長兼議事録作成者）
　　取　締　役　〇〇〇〇
　　取　締　役　〇〇〇〇
　　監　査　役　〇〇〇〇

　上記のとおり出席があったので定刻代表取締役〇〇〇〇は選ばれて議長となり開会を宣し直ちに議事に入った。
　　　議案　　株主名簿管理人の変更に関する件
　議長は、株主名簿管理人〇〇信託会社から、都合により、当会社の株主名簿管理人の業務を辞退したい旨の申出を受けたので、これを承認し、併せて、新たに次のとおり株主名簿管理人を設置したい旨を詳細に説明

し、議場に諮ったところ、満場一致でこれを可決確定した。

記

　　　株主名簿管理人の名称及び住所並びに営業所
　　　〇〇県〇〇市…
　　　□□信託株式会社本店

　以上をもって本取締役会の議案全部を終了したので、議長は閉会の挨拶を述べ、午前〇〇時〇〇分散会した。
　上記の決議を明確にするため、この議事録を作成し、出席取締役及び出席監査役の全員がこれに記名をする。

　令和〇年〇月〇日

　　　　　　　　　　　　　〇〇株式会社
　　　　　　　　　　　　　　出席取締役　　　A
　　　　　　　　　　　　　　同　　　　　　　B
　　　　　　　　　　　　　　同　　　　　　　C
　　　　　　　　　　　　　　監査役　　　　　D

【資料2　委任状】

委　任　状

　　　　住所　〇〇県〇〇市…
　　　　氏名　司法書士　〇〇〇

　私は、上記の者を代理人と定め、下記事項に関する一切の権限を委任する。

記
1．令和○年○月○日株主名簿管理人を□□信託株式会社本店に変更したので、その変更登記を申請する一切の件
1．原本還付の請求及び受領の件

令和○年○月○日

〇〇県〇〇市…

〇〇株式会社

代表取締役　A　㊞（※）

（※）登記所に提出している印鑑を押印します。

　(vi)　登記記録の編成
　　　株主名簿管理人を交代するときの登記は、登記記録中の「株主名簿管理人の氏名又は名称及び住所並びに営業所」欄に次のように記録されます。

【登記記録例】

株主名簿管理人の氏名又は名称及び住所並びに営業所	〇〇県〇〇市… 〇〇信託株式会社本店 　　令和○年○月○日設置　令和○年○月○日登記
	〇〇県〇〇市… □□信託株式会社本店 　　令和○年○月○日変更　令和○年○月○日登記

エ　株主名簿管理人の氏名又は名称及び住所並びに営業所の変更の登記手続
　①　登記期間
　　　株式会社は、株主名簿管理人の氏名又は名称及び住所並びに営業所に変更が生じたときは、その変更が生じた日から2週間以内に、

その本店の所在地において、変更の登記をしなければなりません（会社法915条、911条3項11号）。

② 登記の事由

登記の事由は、「株主名簿管理人の名称（住所、営業所等）の変更」です。

③ 登記すべき事項

登記すべき事項は、変更後の株主名簿管理人の氏名又は名称及び住所並びに営業所と変更年月日です。

④ 添付書類

・司法書士等に申請代理を委任する場合は、委任状（商業登記法18条、後記資料のとおり。）

※ 株主名簿管理人の氏名又は名称及び住所並びに営業所の変更を証する書面は添付する必要はありません。ただし、その変更が行政区画の変更等による場合、登録免許税法5条の非課税の扱いを受けるためには、それにつき行政証明等を添付する必要があります。

⑤ 登録免許税

登録免許税は、申請1件につき金3万円（登録免許税法別表1第24号(1)ツ）です。

【登記申請書例】

株式会社変更登記申請書

1．会社法人等番号　　○○○○－○○－○○○○○○

　　フリガナ　　　　　○○○○
1．商　　号　　　　　○○株式会社
1．本　　店　　　　　○○県○○市…

1．登記の事由　　　　　株主名簿管理人の名称（住所、営業所等）の変更
1．登記すべき事項　　　別紙のとおり
1．登録免許税　　　　　金３万円
1．添付書類　　　　　　委任状　　　　　　　　　　１通

　上記のとおり登記の申請をする。

　　　令和〇年〇月〇日
　　　　　〇〇県〇〇市…
　　　　　　　申請人　　〇〇株式会社
　　　　　〇〇県〇〇市…
　　　　　　　代表取締役　〇〇〇〇
　　　　　〇〇県〇〇市…
　　　　　　　上記代理人　司法書士　〇〇〇〇
　　　　　　　連絡先の電話番号　〇〇〇－〇〇〇〇－〇〇〇〇
　〇〇法務局　御中

別　紙（登記すべき事項）
「株主名簿管理人の氏名又は名称及び住所並びに営業所」
〇〇県〇〇市…
□□信託株式会社本店
「原因年月日」令和〇年〇月〇日変更

【資料　委任状】

```
                    委　任　状

            住所　〇〇県〇〇市…
            氏名　司法書士　〇〇〇


   私は、上記の者を代理人と定め、下記事項に関する一切の権限を委任
  する。
                    記
  １．令和〇年〇月〇日株主名簿管理人の名称（住所、営業所等）を〇〇
     に変更したので、その変更登記を申請する一切の件
  １．原本還付の請求及び受領の件


   令和〇年〇月〇日
                          〇〇県〇〇市…
                          〇〇株式会社
                          代表取締役　　A　㊞（※）
```

（※）登記所に提出している印鑑を押印します。

⑥　登記記録の編成

　　株主名簿管理人の氏名又は名称及び住所並びに営業所の変更の登記は、登記記録中の「株主名簿管理人の氏名又は名称及び住所並びに営業所」欄に次のように記録されます。

【登記記録例】

株主名簿管理人の氏名又は名称及び住所並びに営業所	○○県○○市… ○○信託株式会社本店 　　　令和○年○月○日設置　　令和○年○月○日登記
	○○県○○市… □□信託株式会社本店 　　　令和○年○月○日変更　　令和○年○月○日登記

オ　株主名簿管理人の廃止

①　手　続

　　株主名簿管理人の廃止には、株主総会の特別決議によりその定款の定めを廃止する場合と、従前の株主名簿管理人との間の契約が終了した後に新たな株主名簿管理人を置かない場合とがあります。

②　登記手続

（ⅰ）　登記期間

　　株式会社は、株主名簿管理人を廃止したとき、その廃止の日から2週間以内に、その本店の所在地において、変更の登記をしなければなりません（会社法915条、911条3項11号）。

（ⅱ）　登記の事由

　　登記の事由は、「株主名簿管理人の廃止」です。

（ⅲ）　登記すべき事項

　　登記すべき事項は、株主名簿管理人を廃止の旨と廃止年月日です。

（ⅳ）　添付書類

・定款変更により株主名簿管理人を廃止した場合は、株主総会議事録（商業登記法46条2項、後記資料1のとおり。）及び株主リスト（商業登記規則61条3項）

・従前の株主名簿管理人との間の契約が終了した後に新たな株主名簿管理人を置かない場合は、従前の株主名簿管理人との契約

を解除した旨の記載のある取締役の過半数の一致を証する書面（取締役会設置会社にあっては、取締役会議事録）（商業登記法46条2項・1項）

・司法書士等に申請代理を委任する場合は、委任状（商業登記法18条、後記資料2のとおり。）

(v) 登録免許税

登録免許税は、申請1件につき金3万円（登録免許税法別表1第24号(1)ツ）です。

【登記申請書例】

株式会社変更登記申請書

1．会社法人等番号　　〇〇〇〇－〇〇－〇〇〇〇〇〇

　　フリガナ　　　　　〇〇〇〇
1．商　　　号　　　　〇〇株式会社
1．本　　　店　　　　〇〇県〇〇市…
1．登記の事由　　　　株主名簿管理人の廃止
1．登記すべき事項　　別紙のとおり
1．登録免許税　　　　金3万円
1．添付書類　　　　　株主総会議事録　　　　1通
　　　　　　　　　　　株主リスト　　　　　　1通
　　　　　　　　　　　委任状　　　　　　　　1通

　上記のとおり登記の申請をする。

　　令和〇年〇月〇日
　　　　〇〇県〇〇市…

申請人　　〇〇株式会社
〇〇県〇〇市…
　　代表取締役　〇〇〇〇
〇〇県〇〇市…
　　上記代理人　司法書士　〇〇〇〇
　　連絡先の電話番号　〇〇〇-〇〇〇〇-〇〇〇〇
〇〇法務局　御中

別　紙（登記すべき事項）
「株主名簿管理人の氏名又は名称及び住所並びに営業所」
「原因年月日」令和〇年〇月〇日株主名簿管理人〇〇信託株式会社を廃止

【資料1　株主総会議事録例】

臨時株主総会議事録

　令和〇年〇月〇日午前〇〇時〇〇分より、当会社の本店において、臨時株主総会を開催した。

株主の総数	〇名
発行済株式の総数	〇株
議決権を行使することができる株主の数	〇名
議決権を行使することができる株主の議決権の数	〇個
出席した株主の数（委任状による者を含む）	〇名
出席した株主の議決権の数	〇個

出席役員等
代表取締役　　A（議長兼議事録作成者）

上記のとおり出席があったので、本株主総会は適法に成立した。
　定刻代表取締役Aは選ばれて議長となり、開会を宣し直ちに議事に入った。

　　議案　　定款一部変更の件
　議長は、株主名簿管理人を置く旨に関する定款第○条を廃止し、第○条以下を１条ずつ繰り上げたい旨を述べ、その理由を詳細に説明した上で、議場に諮ったところ、満場一致でこれを承認可決した。

　以上をもって本総会の議案全部を終了したので、議長は閉会の挨拶を述べ、午前○○時○○分散会した。
　上記の決議を明確にするため、この議事録を作成し、議長である出席代表取締役が次に記名する。

　　令和○年○月○日

　　　　　　　　　　　　○○株式会社　臨時株主総会
　　　　　　　　　　　　議長　代表取締役　　　A

【資料２　委任状】

委　任　状

　　　　住所　○○県○○市…
　　　　氏名　司法書士　○○○

　私は、上記の者を代理人と定め、下記事項に関する一切の権限を委任する。

記
1．当会社の株主名簿管理人の廃止についての変更登記を申請する一切の件
1．原本還付の請求及び受領の件

　　令和〇年〇月〇日

　　　　　　　　　　　　　　　　〇〇県〇〇市…
　　　　　　　　　　　　　　　　　〇〇株式会社
　　　　　　　　　　　　　　　　　　代表取締役　　　Ａ　㊞（※）

（※）登記所に提出している印鑑を押印します。

　(vi)　登記記録の編成
　　　　株主名簿管理人の廃止をする登記は、登記記録中の「株主名簿管理人の氏名又は名称及び住所並びに営業所」欄に次のように記録されます。

【登記記録例】

株主名簿管理人の氏名又は名称及び住所並びに営業所	〇〇県〇〇市… 〇〇信託株式会社本店 　　令和〇年〇月〇日設置　　令和〇年〇月〇日登記
	令和〇年〇月〇日株主名簿管理人〇〇信託株式会社を廃止 　　　　　　　　　　　　　令和〇年〇月〇日登記

第2章　準備金・剰余金の資本組入れ

1　準備金の資本組入れ

(1) 意　義

　株式会社（清算中の株式会社を除く。）は、準備金（資本準備金・利益準備金）の額を減少し、その全部又は一部を資本金とすることができます（会社法448条1項、509条1項2号）。

(2) 手　続

ア　決議機関

　① 原　則

　　準備金の額を減少し、その全部又は一部を資本金とするには、株主総会の普通決議により次の事項を定めなければなりません（会社法448条1項）。

　(i)　減少する準備金の額（会社法448条1項1号）

　(ii)　減少する準備金の額の全部又は一部を資本金とするときは、その旨及び資本金とする額（会社法448条1項2号）

　　（※）この額は、効力発生日における資本金の額を超えてはなり

ません（会社法448条2項）。

　(iii) 準備金の額の減少の効力発生日（会社法448条1項3号）

② 例　外

　株式会社が株式の発行と同時に準備金の額を減少する場合において、当該準備金の額の減少の効力発生日後の準備金の額が当該日前の準備金の額を下回らない場合は、取締役の決定（取締役会設置会社にあっては、取締役会の決議）で足ります（会社法448条3項）。ただし、この場合であっても株主総会の決議によることもできます。

イ　債権者保護手続

① 原　則

　株式会社は、準備金の額を減少する場合には、減少する準備金の額の全部を資本金とする場合を除き、次の事項を官報に公告し、かつ、知れている債権者には、各別にこれを催告しなければなりません（会社法449条1項・2項）。ただし、公告を、官報のほか、会社法939条1項の規定による定款の定めに従い、時事に関する事項を掲載する日刊新聞紙に掲載する方法（同項2号）又は電子公告（同項3号）によりするときは、各別の催告をすることは要しません（会社法449条3項）。

　(i) 準備金の額の減少の内容（会社法449条2項1号）

　(ii) 当該株式会社の計算書類に関する事項として会社計算規則152条で定めるもの（同項2号）

　(iii) 債権者が一定の期間内に異議を述べることができる旨（同項3号。この一定の期間は1か月を下ることはできません（会社法449条2項但書）。）

　債権者が(iii)の期間内に異議を述べなかったときは、当該債権者は、当該準備金の額の減少について承認をしたものとみなされます（会社法449条4項）。他方で、債権者が(iii)の期間内に異議を述べたとき

は、当該準備金の額の減少をしても当該債権者を害するおそれがないときを除き、株式会社は、当該債権者に対し、弁済し、若しくは相当の担保を提供し、又は当該債権者に弁済を受けさせることを目的として信託会社等（信託会社及び信託業務を営む金融機関（金融機関の信託業務の兼営等に関する法律（昭和18年法律第43号）1条1項の認可を受けた金融機関）をいう。以下同じ。）に相当の財産を信託しなければなりません（会社法449条5項）。

② 例　外

定時株主総会において準備金の額のみを減少することを決議した場合であって、減少する準備金の額が当該定時株主総会の日における欠損の額として会社計算規則151条で定める方法（※）により算定される額を超えないときは、①の債権者保護手続を要しません（会社法449条1項但書）。

（※）会社計算規則151条で定める方法

会社計算規則151条で定める方法とは、ゼロとゼロから分配可能額を減じて得た額のうち、いずれか高い額をもって欠損の額とする方法のことをいいます。

【官報公告文例】

(1)　簡易型

> 準備金の額の減少公告
>
> 　当社は、資本準備金の額を○○円減少することにいたしました。
> 　この決定に対し異議のある債権者は、本公告掲載の翌日から一箇月以内にお申し出下さい。
> 　なお、貸借対照表の開示状況は左記のとおりです。
> 　　令和○年○月○日
> 　　　○○県○○市…

>   ○○株式会社
>   代表取締役　○○○○

※1　実際の官報公告は縦書きです。
※2　貸借対照表の要旨は省略します。

(2)　同時に増資をする場合

> 準備金の額の減少公告
> 　当社は、利益準備金の額を○○円減少することにいたしました。
> 　ただし、同時に株式の発行により増額いたしますので、効力発生日後の利益準備金の額は同日前を下回ることはありません。
> 　そのため、株主総会の決議を経ずに決定しております。
> 　この決定に対し異議のある債権者は、本公告掲載の翌日から一箇月以内にお申し出下さい。
> 　なお、貸借対照表の開示状況は左記のとおりです。
> 　令和○年○月○日
> 　　○○県○○市…
>   ○○株式会社
>   代表取締役　○○○○

※1　実際の官報公告は縦書きです。
※2　貸借対照表の要旨は省略します。

ウ　効力発生日の変更

　　準備金の資本組入れの効力は、株主総会の決議により定めた効力発生日に生じますが、債権者保護手続が遅延した場合等は、株式会社は、

1 準備金の資本組入れ

いつでも取締役の決定（取締役会設置会社にあっては、取締役会の決議）により効力発生日を変更することができると解されています。

(3) 登記手続

　ア　登記期間

　　株式会社は、準備金の資本組入れをしたときは、その効力発生日から2週間以内に、その本店の所在地において、変更登記をしなければなりません（会社法915条、911条3項5号）。

　イ　登記の事由

　　登記の事由は、「準備金の資本組入れ」です。

　ウ　登記すべき事項

　　登記すべき事項は、変更後の資本金の額及び変更年月日です。

　エ　添付書類[63]

　　・株主総会議事録（商業登記法46条2項、後記資料1のとおり。）及び株主リスト（商業登記規則61条3項）

　　・上記(2)ア②の場合及び効力発生日を変更した場合は、取締役の過半数の一致を証する書面（取締役会設置会社にあっては、取締役会議事録、後記資料2のとおり。）

　　・会社法448条3項に規定する場合に該当することを証する書面（商業登記規則61条11項、後記資料3のとおり。）

　　・減少に係る資本準備金又は利益準備金の額が計上されていたことを証する書面（商業登記法69条、後記資料4のとおり。）

　　・司法書士等に申請代理を委任する場合は、委任状（商業登記法18条、後記資料5のとおり。）

　オ　登録免許税

　　登録免許税は、申請1件につき増加した資本金の額の1,000分の7

---

[63] 準備金の額の減少に係る債権者保護手続を行ったことを証する書面は、添付不要です。

(これによって計算した税額が3万円に満たないときは、3万円)(登録免許税法別表1第24号(1)ニ)です。

【登記申請書例】

株式会社変更登記申請書

1．会社法人等番号	○○○○－○○－○○○○○○	
	フリガナ ○○○○	
1．商　　　　号	○○株式会社	
1．本　　　　店	○○県○○市…	
1．登 記 の 事 由	準備金の資本組入れ	
1．登記すべき事項	別紙のとおり	
1．課 税 標 準 金 額	金○○円	
1．登 録 免 許 税	金○○万円	
1．添 付 書 類	株主総会議事録	1通
	株主リスト	1通
	減少に係る資本準備金又は利益準備金の額が計上されていたことを証する書面	1通
	委任状	1通

　上記のとおり登記の申請をする。

　　令和○年○月○日
　　　　　○○県○○市…
　　　　　　　申請人　　○○株式会社
　　　　　○○県○○市…

代表取締役　○○○○
　　　　　○○県○○市…
　　　　　　　上記代理人　司法書士　○○○○
　　　　　　　連絡先の電話番号　○○○－○○○○－○○○○
○○法務局　御中

別　　紙（登記すべき事項）
「資本金の額」金○○万円
「原因年月日」令和○年○月○日変更

【資料1　株主総会議事録例】

臨時株主総会議事録

　令和○年○月○日午前○○時○○分より、当会社の本店において、臨時株主総会を開催した。

　　　株主の総数　　　　　　　　　　　　　　　　　　　　　○名
　　　発行済株式の総数　　　　　　　　　　　　　　　　　　○株
　　　議決権を行使することができる株主の数　　　　　　　　○名
　　　議決権を行使することができる株主の議決権の数　　　　○個
　　　出席した株主の数（委任状による者を含む）　　　　　　○名
　　　出席した株主の議決権の数　　　　　　　　　　　　　　○個
　　　出席役員等
　　　代表取締役　　A（議長兼議事録作成者）

　上記のとおり出席があったので、本株主総会は適法に成立した。
　定刻代表取締役Aは選ばれて議長となり、開会を宣し直ちに議事に入

った。

　　議案　　準備金の資本組入れの件

議長は、令和〇年〇月〇日をもって、資本準備金のうち金〇〇万円を資本金の額に組み入れたい旨を詳細に説明したうえ、議場に諮ったところ、満場一致でこれを承認可決した。

以上をもって本総会の議案全部を終了したので、議長は閉会の挨拶を述べ、午前〇〇時〇〇分散会した。

　上記の決議を明確にするため、この議事録を作成し、議長である出席代表取締役が次に記名する。

　　令和〇年〇月〇日

　　　　　　　　　　　　　　　〇〇株式会社　臨時株主総会
　　　　　　　　　　　　　　　議長　代表取締役　　　A

【資料2　取締役会議事録】

取締役会議事録

　令和〇年〇月〇日午前〇〇時〇〇分より本店において、取締役会を開催した。

　　取締役総数　　　〇名　　出席取締役数　　〇名
　　監査役総数　　　〇名　　出席監査役数　　〇名
　出席役員
　　代表取締役　　〇〇〇〇（議長兼議事録作成者）
　　取　締　役　　〇〇〇〇
　　取　締　役　　〇〇〇〇

監　査　役　　　〇〇〇〇

　上記のとおり出席があったので定刻代表取締役〇〇〇〇は選ばれて議長となり開会を宣し直ちに議事に入った。

　　　議案　　　準備金の資本組入れの件
　議長は、募集株式の発行（払込期日：令和〇年〇月〇日）により金〇〇万円が資本準備金として計上される予定であるところ、これと同時に、上記資本準備金の計上額の範囲内である金〇〇万円を資本準備金から資本金の額に組み入れる旨を議題として慎重に討議した結果、満場一致でこれを承認可決した。
　　　　　　　　　　　決議事項
　資本準備金の資本組入れに関する件
１．令和〇年〇月〇日をもって、資本準備金のうち金〇〇万円を資本金の額に組み入れる。

　以上をもって本取締役会の議案全部を終了したので、議長は閉会の挨拶を述べ、午前〇〇時〇〇分散会した。
　上記の決議を明確にするため、この議事録を作成し、出席取締役及び出席監査役の全員がこれに記名をする。

　　　令和〇年〇月〇日
　　　　　　　　　　　　　　　　〇〇株式会社
　　　　　　　　　　　　　　　　　出席取締役　　Ａ
　　　　　　　　　　　　　　　　　同　　　　　　Ｂ
　　　　　　　　　　　　　　　　　同　　　　　　Ｃ
　　　　　　　　　　　　　　　　　監査役　　　　Ｄ

【資料3　会社法448条3項に規定する場合に該当することを証する書面】

(1) 資本準備金の場合

会社法第448条第3項に規定する場合に該当することを証する書面

① 令和○年○月○日付け準備金の資本組入れ前の資本準備金の額
　　　　　　　　　　　　　　　　　　　　　　　　　　　　金○○万円
② 令和○年○月○日付け募集株式の発行による資本準備金計上額
　　　　　　　　　　　　　　　　　　　　　　　　　　　　金○○万円
③ 令和○年○月○日付けで資本金に組み入れる資本準備金の額
　　　　　　　　　　　　　　　　　　　　　　　　　　　　金○○万円
④ 令和○年○月○日付け準備金の資本組入れ後の資本準備金の額
　　　　　　　　　　　　　　　　　　　　　　　　　　　　金○○万円

　上記のとおり、令和○年○月○日付けの準備金の資本組入れは、同日付けの募集株式の発行による資本準備金への計上と同時に行われ、同日以降の資本準備金の額は、同日以前の資本準備金の額を下回らないことを証明する。

　　令和○年○月○日

　　　　　　　　　　　　　　　　　○県○市○町○丁目○番○号
　　　　　　　　　　　　　　　　　○○株式会社
　　　　　　　　　　　　　　　　　　代表取締役　　○　○　○

---

(2) 利益準備金の場合

会社法第448条第3項に規定する場合に該当することを証する書面

① 令和○年○月○日付け準備金の資本組入れ前の利益準備金の額

1 準備金の資本組入れ

　　　　　　　　　　　　　　　　　　　　　　　　　金〇〇万円
② 　令和〇年〇月〇日付け募集株式の発行による利益準備金計上額
　　　　　　　　　　　　　　　　　　　　　　　　　金〇〇万円
③ 　令和〇年〇月〇日付けで資本金に組み入れる利益準備金の額
　　　　　　　　　　　　　　　　　　　　　　　　　金〇〇万円
④ 　令和〇年〇月〇日付け準備金の資本組入れ後の利益準備金の額
　　　　　　　　　　　　　　　　　　　　　　　　　金〇〇万円

　上記のとおり、令和〇年〇月〇日付けの準備金の資本組入れは、同日付けの募集株式の発行による利益準備金への計上と同時に行われ、同日以降の利益準備金の額は、同日以前の利益準備金の額を下回らないことを証明する。

　　　令和〇年〇月〇日

　　　　　　　　　　　　　　　　〇県〇市〇町〇丁目〇番〇号
　　　　　　　　　　　　　　　　〇〇株式会社
　　　　　　　　　　　　　　　　　代表取締役　〇　〇　〇

【資料4　減少に係る資本準備金又は利益準備金の額が計上されていたことを証する書面】法務局ＨＰより

(1)　資本準備金の場合

　　　　　　　　　　資本準備金の額に関する証明書

　当社の資本準備金の額
　　　　　　　　　　　　　　　　　　　　　　　　　金〇〇円
　資本金に組み入れた資本準備金の額
　　　　　　　　　　　　　　　　　　　　　　　　　金〇〇円
　　上記のとおり、減少に係る資本準備金の額が計上されていたことに相

違ないことを証明する。

　　令和○年○月○日

　　　　　　　　　　　　　　　○県○市○町○丁目○番○号
　　　　　　　　　　　　　　　○○株式会社
　　　　　　　　　　　　　　　　　代表取締役　○　○　○

(2) 利益準備金の場合

利益準備金の額に関する証明書

当社の利益準備金の額

　　　　　　　　　　　　　　　　　　　　　　　　　　　　金○○円

資本金に組み入れた利益準備金の額

　　　　　　　　　　　　　　　　　　　　　　　　　　　　金○○円

　上記のとおり、減少に係る利益準備金の額が計上されていたことに相違ないことを証明する。

　　令和○年○月○日

　　　　　　　　　　　　　　　○県○市○町○丁目○番○号
　　　　　　　　　　　　　　　○○株式会社
　　　　　　　　　　　　　　　　　代表取締役　○　○　○

【資料5　委任状】

委　任　状

　　　　　住所　○○県○○市…
　　　　　氏名　司法書士　○○○

1 準備金の資本組入れ

　　私は、上記の者を代理人と定め、以下の権限を委任する。

1．令和〇年〇月〇日、準備金を資本に組み入れたので、下記のとおり変更の登記を申請する一切の件

記

　　資本金の額　金〇〇万円
1．原本還付の請求及び受領の件

　　令和〇年〇月〇日

　　　　　　　　　　　　　〇〇県〇〇市…
　　　　　　　　　　　　　〇〇株式会社
　　　　　　　　　　　　　　代表取締役　　　A　　㊞（※）

（※）登記所に提出している印鑑を押印します。

　　カ　登記記録の編成

　　準備金の資本組入れの登記は、登記記録中の「資本金の額」欄に次のように記録されます。

【登記記録例】

資本金の額	金〇〇万円
	金〇〇万円 　　　　令和〇年〇月〇日変更　令和〇年〇月〇日登記

2　剰余金の資本組入れ

(1) 意　義

　株式会社（清算中の株式会社を除く。）は、剰余金（その他資本剰余金・その他利益剰余金）の額を減少し、その全部又は一部を資本金とすることができます（会社法450条1項、509条1項2号）。

(2) 手　続

　剰余金の額を減少し、その全部又は一部を資本金とするには、株主総会の普通決議により次の事項を定めなければなりません（会社法450条1項）。

　① 　減少する剰余金の額（会社法450条1項1号）

　　（※）この額は、効力発生日における剰余金の額を超えてはなりません（会社法450条3項）。

　② 　資本金の額の増加の効力発生日（会社法450条1項2号）

(3) 登記手続

　ア　登記期間

　　株式会社は、剰余金の資本組入れをしたときは、その効力発生日から2週間以内に、その本店の所在地において、変更登記をしなければなりません（会社法915条、911条3項5号）。

　イ　登記の事由

　　登記の事由は、「剰余金の資本組入れ」です。

　ウ　登記すべき事項

　　登記すべき事項は、変更後の資本金の額及び変更年月日です。

　エ　添付書類

　　・株主総会議事録（商業登記法46条2項、後記資料1のとおり。）及び株主リスト（商業登記規則61条3項）

2　剰余金の資本組入れ

- 減少に係る剰余金の額が計上されていたことを証する書面（商業登記法69条、後記資料2のとおり。）
- 司法書士等に申請代理を委任する場合は、委任状（商業登記法18条、後記資料3のとおり。）

オ　登録免許税

登録免許税は、申請1件につき増加した資本金の額の1,000分の7（これによって計算した税額が3万円に満たないときは、3万円）（登録免許税法別表1第24号(1)ニ）です。

【登記申請書例】

株式会社変更登記申請書

1．会社法人等番号　　　〇〇〇〇－〇〇－〇〇〇〇〇〇

　　フリガナ　　　　　〇〇〇〇
1．商　　　　号　　　〇〇株式会社
1．本　　　　店　　　〇〇県〇〇市…
1．登 記 の 事 由　　　剰余金の資本組入れ
1．登記すべき事項　　　別紙のとおり
1．登 録 免 許 税　　　金3万円
1．添 付 書 類　　　株主総会議事録　　　　　　1通

　　　　　　　　　　　株主リスト　　　　　　　1通

　　　　　　　　　　　減少に係る剰余金の額が計上されて
　　　　　　　　　　　いたことを証する書面　　　1通

　　　　　　　　　　　委任状　　　　　　　　　1通

上記のとおり登記の申請をする。

令和○年○月○日
　　　　　　○○県○○市…
　　　　　　　申請人　　○○株式会社
　　　　　　○○県○○市…
　　　　　　　代表取締役　　○○○○
　　　　　　○○県○○市…
　　　　　　　上記代理人　司法書士　○○○○
　　　　　　　連絡先の電話番号　○○○－○○○○－○○○○
○○法務局　御中

別　紙（登記すべき事項）
「資本金の額」金○○万円
「原因年月日」令和○年○月○日変更

【資料1　株主総会議事録例】

臨時株主総会議事録

　令和○年○月○日午前○○時○○分より、当会社の本店において、臨時株主総会を開催した。

株主の総数	○名
発行済株式の総数	○株
議決権を行使することができる株主の数	○名
議決権を行使することができる株主の議決権の数	○個
出席した株主の数（委任状による者を含む）	○名
出席した株主の議決権の数	○個

　　　出席役員等
　　　代表取締役　　A（議長兼議事録作成者）

2　剰余金の資本組入れ

　　上記のとおり出席があったので、本株主総会は適法に成立した。
　　定刻代表取締役Aは選ばれて議長となり、開会を宣し直ちに議事に入った。

　　　議案　　剰余金の資本組入れに関する件
　　議長は、令和〇年〇月〇日をもって、剰余金のうち金〇〇万円を資本金の額に組み入れる旨を議題として慎重に討議した結果、満場一致でこれを承認可決した。

　　以上をもって本総会の議案全部を終了したので、議長は閉会の挨拶を述べ、午前〇〇時〇〇分散会した。
　　上記の決議を明確にするため、この議事録を作成し、議長である出席代表取締役が次に記名する。

　　　令和〇年〇月〇日

　　　　　　　　　　　　　　〇〇株式会社　臨時株主総会
　　　　　　　　　　　　　　議長　代表取締役　　　　A

【資料2　減少に係る剰余金の額が計上されていたことを証する書面】法務局HPより

(1)　その他資本剰余金の場合

　　　　　　その他資本剰余金の額に関する証明書

当社のその他資本剰余金の額
　　　　　　　　　　　　　　　　　　　　　　　　　　金〇〇円

資本金に組み入れたその他資本剰余金の額

> 金○○円
>
> 　上記のとおり、減少に係るその他資本剰余金の額が計上されていたことに相違ないことを証明する。
>
>
> 　　令和○年○月○日
>
> 　　　　　　　　　　　　　　　○県○市○町○丁目○番○号
> 　　　　　　　　　　　　　　　○○株式会社
> 　　　　　　　　　　　　　　　　代表取締役　○　○　○

(2)　その他利益剰余金の場合

> **その他利益剰余金の額に関する証明書**
>
> 当社のその他利益剰余金の額
> 　　　　　　　　　　　　　　　　　　　　　　　　　金○○円
> 資本金に組み入れたその他利益剰余金の額
> 　　　　　　　　　　　　　　　　　　　　　　　　　金○○円
> 　上記のとおり、減少に係るその他利益剰余金の額が計上されていたことに相違ないことを証明する。
>
>
> 　　令和○年○月○日
>
> 　　　　　　　　　　　　　　　○県○市○町○丁目○番○号
> 　　　　　　　　　　　　　　　○○株式会社
> 　　　　　　　　　　　　　　　　代表取締役　○　○　○

2 剰余金の資本組入れ

【資料３　委任状】

　　　　　　　　　委　任　状

　　　　　住所　〇〇県〇〇市…
　　　　　氏名　司法書士　〇〇〇

　私は、上記の者を代理人と定め、以下の権限を委任する。

１．令和〇年〇月〇日、剰余金を資本に組み入れたので、下記のとおり
　　変更の登記を申請する一切の件
　　　　　　　　　　　　　記
　　資本金の額　金〇〇万円
１．原本還付の請求及び受領の件

　　令和〇年〇月〇日

　　　　　　　　　　　　　　　〇〇県〇〇市…
　　　　　　　　　　　　　　　〇〇株式会社
　　　　　　　　　　　　　　　代表取締役　　A　　㊞（※）

（※）登記所に提出している印鑑を押印します。

　カ　登記記録の編成
　　剰余金の資本組入れの登記は、登記記録中の「資本金の額」欄に次のように記録されます。

【登記記録例】

資本金の額	金○○万円
	金○○万円　　　　　　令和○年○月○日変更　令和○年○月○日登記

第3章　資本金の額の減少

1　意　義

　株式会社は、資本金の額を減少して、資本準備金やその他資本剰余金の額に組み入れることができます。資本金の額の減少は、会社財産の減少を伴わない貸借対照表上の計数の変動と位置付けられています。

2　手　続

(1)　決議機関
　　ア　原　則
　　　　資本金の額を減少するときは、原則的に、株主総会の特別決議によって、次の事項を定めなければなりません（会社法447条1項、309条2項9号）。

　①　減少する資本金の額（会社法447条1項1号）

（※）この額は、効力発生日における資本金の額を超えてはなりません（会社法447条2項）。
② 減少する資本金の額の全部又は一部を準備金とするときは、その旨及び準備金とする額（会社法447条1項2号）
③ 資本金の額の減少の効力発生日（会社法447条1項3号）

イ 例外1

定時株主総会の決議において上記①から③の事項を定める場合で、減少する資本金の額が当該定時株主総会の日（会計監査人設置会社にあっては、取締役会による計算書類の承認日）における欠損の額として会社法施行規則68条で定める方法（※）により算定される額を超えない場合は、株主総会の普通決議で足ります（会社法309条2項9号、会社法施行規則68条）。

(※) 会社法施行規則68条で定める方法
会社法施行規則68条で定める方法とは、ゼロとゼロから分配可能額を減じて得た額のうちいずれか高い額をもって欠損の額とする方法です。

ウ 例外2

株式会社が株式の発行と同時に資本金の額を減少する場合において、当該資本金の額の減少の効力が生ずる日後の資本金の額が当該日前の資本金の額を下回らないときは、取締役の決定（取締役会設置会社にあっては、取締役会の決議）で足ります（会社法447条3項）。なお、この場合にあっても株主総会の決議によることができると解されています。

(2) 債権者保護手続

株式会社は、資本金の額を減少する場合には、次の事項を官報に公告し、かつ、知れている債権者には、各別にこれを催告しなければなりません（会社法449条1項・2項）。ただし、公告を、官報のほか、会社法

939条1項の規定による定款の定めに従い、時事に関する事項を掲載する日刊新聞紙に掲載する方法（同項2号）又は電子公告（同項3号）によりするときは、各別の催告は、することを要しません（会社法449条3項）。

(i) 資本金の額の減少の内容（会社法449条2項1号）
(ii) 当該株式会社の計算書類に関する事項として会社計算規則152条で定めるもの（同項2号）
(iii) 債権者が一定の期間内に異議を述べることができる旨（同項3号。この一定の期間は1か月を下ることはできません（会社法449条2項但書）。）

債権者が(iii)の期間内に異議を述べなかったときは、当該債権者は、当該資本金の額の減少について承認をしたものとみなされます（会社法449条4項）。他方で、債権者が(iii)の期間内に異議を述べたときは、当該資本金の額の減少をしても当該債権者を害するおそれがないときを除き、株式会社は、当該債権者に対し、弁済し、若しくは相当の担保を提供し、又は当該債権者に弁済を受けさせることを目的として信託会社等に相当の財産を信託しなければなりません（会社法449条5項）。

(3) 効力発生日の変更

資本金の額の減少効力は、株主総会の決議により定めた効力発生日に生じますが、債権者保護手続が遅延した場合等は、株式会社は、いつでも取締役の決定（取締役会設置会社にあっては、取締役会の決議）により効力発生日を変更することができると解されています。

3　登記手続

(1) **登記期間**

　　株式会社は、資本金の額の減少をしたときは、その効力発生日から2週間以内に、その本店の所在地において、変更登記をしなければなりません（会社法915条、911条3項5号）。

(2) **登記の事由**

　　登記の事由は、「資本金の額の減少」です。

(3) **登記すべき事項**

　　登記すべき事項は、変更後の資本金の額及び変更年月日です。

(4) **添付書類**

・株主総会議事録（商業登記法46条2項、後記資料1のとおり。）及び株主リスト（商業登記規則61条3項）

・上記2(1)イの例外1による場合は、一定の欠損の額が存在することを証する書面（商業登記規則61条10項、後記資料2のとおり。）

・上記2(1)ウの例外2による場合は、取締役の過半数の一致を証する書面（取締役会設置会社にあっては、取締役会議事録）

・債権者保護手続関係書面（商業登記法70条）

　※　公告及び催告（公告を官報のほか時事に関する事項を掲載する日刊新聞紙又は電子公告によってした場合にあっては、これらの方法による公告）をしたこと並びに異議を述べた債権者があるときは、当該債権者に対し弁済し若しくは相当の担保を提供し若しくは当該債権者に弁済を受けさせることを目的として相当の財産を信託したこと[64]又は当該債権者を害するおそれがないことを証する書面のこ

64　具体的には、債権者の異議申立書及び弁済金受領証書、担保提供書又は信託証書等が該当します。

とをいいます（公告文例は後記資料3、催告書例は後記資料4、債権者の異議申立書例は後記資料5、異議を述べた債権者がいない旨の証明書は後記資料6、知れている債権者がいない場合の証明書は後記資料7、異議を述べた債権者を害するおそれのないことを証する書面は後記資料8、弁済金受領証書は後記資料9のとおり。）。

・司法書士等に申請代理を委任する場合は、委任状（商業登記法18条、後記資料10のとおり。）

(5) 登録免許税

登録免許税は、申請1件につき金3万円（登録免許税法別表1第24号(1)ツ）です。

【登記申請書例】

株式会社変更登記申請書

1．会社法人等番号　　○○○○－○○－○○○○○○

　　フリガナ　　　　　○○○○
1．商　　　号　　　　○○株式会社
1．本　　　店　　　　○○県○○市…
1．登記の事由　　　　資本金の額の減少
1．登記すべき事項　　別紙のとおり
1．登録免許税　　　　金3万円
1．添付書類　　　　　株主総会議事録　　　　　　　1通
　　　　　　　　　　　株主リスト　　　　　　　　　1通
　　　　　　　　　　　一定の欠損の額が存在することを
　　　　　　　　　　　証する書面　　　　　　　　　1通
　　　　　　　　　　　公告及び催告をしたことを証する
　　　　　　　　　　　書面　　　　　　　　　　　　1通

						異議を述べた債権者に対し、弁済
						若しくは担保を供し若しくは信託
						したこと又は資本の減少をしても
						その者を害するおそれがないこと
						を証する書面（※）　　　　　1通
						委任状　　　　　　　　　　1通

　　上記のとおり登記の申請をする。

　　　令和〇年〇月〇日
　　　　　　　〇〇県〇〇市…
　　　　　　　　　申請人　　〇〇株式会社
　　　　　　　〇〇県〇〇市…
　　　　　　　　　代表取締役　〇〇〇〇
　　　　　　　〇〇県〇〇市…
　　　　　　　　　上記代理人　司法書士　〇〇〇〇
　　　　　　　　　連絡先の電話番号　〇〇〇－〇〇〇〇－〇〇〇〇
　　〇〇法務局　御中

（※）異議を述べた債権者がいない場合には、申請書に、「異議を述べた債権者はない」
　　と記載します。

　別　紙（登記すべき事項）
　「資本金の額」金〇〇万円
　「原因年月日」令和〇年〇月〇日変更

【資料1　株主総会議事録例】

臨時株主総会議事録

　令和○年○月○日午前○○時○○分より、当会社の本店において、臨時株主総会を開催した。

　　　株主の総数　　　　　　　　　　　　　　　　　○名
　　　発行済株式の総数　　　　　　　　　　　　　　○株
　　　議決権を行使することができる株主の数　　　　○名
　　　議決権を行使することができる株主の議決権の数　○個
　　　出席した株主の数（委任状による者を含む）　　○名
　　　出席した株主の議決権の数　　　　　　　　　　○個
　　　出席役員等
　　　代表取締役　　A（議長兼議事録作成者）

　上記のとおり出席があったので、本株主総会は適法に成立した。

　定刻代表取締役Aは選ばれて議長となり、開会を宣し直ちに議事に入った。

　　　議案　　資本金の額の減少に関する件

　議長は、資本金○○万円のうち金○○万円を減少して金○○万円としたい旨を述べ、以下の事項につきその承認を求めたところ、満場異議なくこれを承認可決した。

記

1　減少する資本金の額　金○○万円
2　効力発生日　令和○○年○○月○○日
3　減少する資本金の全部（又は一部）（金○○万円）を資本準備金とすること

第3章　資本金の額の減少

　　以上をもって本総会の議案全部を終了したので、議長は閉会の挨拶を述べ、午前〇〇時〇〇分散会した。
　　上記の決議を明確にするため、この議事録を作成し、議長である出席代表取締役が次に記名する。

　　　令和〇年〇月〇日

　　　　　　　　　　　　　　　〇〇株式会社　臨時株主総会
　　　　　　　　　　　　　　　議長　代表取締役　　　A

【資料2　一定の欠損の額が存在することを証する書面】

証　明　書

　　令和〇年〇月〇日付け定時株主総会の時点においては、欠損額が金〇〇万円存在し、減少する資本金の額金〇〇万円は、当該欠損額を超えないことを証明します。

　　　令和〇年〇月〇日

　　　　　　　　　　　　　　　〇県〇市〇町〇丁目〇番〇号
　　　　　　　　　　　　　　　〇〇株式会社
　　　　　　　　　　　　　　　代表取締役　　〇〇〇〇

【資料3　官報公告文例】

(1)　標準型

　資本金の額の減少公告
　　当社は、資本金の額を〇〇円減少し〇〇〇円とすることにいたしました。

3 登記手続

> 効力発生日は令和〇年〇月〇日であり、株主総会の決議は、令和〇年〇月〇日に終了しております。
> 　この決定に対し異議のある債権者は、本公告掲載の翌日から一箇月以内にお申し出下さい。
> 　なお、貸借対照表の開示状況は左記のとおりです。
> 　令和〇年〇月〇日
> 　　〇〇県〇〇市…
> 　　　　　　　　　〇〇株式会社
> 　　　　　　　　　代表取締役　〇〇〇〇

※1　実際の官報公告は縦書きです。
※2　貸借対照表の要旨は省略します。

(2) 同時に増資をする場合

> **資本金の額の減少公告**
> 　当社は、資本金の額を〇〇円減少することにいたしました。
> 　ただし、同時に株式の発行により増額いたしますので、効力発生日後の資本金の額は同日前を下回ることはありません。
> 　そのため、株主総会の決議を経ずに決定しております。
> 　この決定に対し異議のある債権者は、本公告掲載の翌日から一箇月以内にお申し出下さい。
> 　なお、貸借対照表の開示状況は左記のとおりです。
> 　令和〇年〇月〇日
> 　　〇〇県〇〇市…
> 　　　　　　　　　〇〇株式会社

　　　　　　　　代表取締役　〇〇〇〇

※1　実際の官報公告は縦書きです。
※2　貸借対照表の要旨は省略します。

(3) 確定した最終事業年度がない場合

> **資本金の額の減少公告**
>
> 　当社は、資本金の額を〇〇円減少し〇〇〇円とすることにいたしました。
> 　この決定に対し異議のある債権者は、本公告掲載の翌日から一箇月以内にお申し出下さい。
> 　なお、確定した最終事業年度はありません。
> 　令和〇年〇月〇日
> 　　〇〇県〇〇市…
> 　　　　　　　　〇〇株式会社
> 　　　　　　　　代表取締役　〇〇〇〇

※　実際の官報公告は縦書きです。

【資料４　催告書例】

> 　　　　　　　　　催　告　書
>
> 　　　　　　　　　　　　　　　令和〇年〇月〇日
> 債権者各位
> 　　　　　　　　　　　〇県〇市〇町〇番〇号
> 　　　　　　　　　　　〇〇株式会社
> 　　　　　　　　　　　代表取締役　〇〇〇〇
>
> 　拝啓　時下益々御清栄の段慶賀申し上げます。

さて、当会社は、令和〇年〇月〇日開催の株主総会において、資本金の額を〇〇円減少し〇〇円とすることといたしました。効力発生日は、令和〇年〇月〇日であります。

　上記に対し御異議がございましたら、令和〇年〇月〇日までにその旨をお申し出いただきたく、以上会社法の規定により催告します。

　なお、最終貸借対照表の開示状況は別紙のとおりです。

敬具

　上記のとおり債権者へ催告しました。

〇〇株式会社
代表取締役　〇〇〇〇

※　債権者が多数であって、上記催告書が同文であるときは、上記の催告書の控えの1通に、債権者名簿を合わせてとじ、その末尾に上記と同様の記載をすれば足ります。

【資料5　債権者の異議申立書例】

異議申立書

　拝復、貴社におかれては、去る令和〇年〇月〇日の株主総会の決議に基づき、資本金の額を減少せられるとして、過日異議申出の御催告を受けましたが、私は、上記資本金の額の減少について異議がありますので、その旨申立てます。

　令和〇年〇月〇日

〇〇県〇〇市…
債権者　〇〇〇〇

〇〇株式会社
　代表取締役　〇〇〇〇殿

【資料６　異議を述べた債権者がいない旨の証明書】

（１頁目）

異議を述べた債権者がいない旨の証明書

　当会社は、本資本金の額の減少につき、会社法第449条第２項の規定に基づき、下記のとおり、債権者に異議の申出を求めましたが、所定の期間内に異議を申し出た債権者はありませんでした。

記

１　別紙官報公告のとおり
２　添付の催告書見本及び催告書送付リストのとおり

　　令和○年○月○日

　　　　　　　　　　　　　　　　　　　　○○県○○市…
　　　　　　　　　　　　　　　　　　　　○○株式会社
　　　　　　　　　　　　　　　　　　　　代表取締役○○○○

（２頁目）

官報公告に掲載された頁の写し（掲載省略）

（３頁目）

催告書（掲載省略）

(4頁目)

催告書送付先リスト

	債権者名	住所
1	○○銀行○○支店	○○県○○市…
2	株式会社○○○○	○○県○○市…
3	○○信用金庫○○支店	○○県○○市…
4	株式会社○○○○	○○県○○市…
5	○○公社	○○県○○市…
6	信用組合○○△△支店	○○県○○市…

※ 登記申請書の添付書類欄に、「異議を述べた債権者はない」と記載することで本書の添付に代えることができます。

【資料7 知れている債権者がいない場合の証明書】

(1頁目)

異議を述べた債権者がいない旨の証明書

　当会社は、本資本金の額の減少につき、会社法の規定に基づき、下記のとおり、債権者に異議の申出を求めましたが、所定の期間内に異議を申し出た債権者はありませんでした。

　なお、当会社は、令和○年○月○日までに負債を全額返済したため、知れている債権者に向けた各別の催告はする必要がありませんでした。

```
                            記

 1   別紙官報公告のとおり


       令和○年○月○日
                              ○○県○○市…
                                    ○○株式会社
                                    代表取締役　○○○○
```

（2頁目）

官報公告に掲載された頁の写し（掲載省略）

【資料8　異議を述べた債権者を害するおそれのないことを証する書面】

```
                      証　明　書

   令和○年○月○日開催の臨時株主総会の承認決議に基づく資本金の額
 の減少についての公告又は通知に対して異議を述べた○○については、
 次のとおりその債権の弁済期における弁済が確実であり、資本金の額の
 減少をしてもその者を害するおそれがないことを証明する。
                            記
   ○○が有する債権
       債 権 額　　金○円
       弁 済 期　　令和○年○月○日
       担保の有無　有（又は無）


       令和○年○月○日
                              ○○県○○市…
                                    ○○株式会社
```

3　登記手続

代表取締役　〇〇〇〇

【資料9　弁済金受領証書】

弁済金受領証書

　　　一金〇円也　ただし、〇〇の売掛代金

　貴社の資本金の額の減少につき、令和〇年〇月〇日異議あることを申し立てましたところ、本日上記金額の弁済を受け、正に受領しました。

　令和〇年〇月〇日

〇〇県〇〇市…
〇〇〇〇

〇〇株式会社
　　代表取締役　〇〇〇〇殿

【資料10　委任状】

委　任　状

　　　　住所　〇〇県〇〇市…
　　　　氏名　司法書士　〇〇〇

　私は、上記の者を代理人と定め、下記事項に関する一切の権限を委任する。

1．令和〇年〇月〇日、資本金の額を減少したので、下記のとおり変更の登記を申請する一切の件

記

```
         資本金の額   金○○万円
   1．原本還付の請求及び受領の件


      令和○年○月○日
                         ○○県○○市…
                         ○○株式会社
                            代表取締役    A  ㊞（※）
```

（※）登記所に提出している印鑑を押印します。

(6) 登記記録の編成

　資本金の額の減少をする登記は、登記記録中の「資本金の額」欄に次のように記録されます。

【登記記録例】

資本金の額	金○○万円
	金○○万円 　　　　令和○年○月○日変更　令和○年○月○日登記

第3部
新株予約権

第3章

研究方法

第1章　新株予約権の概要

1　新株予約権

(1) 意　義

　新株予約権とは、それを有する者が、予め定められた一定の行使期間内に行使し、予め定められた一定の行使金額を株式会社に対して払い込むことにより当該株式会社の株式の交付を受けることができる権利をいいます（会社法2条21号）。

(2) 利用形態

　新株予約権の利用形態としては、①ストック・オプションとしてインセンティブを目的として利用される場合、②ベンチャー企業の資金調達として利用される場合、③株主優待策として利用される場合、④買収防衛策として利用される場合、⑤ビジネスパートナーとの事務提携の強化として利用される場合等があります。

(3) 定款への記載

　新株予約権の内容は、原則として、定款記載事項ではなく、募集事項の決定の都度定められます。そのため、募集により新たに発行される新

株予約権は、既発行のものと別個の種類のものであると評価されます。

他方で、取得対価が新株予約権である取得請求権付（種類）株式、取得条項付（種類）株式又は全部取得条項付種類株式にあっては、定款に取得対価である新株予約権の内容を記載することが必要となります。株主の取得請求権の行使や取得条項付株式の一部取得の対価として、都度発行する新株予約権については、取得対価である新株予約権の追加発行であると評価し、既存の新株予約権の数の増加変更として扱うことになります（平成18年3月31日民商第782号民事局長通達）。

2　新株予約権付社債

(1)　意　義

新株予約権付社債とは、新株予約権を付した社債のことをいいます（会社法2条22号）。原則として、その新株予約権と社債とを分離して譲渡したり、質入れしたりすることはできません（会社法254条2項本文・3項本文、267条2項本文・3項本文）。

(2)　種　類

新株予約権付社債には、転換社債型新株予約権付社債と非分離新株引受権付社債型新株予約権とがあります。

転換社債型新株予約権付社債は、新株予約権付社債に係る社債を新株予約権の行使に際して出資の目的（会社法236条1項3号）とするもので、新株予約権を行使すると社債が消滅するものをいいます。

また、非分離新株引受権付社債型新株予約権は、社債以外の財産を出資して新株予約権を行使するものをいいます。

第2章　募集新株予約権の発行

1　募集新株予約権の発行の概要

(1) **割当ての種類**

　募集新株予約権（当該募集に応じて当該新株予約権の引受けの申込みをした者に対して割り当てる新株予約権をいう。）の発行には、①株主に持ち株数に応じて新株予約権の割当てを受ける権利を与える場合（株主割当て）、②株主であるか否かを問わず、特定の第三者に新株予約権の割当てを受ける権利を与える場合（第三者割当て）、③株主や特定の第三者に限らず、一般のすべての投資家に対し新株予約権の割当てを受ける権利を与える場合（公募）があります（会社法の規定上、②③は区別されていません。）。

(2) **手続の流れ**

　募集新株予約権の基本的な手続の流れは、次のとおりです。

① 株式会社による募集事項等の決定
② 新株予約権の引受けの申込みをしようとする者の株式会社に対する

募集新株予約権の引受けの申込み
③ 株式会社から新株予約権引受人に対する募集新株予約権の割当ての決定・通知
④ 新株予約権引受人から株式会社に対する出資の履行（新株予約権引受人は、割当日に新株予約権者となります。）・割当日の到来
⑤ 登記申請

2　募集事項等の決定

(1)　募集事項等

　株式会社は、その発行する新株予約権を引受人の募集をしようとするときは、その都度、募集新株予約権について次の事項（以下、下記アからキを「募集事項」、アからケを「募集事項等」という。）を定めなければなりません（会社法238条1項柱書本文）。なお、これらの募集事項は、募集ごとに、均等に定めなければなりません（同条5項）。

ア　募集新株予約権の内容及び数（会社法238条1項1号）

　① 募集新株予約権の内容

　　「募集新株予約権の内容」として定めるべき事項は、次の事項です（会社法236条1項柱書）。この新株予約権の内容は、募集新株予約権の発行において募集事項として定めなければならないとされている（会社法238条1項1号）ほか、取得請求権付（種類）株式、取得条項付（種類）株式、取得条項付新株予約権の対価とする場合や、組織再編の対価とする場合等にも定めなければならないとされています（会社法107条2項2号ハ・ニ、3号ホ・ヘ、236条1項7号ヘ・ト等）。

　　（i）当該新株予約権の目的である株式の数（種類株式発行会社にあ

っては、株式の種類及び種類ごとの数）又はその数の算定方法（会社法236条1項1号）

　これは、1個の新株予約権を行使した際に交付される株式の数又はその数の算定方法のことをいいます。種類株式発行会社にあっては、1個の新株予約権の行使によって甲種類株式1株と乙種類株式3株を交付するというような定めをすることもできます。

　株価の変動・株式併合・株式分割・株式無償割当て等に伴い新株予約権の目的である株式の数を変動させたい場合には、次のような算定方法を定めることになります[65]。

【規定例】

> （新株予約権の目的である株式の種類及び数又はその算定方法）
> 普通株式　〇〇株
> 　なお、当社が当社普通株式につき、株式分割（当社普通株式の株式無償割当てを含む。以下、株式分割の記載につき同じ。）又は株式併合を行う場合には、各新株予約権の目的である株式の数（以下、「付与株式数」という。）を次の算式により調整し、調整の結果生じる1株未満の端数は、これを切り捨てるものとする。
> 　調整後付与株式数＝調整前付与株式数×分割・併合の割合
> 　また、上記のほか、付与株式数の調整を必要とするやむを得ない事由が生じたときは、合理的な範囲で付与株式数を調整する。

　算定方法は、必ずしも数式である必要はありませんが、一定の数や条件を当てはめることにより一義的に新株予約権の目的であ

---

[65] 転換社債型新株予約権付社債においては、実務上、社債の額面金額又は発行価額の総額を新株予約権の行使に際して払い込むべき1株当たりの額（転換価額）で除して得た数とする算定方法を採用することが多いです。

2 募集事項等の決定

る株式の数が算出されるものである必要があります。実務上、新株予約権の目的である株式の数の調整規定として、「新株予約権発行後に当社が合併又は会社分割を行う場合等、上記の目的たる株式数の調整を必要とする場合には、合併又は会社分割等の条件を勘案の上、合理的な範囲で目的たる株式の数を調整するものとする。」というような定めがなされていることがありますが、このような定めは、会社法236条１項１号の「算定方法」には当たらないものとされています。

算定方法により算出した結果、１株未満の端数が生じた場合は、それを切り捨てるか、切り上げるか、又は端数のままにしておくかは、株式会社の判断により自由に定めることができます。算定方法の中で端数について定めていない場合は、会社法236条１項９号に掲げる事項についての定めがある場合を除き、株式会社は、各新株予約権者が行使した新株予約権の目的たる株式の数の合計数について生じた端数について、①当該株式が市場価格のある株式である場合は、当該株式一株の市場価格として、(i)新株予約権の行使日における当該株式を取引する市場における最終の価格（当該行使日に売買取引がない場合又は当該行使日が当該市場の休業日に当たる場合にあっては、その後最初になされた売買取引の成立価格）と(ii)行使日において当該株式が公開買付け等の対象であるときは、当該行使日における当該公開買付け等に係る契約における当該株式の価格のうちいずれか高い額、②当該株式が市場価格のある株式でない場合は、一株当たり純資産額にその端数を乗じて得た額に相当する金銭を交付しなければなりません（会社法283条、会社法施行規則58条）。

(ⅱ) 当該新株予約権の行使に際して出資される財産の価額又はその算定方法（会社法236条１項２号）

新株予約権の行使に際して出資される財産が金銭であるか、金銭以外であるかを問わず、この価額又はその算定方法は、次のように新株予約権1個当たりについて定めることとされています。なお、現物出資の場合は、本項(ⅱ)と下記(ⅲ)の事項を新株予約権の内容として定める必要があります。また、上場会社が定款又は株主総会の決議による会社法361条1項4号又は5号ロに掲げる事項（指名委員会等設置会社においては、「報酬委員会による会社法409条3項4号又は5号ロに定める事項についての決定」）についての定めに従い次の事項を内容とする新株予約権を発行するときは、会社法236条1項2号に掲げる事項を当該新株予約権の内容とすることを要しないとされています（会社法236条3項）。

① 取締役（指名委員会等設置会社においては、執行役若しくは取締役）の報酬等として又はその報酬等をもってする払込みと引換えに当該新株予約権を発行するものであり、当該新株予約権の行使に際してする金銭の払込み又は金銭以外の財産の給付を要しない旨（会社法236条3項1号・4項）

② 定款又は株主総会の決議による会社法361条1項4号又は5号ロに掲げる事項についての定めに係る取締役（指名委員会等設置会社においては、執行役若しくは取締役）（それらであった者を含む。）以外の者は、当該新株予約権を行使することができない旨（会社法236条3項2号・4項）

　算定方法により算出した結果、①1株未満の端数が生じた場合に、それを切り捨てるか、切り上げるかということや、②端数処理を1株当たりの行使価額の時点で行うか、新株予約権1個についての出資の価額を算出した時点で行うかということは、会社の判断により自由に定めることができます。算定方法において端数処理の定めを定めなかった場合は、新株予約権者単位で、1株の

行使価額に端数がある場合の取扱いを考えることになります。この場合の端数処理については明文の規定がありませんが、端数を切り捨てると、払込価額に不足することになるため、それ以外の方法によることになると解されています。

また、1株当たりの行使価額を基準に1個の新株予約権について出資すべき価額を定めている場合は、株式併合・株式分割・株式無償割当て等に伴い1株当たりの行使価額を調整するための算定方法を定めることが一般的です。

【規定例】

（新株予約権の行使に際して出資される財産の価額又はその算定方法）

新株予約権の行使に際してする出資の目的は金銭とし、その価額は、新株予約権の行使に際して払込みをすべき1株当たりの金額○○○○円に付与株式数を乗じた金額とする。

なお、時価を下回る価額で新株式の発行又は自己株式の処分（本件新株予約権の行使による場合を含まない。）を行うときは、次の算式により行使価額を調整し、調整により生じる1円未満の端数は切り上げる。

$$調整後行使価額 = 調整前行使価額 \times \frac{既発行株式数 + \dfrac{新規発行株式数 \times 1株当たりの払込金額}{新規発行前の株価}}{既発行株式数 + 新規発行株式数}$$

なお、上記の算式において、「既発行株式数」とは、当社の発行済普通株式総数から当社が保有する当社普通株式にかかる自己株式数を控除した数とし、また、自己株式の処分を行う場合には、「新規発行株式数」を「処分する自己株式数」に、「新規発行前の株価」を「自己株式処分前の株価」に読み替えるものとする。

また、本件新株予約権発行後、当社が当社普通株式の株式分割又は株

式併合を行う場合は、次の算式により行使価額を調整し、調整により生じる1円未満の端数は切り上げる。

$$\text{調整後行使価額} = \text{調整前行使価額} \times \frac{1}{\text{株式分割又は株式併合の比率}}$$

　また、本件新株予約権発行後、当社が他社と吸収合併をし、当社が吸収合併存続会社となる場合や、当社が他社と株式交換を行い完全親会社となる場合、又は当社が新設分割若しくは吸収分割を行う場合等、行使価額の調整を必要とするやむを得ない事由が生じたときは、当社は、合理的な範囲で行使価額の調整を行うことができる。

　(iii)　金銭以外の財産を当該新株予約権の行使に際してする出資の目的とするときは、その旨並びに当該財産の内容及び価額（会社法236条1項3号）

　　　新株予約権の行使に際して、現物出資を行うことも可能です。この場合には、予め新株予約権の内容として、現物出資を行う旨、当該財産の内容及び価額を定める必要があります。

　　　新株予約権の行使の際に一部の出資を現物出資、残りを金銭出資と定めることもできます。この際、金銭出資の場合は、規定上、金銭である旨を記載する必要はありませんが、確認的に記載することも許容されています。

【規定例】

（金銭以外の財産を各新株予約権の行使に際して出資する旨並びに内容及び価額）

　証券取引所に上場されている有価証券であって、当該証券取引所の開

設する市場における当該新株予約権の行使の前日の最終価格により算定して〇〇〇万円に相当するもの

(iv) 当該新株予約権の行使期間（会社法236条1項4号）

新株予約権の行使期間の長短については、会社法上、明文の規定はありませんが、この期間中は新株予約権の行使により、既存の株主の権利が希薄化する可能性があるため、その点を考慮して行使期間を定める必要があります。

なお、新株予約権の行使期間の初日が到来すると、新株予約権の行使により発行する株式の数は、発行可能株式総数から発行済株式の総数を控除した数の範囲内でなければならないという規制がかかります（会社法113条4項）。

【規定例1】

（新株予約権を行使することができる期間）
令和〇年〇月〇日から令和□年□月□日まで

【規定例2】

（新株予約権を行使することができる期間）
令和〇年〇月〇日まで

【規定例3】

（新株予約権を行使することができる期間）
令和〇年〇月〇日から無期限

(v) 当該新株予約権の行使により株式を発行する場合における増加する資本金及び資本準備金に関する事項（会社法236条1項5号）

新株予約権の行使がなされると、株式会社は、新株予約権者に新株予約権の内容に従って株式を交付する必要がありますが、その交付する株式については、行使がなされたときの株式会社の判断により、自己株式を処分したり、新株式を発行したりすることができます。新株予約権の行使により株式を発行する場合の資本金等増加限度額は、会社計算規則17条1項により算出された額とされており、この2分の1以上の額で株式会社が定めた額が増加する資本金の額となり、その額を除いた額が資本準備金となります。

【規定例】

> （新株予約権の行使により株式を発行する場合における増加する資本金及び資本準備金に関する事項）
> 　新株予約権の行使により株式を発行する場合において増加する資本金の額は、会社計算規則第17条第1項の規定により算出される資本金等増加限度額の2分の1の金額とし、その余を資本準備金の額とする。なお、資本金等増加限度額に2分の1を乗じた結果、1円未満の端数が生じたときは、その端数を切り上げ、資本金の額とする。

(vi)　譲渡による当該新株予約権の取得について当該株式会社の承認を要することとするときは、その旨（会社法236条1項6号）
　新株予約権についても、株式と同様に譲渡制限を設けることができ、その場合には、予め新株予約権の内容として定めておく必要があります。

【規定例】

> （新株予約権の譲渡制限）

2　募集事項等の決定

新株予約権を譲渡により取得するには取締役会の承認を要する。

　(vii)　当該新株予約権について、当該株式会社が一定の事由が生じたことを条件としてこれを取得することができることとするときは、次の事項（会社法236条1項7号柱書）
　　(a)　一定の事由が生じた日に当該株式会社がその新株予約権を取得する旨及びその事由（会社法236条1項7号イ）
　　(b)　当該株式会社が別に定める日が到来することをもって(a)の事由とするときは、その旨（同号ロ）
　　(c)　(a)の事由が生じた日に(a)の新株予約権の一部を取得することとするときは、その旨及び取得する新株予約権の一部の決定の方法（同号ハ）
　　(d)　(a)の新株予約権を取得するのと引換えに当該新株予約権の新株予約権者に対して当該株式会社の株式を交付するときは、当該株式の数（種類株式発行会社にあっては、株式の種類及び種類ごとの数）又はその算定方法（同号ニ）
　　(e)　(a)の新株予約権を取得するのと引換えに当該新株予約権の新株予約権者に対して当該株式会社の社債（新株予約権付社債についてのものを除く。）を交付するときは、当該社債の種類及び種類ごとの各社債の金額の合計額又はその算定方法（同号ホ）
　　(f)　(a)の新株予約権を取得するのと引換えに当該新株予約権の新株予約権者に対して当該株式会社の他の新株予約権（新株予約権付社債に付されたものを除く。）を交付するときは、当該他の新株予約権の内容及び数又はその算定方法（同号ヘ）
　　(g)　(a)の新株予約権を取得するのと引換えに当該新株予約権の新株予約権者に対して当該株式会社の新株予約権付社債を交付す

るときは、当該新株予約権付社債についての(e)に規定する事項及び当該新株予約権付社債に付された新株予約権についての(f)に規定する事項（同号ト）

(h) (a)の新株予約権を取得するのと引換えに当該新株予約権の新株予約権者に対して当該株式会社の株式等以外の財産を交付するときは、当該財産の内容及び数若しくは額又はこれらの算定方法（同号チ）

　新株予約権にも、株式と同様に取得条項を付すことができ、その場合には、予め新株予約権の内容として定めておく必要があります。取得事由や取得対価については、取得条項付株式とほぼ同様の規律となっていて、詳細は、第４部第４章にて解説します。

【規定例】

（会社が新株予約権を取得することができる事由及び取得の条件）
(1) 株式を対価とする本新株予約権の取得条項
　　当会社は、次回株式資金調達を行うことを決定した場合には、当該取引の実行日までの日であって当会社の株主総会（当会社が取締役会設置会社である場合には取締役会）が別に定める日において、その前日までに行使されなかった本新株予約権を全て取得するものとし、当会社は本新株予約権を取得するのと引換えに、当該本新株予約権の発行価額をその時点における転換価額で除して得られる数の転換対象株式を交付する。
　　なお、上記の転換対象株式の数の算出にあたって１株に満たない端数が生じたときは、会社法第234条の規定に従って金銭を交付する。
(2) 金銭を対価とする本新株予約権の取得条項
　　当会社が支配権移転取引等を行うことを決定した場合には、当該取引の実行日までの日であって当会社の株主総会（当会社が取締役会設

置会社である場合には取締役会）が別に定める日において、その前日までに行使されなかった本新株予約権を全て取得するのと引換えに、各本新株予約権につき本新株予約権の発行価額の2倍に相当する金銭を交付する。

(viii) 当該株式会社が次の(a)から(e)までに掲げる行為をする場合において、当該新株予約権の新株予約権者に当該(a)から(e)までに定める株式会社の新株予約権を交付することとするときは、その旨及びその条件（会社法236条1項8号柱書）
(a) 合併（合併により当該株式会社が消滅する場合に限る。）合併後存続する株式会社又は合併により設立する株式会社（会社法236条1項8号イ）
(b) 吸収分割　吸収分割をする株式会社がその事業に関して有する権利義務の全部又は一部を承継する株式会社（同号ロ）
(c) 新設分割　新設分割により設立する株式会社（同号ハ）
(d) 株式交換　株式交換をする株式会社の発行済株式の全部を取得する株式会社（同号ニ）
(e) 株式移転　株式移転により設立する株式会社（同号ホ）

【規定例】

（当社が合併（当社が合併により消滅する場合に限る。）、吸収分割、新設分割、株式交換、株式移転をする場合の新株予約権の発行及びその条件）
　当社が、合併（当社が合併により消滅する場合に限る。）、吸収分割、新設分割、株式交換又は株式移転（以下、「組織再編行為」という。）をする場合において、組織再編行為の効力発生の時点において残存する新株予約権（以下、「残存新株予約権」という。）の新株予約権者に対し、

それぞれの場合につき、会社法第236条第１項第８号イからホまでに掲げる株式会社（以下、「再編対象会社」という。）の新株予約権を以下の条件に基づきそれぞれ交付することとする。この場合においては、残存新株予約権は消滅し、再編対象会社は新株予約権を新たに発行するものとする。ただし、以下の条件に沿って再編対象会社の新株予約権を交付する旨を、合併契約、吸収分割契約、新設分割計画、株式交換契約又は株式移転計画において定めた場合に限るものとする。

① 交付する再編対象会社の新株予約権の数

　残存新株予約権の新株予約権者が保有する新株予約権の数と同一の数をそれぞれ交付するものとする。

② 新株予約権の目的たる再編対象会社の株式の種類

　再編対象会社の普通株式とする。

③ 新株予約権の目的たる再編対象会社の株式の数

　組織再編行為の条件等を勘案の上、目的である株式数につき合理的な調整がなされた数（以下、「承継後株式数」という。）とする。ただし、調整により生じる１株未満の端数は切り捨てる。

④ 新株予約権の行使に際して出資される財産の価額

　交付される各新株予約権の行使に際して出資される財産の価額は、組織再編行為の条件等を勘案の上、上記○に準じて決定する。

⑤ 新株予約権を行使できる期間

　上記○に定める新株予約権の行使期間の初日と組織再編行為の効力発生日のいずれか遅い日から、上記○に定める新株予約権の行使期間の末日までとする。

⑥ 新株予約権の行使により再編対象会社が株式を発行する場合における増加する資本金及び資本準備金に関する事項

　上記○に準じて決定する。

⑦ 譲渡による新株予約権の取得の制限

2　募集事項等の決定

>　　　譲渡による新株予約権の取得については、再編対象会社の取締役会（再編対象会社が取締役会設置会社でない場合には取締役の過半数）の承認を要するものとする。
>⑧　新株予約権の取得事由及び条件
>　　上記○に準じて決定する。

　(ix)　新株予約権を行使した新株予約権者に交付する株式の数に一株に満たない端数がある場合において、これを切り捨てるものとするときは、その旨（会社法236条1項9号）

　新株予約権の目的となる株式の定め方によっては、新株予約権の行使の際、交付する株式の数に端数が生じることもあり、その端数を切り捨てることを新株予約権の内容とすることができます。その場合には、予め新株予約権の内容として定めておく必要があります。

　株式会社が、この定めを設けた場合は、新株予約権の行使時において、当該新株予約権の新株予約権者に交付する株式の数に一株に満たない端数が生じたときのその端数について金銭で償還すると規定する会社法283条が適用されません（会社法283条但書）。

【規定例】

>（新株予約権を行使した新株予約権者に交付する株式の数に一株に満たない端数が生じた場合の取決め）
>　新株予約権を行使した新株予約権者に交付する株式の数に1株に満たない端数がある場合には、これを切り捨てるものとする。

　(x)　当該新株予約権（新株予約権付社債に付されたものを除く。）に係る新株予約権証券を発行することとするときは、その旨（会

社法236条1項10号）

　新株予約権証券を発行するか否かは、株式会社が自由に決めることができ、発行する場合は、新株予約権の譲渡における対抗要件や効力発生要件に影響するため、その旨を予め新株予約権の内容として定める必要があります。その旨を定めた場合、株式会社は、原則として、新株予約権の発行後遅滞なく新株予約権証券を発行する必要があります（会社法288条1項）。

【規定例】

> （新株予約権証券に関する事項）
> 　当会社は、本新株予約権にかかる新株予約権証券を発行するものとする。

(xi)　(x)の場合において、新株予約権者が会社法290条の規定による請求の全部又は一部をすることができないこととするときは、その旨（会社法236条1項11号）

　新株予約権の内容として新株予約権証券を発行する旨を定めた場合、新株予約権者は、それを無記名証券とするか、記名証券とするかを選択することができます。

　また、新株予約権者は、新株予約権を発行した後に、無記名証券を記名証券に、記名証券を無記名証券に変更することを請求することができる（会社法290条）のですが、株式会社は、予め新株予約権の内容として定めることで、新株予約権者がそのような変更を請求することができないこととすることができます。

【規定例】

> （記名式と無記名式との間の転換禁止）

> 新株予約権者は、会社法第290条の規定による請求の全部をすることができない。

　(xii)　新株予約権の行使の条件

　　　新株予約権の行使の条件については、新株予約権の内容について定める会社法236条1項各号には規定されていませんが、新株予約権の内容として当然に定めることができるものとして認められています。

【規定例1】

> （新株予約権の行使の条件）
> ①　新株予約権の割当てを受けた者（以下、「新株予約権者」という。）は、当社の取締役、監査役、従業員又はグループ子会社取締役、グループ子会社社従業員の地位を失った後も、これを行使することができる。
> 　　ただし、新株予約権者が、次の事由のいずれかに該当する場合は、新株予約権を行使することができない。
> ⑴　取締役、監査役、若しくはグループ子会社取締役を解任され、又は正当な理由なく辞任した場合
> ⑵　従業員又はグループ子会社従業員を解雇された場合
> ⑶　取締役、監査役、従業員又はグループ子会社取締役、グループ子会社従業員が、当社と競業関係にある会社の取締役、監査役、執行役員、従業員、顧問、嘱託、コンサルタント等になるなど、当社の利益に反する行為を行ったと認められる場合
> ⑷　取締役、監査役又はグループ子会社取締役の在任期間が○年に満たず（ただし、取締役及びグループ子会社取締役については任期を一期満了している場合を除く。）、又は割当日から○か月に満たない

場合
　(5)　退職した従業員又はグループ子会社従業員（管理職を除く。）の在籍期間が○年に満たず、又は割当日から○年に満たない場合
　(6)　退職した従業員又はグループ子会社従業員（管理職）の在籍期間が○年に満たず、又は割当日から○年に満たない場合
　(7)　禁錮以上の刑に処せられた場合
　(8)　新株予約権者が当社所定の書面により本件新株予約権の全部又は一部を放棄する旨を申し出た場合
　(9)　新株予約権者が死亡した日から○年以内に相続の手続が行われなかった場合
② 上記①(4)から(6)までの在任又は在籍期間の算定については、新株予約権者にグループ会社間の異動（地位の変更）があった場合には、グループ会社の役員又は従業員として在任又は在籍した期間を通算するものとする。
③ 本件新株予約権の相続による承継は、当初新株予約権者が被相続人となる相続においてのみ、これを認める。当該相続後の相続における相続人は、本件新株予約権を承継することができない。

【規定例２】

（新株予約権の行使の条件）
(1)　本新株予約権は、次回株式資金調達が発生することを条件として行使することができる。ただし、次回株式資金調達が転換期限までに発生しない場合、又は次回株式資金調達の実行日若しくは転換期限以前に支配権移転取引等を当会社が承認した場合はこの限りではない。
(2)　次回株式資金調達が転換期限までに発生しない場合における本新株予約権の行使は、本新株予約権（転換価額の定めを除き本新株予約権と同一の条件を有する新株予約権を含む。以下、本項において同じ。）

の発行価額の総額の過半数の本新株予約権の保有者がこれを承認した場合に限り行うことができる。

【規定例3】

（新株予約権の行使の条件）
　この新株予約権は、行使の日の属する事業年度の直前の事業年度における当会社の税引前利益が〇円以上である場合に行使することができる。

　② 新株予約権の数
　　　「新株予約権の数」とは、算定方式で定めることができる旨の規定はないことから確定数で定める必要があると考えられています。募集事項を決定する決議にて、定めた数よりも少ない新株予約権の引受けしかなかった場合には、決議した新株予約権の数より発行数の方が下回るということはあり得ます。
　　　また、新株予約権は、株式と同様に1個未満のものとして存在することはできません。たとえ、計算上、新株予約権の個数に端数が生じることはあっても、それは端数処理されるべきものです。そのため、新株予約権の引受人に1個未満（端数）の新株予約権を割当てることはできません。
　イ　募集新株予約権と引換えに金銭の払込みを要しないこととする場合（無償発行の場合）には、その旨（会社法238条1項2号）

【規定例】

（募集新株予約権の払込金額）
　無償

　ウ　上記イの場合以外の場合（有償発行の場合）には、募集新株予約権

の払込金額（募集新株予約権1個と引換えに払い込む金銭の額をいう。）又はその算定方法（会社法238条1項3号）[66]

【規定例1】

（募集新株予約権の払込金額又はその算定方法）
新株予約権1個当たりの払込金額は、金〇〇円とする。

【規定例2】

（募集新株予約権の払込金額又はその算定方法）
各新株予約権の払込金額は、次式により以下の基礎数値に基づき算出した1株当たりのオプション価格に付与株式数を乗じた金額とする。

〈※　計算式は省略します。〉

エ　募集新株予約権の割当日（会社法238条1項4号）

予め募集新株予約権の割当日を定める必要があります。たとえ有償発行の場合であっても、払込みの有無にかかわらず、募集新株予約権の申込者は、割当日に、株式会社の割り当てた募集新株予約権の新株予約権者に、総数引受契約の引受人は、その者が引き受けた募集新株予約権の新株予約権者になります（会社法245条1項）。

---

[66] 募集株式においては、ブックビルディング方式を念頭に置いて、算定方法のほかに「公正な価額による払込みを実現するために適当な払込金額の決定の方法」（会社法201条2項）を定めることが認められています。しかし、募集新株予約権においては、通常は、ブックビルディング方式の前提となる市場価格がなく、「公正な価額による払込みを実現するために適当な払込金額の決定の方法」によることを認める必要性が乏しいため、そのような方法は認められていません。

2　募集事項等の決定

【規定例】

（新株予約権を割り当てる日）
　令和○年○月○日

オ　募集新株予約権と引換えにする金銭の払込みの期日を定めるときは、その期日（会社法238条1項5号）

　　募集新株予約権と引き換えにする金銭の払込みの期日は、有償発行の場合でも必ずしも定めなければならないものではありません。有償発行の場合に、払込期日を定めなかった場合は、新株予約権者は、新株予約権の行使期間の初日の前日までに払い込めば足ります（会社法246条1項）。

　　なお、新株予約権者が新株予約権の行使期間の初日の前日（払込期日を定めた場合には、当該期日）までに払込みをしない募集新株予約権は、その権利行使をすることができなくなるため（会社法246条3項）、当該期日が経過したときに消滅します（会社法287条）。

【規定例】

（新株予約権と引換えにする金銭の払込みの期日）
　令和○年○月○日

カ　募集新株予約権が新株予約権付社債に付されたものである場合には、会社法676条各号に掲げる次の事項（会社法238条1項6号）

①　募集社債の総額（会社法676条1号）
②　各募集社債の金額（同条2号）
③　募集社債の利率（同条3号）

④　募集社債の償還の方法及び期限（同条４号）

⑤　利息支払の方法及び期限（同条５号）

⑥　社債券を発行するときは、その旨（同条６号）

⑦　社債権者が会社法698条の規定による請求の全部又は一部をすることができないこととするときは、その旨（同条７号）

⑦の２　社債管理者を定めないこととするときは、その旨（同条７号の２）

⑧　社債管理者が社債権者集会の決議によらずに会社法706条１項２号に掲げる行為をすることができることとするときは、その旨（同条８号）

⑧の２　社債管理補助者を定めることとするときは、その旨（同条８号の２）

⑨　各募集社債の払込金額（各募集社債と引換えに払い込む金銭の額をいう。以下、本項において同じ。）若しくはその最低金額又はこれらの算定方法（同条９号）

⑩　募集社債と引換えにする金銭の払込みの期日（同条10号）

⑪　一定の日までに募集社債の総額について割当てを受ける者を定めていない場合において、募集社債の全部を発行しないこととするときは、その旨及びその一定の日（同条11号）

⑫　数回に分けて募集社債と引換えに金銭の払込みをさせるときは、その旨及び各払込みの期日における払込金額（会社法施行規則162条１号、会社法676条12号）

⑬　他の会社と合同して募集社債を発行するときは、その旨及び各会社の負担部分（会社法施行規則162条２号、会社法676条12号）

⑭　募集社債と引換えにする金銭の払込みに代えて金銭以外の財産を給付する旨の契約を締結するときは、その契約の内容（会社法施行規則162条３号、会社法676条12号）

⑮　会社法702条の規定による委託に係る契約において法に規定する社債管理者の権限以外の権限を定めるときは、その権限の内容（会社法施行規則162条4号、会社法676条12号）

⑯　会社法711条2項本文（会社法714条の7において読み替えて準用する場合を含む。）に規定するときは、同項本文に規定する事由（会社法施行規則162条5号、会社法676条12号）

⑰　会社法714条の2の規定による委託に係る契約において同法714条の4第2項各号に掲げる行為をする権限の全部若しくは一部又は法に規定する社債管理補助者の権限以外の権限を定めるときは、その権限の内容（会社法施行規則162条6号、会社法676条12号）

⑱　会社法714条の2の規定による委託に係る契約における同法714条の4第4項の規定による報告又は同項に規定する措置に係る定めの内容（会社法施行規則162条7号、会社法676条12号）

⑲　募集社債が信託社債であるときは、その旨及び当該信託社債についての信託を特定するために必要な事項（会社法施行規則162条8号、会社法676条12号）

キ　カの場合において、カの新株予約権付社債に付された募集新株予約権についての会社法118条1項、179条2項、777条1項、787条1項又は808条1項の規定による新株予約権買取請求の方法につき別段の定めをするときは、その定め（会社法238条1項7号）

（株主割当ての場合）

ク　株主に対し、会社法242条2項の申込みをすることにより当該株式会社の募集新株予約権（種類株式発行会社にあっては、その目的である株式の種類が当該株主の有する種類の株式と同一の種類のもの）の割当てを受ける権利を与える旨（会社法241条1項1号）

　　株主割当ての場合、株主（当該株式会社を除く。）は、その有する

株式の数に応じて募集新株予約権の割当てを受ける権利を有しますが、当該株主が割当てを受ける募集新株予約権の数に1に満たない端数があるときは、これを切り捨てるものとされています（会社法241条2項）。

ケ　クの募集新株予約権の引受けの申込期日（会社法241条1項2号）

(2) 募集事項等の決定機関等

上記(1)の募集事項等を決定する機関等については、募集株式における募集事項等の決定機関等と同様に、①非公開会社における第三者割当ての場合、②公開会社における第三者割当ての場合、③非公開会社における第三者割当ての場合、④非公開会社における株主割当ての場合に分けて規律されています。

ア　非公開会社における第三者割当ての場合

① 　原　　則

非公開会社における第三者割当ての場合、募集事項の決定は、株主総会の特別決議による必要があります（会社法238条2項、309条2項6号）。

② 　取締役・取締役会への決定の委任

株主総会の特別決議によって、募集事項の決定を取締役（取締役会設置会社にあっては、取締役会）に委任することができます（会社法239条1項、309条2項6号）。この場合においては、①その委任に基づいて募集事項の決定をすることができる募集新株予約権の内容及び数の上限、②①の募集新株予約権につき金銭の払込みを要しないこととする場合には、その旨、③有償発行の場合には、募集新株予約権の払込金額の下限を定めなければなりません（会社法239条1項）。この株主総会の特別決議は、割当日が当該決議の日から1年以内の日である募集についてのみその効力を有します（会社法239条3項）。

③ 有利発行の場合

　次の場合（以下、「有利発行の場合」といいます。）、取締役は、①②の株主総会において、(i)の条件又は(ii)の金額で募集新株予約権を引き受ける者の募集をすることを必要とする理由を説明しなければなりません（会社法238条3項、239条2項）。

(i) 募集新株予約権と引換えに金銭の払込みを要しないこととする場合において、金銭の払込みを要しないこととすることが当該者に特に有利な条件であるとき

(ii) 新株予約権の有償発行の場合で、払込金額（又はその下限）が当該者に特に有利な金額であるとき

　なお、有利発行に当たるか否かは、当該新株予約権の価値と払込金額との関係により判断されますが、無償発行の場合は、それをもって当然に有利発行と判断されるわけではなく、新株予約権の価値と比較して特に有利な条件と考えられる場合のみ、有利発行に当たると解されています。

④ 種類株式発行会社の場合

　種類株式発行会社において、募集新株予約権の目的である株式の種類の全部又は一部が譲渡制限株式であるときは、当該募集新株予約権に関する募集事項の決定及び上記②の当該決定の取締役・取締役会への委任は、当該種類株主総会の特別決議がなければ、その効力を生じません（会社法238条4項本文、239条4項本文、324条2項3号）。

　ただし、(i)当該種類株主総会において議決権を行使することができる種類株主が存しない場合（会社法238条4項但書、239条4項但書）、(ii)当該種類の株式を目的とする募集新株予約権を引き受ける者の募集について当該種類の株式の種類株主を構成員とする種類株主総会の決議を要しない旨の定款の定めがある場合（会社法238条

4項本文、239条4項本文）は、当該種類株主総会の特別決議は不要です。

⑤　経済産業大臣・法務大臣の確認を受けた設立後15年未満の株式会社（非公開会社）の場合

　令和6年9月2日から施行された産業競争力強化法の一部改正により、非公開会社であるスタートアップ企業がストック・オプションを柔軟かつ機動的に発行できる仕組みが整備されました[67]。

　設立後15年未満の株式会社（非公開会社）が、募集新株予約権の発行に関し、株主の利益の確保に配慮しつつ産業競争力を強化することに資する場合として経済産業省令・法務省令で定める要件に該当することについて、経済産業大臣及び法務大臣の確認を受けたときには、株主総会の特別決議によってする取締役（取締役会設置会社にあっては、取締役会）への権限の委任につき、(i)当該新株予約権の行使に際して出資される財産の価額又はその算定方法、(ii)当該新株予約権の行使期間の決定も委任することができます（産業競争力強化法21条の19第1項）。この場合には、委任についての株主総会の特別決議の日から1年以内の割当日の設定する必要がある旨を定める会社法239条3項の規定の適用はありません（同項）。

　この場合、株式会社は、委任の決議後、株主になろうとする者及び新株予約権者となろうとする者に対し、当該者を知った後、速やかにその決議があった旨を通知し、又はインターネット上に公開する措置をとることとされています（同条2項、産業競争力強化法に基づく募集新株予約権の機動的な発行に関する省令5条）。

　委任の決議に基づき、取締役（取締役会設置会社にあっては、取締役会）がその募集事項を決定する募集新株予約権について、①会

---

[67]　公開会社については、会社法240条の規定により募集事項の決定機関が取締役会とされているため、本特例を用いることは想定されていません。

2　募集事項等の決定

社法239条1項2号に規定する場合において、金銭の払込みを要しないこととすること、又は②同項3号に規定する場合の払込金額が、当該募集新株予約権を引き受ける者に特に有利な条件又は金額であるときは、上記③の有利発行の場合の取締役の説明義務を定める会社法239条2項の規定は適用されず、株主総会の特別決議によって、(ⅰ)当該募集新株予約権の行使に際して出資される財産の価額又はその算定方法、(ⅱ)当該募集新株予約権の行使期間、(ⅲ)当該募集新株予約権の数の上限、(ⅳ)当該募集新株予約権の割当日を当該決議の日から1年以内とする旨を定めなければならないとされています（産業競争力強化法21条の19第1項・4項）。この場合において、取締役は、当該株主総会において、当該条件又は金額で当該募集新株予約権を引き受ける者の募集をすることを必要とする理由を説明しなければなりません（同条4項。種類株式発行会社の場合、会社法239条4項の種類株主総会の決議があったときは、その種類株主総会の決議及び種類株主総会における説明も必要となります(同条5項)。）。

⑥　報酬決議

(ⅰ)　取締役に対するストック・オプション

　　取締役に対してストック・オプション目的で新株予約権を発行する場合、ストック・オプションは会社法361条1項の「報酬等」に当たるため、定款に当該募集新株予約権について次の定めがない場合には、株主総会の決議により定める必要があります。

　　(a)　当該募集新株予約権の数の上限（会社法361条1項4号）

　　(b)　会社法236条1項1号から4号までに掲げる事項（同条3項の場合には、同条1項1号、3号及び4号に掲げる事項並びに同条3項各号に掲げる事項）（会社法施行規則98条の3第1号）

　　(c)　一定の資格を有する者が当該募集新株予約権を行使するこ

とができることとするときは、その旨及び当該一定の資格の内容の概要（会社法施行規則98条の3第2号）

(d) (b)(c)の事項のほか、当該募集新株予約権の行使の条件を定めるときは、その条件の概要（会社法施行規則98条の3第3号）

(e) 会社法236条1項6号に掲げる事項（会社法施行規則98条の3第4号）

(f) 会社法236条1項7号に掲げる事項の内容の概要（会社法施行規則98条の3第5号）

(g) 取締役に対して当該募集新株予約権を割り当てる条件を定めるときは、その条件の概要（会社法施行規則98条の3第6号）

(ⅱ) 監査役に対するストック・オプション

監査役に対してストック・オプション目的で新株予約権を発行する場合、ストック・オプションは会社法387条の「報酬等」に当たるため、定款に当該募集新株予約権の総額についての定めがない場合は、株主総会の決議により定める必要があります（会社法387条）。

イ　公開会社における第三者割当ての場合

① 原　則

公開会社における第三者割当ての場合、募集事項の決定は、(ⅰ)有利発行の場合、(ⅱ)これを株主総会での決議事項とする旨の定款の定めがあるとき（会社法295条2項）を除き、取締役会の決議により定める必要があります（会社法240条1項、238条2項）。

② 有利発行の場合

(ⅰ) 基　本

次の場合には、①にかかわらず、募集事項の決定は、株主総会

2 募集事項等の決定

の特別決議による必要があります（会社法240条1項、309条2項5号）。この場合、取締役は、当該株主総会において、(a)の条件又は(b)の金額で募集新株予約権を引き受ける者の募集をすることを必要とする理由を説明しなければなりません（会社法238条3項）。

(a) 募集新株予約権につき金銭の払込みを要しないこととする場合において、金銭の払込みを要しないこととすることが当該者に特に有利な条件であるとき

(b) 募集新株予約権につき有償で発行する場合において、払込金額の下限が当該者に特に有利な金額であるとき

なお、有利発行に当たるか否かは、当該新株予約権の価値と払込金額との関係により判断されますが、無償発行の場合は、それをもって当然に有利発行と判断されるわけではなく、新株予約権の価値と比較して特に有利な条件と考えられる場合のみ、有利発行に当たると解されています。

(ii) 取締役会への決定の委任

有利発行の場合は、上記ア②と同様に、株主総会の特別決議によって、募集事項の決定を取締役会に委任することができます（会社法239条1項、309条2項6号）。この場合においては、①その委任に基づいて募集事項の決定をすることができる募集新株予約権の内容及び数の上限、②①の募集新株予約権につき金銭の払込みを要しないこととする場合には、その旨、③②に規定する場合以外の場合には、募集新株予約権の払込金額の下限を定めなければなりません（会社法239条1項）。この株主総会の特別決議は、割当日が当該決議の日から1年以内の日である募集についてのみその効力を有します（会社法239条3項）。

(iii) 種類株式発行会社の場合

種類株式発行会社においては、募集新株予約権の目的である株式の種類の全部又は一部が譲渡制限株式であるときは、当該募集新株予約権に関する募集事項の決定及び上記(ii)の当該決定の取締役会への委任は、当該種類株主総会の特別決議がなければ、その効力を生じません（会社法238条4項本文、239条4項本文、324条2項3号）。

　ただし、(i)当該種類株主総会において議決権を行使することができる種類株主が存しない場合（会社法238条4項但書、239条4項但書）、(ii)当該種類の株式を目的とする募集新株予約権を引き受ける者の募集について当該種類の株式の種類株主を構成員とする種類株主総会の決議を要しない旨の定款の定めがある場合（会社法238条4項本文、239条4項本文）は、当該種類株主総会の特別決議は不要です。

③　報酬決議
（i）取締役に対するストック・オプション

　取締役に対してストック・オプション目的で新株予約権を発行する場合、ストック・オプションは会社法361条1項の「報酬等」に当たるため、定款に当該募集新株予約権について次の定めがない場合には、株主総会の決議により定める必要があります。

　（a）当該募集新株予約権の数の上限（会社法361条1項4号）

　（b）会社法236条1項1号から4号までに掲げる事項（同条3項の場合には、同条1項1号、3号及び4号に掲げる事項並びに同条3項各号に掲げる事項）（会社法施行規則98条の3第1号）

　（c）一定の資格を有する者が当該募集新株予約権を行使することができることとするときは、その旨及び当該一定の資格の内容の概要（会社法施行規則98条の3第2号）

(d) (b)(c)の事項のほか、当該募集新株予約権の行使の条件を定めるときは、その条件の概要（会社法施行規則98条の3第3号）

(e) 会社法236条1項6号に掲げる事項（会社法施行規則98条の3第4号）

(f) 会社法236条1項7号に掲げる事項の内容の概要（会社法施行規則98条の3第5号）

(g) 取締役に対して当該募集新株予約権を割り当てる条件を定めるときは、その条件の概要（会社法施行規則98条の3第6号）

(ii) 監査役に対するストック・オプション

監査役に対してストック・オプション目的で新株予約権を発行する場合、ストック・オプションは会社法387条の「報酬等」に当たるため、定款に当該募集新株予約権の総額についての定めがない場合は、株主総会の決議により定める必要があります（会社法387条）。

ウ 非公開会社における株主割当ての場合

① 原　則

非公開会社における株主割当ての場合、募集事項等の決定は、原則的に、株主総会の特別決議によりますが（会社法241条3項4号、309条2項6号）、募集事項等を取締役の決定（取締役会設置会社においては、取締役会の決議）によって定めることができる旨の定款の定めがある場合は、取締役の決定（取締役会設置会社においては、取締役会の決議）によります（会社法241条3項1号・2号）。

② 種類株主総会の特別決議が必要となる場合

種類株式発行会社が株主割当てをする場合において、ある種類の株式の種類株主に損害を及ぼすおそれがあるときは、当該種類の株

式の種類株主を構成員とする種類株主総会の特別決議がなければ、その効力を生じません（会社法322条1項5号、324条2項4号）。

ただし、(i)当該種類株主総会において議決権を行使することができる種類株主が存しない場合（会社法322条1項柱書但書）、又は(ii)当該種類株主総会の決議を要しない旨の定款の定めがある場合（会社法322条2項・3項）[68]には、当該種類株主総会の特別決議は不要です。

エ　公開会社における株主割当ての場合

① 原　則

公開会社における株主割当ての場合、募集事項等の決定は、これを株主総会での決議事項とする旨の定款の定めがあるとき（会社法295条2項）を除き、取締役会の決議による必要があります（会社法241条3項3号）。

② 種類株主総会の特別決議が必要となる場合

種類株式発行会社が株主割当てをする場合において、ある種類の株式の種類株主に損害を及ぼすおそれがあるときは、当該種類の株式の種類株主を構成員とする種類株主総会の特別決議がなければ、その効力を生じません（会社法322条1項5号、324条2項4号）。

ただし、(i)当該種類株主総会において議決権を行使することができる種類株主が存しない場合（会社法322条1項柱書但書）、又は(ii)当該種類株主総会の決議を要しない旨を定款の定めがある場合（会社法322条2項・3項）[69]には、当該種類株主総会の特別決議は不要です。

68　この場合には、当該種類株主総会の特別決議に代えて、反対株主の株式買取請求の手続が必要になります（会社法116条）。

69　この場合には、当該種類株主総会の特別決議に代えて、反対株主の株式買取請求の手続が必要になります（会社法116条）。

3 株主に対する通知・公告

(1) 差止請求権の行使機会を確保するための通知・公告

　公開会社における第三者割当ての場合、取締役会の決議によって募集事項を定めたときは、割当日の2週間前までに、株主に対し、当該募集事項を通知又は公告しなければなりません（会社法240条2項・3項）[70]。これは、当該募集新株予約権の発行等が法令又は定款に違反したり、著しく不公正な方法により行われたりしたときに、不利益を受けるおそれのある株主に、当該募集新株予約権の発行等についての差止請求権（会社法247条）を行使する機会を与えるためのものですので、公開会社においても有利発行の場合で株主総会の特別決議により募集事項を決定する場合や非公開会社が株主総会の特別決議により募集事項を決定する場合は、株主総会において募集事項の開示がなされるため、この通知又は公告をする必要はありません。

　この割当日までの2週間の期間は、株主全員の同意があれば短縮することができます。

　また、株式会社が募集事項について割当日の2週間前までに金融商品取引法4条1項から3項までの届出をしている場合その他株主の保護に欠けるおそれがないものとして会社法施行規則53条で定める場合（※）には、当該通知又は公告は不要です（会社法240条4項）。この場合に、割当日の2週間前までに会社法の規定に基づき届出又は提出をした書類を登記の添付書類としたとしても、期間短縮に関する株主全員の同意書又は有利発行に関する株主総会議事録の添付が必要となります。

---

[70] この通知又は公告を欠く募集新株予約権の発行等は、差止請求権を行使したとしても差止めの事由がないためにこれが許容されないと認められる場合でない限り、無効原因があるものとされます。

(※) 会社法施行規則53条で定める場合

　会社法施行規則53条で定める場合とは、株式会社が割当日の2週間前までに、金融商品取引法の規定に基づき次の書類（会社法238条1項に規定する募集事項に相当する事項をその内容とするものに限る。）の届出又は提出をしている場合（当該書類に記載すべき事項を同法の規定に基づき電磁的方法により提供している場合を含む。）であって、内閣総理大臣が当該割当日の2週間前の日から当該割当日まで継続して同法の規定に基づき当該書類を公衆の縦覧に供しているときとされています（会社法施行規則53条柱書）。

① 金融商品取引法4条1項から3項までの届出をする場合における同法5条1項の届出書（訂正届出書を含む。）（会社法施行規則53条1号）

② 金融商品取引法23条の3第1項に規定する発行登録書及び同法23条の8第1項に規定する発行登録追補書類（訂正発行登録書を含む。）（会社法施行規則53条2号）

③ 金融商品取引法24条1項に規定する有価証券報告書（訂正報告書を含む。）（会社法施行規則53条3号）

④ 金融商品取引法24条の4の7第1項に規定する四半期報告書（訂正報告書を含む。）（会社法施行規則53条4号）

⑤ 金融商品取引法24条の5第1項に規定する半期報告書（訂正報告書を含む。）（会社法施行規則53条5号）

⑥ 金融商品取引法24条の5第4項に規定する臨時報告書（訂正報告書を含む。）（会社法施行規則53条6号）

(2) 株主割当ての場合の株主への通知

　株主割当ての場合は、上記(1)の通知・公告は不要です（会社法241条5項）が、公開会社か非公開会社かにかかわらず、募集新株予約権の引

受けの申込期日の２週間前までに、①募集事項、②当該株主が割当てを受ける募集新株予約権の内容及び数、③募集新株予約権の引受けの申込期日を通知しなければなりません（会社法241条4項）[71]。

なお、この募集新株予約権の引受けの申込期日までの２週間の期間は、株主全員の同意があれば短縮することができます（昭和54年11月6日民四第5692号民事局第四課長回答、登記研究386号90頁参照）。

(3) 経済産業大臣・法務大臣の確認を受けた設立後15年未満の株式会社（非公開会社）における株主への通知

上記2(2)⑤の取締役（取締役会設置会社にあっては、取締役会）への決定に基づき、募集新株予約権の募集事項を定めたときは、経済産業大臣・法務大臣の確認を受けた株式会社は、その割当日の２週間前までに、株主に対し、当該募集事項を通知しなければなりません（産業競争力強化法21条の19第3項）。

4 募集新株予約権の引受けの申込み

(1) 募集新株予約権の引受けの申込みをしようとする者に対する通知

株式会社は、募集新株予約権の発行等が、株主割当てであるか、第三者割当てであるかを問わず、募集新株予約権の引受けの申込みをしようとする者に対し、次の事項を通知しなければなりません（会社法242条1項柱書）[72]。また、株式会社は、下記①から⑪の事項について変更があったときは、直ちに、その旨及び当該変更があった事項を募集新株予約権の申込みをした者（申込者）に通知しなければなりません（会社法242条5項）。

① 株式会社の商号（会社法242条1項1号）
② 募集事項（会社法242条1項2号）
③ 新株予約権の行使に際して金銭の払込みをすべきときは、払込みの取扱いの場所（会社法242条1項3号）
④ 発行可能株式総数（種類株式発行会社にあっては、各種類の株式の発行可能種類株式総数を含む。）（会社法施行規則54条1号、会社法242条1項4号）
⑤ 株式会社（種類株式発行会社を除く。）が発行する株式の内容として会社法107条1項各号に掲げる事項を定めているときは、当該株式の内容（会社法施行規則54条2号、会社法242条1項4号）
⑥ 株式会社（種類株式発行会社に限る。）が会社法108条1項各号に掲げる事項につき内容の異なる株式を発行することとしているときは、各種類の株式の内容（ある種類の株式につき同条第3項の定款の定めがある場合において、当該定款の定めにより株式会社が当該種類の株式の内容を定めていないときは、当該種類の株式の内容の要綱）（会社法施行規則54条3号、会社法242条1項4号）
⑦ 単元株式数についての定款の定めがあるときは、その単元株式数（種類株式発行会社にあっては、各種類の株式の単元株式数）（会社法施行規則54条4号、会社法242条1項4号）
⑧ 次に掲げる定款の定めがあるときは、その規定

---

71 この通知は、上記(1)の通知のように、公告をもって代えることはできません。
72 株式会社が申込者に対してする通知又は催告は、申込者が株式会社に交付した書面（会社法242条2項）又は株式会社の承諾を得て提供した電磁的方法（同条3項）に記載又は記録されている申込者の住所（当該申込者が別に通知又は催告を受ける場所又は連絡先を当該株式会社に通知した場合にあっては、その場所又は連絡先）にあてて発すれば足ります（会社法242条6項）。また、この通知又は催告は、それが通常到達すべきであった時に、到達したものとみなされます（同条7項）。

(i) 会社法139条1項、140条5項又は145条1号若しくは2号に規定する定款の定め（会社法施行規則54条5号イ、会社法242条1項4号）

(ii) 会社法164条1項に規定する定款の定め（会社法施行規則54条5号ロ、会社法242条1項4号）

(iii) 会社法167条3項に規定する定款の定め（会社法施行規則54条5号ハ、会社法242条1項4号）

(iv) 会社法168条1項又は169条2項に規定する定款の定め（会社法施行規則54条5号ニ、会社法242条1項4号）

(v) 会社法174条に規定する定款の定め（会社法施行規則54条5号ホ、会社法242条1項4号）

(vi) 会社法347条に規定する定款の定め（会社法施行規則54条5号ヘ、会社法242条1項4号）

(vii) 会社法施行規則26条1号又は2号に規定する定款の定め（会社法施行規則54条5号ト、会社法242条1項4号）

⑨ 株主名簿管理人を置く旨の定款の定めがあるときは、その氏名又は名称及び住所並びに営業所（会社法施行規則54条6号、会社法242条1項4号）

⑩ 電子提供措置をとる旨の定款の定めがあるときは、その規定（会社法施行規則54条7号、会社法242条1項4号）

⑪ 定款に定められた事項（会社法242条1項1号から3号まで及び前各号に掲げる事項を除く。）であって、当該株式会社に対して募集新株予約権の引受けの申込みをしようとする者が当該者に対して通知することを請求した事項（会社法施行規則54条8号、会社法242条1項4号）

なお、例外として、次の場合であって株式会社が募集新株予約権の申

込みをしようとする者に対して上記①から⑪の事項を提供している場合は、この通知は不要です（会社法242条4項）。

(ⅰ) 当該株式会社が、上記①から⑪の事項を記載した金融商品取引法2条10項に規定する目論見書を募集新株予約権の申込みをしようとする者に対して交付又は電磁的方法により提供している場合（会社法242条4項、会社法施行規則55条1号）
(ⅱ) 当該株式会社が外国の法令に基づき目論見書その他これに相当する書面その他の資料を提供している場合（会社法施行規則55条2号）。

---

(2) **申込み**

募集新株予約権の引受けの申込みをする者は、①申込みをする者の氏名又は名称及び住所、②引き受けようとする募集新株予約権の数を記載した書面を株式会社に交付しなければなりません（会社法242条2項）。申込みをする者は、この書面の交付に代えて、政令（会社法施行令1条）で定めるところにより、株式会社の承諾を得て、この書面に記載すべき①②の事項を電磁的方法により提供することができ、この場合において、当該申込みをした者は、この書面を交付したものとみなされます（会社法242条3項）。

なお、募集新株予約権が新株予約権付社債に付されたものである場合には、申込者（募集新株予約権のみの申込みをした者に限る。）は、その申込みに係る募集新株予約権を付した新株予約権付社債の引受けの申込みをしたものとみなされます（会社法242条6項）。

(3) **株主割当てにおいて株主が申込みをしない場合**

株主割当ての場合において、株主が申込みの期日までに申込みをしないときは、当該株主は、募集新株予約権の割当てを受ける権利を失います（会社法243条4項）。

5 募集新株予約権の割当て

(1) 割当ての決定

　株主割当ての場合は、株主が上記4の申込手続を行うことで、当然に当該募集新株予約権の引受人となります[73]が、第三者割当ての場合、株式会社は、申込者の中から募集新株予約権の割当てを受ける者を定め、かつ、その者に割り当てる募集新株予約権の数を定めなければなりません（会社法243条1項前段）。この場合において、株式会社は、当該申込者に割り当てる募集新株予約権の数を、申込者が引き受けようとする募集新株予約権の数よりも減少することができます（同項後段）。

　次の場合、第三者割当ての場合の割当ての決定機関は、定款に別段の定めのない限り、株主総会の特別決議（取締役会設置会社にあっては、取締役会の決議）とされています（会社法243条2項）。それ以外の場合（公開会社においては）適宜の業務執行機関により割当てを決定することができます。

> ① 募集新株予約権の目的である株式の全部又は一部が譲渡制限株式である場合（会社法243条2項1号）
> ② 募集新株予約権が譲渡制限新株予約権（新株予約権であって、譲渡による当該新株予約権の取得について株式会社の承認を要する旨の定めがあるものをいう。）である場合（会社法243条2項2号）

　また、株式会社は、割当日の前日までに、申込者に対し、当該申込者に割り当てる募集新株予約権の数（当該募集新株予約権が新株予約権付

---

[73] そのため、株主割当てには、会社法243条1項から3項までの割当手続は不要と解されています。

社債に付されたものである場合にあっては、当該新株予約権付社債についての社債の種類及び各社債の金額の合計額を含む。）を通知しなければならないものとされています（会社法243条3項）。

(2) **公開会社における募集新株予約権の割当て等の特則**

ア　**特定引受人についての通知・公告**

公開会社は、募集新株予約権の引受人について、「当該引受人（その子会社等を含む。）がその引き受けた募集新株予約権に係る交付株式[74]の株主となった場合に有することとなる最も多い議決権の数」の「当該場合における最も多い総株主の議決権の数」に対する割合が2分の1を超える場合には、割当日の2週間前までに、株主に対し、当該引受人（以下、「特定引受人」という。）についての次の事項を通知又は公告しなければなりません（会社法244条の2第1項本文・3項）。

74　「交付株式」とは、募集新株予約権の目的である株式、募集新株予約権の内容として会社法236条1項第7号ニに掲げる事項についての定めがある場合における同号ニの株式その他募集新株予約権の新株予約権者が交付を受ける株式として会社法施行規則55条の3で定める次の株式をいいます（会社法244条の2第2項）。なお、取得対価新株予約権の内容として下記①のイ又はロに掲げる事項についての定めがある場合における当該新株予約権は、取得対価新株予約権とみなされます（会社法施行規則55条の3第2項）。

　①　募集新株予約権の内容として次のイ又はロに掲げる事項についての定めがある場合における当該イ又はロに定める新株予約権（以下、「取得対価新株予約権」という。）の目的である株式
　　イ　会社法236条1項7号ヘに掲げる事項　同号ヘの他の新株予約権
　　ロ　会社法236条1項7号トに掲げる事項　同号トの新株予約権付社債に付された新株予約権
　②　取得対価新株予約権の内容として会社法236条1項7号ニに掲げる事項についての定めがある場合における同号ニの株式

なお、交付株式の数が特定引受人に対する募集新株予約権の割当ての決定又は特定引受人との間の会社法244条1項の契約締結日（以下、「割当等決定日」という。）後のいずれか一の日の市場価額その他の指標に基づき決定する方法その他の算定方法により決定される場合における当該交付株式の数は、割当等決定日の前日に当該交付株式が交付されたものとみなして計算した数とされます（会社法施行規則55条の3第3項）。

① 特定引受人の氏名又は名称及び住所（会社法施行規則55条の2第1号）
② 特定引受人がその引き受けた募集新株予約権に係る交付株式の株主となった場合に有することとなる最も多い議決権の数（会社法施行規則55条の2第2号）
③ ②の交付株式に係る最も多い議決権の数（会社法施行規則55条の2第3号）
④ ②の場合における最も多い総株主の議決権の数（会社法施行規則55条の2第4号）
⑤ 特定引受人に対する募集新株予約権の割当て又は特定引受人との間の会社法244条1項の契約の締結に関する取締役会の判断及びその理由（会社法施行規則55条の2第5号）
⑥ 社外取締役を置く株式会社において、前号の取締役会の判断が社外取締役の意見と異なる場合には、その意見（会社法施行規則55条の2第6号）
⑦ 特定引受人に対する募集新株予約権の割当て又は特定引受人との間の会社法244条1項の契約の締結に関する監査役、監査等委員会又は監査委員会の意見（会社法施行規則55条の2第7号）

　　ただし、(i)当該特定引受人が当該公開会社の親会社等である場合（会社法244条の2第1項但書）、(ii)当該募集新株予約権の発行が株主割当ての場合（同項但書）、又は(iii)株式会社が上記①から⑦の事項について割当日の2週間前までに金融商品取引法4条1項から3項までの届出をしている場合その他の株主の保護に欠けるおそれがないものとして会社法施行規則55条の4で定める場合（※）（会社法244条の2第4項）には、通知又は公告は不要です。

（※）会社法施行規則55条の4で定める場合

会社法施行規則55条の4で定める場合は、株式会社が割当日の2週間前までに、金融商品取引法の規定に基づき会社法施行規則53条各号に掲げる次の書類（同規則55条の2各号に掲げる事項に相当する事項をその内容とするものに限る。）の届出又は提出をしている場合（当該書類に記載すべき事項を同法の規定に基づき電磁的方法により提供している場合を含む。）であって、内閣総理大臣が当該割当日の2週間前の日から当該割当日まで継続して同法の規定に基づき当該書類を公衆の縦覧に供しているときとされています（会社法施行規則55条の4）。

① 金融商品取引法4条1項から3項までの届出をする場合における同法5条1項の届出書（訂正届出書を含む。）（会社法施行規則53条1号）

② 金融商品取引法23条の3第1項に規定する発行登録書及び同法23条の8第1項に規定する発行登録追補書類（訂正発行登録書を含む。）（会社法施行規則53条2号）

③ 金融商品取引法24条1項に規定する有価証券報告書（訂正報告書を含む。）（会社法施行規則53条3号）

④ 金融商品取引法24条の4の7第1項に規定する四半期報告書（訂正報告書を含む。）（会社法施行規則53条4号）

⑤ 金融商品取引法24条の5第1項に規定する半期報告書（訂正報告書を含む。）（会社法施行規則53条5号）

⑥ 金融商品取引法24条の5第4項に規定する臨時報告書（訂正報告書を含む。）（会社法施行規則53条6号）

イ 株主総会の決議

総株主（この項の株主総会において議決権を行使することができない株主を除く。）の議決権の10分の1（これを下回る割合を定款で定

5 募集新株予約権の割当て

めた場合にあっては、その割合）以上の議決権を有する株主がアの通知又は公告の日（アのただし書(ⅲ)の場合（会社法244条の2第4項）にあっては、会社法施行規則55条の5で定める日（※））から2週間以内に特定引受人（その子会社等を含む。）による募集新株予約権の引受けに反対する旨を公開会社に対し通知したときは、当該公開会社は、割当日の前日までに、株主総会の決議によって、当該特定引受人に対する募集新株予約権の割当て又は当該特定引受人との間の募集新株予約権の総数引受契約の承認を受けなければなりません（会社法244条の2第5項本文）。この株主総会の決議は、会社法309条1項の規定にかかわらず、議決権を行使することができる株主の議決権の過半数（3分の1以上の割合を定款で定めた場合にあっては、その割合以上）を有する株主が出席し、出席した当該株主の議決権の過半数（これを上回る割合を定款で定めた場合にあっては、その割合以上）をもって行わなければならないとされています（会社法244条の2第6項）。

ただし、当該公開会社の財産の状況が著しく悪化している場合において、当該公開会社の事業の継続のため緊急の必要があるときは、当該株主総会の決議による承認は不要です（会社法244条の2第5項但書）。

（※）会社法施行規則55条の5で定める日

会社法施行規則55条の5で定める日とは、株式会社が金融商品取引法の規定に基づいて会社法施行規則53条各号に掲げる次の書類の届出又は提出（当該書類に記載すべき事項を同法の規定に基づき電磁的方法により提供した場合にあっては、その提供）をした日のことをいいます（会社法施行規則55条の5）。

① 金融商品取引法4条1項から3項までの届出をする場合における

同法5条1項の届出書（訂正届出書を含む。）（会社法施行規則53条1号）

② 金融商品取引法23条の3第1項に規定する発行登録書及び同法23条の8第1項に規定する発行登録追補書類（訂正発行登録書を含む。）（会社法施行規則53条2号）

③ 金融商品取引法24条1項に規定する有価証券報告書（訂正報告書を含む。）（会社法施行規則53条3号）

④ 金融商品取引法24条の4の7第1項に規定する四半期報告書（訂正報告書を含む。）（会社法施行規則53条4号）

⑤ 金融商品取引法24条の5第1項に規定する半期報告書（訂正報告書を含む。）（会社法施行規則53条5号）

⑥ 金融商品取引法24条の5第4項に規定する臨時報告書（訂正報告書を含む。）（会社法施行規則53条6号）

(3) 募集事項の決定決議と割当ての決定決議との関係

　会社法上、募集事項の決定と割当ての決定は別個の手続として規定されていますが、募集新株予約権を割当てるべき第三者が既に存在し、募集事項の決定機関と割当ての決定機関が同一である場合には、当該第三者からの株式の引受けの申込みがあることを条件として、募集事項を決議した同一の株主総会又は取締役会で、割当てに係る事項を決定することができます。

6　総数引受契約

　第三者割当てにおいて、株式会社と募集新株予約権を引受けようとする者との間で、新株予約権の総数引受契約を締結する場合[75]は、当該契約行為の

中で、申込みと割当ての2つの行為が行われているため、申込み及び割当てに関する規定（会社法242条、243条）は適用されません（会社法244条1項）[76]。

総数引受契約は、実質的に同一の機会に一体的な契約で募集株式の総数の引受けが行われたものと評価しうるものであることを要しますが、契約書が1通であることや契約の当事者が1人であることは必要とされていません。そのため、複数の契約書で複数の当事者との間で契約を締結する場合も、総数引受契約にあたります。

①募集新株予約権の目的である株式の全部又は一部が譲渡制限株式であるとき、②募集新株予約権が譲渡制限新株予約権であるときは、株式会社は、定款に別段の定めがある場合を除き、株主総会の特別決議（取締役会設置会社にあっては、取締役会の決議）によって、総数引受契約の承認を受けなければなりません（会社法244条3項、309条2項6号）。

7　引受け

申込者は、株式会社の割り当てた募集新株予約権について、総数引受契約により募集新株予約権の総数を引き受けた者は、その者が引き受けた募集新株予約権について、それぞれ割当日に募集新株予約権の引受人となります（会社法245条1項）。また、募集新株予約権が新株予約権付社債に付されたものである場合には、それらの者は、当該募集新株予約権を付した新株予約権付社債についての社債の社債権者となります（同条2項）。

75　募集新株予約権が、新株予約権付社債に付されたものである場合は、新株予約権の総数とそれに付された社債の総額を引き受ける旨の契約となります。

76　株主割当ては、株主に割当てを受ける権利を付与して行うものであり、契約により割り当てるわけではないため、株主割当てにおいては総数引受契約を利用することはできません。

8　引受人による出資

　有償発行の場合には、新株予約権者は、募集新株予約権についての行使期間の初日の前日（会社法238条1項5号に規定する金銭の払込期日を定めた場合にあっては、当該期日。以下、本項において「払込期日」という。）までに、株式会社が定めた銀行等の払込みの取扱いの場所において、それぞれの募集新株予約権の払込金額の全額を払い込まなければなりません（会社法246条1項）。また、新株予約権者は、株式会社の承諾を得て、この払込みに代えて、払込金額に相当する金銭以外の財産を給付し、又は当該株式会社に対する債権をもって相殺することもできます（同条2項）。なお、新株予約権者は、募集新株予約権についての払込期日までに、それぞれの募集新株予約権の払込金額の全額の払込み（当該払込みに代えてする金銭以外の財産の給付又は当該株式会社に対する債権をもってする相殺を含む。）をしないときは、当該募集新株予約権を行使することができないものとされています（同条3項）。

9　新株予約権の発行

　募集新株予約権の割当てを受けた申込者又は総数引受契約の引受人は、割当日に新株予約権者となります（会社法245条1項）。また、募集新株予約権が、新株予約権付社債に付されたものである場合は、それらの者は、当該社債の社債権者となります（同条2項）。
　この場合、株式会社は、たとえ同一内容の新株予約権を自己新株予約権として既に保有していたとしても、その新株予約権と新たに募集する新株予約権とは別の種類のものとみなされるため、募集新株予約権の発行の際は、常

に新たな新株予約権が発行されることになります。

10　新株予約権原簿の作成と備置き

　株式会社は、新株予約権を発行した日以後遅滞なく、新株予約権原簿を作成し、次に掲げる新株予約権の区分に応じ、当該各号に定める事項（以下、「新株予約権原簿記載事項」という。）を記載し、又は記録しなければなりません（会社法249条）。

【新株予約権の区分と新株予約権原簿記載事項】

新株予約権の区分	新株予約権原簿記載事項
無記名式の新株予約権証券が発行されている新株予約権	①　当該該新株予約権証券の番号 ②　当該無記名新株予約権の内容及び数
無記名式の新株予約権付社債券が発行されている新株予約権付社債に付された新株予約権	①　当該新株予約権付社債券の番号 ②　当該新株予約権の内容及び数
上記以外の新株予約権	①　新株予約権者の氏名又は名称及び住所 ②　①の新株予約権者の有する新株予約権の内容及び数 ③　①の新株予約権者が新株予約権を取得した日 ④　②の新株予約権が証券発行新株予約権（※）であるときは、当該新株予約権（新株予約権証券が発行されているものに限る。）に係る新株予約権証券の番号 ⑤　②の新株予約権が証券発行新株予約権付社債に付されたものであるときは、当該新株予約権を付した新株予約権付社債（新株予約権付社債券が発行されているものに限る。）に係る新株予約権付社債券の番号

（※）新株予約権（新株予約権付社債に付されたものを除く。）であって、当該新株予約権に係る新株予約権証券を発行する旨の定めがあるものをいいます。

11　登記手続

(1) 登記期間

株式会社は、募集新株予約権の発行をしたときは、新株予約権の割当日から2週間以内に、その本店の所在地において変更登記をしなければなりません（会社法915条1項、911条3項12号）。割当日より前に払込期日が設けられている場合でも同様です。

(2) 登記の事由

登記の事由は、「募集新株予約権の発行」「新株予約権付社債の発行」です。

(3) 登記すべき事項

登記すべき事項は、次の通りです（会社法911条3項12号）。

ア　新株予約権の数（会社法911条3項12号イ）

イ　当該新株予約権の目的である株式の数（種類株式発行会社にあっては、株式の種類及び種類ごとの数）又はその数の算定方法（会社法911条3項12号ロ、236条1項1号）

ウ　当該新株予約権の行使に際して出資される財産の価額又はその算定方法（会社法911条3項12号ロ、236条1項2号。ただし、下記カキの場合には、登記事項とはなりません。）

エ　金銭以外の財産を当該新株予約権の行使に際してする出資の目的とするときは、その旨並びに当該財産の内容及び価額（会社法911条3項12号ロ、236条1項3号）

オ　当該新株予約権を行使することができる期間（会社法911条3項

12号ロ、236条1項4号）

カ　取締役の報酬等として又は取締役の報酬等をもってする払込みと引換えに当該新株予約権を発行するものであり、当該新株予約権の行使に際してする金銭の払込み又はエの財産の給付を要しない旨を定めたときは、その旨（会社法911条3項12号ハ、236条3項1号）

キ　定款又は株主総会の決議による会社法361条1項4号又は5号ロに掲げる事項についての定めに係る取締役（取締役であった者を含む。）以外の者は、当該新株予約権を行使することができない旨を定めたときは、その旨（会社法911条3項12号ハ、236条3項2号）

ク　イからキのほか、新株予約権の行使の条件を定めたときは、その条件（会社法911条3項12号ニ）

ケ　当該新株予約権について、当該株式会社が一定の事由が生じたことを条件としてこれを取得することができることとするときは、次に掲げる事項（会社法911条3項12号ホ、236条1項7号）

　①　一定の事由が生じた日に当該株式会社がその新株予約権を取得する旨及びその事由（会社法911条3項12号ホ、236条1項7号イ）

　②　当該株式会社が別に定める日が到来することをもって①の事由とするときは、その旨（会社法911条3項12号ホ、236条1項7号ロ）

　③　①の事由が生じた日に①の新株予約権の一部を取得することとするときは、その旨及び取得する新株予約権の一部の決定の方法（会社法911条3項12号ホ、236条1項7号ハ）

　④　①の新株予約権を取得するのと引換えに当該新株予約権の新株予約権者に対して当該株式会社の株式を交付するときは、当該株式の数（種類株式発行会社にあっては、株式の種類及び種類ごとの数）又はその算定方法（会社法911条3項12号ホ、236条1項7

号ニ）

⑤　①の新株予約権を取得するのと引換えに当該新株予約権の新株予約権者に対して当該株式会社の社債（新株予約権付社債についてのものを除く。）を交付するときは、当該社債の種類及び種類ごとの各社債の金額の合計額又はその算定方法（会社法911条３項12号ホ、236条１項７号ホ）

⑥　①の新株予約権を取得するのと引換えに当該新株予約権の新株予約権者に対して当該株式会社の他の新株予約権（新株予約権付社債に付されたものを除く。）を交付するときは、当該他の新株予約権の内容及び数又はその算定方法（会社法911条３項12号ホ、236条１項７号ヘ）

⑦　①の新株予約権を取得するのと引換えに当該新株予約権の新株予約権者に対して当該株式会社の新株予約権付社債を交付するときは、当該新株予約権付社債についての⑤に規定する事項及び当該新株予約権付社債に付された新株予約権についての⑥に規定する事項（会社法911条３項12号ホ、236条１項７号ト）

⑧　①の新株予約権を取得するのと引換えに当該新株予約権の新株予約権者に対して当該株式会社の株式等以外の財産を交付するときは、当該財産の内容及び数若しくは額又はこれらの算定方法（会社法911条３項12号ホ、236条１項７号チ）

コ　募集新株予約権と引換えに金銭の払込みを要しないこととする場合には、その旨（会社法911条３項12号ホ、238条１項２号）

サ　有償で新株予約権を発行する場合は、募集新株予約権の払込金額（募集新株予約権の払込金額の算定方法を定めた場合において、登記の申請の時までに募集新株予約権の払込金額が確定していないときは、当該算定方法）（会社法911条３項12号ヘ、238条１項３号）

シ　発行年月日（割当日）

11 登記手続

(4) 添付書類

ア 募集事項等、割当ての決定機関に応じ、株主総会議事録、種類株主総会議事録、株主リスト、取締役会議事録又は取締役の過半数の一致を証する書面、定款（商業登記法46条2項・1項、商業登記規則61条1項・3項）[77]

【議事録等例】

1 第三者割当ての募集事項の決定

(1) 非公開会社が、第三者割当てにおいて募集事項の決定と募集新株予約権の割当ての決定を1つの株主総会で決議する場合の株主総会議事録

臨時株主総会議事録

　令和○年○月○日午前○○時○○分より、当会社の本店において、臨時株主総会を開催した。

株主の総数	○名
発行済株式の総数	○株
議決権を行使することができる株主の数	○名
議決権を行使することができる株主の議決権の数	○個
出席した株主の数（委任状による者を含む）	○名
出席した株主の議決権の数	○個

出席役員等
　代表取締役　　A（議長兼議事録作成者）

---

[77] 会社法236条3項に基づき、上場会社が取締役の報酬等として新株予約権を発行する場合、上場会社であることに係る特別な添付書類は不要で、登記官の審査においては、登記記録等から非公開会社でないことを認識すれば足りるとされています（令和3年1月29日民商第14号民事局長通達）。

上記のとおり出席があったので、本株主総会は適法に成立した。

定刻代表取締役Aは選ばれて議長となり、開会を宣し直ちに議事に入った。

　　第１号議案　　　募集新株予約権の発行に関する件

議長は、当社の従業員に対し、下記のとおりストック・オプションとして、第○回新株予約権を発行し、下記記載の新株予約権割当ての対象者から申込みがあることを条件として下記記載の第○回新株予約権を割り当てたい旨を提案したところ、満場一致をもって、これを承認可決した。

記

１．新株予約権の数　○○個
１．新株予約権の目的である株式の種類及び数又はその算定方法
　(1)　新株予約権の目的である株式の種類及び数

　　　本新株予約権の目的たる株式の種類（以下、「転換対象株式」という。）は当会社の普通株式とする。ただし、次回株式資金調達において発行する株式が普通株式以外の種類株式である場合には、当該種類株式（ただし、その発行価額が転換価額と異なる場合には、１株当たり残余財産優先分配額及び当該種類株式の取得と引換えに発行される普通株式の数の算出上用いられる取得価額は適切に調整される。）とする。

　　　本新株予約権の行使により当会社が転換対象株式を新たに発行し、又はこれに替えて当会社の保有する転換対象株式を処分する数は、本新株予約権の発行価額（以下に定義される。）の総額を転換価額で除して得られる数とする。ただし、本新株予約権の行使により１株未満の端数が生じるときは、１株未満の端数は切り捨て、現金による調整は行わない。

(2) 転換価額

 (a)　「転換価額」とは、以下のうちいずれか低い額（小数点以下切上げ）をいう。

  (x)　割当日以降に資金調達を目的として当会社が行う（一連の）株式の発行（当該発行に際し転換により発行される株式の発行総額を除く総調達額が〇〇〇円以上のものに限るものとし、以下、「次回株式資金調達」という。）における1株当たり発行価額に〇.〇を乗じた額

  (y)　〇〇〇円（以下、「評価額上限」という。）を次回株式資金調達の払込期日（払込期間が設定された場合には、払込期間の初日）の直前における完全希釈化後株式数で除して得られる額

   なお、「完全希釈化後株式数」とは、当会社の発行済普通株式の総数（ただし、自己株式を除く。）をいう。ただし、完全希釈化後株式数の算出上、普通株式以外の株式等（ただし、本新株予約権及び転換価額の定めを除き、本新株予約権と同一の条件を有する新株予約権を除く。）については、その時点で全て普通株式に転換され、又は当該株式等に付された権利が行使され普通株式が発行されたものと仮定し、後記(c)の場合を除き、当会社において発行を決定しいまだ未発行の新株予約権があるときは、当該新株予約権の全てが行使され普通株式が発行されたものと仮定する。「株式等」とは、当会社の株式、新株予約権、新株予約権付社債及びその他当会社の株式を取得できる権利をいう。

 (b)　上記(a)にかかわらず、割当日の〇か月後の応当日（以下、「転換期限」という。）以降における転換価額は、評価額上限を「新株予約権の行使の条件」の(2)に基づく承認がされた日における完全希釈化後株式数で除して得られる額（小数点以下切上げ）とする。

(c) 上記(a)及び(b)にかかわらず、次回株式資金調達の実行日又は転換期限以前に支配権移転取引等を当会社が承認した場合における転換価額は、評価額上限を当該支配権移転取引等の実行日における完全希釈化後株式数で除して得られる額（小数点以下切上げ）とする。

なお、「支配権移転取引等」とは、(i)当会社の資産の全部又は実質的に全部に相当する部分の売却、譲渡その他の処分、(ii)合併、株式交換又は株式移転（ただし、かかる行為の直前における当会社の株式が、存続会社又は完全親会社の総株主の議決権の過半数を有することとなる場合を除く。）、(iii)吸収分割又は新設分割（ただし、当会社の事業の全部又は実質的に全部に相当する部分が承継される場合に限り、かかる行為の直前における当会社の株主が、承継会社又は新設会社の総株主の議決権の過半数を有することとなる場合を除く。）、(iv)当会社の株式等の譲渡又は移転（ただし、かかる取引の直前における当会社の株主が、当該取引の直後において引き続き総株主の議決権の過半数を保有することとなる場合を除く。）、又は(v)当会社の解散若しくは清算をいう。ただし、かかる行為が当会社の持株会社（当会社の完全親会社であり、当会社の株主がかかる行為の直前における当会社の議決権比率と実質的に同比率にて株式を保有することになる会社をいう。）の設立を目的として行われる場合、又は純粋な資金調達を目的として株式の発行又は処分が行われる場合を除く。

1．新株予約権の払込金額

新株予約権1個当たり○○○円（以下、「本新株予約権の発行価額」という。）（※1）

1．割当日

令和○年○月○日

1．新株予約権の行使に際して出資される財産の価額

　　各本新株予約権の行使に際して出資すべき価額は、〇〇〇円とする。
1．新株予約権を行使することができる期間

　　各本新株予約権は、割当日の翌日以降、いつでも行使することができる。
1．新株予約権の行使の条件（行使価額及び行使期間を除く。）は、次のとおりとする。
　(1)　本新株予約権は、次回株式資金調達が発生することを条件として行使することができる。ただし、次回株式資金調達が転換期限までに発生しない場合、又は次回株式資金調達の実行日若しくは転換期限以前に支配権移転取引等を当会社が承認した場合はこの限りではない。
　(2)　次回株式資金調達が転換期限までに発生しない場合における本新株予約権の行使は、本新株予約権（転換価額の定めを除き本新株予約権と同一の条件を有する新株予約権を含む。以下、本項において同じ。）の発行価額の総額の過半数の本新株予約権の保有者がこれを承認した場合に限り行うことができる。
1．新株予約権の譲渡制限

　　新株予約権を譲渡により取得するには取締役会の承認を要する。
1．新株予約権証券に関する件

　　当会社は、本新株予約権に係る新株予約権証券を発行しないものとする。
1．新株予約権の行使により株式を発行する場合において増加する資本金及び資本準備金に関する事項

　　新株予約権の行使により株式を発行する場合における増加する資本金の額は、会社計算規則第17条第1項に従い算出される資本金等増加限度額の2分の1の金額とし、計算の結果1円未満の端数が生じたと

きは、その端数を切り上げるものとする。また、この場合の増加する資本準備金の額は、上記資本金等増加限度額から増加する資本金の額を減じた額とする。
1．新株予約権の行使に際しての払込取扱金融機関
　　株式会社○○銀行○○支店
1．当新株予約権の割当ての対象者の氏名及びその者に割り当てる新株予約権の数

当社従業員の属性及び氏名	割り当てる新株予約権の数
従業員　○○○○	○○個
従業員　○○○○	○○個
従業員　○○○○	○○個

（※2）

　以上をもって本総会の議案全部を終了したので、議長は閉会の挨拶を述べ、午前○○時○○分散会した。

　上記の決議を明確にするため、この議事録を作成し、議長である出席代表取締役が次に記名する。

　　令和○年○月○日

　　　　　　　　　　　　　　　　○○株式会社　臨時株主総会
　　　　　　　　　　　　　　　　議長　代表取締役　　　　A

（※1）有利発行の場合は、原則として、その払込金額でその者の募集をする理由を説明する必要があります。

【例】

　　　第2号議案　　　募集新株予約権を引き受ける者に対し特に有利な
　　　　　　　　　　　払込金額で募集する件
　議長は、上記議案を付議し、これを必要とする理由を以下のとおり開

示したところ、満場一致をもって、原案どおり可決された。
　理由
　当会社の従業員の業績に対する意欲や士気を一層高めることにより、当会社の企業価値の向上を図るため、募集事項のとおり、特に有利な払込金額をもって、募集新株予約権を発行したいと考えている。よって、本議案に賛成願いたい。

（※2）募集株式を割当てるべき第三者が既に存在する場合には、当該第三者からの株式の引受けの申込みがあることを条件として、募集事項を決議した同一の株主総会で、募集新株予約権の割当てに係る事項を決議することができます。なお、当該第三者が定まっていない場合は、この割当て事項については、後日決議し、当該決議についての議事録も併せて添付します。

【議事録】

臨時株主総会議事録

　令和○年○月○日午前○○時○○分より、当会社の本店において、臨時株主総会を開催した。

株主の総数	○名
発行済株式の総数	○株
議決権を行使することができる株主の数	○名
議決権を行使することができる株主の議決権の数	○個
出席した株主の数（委任状による者を含む）	○名
出席した株主の議決権の数	○個

　　　　出席役員等
　　　　代表取締役　　A（議長兼議事録作成者）

　上記のとおり出席があったので、本株主総会は適法に成立した。
　定刻代表取締役Aは選ばれて議長となり、開会を宣し直ちに議事に入

った。

　第1号議案　　新株予約権付社債の募集事項の決定の件
　議長は、長期の安定した資金調達と今後の会社財政の多様化を図るため、別紙「第○回新株予約権付社債発行要領」記載のとおり、株主以外の者に対し、特に有利な条件を付した当社第○回転換社債型新株予約権付社債を発行し、下記記載の割当ての対象者から申込みがあることを条件に当該新株予約権付社債に付された新株予約権を割り当てたい旨を述べ、議場に諮ったところ、満場一致をもって、承認可決した。
記
〈割当ての対象者及び新株予約権の数〉
　株式会社○○○○　　　　　○○個
〈添付書類等〉
　第○回新株予約権付社債発行要領（※）

　以上をもって本総会の議案全部を終了したので、議長は閉会の挨拶を述べ、午前○○時○○分散会した。
　上記の決議を明確にするため、この議事録を作成し、議長である出席代表取締役が次に記名する。

　　令和○年○月○日
　　　　　　　　　　　　　　○○株式会社　臨時株主総会
　　　　　　　　　　　　　　議長　代表取締役　　　Ａ

（※）本議事録にこの要領を合綴する等して登記の添付書類とします。

11　登記手続

(2) 公開会社が、第三者割当てにおいて募集事項の決定を取締役会で決議する場合の取締役会議事録

取締役会議事録

　令和○年○月○日午前○○時○○分から、当会社本店会議室において、取締役会を開催した。
　　取締役総数　　○名　　監査役総数　　○名
　　出席取締役　　○名　　出席監査役　　○名
　以上のとおり全取締役の出席があり、本会は適法に成立したので、代表取締役○○○○は議長となり開会を宣言し、議案の審議に入った。

　　議案　　募集新株予約権の発行に関する件
　議長は、業績向上への意欲と士気を高めるため、当会社の従業員に対し、第○回新株予約権を下記により発行し、下記記載の新株予約権割当ての対象者から申込みがあることを条件に新株予約権を割り当てる旨を提案したところ、全会一致をもって、下記のとおり承認可決し、午前○○時○○分、散会した。

　　　　　　　　　　　　　記
1．新株予約権の数
　　○○個
1．新株予約権の目的である株式の種類及び数又はその算定方法
　　普通株式○○株（新株予約権1個につき目的である株式（以下、「付与株式数」という。）は、当会社普通株式1株とする。）
　　なお、当社が合併、会社分割、募集株式の発行、株式分割又は株式併合を行う場合等、上記株式数の調整を必要とするときは、当社は必要と認める調整を行う。

1．新株予約権の払込金額
   無償
1．割当日
   令和○年○月○日
1．新株予約権の行使に際して出資される財産の価額
   ○○円
1．新株予約権を行使することができる期間
   令和○年○月○日から令和○年○月○日まで
1．新株予約権の行使の条件（行使価額及び行使期間を除く。）は、次のとおりとする。
   この新株予約権は、新株予約権の目的である株式の時価がこの新株予約権の発行価額とその行使に際して払込みをすべき金額との合計額を下回る場合には、行使することができない。
1．新株予約権を取得することができる事由及び取得の要件
  (1) 株式を対価とする本新株予約権の取得条項
      当会社は、次回株式資金調達を行うことを決定した場合には、当該取引の実行日までの日であって当会社の株主総会（当会社が取締役会設置会社である場合には取締役会）が別に定める日において、その前日までに行使されなかった本新株予約権を全て取得するものとし、当会社は本新株予約権を取得するのと引換えに、当該本新株予約権の発行価額をその時点における転換価額で除して得られる数の転換対象株式を交付する。
      なお、上記の転換対象株式の数の算出にあたって1株に満たない端数が生じたときは、会社法第234条の規定に従って金銭を交付する。
  (2) 金銭を対価とする本新株予約権の取得条項
      当会社が支配権移転取引等を行うことを決定した場合には、当該

取引の実行日までの日であって当会社の株主総会（当会社が取締役会設置会社である場合には取締役会）が別に定める日において、その前日までに行使されなかった本新株予約権を全て取得するのと引換えに、各本新株予約権につき本新株予約権の発行価額の2倍に相当する金銭を交付する。
1．新株予約権の譲渡制限
　　新株予約権を譲渡により取得するには取締役会の承認を要する。
1．新株予約権証券に関する件
　　当会社は、本新株予約権に係る新株予約権証券を発行しないものとする。
1．新株予約権の行使により株式を発行する場合において増加する資本金及び資本準備金に関する事項
　　新株予約権の行使により株式を発行する場合における増加する資本金の額は、会社計算規則第17条第1項に従い算出される資本金等増加限度額の2分の1の金額とし、計算の結果1円未満の端数が生じたときは、その端数を切り上げるものとする。また、この場合の増加する資本準備金の額は、上記資本金等増加限度額から増加する資本金の額を減じた額とする。
1．新株予約権の行使に際しての払込取扱金融機関
　　株式会社○○銀行○○支店
1．当新株予約権の割当ての対象者の氏名及びその者に割り当てる新株予約権の数

当社従業員の属性及び氏名	割り当てる新株予約権の数
従業員　○○○○	○○個
従業員　○○○○	○○個
従業員　○○○○	○○個

上記の決議を明確にするため、この議事録を作成し、出席取締役及び出席監査役の全員がこれに記名をする。

　　令和○年○月○日

　　　　　　　　　　　　　　　　　○○株式会社
　　　　　　　　　　　　　　　　　　出席取締役　　A
　　　　　　　　　　　　　　　　　　同　　　　　　B
　　　　　　　　　　　　　　　　　　同　　　　　　C
　　　　　　　　　　　　　　　　　　出席監査役　　D

2　株主割当ての募集事項の決定の場合
(1)　株主総会議事録

臨時株主総会議事録

　令和○年○月○日午前○○時○○分より、当会社の本店において、臨時株主総会を開催した。

　　　株主の総数　　　　　　　　　　　　　　　　　　　　○名
　　　発行済株式の総数　　　　　　　　　　　　　　　　　○株
　　　議決権を行使することができる株主の数　　　　　　　○名
　　　議決権を行使することができる株主の議決権の数　　　○個
　　　出席した株主の数（委任状による者を含む）　　　　　○名
　　　出席した株主の議決権の数　　　　　　　　　　　　　○個
　　　出席役員等
　　　代表取締役　　A（議長兼議事録作成者）

　上記のとおり出席があったので、本株主総会は適法に成立した。
　定刻代表取締役Aは選ばれて議長となり、開会を宣し直ちに議事に入

った。

　　第1号議案　　　募集新株予約権の発行に関する件
　議長は、下記のとおり、株主に新株予約権の割当てを受ける権利を与えるべく、下記の募集事項等について詳細な説明を行ったうえ、議場に諮ったところ満場一致をもって承認可決した。

記

1．割当ての方法
　　株主に対し、本新株予約権の引受けの申込みをすることにより当会社の募集新株予約権の割当てを受ける権利を与える方法（株主割当て）による。
1．募集新株予約権の引受けの申込みの期日
　　令和○年○月○日
1．新株予約権の数
　　○○個
1．新株予約権の目的である株式の種類及び数又はその算定方法
　　普通株式○○株
　　なお、当社が当社普通株式につき、株式分割（当社普通株式の株式無償割当てを含む。以下、株式分割の記載につき同じ。）又は株式併合を行う場合には、各新株予約権の目的である株式の数（以下、「付与株式数」という。）を次の算式により調整し、調整の結果生じる1株未満の端数は、これを切り捨てるものとする。
　　調整後付与株式数＝調整前付与株式数×分割・併合の割合
　　また、上記のほか、付与株式数の調整を必要とするやむを得ない事由が生じたときは、合理的な範囲で付与株式数を調整する。
1．新株予約権の払込金額
　　無償

1．割当日

　　令和○年○月○日
1．新株予約権の行使に際して出資される財産の価額

　　　○○円
1．新株予約権を行使することができる期間

　　令和○年○月○日から令和○年○月○日まで
1．新株予約権の行使の条件（行使価額及び行使期間を除く。）は、次のとおりとする。

　この新株予約権は、新株予約権の目的である株式の時価がこの新株予約権の発行価額とその行使に際して払込みをすべき金額との合計額を下回る場合には、行使することができない。
1．新株予約権の譲渡制限

　　新株予約権を譲渡により取得するには取締役会の承認を要する。
1．新株予約権証券に関する件

　　当会社は、本新株予約権に係る新株予約権証券を発行しないものとする。
1．新株予約権の行使により株式を発行する場合において増加する資本金及び資本準備金に関する事項

　新株予約権の行使により株式を発行する場合における増加する資本金の額は、会社計算規則第17条第1項に従い算出される資本金等増加限度額の2分の1の金額とし、計算の結果1円未満の端数が生じたときは、その端数を切り上げるものとする。また、この場合の増加する資本準備金の額は、上記資本金等増加限度額から増加する資本金の額を減じた額とする。

　以上をもって本総会の議案全部を終了したので、議長は閉会の挨拶を述べ、午前○○時○○分散会した。

上記の決議を明確にするため、この議事録を作成し、議長である出席代表取締役が次に記名する。

　令和○年○月○日

　　　　　　　　　　　　　　　○○株式会社　臨時株主総会
　　　　　　　　　　　　　　　議長　代表取締役　　A

(2)　取締役会議事録

取締役会議事録

　令和○年○月○日午前○○時○○分より本店において、取締役会を開催した。

　　取締役総数　　　○名　　出席取締役数　　○名
　　監査役総数　　　○名　　出席監査役数　　○名
　出席役員
　　代表取締役　　○○○○（議長兼議事録作成者）
　　取　締　役　　○○○○
　　取　締　役　　○○○○
　　監　査　役　　○○○○

　上記のとおり出席があったので定刻代表取締役○○○○は選ばれて議長となり開会を宣し直ちに議事に入った。

　　第1号議案　　　募集新株予約権の発行の件
　取締役○○○○は選ばれて議長となり、下記内容の新株予約権を発行したい旨を述べ、以下のとおり募集株式を発行することを提案したとこ

ろ、全員一致をもって承認可決した。

記

1．割当ての方法

　　株主に対し、本新株予約権の引受けの申込みをすることにより当会社の募集新株予約権の割当てを受ける権利を与える方法（株主割当て）による。

1．募集新株予約権の引受けの申込みの期日

　　令和〇年〇月〇日

1．新株予約権の数

　　〇〇個

1．新株予約権の目的である株式の種類及び数又はその算定方法

　　普通株式〇〇株

1．新株予約権の払込金額

　　無償

1．割当日

　　令和〇年〇月〇日

1．新株予約権の行使に際して出資される財産の価額

　　〇〇円

1．新株予約権を行使することができる期間

　　令和〇年〇月〇日まで

1．新株予約権の行使の条件（行使価額及び行使期間を除く。）は、次のとおりとする。

　　この新株予約権は、新株予約権の目的である株式の時価がこの新株予約権の発行価額とその行使に際して払込みをすべき金額との合計額を下回る場合には、行使することができない。

1．新株予約権を取得することができる事由及び取得の条件

　　この新株予約権は、行使の日の属する事業年度の直前の事業年度に

おける当会社の税引前利益が〇円以上である場合に行使することができる。
1．新株予約権の譲渡制限
　　新株予約権を譲渡により取得するには取締役会の承認を要する。
1．新株予約権証券に関する件
　　当会社は、本新株予約権に係る新株予約権証券を発行しないものとする。
1．新株予約権の行使により株式を発行する場合において増加する資本金及び資本準備金に関する事項
　　新株予約権の行使により株式を発行する場合における増加する資本金の額は、会社計算規則第17条第1項に従い算出される資本金等増加限度額の2分の1の金額とし、計算の結果1円未満の端数が生じたときは、その端数を切り上げるものとする。また、この場合の増加する資本準備金の額は、上記資本金等増加限度額から増加する資本金の額を減じた額とする。

　以上をもって本取締役会の議案全部を終了したので、議長は閉会の挨拶を述べ、午前〇〇時〇〇分散会した。
　上記の決議を明確にするため、この議事録を作成し、出席取締役及び出席監査役の全員がこれに記名をする。

　　　令和〇年〇月〇日

　　　　　　　　　　　　　　〇〇株式会社
　　　　　　　　　　　　　　　出席取締役　　　A
　　　　　　　　　　　　　　　同　　　　　　　B
　　　　　　　　　　　　　　　同　　　　　　　C
　　　　　　　　　　　　　　　出席監査役　　　D

3 募集事項の決定を取締役（取締役会設置会社にあっては、取締役会）に委任する株主総会議事録

臨時株主総会議事録

令和○年○月○日午前○○時○○分より、当会社の本店において、臨時株主総会を開催した。

株主の総数	○名
発行済株式の総数	○株
議決権を行使することができる株主の数	○名
議決権を行使することができる株主の議決権の数	○個
出席した株主の数（委任状による者を含む）	○名
出席した株主の議決権の数	○個

出席役員等
　代表取締役　　A（議長兼議事録作成者）
　取　締　役　　B
　取　締　役　　C

上記のとおり出席があったので、本株主総会は適法に成立した。

定刻代表取締役Aは選ばれて議長となり、開会を宣し直ちに議事に入った。

　　第1号議案　　募集新株予約権の募集事項決定の委任に関する件
　議長は、募集新株予約権の発行を行うため、下記事項につき本株主総会の承認を得たい旨を説明し、その承認を求めたところ、満場異議なくこれを承認可決した。

記

1．募集新株予約権の内容　　　別紙のとおり。

2．募集新株予約権の数	○○個を上限とする。
3．募集新株予約権の払込金額	募集新株予約権1個につき○○円を下限とする。
4．募集事項の決定	会社法第239条第1項に定める募集事項の決定については取締役会に委任するものとする。

　以上をもって本総会の議案全部を終了したので、議長は閉会の挨拶を述べ、午前○○時○○分散会した。

　上記の決議を明確にするため、この議事録を作成し、議長である出席代表取締役及び取締役が次に記名する。

　　令和○年○月○日

　　　　　　　　　　　　　　○○株式会社　臨時株主総会
　　　　　　　　　　　　　　議長　代表取締役　　A
　　　　　　　　　　　　　　　　　取　締　役　　B
　　　　　　　　　　　　　　　　　取　締　役　　C

4　総数引受契約の承認

(1)　株主総会議事録

臨時株主総会議事録

　令和○年○月○日午前○○時○○分より、当会社の本店において、臨時株主総会を開催した。

　　　株主の総数　　　　　　　　　　　　　　　　　　　　○名
　　　発行済株式の総数　　　　　　　　　　　　　　　　　○株
　　　議決権を行使することができる株主の数　　　　　　　○名

議決権を行使することができる株主の議決権の数	○個
出席した株主の数（委任状による者を含む）	○名
出席した株主の議決権の数	○個

出席役員等

代表取締役　　A（議長兼議事録作成者）

上記のとおり出席があったので、本株主総会は適法に成立した。

定刻代表取締役Aは選ばれて議長となり、開会を宣し直ちに議事に入った。

第１号議案　　　募集新株予約権の発行に関する件

議長は第○回新株予約権を下記により発行することを議場に諮ったところ、満場一致をもってこれを承認可決した。

(略)

１．割当方法

　　新株予約権を次の者に割り当て、総数引受契約によって行う。

　　　甲　○○株

　　　乙　○○株

第２号議案　　　募集新株予約権の総数引受契約承認の件

第１号議案において承認可決された「募集新株予約権の発行に関する件」に関して、当会社が甲氏及び乙氏と当該募集新株予約権の総数の引受けを行う契約を締結することにつき承認願いたい旨を述べ、慎重協議した結果、全員一致をもって承認可決した。

以上をもって本総会の議案全部を終了したので、議長は閉会の挨拶を述べ、午前○○時○○分散会した。

上記の決議を明確にするため、この議事録を作成し、議長である出席

代表取締役が次に記名する。

　　令和〇年〇月〇日

　　　　　　　　　　　　〇〇株式会社　臨時株主総会
　　　　　　　　　　　　議長　代表取締役　　　A

(2)　取締役会議事録

取締役会議事録

　令和〇年〇月〇日午前〇〇時〇〇分より本店において、取締役会を開催した。

　　取締役総数　　　〇名　　出席取締役数　　〇名
　　監査役総数　　　〇名　　出席監査役数　　〇名
　出席役員
　　代表取締役　　〇〇〇〇（議長兼議事録作成者）
　　取　締　役　　〇〇〇〇
　　取　締　役　　〇〇〇〇
　　監　査　役　　〇〇〇〇

　上記のとおり出席があったので定刻代表取締役〇〇〇〇は選ばれて議長となり開会を宣し直ちに議事に入った。

　　第1号議案　　　募集新株予約権割当ての件
　議長は、令和〇年〇月〇日開催された臨時株主総会において承認可決された「募集新株予約権の発行に関する件」に関して、当会社が甲氏及び乙氏と当該募集新株予約権の総数の引受けを行う契約を締結すること

につき承認願いたい旨を述べ、慎重協議した結果、全員一致をもって承認可決した。

　以上をもって本取締役会の議案全部を終了したので、議長は閉会の挨拶を述べ、午前〇〇時〇〇分散会した。
　上記の決議を明確にするため、この議事録を作成し、出席取締役及び出席監査役の全員がこれに記名をする。

　　令和〇年〇月〇日

　　　　　　　　　　　　　　　　〇〇株式会社
　　　　　　　　　　　　　　　　　出席取締役　　　A
　　　　　　　　　　　　　　　　　同　　　　　　　B
　　　　　　　　　　　　　　　　　同　　　　　　　C
　　　　　　　　　　　　　　　　　出席監査役　　　D

5　特定引受人に対する割当て承認についての株主総会議事録

臨時株主総会議事録

　令和〇年〇月〇日午前〇〇時〇〇分より、当会社の本店において、臨時株主総会を開催した。

　　　株主の総数　　　　　　　　　　　　　　　　〇名
　　　発行済株式の総数　　　　　　　　　　　　　〇株
　　　議決権を行使することができる株主の数　　　〇名
　　　議決権を行使することができる株主の議決権の数　〇個
　　　出席した株主の数（委任状による者を含む）　〇名
　　　出席した株主の議決権の数　　　　　　　　　〇個
　　　出席役員等

代表取締役　　　Ａ（議長兼議事録作成者）
　上記のとおり出席があったので、本株主総会は適法に成立した。
　定刻代表取締役Ａは選ばれて議長となり、開会を宣し直ちに議事に入った。

　　議案　　　特定引受人に対する募集株式の割当て承認の件
　議長は、令和○年○月○日開催された取締役会において承認可決された下記内容の特定引受人に対する募集新株予約権の割当てに関して、総株主の10分の１以上の議決権を有する株主から反対の通知があったため、当該割当ては会社法第244条の２第５項の規定により本株主総会において承認を受ける必要がある旨を述べ、その承認を求めたところ、満場異議なくこれを承認可決した。
　１．募集新株予約権の特定引受人の氏名及び住所
　　　　甲　（住所：○○県○○市…）
　２．上記特定引受人に割り当てる募集新株予約権の数　○○○個
　３．上記特定引受人（その子会社等を含む。）がその引き受けた募集新株予約権に係る交付株式の株主となった場合に有することとなる議決権の数　○○○○個
　４．上記３の場合における最も多い総株主の議決権の数　○○○個

　以上をもって本総会の議案全部を終了したので、議長は閉会の挨拶を述べ、午前○○時○○分散会した。
　上記の決議を明確にするため、この議事録を作成し、議長である出席代表取締役が次に記名する。

　　令和○年○月○日
　　　　　　　　　　　　　　○○株式会社　臨時株主総会

議長　代表取締役　　　A

イ　募集新株予約権の引受けの申込み又は総数引受契約を証する書面（商業登記法65条1号）

① 募集新株予約権の引受けの申込みを証する書面

　　募集新株予約権の引受けの申込みを証する書面（後記資料１）は、会社法242条２項各号に規定する事項（申込みをする者の氏名又は名称及び住所並びに引き受けようとする募集新株予約権の数）の記載があれば足り、同条１項に規定する通知の内容の記載がされていることは要しません。通常は、申込人の人数分の新株予約権申込証を添付することになりますが、それに代えて、発行会社の代表者が作成した新株予約権の引受けの申込みがあったことを証する書面[78]に、新株予約権申込証のひな形と申込人の一覧表を合綴したもので代用することも認められています（平成14年８月28日民商第2037号民事局商事課長通知）。

　　株主割当ての場合は、公開会社か非公開会社かにかかわらず、募集新株予約権の引受けの申込期日の２週間前までに、①募集事項、②当該株主が割当てを受ける募集新株予約権の内容及び数、③募集新株予約権の引受けの申込期日を通知しなければなりません（会社法241条４項）が、この期間は、株主全員の同意があれば短縮することができます（昭和54年11月６日民四第5692号民事局第四課長回答）。その場合には、期間の短縮についての総株主の同意を証する書面（後記資料２のとおり。）及び株主リスト（商業登記規則61条

---

[78] この書面には、申込証の枚数、申込みがあった新株予約権の個数、各新株予約権の発行に際して払い込むべき価額（無償で発行する場合を除く。）及び申込取扱期間を記載し、当該記載事項のとおり申込みがあったことを証明する旨の記載がなされている必要があります（同通知）。なお、新株予約権付社債においては、それらのほか、社債の総額及び社債の発行価額の総額の記載もなされる必要があります（同通知）。

2項)の添付が必要となります。

【資料1　募集新株予約権の引受けの申込みを証する書面】法務局ＨＰより

第○回募集新株予約権申込証

1　○○株式会社第○回募集新株予約権　○個

　貴社の定款及び募集要項並びに本証の諸事項承認の上、募集新株予約権を引き受けたく、ここに上記のとおり申込みいたします。

　1　申込拠出金は、割当てを受けた募集新株予約権に対する払込金に振り替えて充当されても異議がないこと。

　2　割当ての結果、申し込んだ募集新株予約権の全部又は一部を引き受けられないときでも、申込証拠金に対する利息又は損害金等は一切請求することができないこと。

　　なお、この場合における当該申込証拠金の返還の時期及び方法については、会社において適宜取り扱われて差し支えないこと。

　3　募集新株予約権の発行価額の払込期日までに割当てを受けた募集新株予約権に対する全額の払込みをしないときは、上記の申込証拠金を没収されても異議がないこと。

令和○年○月○日

　　　　　　　　　　　　　　　○県○市○町○丁目○番○号
　　　　　　　　　　　　　　　　　○○株式会社
　　　　　　　　　　　　　　　　　　代表取締役　○○○○

○○株式会社　御中

【資料２　総株主の同意書】

期間短縮に関する総株主の同意書

　私たち株主全員は、○○株式会社が令和○年○月○日開催の株主総会の決議に基づいて募集新株予約権の発行をするにあたって、会社法第241条第４項に定める通知期間を短縮してこれを行うことに同意します。

　　令和○年○月○日

　　　　　　　　　　　　　　　　　　　　○○県○○市…
　　　　　　　　　　　　　　　　　　　　　株主　Ａ
　　　　　　　　　　　　　　　　　　　　○○県○○市…
　　　　　　　　　　　　　　　　　　　　　株主　Ｂ
　　　　　　　　　　　　　　　　　　　　○○県○○市…
　　　　　　　　　　　　　　　　　　　　　株主　Ｃ
　　　　　　　　　　　　　　　　　　　　○○県○○市…
　　　　　　　　　　　　　　　　　　　　　株主　Ｄ

②　総数引受契約を証する書面

　　　総数引受契約を証する書面は、その契約書が１通であることや契約の当事者が１人であることは必要とされていないため、複数の契約書で複数の当事者との間で契約を締結する形式であっても、当該契約が実質的に同一の機会に一体的な契約で募集新株予約権の総数の引受けが行われたものと評価できるものであれば、有効なものと解されています。契約書が複数ある場合は、それに代えて、発行会社の代表者が作成した総数引受契約があったことを証する書面に総数引受契約書のひな形及び引受者の一覧表を合綴したものにより代

用することが認められています（令和4年3月28日民商第122号商事課長通知）。この書面には、総数引受契約書の枚数、引受けがあった募集新株予約権の数、募集新株予約権の払込金額（無償で発行する場合を除く。）及び割当日を記載し、当該記載事項のとおり総数引受契約があったことを証する旨を記載した上で、発行会社の代表者が記名する必要があります（同通知）。

　なお、一般的に、新株予約権の引受人のみが署名した書面であって会社に差し入れたものは、当該株式会社と引受人の合意を証するものとはいえず、総数引受契約を証する書面にあたりません。しかし、登記実務上は、引受人のみが署名した書面であっても、その書面に当該株式会社の代表者が、①契約書が作成されていないこと、②契約成立日、③当該書面が会社法244条1項の総数引受契約を証する書面にあたることを奥書きしたものを添付した場合には、有効なものとして取り扱われています。

【総数引受契約書例】

(1) 複数の当事者が、1通の契約書で総数引受契約を締結する場合

総数引受契約書

　A（以下、「甲」という。）、B（以下、「乙」という。）及びC（以下、「丙」という。）は、〇〇株式会社（以下、「丁」という。）に対し、令和〇年〇月〇日開催の取締役会において決議された下記募集新株予約権につき、その総数を引受ける契約を申込み、丁はこれを承諾した。

記

1．新株予約権の名称　　　　第〇回新株予約権
2．募集新株予約権の数　　　〇〇個（契約対象の新株予約権）
3．募集新株予約権の払込金額　無償

4．募集新株予約権の割当日　　令和○年○月○日
5．その他新株予約権の内容　　別紙記載のとおりとする。
6．新株予約権引受人及び引受新株予約権数
　　　　甲　○○個
　　　　乙　○○個
　　　　丙　○○個

　　　令和○年○月○日
　　　　　　　　　　　　　（甲）○○県○○市…
　　　　　　　　　　　　　　　　　　A
　　　　　　　　　　　　　（乙）○○県○○市…
　　　　　　　　　　　　　　　　　　B
　　　　　　　　　　　　　（丙）○○県○○市…
　　　　　　　　　　　　　　　　　　C
　　　　　　　　　　　　　（丁）○○県○○市…
　　　　　　　　　　　　　　　　○○株式会社
　　　　　　　　　　　　　　　　代表取締役　　　D

(2) 複数の当事者が、複数の契約書で総数引受契約を締結する場合

総数引受契約書

　○○株式会社（以下、「甲」という。）及びA（以下、「乙」という。）は、甲が令和○年○月○日開催の株主総会において決議された下記募集新株予約権につき、乙及びBが共同してその総数を引受ける契約を締結した。
記
1．新株予約権の名称　　　　　第○回新株予約権

2．募集新株予約権の数　　　　○○個（契約対象の新株予約権）
3．募集新株予約権の払込金額　無償
4．募集新株予約権の割当日　　令和○年○月○日
5．その他新株予約権の内容　　別紙記載のとおりとする。
6．新株予約権引受人及び引受新株予約権数
　　　　乙　○○個
　　　　B　○○個
　以上、本契約の成立を証するため、契約書2通を作成し、甲乙各1通を保管する。

　令和○年○月○日

　　　　　　　　　（甲）○○県○○市…
　　　　　　　　　　　　○○株式会社
　　　　　　　　　　　　　代表取締役　　　D
　　　　　　　　　（乙）○○県○○市…
　　　　　　　　　　　　A

ウ　公開会社における第三者割当てで、取締役会の決議により募集事項の決定をする場合に、会社法240条2項・3項の通知又は公告が、割当日の2週間前までになされていないときは、その期間短縮についての総株主の同意を証する書面（後記資料のとおり。）及び株主リスト（商業登記規則61条2項）[79]

79　会社法240条2項・3項の通知又は公告をしたことを証する書面は、添付不要です。

【総株主の同意書】

期間短縮に関する総株主の同意書

　私たち株主全員は、○○株式会社が令和○年○月○日開催の取締役会の決議に基づいて募集新株予約権の発行をするにあたって、会社法第240条第3項に定める通知期間を短縮してこれを行うことに同意します。

　　令和○年○月○日

○○県○○市…　　　　　　　　　　
株主　　A　　　　　
○○県○○市…　　　　　　　　　　
株主　　B　　　　　
○○県○○市…　　　　　　　　　　
株主　　C　　　　　
○○県○○市…　　　　　　　　　　
株主　　D　　　　　

　エ　募集新株予約権と引換えにする金銭の払込みの期日を定めたとき（当該期日が割当日より前の日であるときに限る。）は、会社法246条1項の規定による払込み（同条2項の規定による金銭以外の財産の給付又は会社に対する債権をもってする相殺を含む。）があったことを証する書面（商業登記法65条2号）

　オ　会社法244条の2第5項の規定による募集新株予約権の引受けに反対する旨の通知があった場合において、同項の規定により株主総会の決議による承認を受けなければならない場合に該当しないときは、当該場合に該当しないことを証する書面（商業登記法65条3号）

【会社法第244条の2第5項の規定により株主総会の決議による承認を受けなければならない場合に該当しないことを証する書面】

株主総会の決議による承認を受けなければならない場合に該当しないことを証する書面

　当会社の募集新株予約権の引受人が、会社法第244条の2第1項の特定引受人に該当したため、同項の規定により株主に通知をしたところ、総株主の議決権の10分の1以上の議決権を有する株主から、当該特定引受人による募集株式の引受けに反対する旨の通知があったが、当会社の財産の状況が著しく悪化しており、当会社の事業の継続のため緊急の必要があったことから、同条第4項ただし書の規定により、株主総会の決議による承認を受けることなく、当該募集株式を発行したことを証明します。

　　令和〇年〇月〇日

　　　　　　　　　　　　　　〇県〇市〇町〇丁目〇番〇号
　　　　　　　　　　　　　　〇〇株式会社
　　　　　　　　　　　　　　　代表取締役　　〇〇〇

　カ　経済産業大臣・法務大臣の確認を受けた設立後15年未満の株式会社において、委任決議に基づき、取締役（取締役会設置会社にあっては、取締役会）が募集新株予約権の募集事項を定めた場合は両大臣が交付する確認書（商業登記法19条）

　　（※）設立後15年未満であることは、割当日において当該株式会社の登記記録から確認されます。

　キ　司法書士等に申請代理を委任する場合は、委任状（商業登記法18条）

【委任状】

```
                    委 任 状

          住所   ○○県○○市…
          氏名   司法書士  ○○○


  私は、上記の者を代理人と定め、下記事項に関する一切の権限を委任
する。
                    記
 1．当会社の第○回新株予約権の発行の登記を申請をする一切の件
 1．原本還付の請求及び受領の件


    令和○年○月○日

                      ○○県○○市…
                      ○○株式会社
                         代表取締役   A   ㊞（※）
```

（※）登記所に提出している印鑑を押印します。

(5) 登録免許税

登録免許税は、申請1件につき金9万円です（登録免許税法別表1第24号(1)ヌ）。

【登記申請書例】

```
              株式会社変更登記申請書

 1．会社法人等番号       ○○○○-○○-○○○○○○
```

	フリガナ	○○○○
1．商　　　号		○○株式会社
1．本　　　店		○○県○○市…
1．登記の事由		募集新株予約権の発行（又は新株予約権付社債の発行）
1．登記すべき事項		別紙のとおり
1．登録免許税		金9万円
1．添付書類		株主総会議事録　　　　　　1通
		株主リスト　　　　　　　　1通
		募集新株予約権の引受けの申込みを証する書面　　　　　　1通
		委任状　　　　　　　　　　1通

上記のとおり登記の申請をする。

　　令和○年○月○日

　　　　　　○○県○○市…
　　　　　　　申請人　○○株式会社
　　　　　　○○県○○市…
　　　　　　　代表取締役　○○○○
　　　　　　○○県○○市…
　　　　　　　上記代理人　司法書士　○○○○
　　　　　　　連絡先の電話番号　○○○－○○○○－○○○○

○○法務局　御中

別　紙（登記すべき事項）

「新株予約権の名称」

第○回新株予約権

「新株予約権の数」

○○○個

「新株予約権の目的たる株式の種類及び数又はその算定方法」

普通株式○○○株

「募集新株予約権の払込金額若しくはその算定方法又は払込を要しないとする旨」

無償

「新株予約権の行使に際して出資される財産の価額又はその算定方法」

金○○○円

　なお、時価を下回る価額で新株式の発行又は自己株式の処分（本件新株予約権の行使に　よる場合を含まない。）を行うときは、次の算式により行使価額を調整し、調整により生じる１円未満の端数は切り上げる。

$$調整後行使価額 = 調整前行使価額 \times \frac{既発行株式数 + \frac{新規発行株式数 \times 1株当たりの払込金額}{新規発行前の株価}}{既発行株式数 + 新規発行株式数}$$

　なお、上記の算式において、「既発行株式数」とは、当社の発行済普通株式総数から当社が保有する当社普通株式にかかる自己株式数を控除した数とし、また、自己株式の処分を行う場合には、「新規発行株式数」を「処分する自己株式数」に、「新規発行前の株価」を「自己株式処分前の株価」に読み替えるものとする。

　また、本件新株予約権発行後、当社が当社普通株式の株式分割又は株式併合を行う場合は、次の算式により行使価額を調整し、調整により生

じる1円未満の端数は切り上げる。

$$\frac{調整後}{行使価額} = \frac{調整前}{行使価額} \times \frac{1}{株式分割又は株式併合の比率}$$

　また、本件新株予約権発行後、当社が他社と吸収合併をし、当社が吸収合併存続会社となる場合や、当社が他社と株式交換を行い完全親会社となる場合、又は当社が新設分割若しくは吸収分割を行う場合等、行使価額の調整を必要とするやむを得ない事由が生じたときは、当社は、合理的な範囲で行使価額の調整を行うことができる。

「新株予約権を行使することができる期間」
令和○年○月○日から令和○年○月○日まで
「新株予約権の行使の条件」
① 　新株予約権の割当てを受けた者（以下、「新株予約権者」という。）は、当社の取締役、監査役、従業員又はグループ子会社取締役、グループ子会社従業員の地位を失った後も、これを行使することができる。
　　ただし、新株予約権者が、次の事由のいずれかに該当する場合は、新株予約権を行使することができない。
⑴　取締役、監査役、若しくはグループ子会社取締役を解任され、又は正当な理由なく辞任した場合
⑵　従業員又はグループ子会社従業員を解雇された場合
⑶　取締役、監査役、従業員又はグループ子会社取締役、グループ子会社従業員が、当社と競業関係にある会社の取締役、監査役、執行役員、従業員、顧問、嘱託、コンサルタント等になるなど、当社の利益に反する行為を行ったと認められる場合
⑷　取締役、監査役又はグループ子会社取締役の在任期間が○年に満たず（ただし、取締役及びグループ子会社取締役については任期を

一期満了している場合を除く。)、又は割当日から○か月に満たない場合

(5) 退職した従業員又はグループ子会社従業員（管理職を除く。）の在籍期間が○年に満たず、又は割当日から○年に満たない場合

(6) 退職した従業員又はグループ子会社従業員（管理職）の在籍期間が○年に満たず、又は割当日から○年に満たない場合

(7) 禁錮以上の刑に処せられた場合

(8) 新株予約権者が当社所定の書面により本件新株予約権の全部又は一部を放棄する旨を申し出た場合

(9) 新株予約権者が死亡した日から○年以内に相続の手続が行われなかった場合

② 上記①(4)から(6)までの在任又は在籍期間の算定については、新株予約権者にグループ会社間の異動（地位の変更）があった場合には、グループ会社の役員又は従業員として在任又は在籍した期間を通算するものとする。

③ 本件新株予約権の相続による承継は、当初新株予約権者が被相続人となる相続においてのみ、これを認める。当該相続後の相続における相続人は、本件新株予約権を承継することができない。

「会社が新株予約権を取得することができる事由及び取得の条件」

① 当社が消滅会社となる合併契約書承認の議案、当社が分割会社となる分割契約若しくは分割計画承認の議案、当社が完全子会社となる株式交換契約書承認の議案又は株式移転の議案が当社株主総会で承認された場合には（株主総会の承認が不要の場合は、取締役会の承認がなされた場合）、当社は、当社取締役会において別途定める日において、無償で本件新株予約権を取得することができる。

② 新株予約権者が新株予約権の行使の条件に該当しなくなった場合には、当社は、当社取締役会において別途定める日において、本件新株

予約権を無償で取得することができる。

「原因年月日」

令和○年○月○日発行

(6) 登記記録の編成

募集新株予約権の発行の登記は、登記記録の「新株予約権」欄に次のように記録されます。

【登記記録例】

(1) 新株予約権を発行した場合

| 新株予約権 | 新株予約権の名称
　　第○回新株予約権
新株予約権の数
　　○○○個
新株予約権の目的たる株式の種類及び数又はその算定方法
　　普通株式　　○○○株
募集新株予約権の払込金額若しくはその算定方法又は払込を要しないとする旨
　　無償
新株予約権の行使に際して出資される財産の価額又はその算定方法
　　金○○○円
　なお、時価を下回る価額で新株式の発行又は自己株式の処分（本件新株予約権の行使による場合を含まない。）を行うときは、次の算式により行使価額を調整し、調整により生じる1円未満の端数は切り上げる。

$$調整後行使価額 = 調整前行使価額 \times \frac{既発行株式数 + \frac{新規発行株式数 \times 1株当たりの払込金額}{新規発行前の株価}}{既発行株式数 + 新規発行株式数}$$

　なお、上記の算式において、「既発行株式数」とは、当社の発行済普通株式総数から当社が保有する当社普通株式にかかる自己株式数を控除した数とし、また、自己株式の処分を行う場合には、「新規発行株式数」を「処分する自己株式数」 |

に、「新規発行前の株価」を「自己株式処分前の株価」に読み替えるものとする。

また、本件新株予約権発行後、当社が当社普通株式の株式分割又は株式併合を行う場合は、次の算式により行使価額を調整し、調整により生じる1円未満の端数は切り上げる。

$$\frac{調整後}{行使価額} = \frac{調整前}{行使価額} \times \frac{1}{株式分割又は株式併合の比率}$$

また、本件新株予約権発行後、当社が他社と吸収合併をし、当社が吸収合併存続会社となる場合や、当社が他社と株式交換を行い完全親会社となる場合、又は当社が新設分割若しくは吸収分割を行う場合等、行使価額の調整を必要とするやむを得ない事由が生じたときは、当社は、合理的な範囲で行使価額の調整を行うことができる。

新株予約権を行使することができる期間
　令和○年○月○日から令和○年○月○日まで
新株予約権の行使の条件
① 　新株予約権の割当てを受けた者（以下、「新株予約権者」という。）は、当社の取締役、監査役、従業員又はグループ子会社取締役、グループ子会社従業員の地位を失った後も、これを行使することができる。
　　ただし、新株予約権者が、次の事由のいずれかに該当する場合は、新株予約権を行使することができない。
⑴ 　取締役、監査役、若しくはグループ子会社取締役を解任され、又は正当な理由なく辞任した場合
⑵ 　従業員又はグループ子会社従業員を解雇された場合
⑶ 　取締役、監査役、従業員又はグループ子会社取締役、グループ子会社従業員が、当社と競業関係にある会社の取締役、監査役、執行役員、従業員、顧問、嘱託、コンサルタント等になるなど、当社の利益に反する行為を行ったと認められる場合
⑷ 　取締役、監査役又はグループ子会社取締役の在任期間が○年に満たず（ただし、取締役及びグループ子会社取締役については任期を一期満了している場合を除く。）、又は割当日から○か月に満たない場合
⑸ 　退職した従業員又はグループ子会社従業員（管理職を

| | 除く。)の在籍期間が○年に満たず、又は割当日から○年に満たない場合
(6) 退職した従業員又はグループ子会社従業員（管理職）の在籍期間が○年に満たず、又は割当日から○年に満たない場合
(7) 禁錮以上の刑に処せられた場合
(8) 新株予約権者が当社所定の書面により本件新株予約権の全部又は一部を放棄する旨を申し出た場合
(9) 新株予約権者が死亡した日から○年以内に相続の手続が行われなかった場合
② 上記①(4)から(6)までの在任又は在籍期間の算定については、新株予約権者にグループ会社間の異動（地位の変更）があった場合には、グループ会社の役員又は従業員として在任又は在籍した期間を通算するものとする。
③ 本件新株予約権の相続による承継は、当初新株予約権者が被相続人となる相続においてのみ、これを認める。当該相続後の相続における相続人は、本件新株予約権を承継することができない。
会社が新株予約権を取得することができる事由及び取得の条件
① 当社が消滅会社となる合併契約書承認の議案、当社が分割会社となる分割契約若しくは分割計画承認の議案、当社が完全子会社となる株式交換契約書承認の議案又は株式移転の議案が当社株主総会で承認された場合には（株主総会の承認が不要の場合は、取締役会の承認がなされた場合）、当社は、当社取締役会において別途定める日において、無償で本件新株予約権を取得することができる。
② 新株予約権者が新株予約権の行使の条件に該当しなくなった場合には、当社は、当社取締役会において別途定める日において、本件新株予約権を無償で取得することができる。
令和○年○月○日発行　令和○年○月○日登記 |

(2) 新株予約権付社債を発行した場合

| 新株予約権 | 新株予約権の名称
　　第○回　新株予約権付社債に付された新株予約権
新株予約権の数 |

| | ○○○個
新株予約権の目的たる株式の種類及び数又はその算定方法
　　普通株式○○○株
募集新株予約権の払込金額若しくはその算定方法又は払込を要しないとする旨
　　無償
新株予約権の行使に際して出資される財産の価額又はその算定方法
　　○○円
新株予約権を行使することができる期間
　　令和○年○月○日まで
新株予約権の行使の条件
この新株予約権は、行使の日の属する事業年度の直前の事業年度における当会社の税引前利益が○円以上である場合に行使することができる。
「会社が新株予約権を取得することができる事由及び取得の条件」
当会社は、当会社の新株予約権について、当会社が別に定める日が到来したときに、新株予約権の目的である株式の時価と権利行使価額との差額をもって取得することができる。
　　　　　　　　令和○年○月○日発行　令和○年○月○日登記 |
|---|

(3)　J-KISS型新株予約権を発行した場合

| 新株予約権 | 新株予約権の名称
　　第○回J-KISS型新株予約権
新株予約権の数
　　○○○個
新株予約権の目的たる株式の種類及び数又はその算定方法
(1)　新株予約権の目的である株式の種類及び数
　　　本新株予約権の目的たる株式の種類（以下、「転換対象株式」という。）は当会社の普通株式とする。ただし、次回株式資金調達において発行する株式が普通株式以外の種類株式である場合には、当該種類株式（ただし、その発行価額が転換価額と異なる場合には、1株当たり残余財産優先分配額及び当該種類株式の取得と引換えに発行される普通株式の数の算出上用いられる取得価額は適切に調整される。）とする。 |
|---|---|

本新株予約権の行使により当会社が転換対象株式を新たに発行し、又はこれに替えて当会社の保有する転換対象株式を処分する数は、本新株予約権の発行価額（以下に定義される。）の総額を転換価額で除して得られる数とする。ただし、本新株予約権の行使により1株未満の端数が生じるときは、1株未満の端数は切り捨て、現金による調整は行わない。

(2) 転換価額
　(a) 「転換価額」とは、以下のうちいずれか低い額（小数点以下切上げ）をいう。
　　(x) 割当日以降に資金調達を目的として当会社が行う（一連の）株式の発行（当該発行に際し転換により発行される株式の発行総額を除く総調達額が〇〇〇円以上のものに限るものとし、以下、「次回株式資金調達」という。）における1株当たり発行価額に〇.〇を乗じた額
　　(y) 〇〇〇円（以下、「評価額上限」という。）を次回株式資金調達の払込期日（払込期間が設定された場合には、払込期間の初日）の直前における完全希釈化後株式数で除して得られる額
　　　なお、「完全希釈化後株式数」とは、当会社の発行済普通株式の総数（ただし、自己株式を除く。）をいう。ただし、完全希釈化後株式数の算出上、普通株式以外の株式等（ただし、本新株予約権及び転換価額の定めを除き、本新株予約権と同一の条件を有する新株予約権を除く。）については、その時点で全て普通株式に転換され、又は当該株式等に付された権利が行使され普通株式が発行されたものと仮定し、後記(c)の場合を除き、当会社において発行を決定しいまだ未発行の新株予約権があるときは、当該新株予約権の全てが行使され普通株式が発行されたものと仮定する。「株式等」とは、当会社の株式、新株予約権、新株予約権付社債及びその他当会社の株式を取得できる権利をいう。
　(b) 前記(a)にかかわらず、割当日の〇か月後の応当日（以下、「転換期限」という。）以降における転換価額は、評価額上限を「新株予約権の行使の条件」の(2)に基づく承

認がされた日における完全希釈化後株式数で除して得られる額（小数点以下切上げ）とする。
(c) 前記(a)及び(b)にかかわらず、次回株式資金調達の実行日又は転換期限以前に支配権移転取引等を当会社が承認した場合における転換価額は、評価額上限を当該支配権移転取引等の実行日における完全希釈化後株式数で除して得られる額（小数点以下切上げ）とする。

なお、「支配権移転取引等」とは、(i)当会社の資産の全部又は実質的に全部に相当する部分の売却、譲渡その他の処分、(ii)合併、株式交換又は株式移転（ただし、かかる行為の直前における当会社の株式が、存続会社又は完全親会社の総株主の議決権の過半数を有することとなる場合を除く。）、(iii)吸収分割又は新設分割（ただし、当会社の事業の全部又は実質的に全部に相当する部分が承継される場合に限り、かかる行為の直前における当会社の株主が、承継会社又は新設会社の総株主の議決権の過半数を有することとなる場合を除く。）、(iv)当会社の株式等の譲渡又は移転（ただし、かかる取引の直前における当会社の株主が、当該取引の直後において引き続き総株主の議決権の過半数を保有することとなる場合を除く。）、又は(v)当会社の解散若しくは清算をいう。ただし、かかる行為が当会社の持株会社（当会社の完全親会社であり、当会社の株主がかかる行為の直前における当会社の議決権比率と実質的に同比率にて株式を保有することになる会社をいう。）の設立を目的として行われる場合、又は純粋な資金調達を目的として株式の発行又は処分が行われる場合を除く。

募集新株予約権の払込金額若しくはその算定方法又は払込を要しないとする旨
新株予約権１個当たり○○○円（以下、「本新株予約権の発行価額」という。）
新株予約権の行使に際して出資される財産の価額又はその算定方法
各本新株予約権の行使に際して出資すべき価額は○○○円とする。
新株予約権を行使することができる期間
各本新株予約権は、割当日の翌日以降、いつでも行使するこ

とができる。
新株予約権の行使の条件
　(1)　本新株予約権は、次回株式資金調達が発生することを条件として行使することができる。ただし、次回株式資金調達が転換期限までに発生しない場合、又は次回株式資金調達の実行日若しくは転換期限以前に支配権移転取引等を当会社が承認した場合はこの限りではない。
　(2)　次回株式資金調達が転換期限までに発生しない場合における本新株予約権の行使は、本新株予約権（転換価額の定めを除き本新株予約権と同一の条件を有する新株予約権を含む。以下、本項において同じ。）の発行価額の総額の過半数の本新株予約権の保有者がこれを承認した場合に限り行うことができる。
会社が新株予約権を取得することができる事由及び取得の条件
　(1)　株式を対価とする本新株予約権の取得条項
　　　　当会社は、次回株式資金調達を行うことを決定した場合には、当該取引の実行日までの日であって当会社の株主総会（当会社が取締役会設置会社である場合には取締役会）が別に定める日において、その前日までに行使されなかった本新株予約権を全て取得するものとし、当会社は本新株予約権を取得するのと引換えに、当該本新株予約権の発行価額をその時点における転換価額で除して得られる数の転換対象株式を交付する。
　　　　なお、上記の転換対象株式の数の算出にあたって１株に満たない端数が生じたときは、会社法第234条の規定に従って金銭を交付する。
　(2)　金銭を対価とする本新株予約権の取得条項
　　　　当会社が支配権移転取引等を行うことを決定した場合には、当該取引の実行日までの日であって当会社の株主総会（当会社が取締役会設置会社である場合には取締役会）が別に定める日において、その前日までに行使されなかった本新株予約権を全て取得するのと引換えに、各本新株予約権につき本新株予約権の発行価額の２倍に相当する金銭を交付する。
　　　　　　令和○年○月○日発行　　令和○年○月○日登記

> **コラム** J-KISS型新株予約権

　J-KISS（Japan-Key Investment and Stock Swap）型新株予約権は、主に起業前もしくは起業後間もない段階にある企業の成長ステージ（シード期）における資金調達方法として活用されています。

　投資家に新株予約権を割当てることによる資金調達ですので、金融機関等からの借入れのように負債が増えることもなく、出資者に株式を発行することで経営に介入されることもなく、資金を調達することができる点が特徴といえます。また、そもそもシード期のスタートアップ企業においては、財務データがなく、企業価値の評価（バリュエーション）が難しいのですが、J-KISS型新株予約権の場合、その発行時点ではバリュエーションが行われません。バリュエーションは、主に、事業が本格的に動き始めて、商品やサービスの認知が進み、顧客が増え始める成長ステージ（シリーズA）で行われ、この時に、J-KISS型新株予約権が、普通株式や優先株式に転換される仕組みになっています。バリュエーションを先延ばしにできることで、投資における詳細な条件交渉を将来に繰り延べることができ、簡易・迅速な資金調達をすることができます。

第3章　新株予約権無償割当て

1　意義

　株式会社は、株主（種類株式発行会社にあっては、ある種類の種類株主）に対して新たに払込みをさせないで当該株式会社の新株予約権の割当て（以下、「新株予約権無償割当て」という。）をすることができます（会社法277条）。

　なお、株式の無償割当てでは、株式を発行したり、自己株式を処分したり、株式の発行と自己株式の処分を混在させたりすることができますが、新株予約権無償割当てでは、新たな新株予約権を発行するか、自己新株予約権を処分するかのどちらかしか行うことができず、両者を混在させて行うことはできないと解されています。

2　手続

　株式会社は、定款に別段の定めがある場合を除き[80]、株式会社の普通決議

（取締役会設置会社にあっては、取締役会の決議）によって、次の事項を定める必要があります（会社法278条）。また、新株予約権無償割当てによりある種類の株式の種類株主に損害を及ぼすおそれがあるときは、原則として、当該種類株主総会の特別決議がなければ、その効力を生じません（会社法322条1項6号、324条2項4号）。ただし、第1部第11章の種類株主総会の決議を要しない旨を定款で定めたときは株式会社は、種類株主総会の特別決議に代えて、効力発生日の20日前までに、当該種類株式の株主に対し、当該定款変更を通知又は公告しなければならず、反対株主の株式買収請求の手続きが必要になります（会社法116条）。

①　株主に割り当てる新株予約権の内容及び数又はその算定方法
②　①の新株予約権が新株予約権付社債に付されたものであるときは、当該新株予約権付社債についての社債の種類及び各社債の金額の合計額又はその算定方法
③　当該新株予約権無償割当てが効力発生日
④　株式会社が種類株式発行会社である場合には、当該新株予約権無償割当てを受ける株主の有する株式の種類

新株予約権無償割当ての効力は、③の効力発生日に生じ、①の割当てを受けた株主は、当該日に当該新株予約権の新株予約権者（①の新株予約権が新株予約権付社債に付されたものであるときは、①の新株予約権の新株予約権者及び②の社債の社債権者）になります（会社法279条1項）。

株式会社は、効力発生日後遅滞なく、株主（種類株式発行会社にあっては、④の種類の種類株主）及びその登録株式質権者に対し、当該株主が割当てを

80　新株予約権無償割当てに関する事項の決定については、定款に別段の定めを設けることで、業務執行者が決定すべきとすることや、取締役会設置会社において株主総会の決議により決定すべきこととすることもできます。

受けた新株予約権の内容及び数（①の新株予約権が新株予約権付社債に付されたものであるときは、当該株主が割当てを受けた社債の種類及び各社債の金額の合計額を含む。）を通知しなければなりません（同条２項）。この通知がされた場合において、株主に割り当てる新株予約権の行使期間の末日が当該通知の日から２週間を経過する日前に到来するときは、行使期間は、当該通知の日から２週間を経過する日まで延長されたものとみなされます（同条３項）[81]。

3 登記手続

(1) 登記期間

株式会社は、新株予約権無償割当てをし、新たに新株予約権を発行したとき[82]は、その効力発生日から２週間以内に、その本店の所在地において、変更の登記をしなければなりません（会社法915条１項、911条３項12号）。

(2) 登記の事由

登記の事由は、「新株予約権無償割当て」「第〇回新株予約権付社債に付された新株予約権無償割当て」です。

(3) 登記すべき事項

登記すべき事項は、第１章の募集新株予約権の発行と同様です。

(4) 添付書類

・株主総会議事録（商業登記法46条２項）及び株主リスト（商業登記規

---

[81] この特定の株主との関係で、行使期間が延長されたものとみなされる場合でも、新株予約権の行使期間の変更登記をする必要はありません（平成27年２月６日民商第13号通達）。

[82] 自己新株予約権のみを交付した場合は、登記事項に変更は生じません。

則61条3項）又は取締役会議事録（後記資料1のとおり。）
- 割当てに関する事項の決定機関について定款に別段の定めがあるときは、定款（商業登記規則61条1項）
- 上記2但書の種類株主総会の特別決議を要する場合は、種類株主総会議事録（商業登記法46条2項）及び株主リスト（商業登記規則61条3項）
- 司法書士等に申請代理を委任する場合は、委任状（商業登記法18条、後記資料2のとおり。）

(5) **登録免許税**

登録免許税は、申請1件につき金9万円です（登録免許税法別表1第24号(1)ヌ）。

【登記申請書例】

株式会社変更登記申請書

1．会社法人等番号	○○○○−○○−○○○○○○
フリガナ	○○○○
1．商　　　　号	○○株式会社
1．本　　　　店	○○県○○市…
1．登記の事由	新株予約権無償割当て
1．登記すべき事項	別紙のとおり
1．登録免許税	金9万円
1．添 付 書 類	取締役会議事録　　　　1通
	委任状　　　　　　　　1通

上記のとおり登記の申請をする。

令和○年○月○日

```
                    ○○県○○市…
                      申請人    ○○株式会社
                    ○○県○○市…
                      代表取締役  ○○○○
                    ○○県○○市…
                      上記代理人  司法書士  ○○○○
                      連絡先の電話番号  ○○○－○○○○－○○○○
       ○○法務局  御中
```

別紙については、募集新株予約権の発行の登記と同様なので省略します。

【資料1　取締役会議事録】

取締役会議事録

　令和○年○月○日午前○○時○○分より本店において、取締役会を開催した。

```
       取締役総数      ○名    出席取締役数    ○名
       監査役総数      ○名    出席監査役数    ○名
    出席役員
       代表取締役   ○○○○（議長兼議事録作成者）
       取  締  役   ○○○○
       取  締  役   ○○○○
       監  査  役   ○○○○
```

　上記のとおり出席があったので定刻代表取締役○○○○は選ばれて議長となり開会を宣し直ちに議事に入った。

第1号議案　　　新株予約権無償割当てに関する事項の決定の件
　議長は、下記のとおり、会社法第278条の規定に基づき新株予約権無償割当てを行いたい旨を述べ、議場に諮ったところ、全員一致をもって承認可決した。

記

（略：募集新株予約権の発行の場合と同様に新株予約権の内容を記載する）

　以上をもって本取締役会の議案全部を終了したので、議長は閉会の挨拶を述べ、午前〇〇時〇〇分散会した。
　上記の決議を明確にするため、この議事録を作成し、出席取締役及び出席監査役の全員がこれに記名をする。

　　令和〇年〇月〇日

　　　　　　　　　　　　　　　　　〇〇株式会社
　　　　　　　　　　　　　　　　　　出席取締役　　A
　　　　　　　　　　　　　　　　　　同　　　　　　B
　　　　　　　　　　　　　　　　　　同　　　　　　C
　　　　　　　　　　　　　　　　　　出席監査役　　D

【資料2　委任状】

委　任　状

　　　　住所　　〇〇県〇〇市…
　　　　氏名　　司法書士　〇〇〇

私は、上記の者を代理人と定め、下記事項に関する一切の権限を委任する。

１．当会社の新株予約権無償割当てによる変更登記申請をする一切の件
１．原本還付の請求及び受領の件

　　令和○年○月○日

　　　　　　　　　　　　　　　　　○○県○○市…
　　　　　　　　　　　　　　　　　○○株式会社
　　　　　　　　　　　　　　　　　代表取締役　Ａ　㊞（※）

（※）登記所に提出している印鑑を押印します。

(6) 登記記録の編成

　新株予約権無償割当てによる登記記録への記録は、募集新株予約権の発行の場合と同様、発行する新株予約権の内容が登記記録の「新株予約権」欄に記録されます（募集新株予約権の発行の場合と同様なので、記録例の掲載は省略します。）。

第4章　新株予約権の内容の変更

1　意　義

新株予約権の内容（行使期間の延長等）に変更が生じた場合は、その旨の変更登記をする必要があります。

2　手　続

(1)　変更決議

　　新株予約権の内容を変更するには、原則的として新株予約権の発行決議を行った決議機関による変更決議が必要となります。

　　また、取締役会（又は取締役の過半数の一致）により、内容の変更決議をした場合で、その変更が株主以外の者に対して、特に有利な条件となるときは、他にも株主総会の特別決議が必要になります（平成8年7月25日民四第1350号民事局第四課長通知、登記研究590号156頁）。

2　手続

(2)　新株予約権者全員の同意

　　上記(1)の手続のほか、原則的には、当該新株予約権者全員の同意が必要となりますが、発行後の新株予約権の内容を変更することにつき、その変更が新株予約権者に不利にならないことが明らかである場合は、当該同意は不要です。

(3)　新株予約権付社債の場合

　　新株予約権付社債に付された新株予約権の内容の変更においては、上記(1)の変更決議（株主総会の特別決議を含む）と社債権者集会の決議及び裁判所の認可を得ること（会社法716条、734条1項）[83]が必要になります。なお、会社法735条の2第1項により、当該提案を可決する旨の社債権者集会があったものとみなされる場合は、当該社債権者集会の決議について裁判所の認可を受ける必要はありません（会社法735条の2第4項）。

(4)　株式分割等の場合

　　新株予約権の内容として、株式分割、株式併合、株式無償割当て、時価を下回る価額による募集株式の発行又は自己株式の処分、合併、会社分割等（以下、「会社分割等」という。）があった場合の新株予約権の行使により発行する株式の数についての調整規定が置かれているときは、調整規定を適用する原因となった株式分割等により登記事項に変更が生ずることになります。

83　これは、会社新株予約権付社債権者全員との合意をもって代えることもできます。
　（平成8年7月25日民四第1350号民事局第四課長通知、登記研究590号156頁）。

3 登記手続

(1) **登記期間**

株式会社は、新株予約権の変更の効力が生じた日から2週間以内に、その本店の所在地において、変更登記をしなければなりません（会社法915条1項、911条3項12号）。

(2) **登記の事由**

登記の事由は、「新株予約権の変更」です。

(3) **登記すべき事項**

登記すべき事項は、変更に係る新株予約権の登記事項及び変更年月日です。

(4) **添付書類**

・内容変更の決定機関に応じて、株主総会議事録及び株主リスト、取締役会議事録（商業登記法46条2項、商業登記規則61条3項）

・新株予約権者全員の同意書

・新株予約権付社債に付された新株予約権の内容の変更の場合は社債権者集会の議事録及び裁判所の許可書

　※会社と新株予約権付社債権者全員との同意書により、これに代えることができます。

　また、会社法735条の2第1項による社債権者集会があったものとみなされる場合は、裁判所の許可証は不要です。

・株式分割等による内容変更の場合は、株式分割・併合等に係る株主総会議事録等

・司法書士等に申請代理を委任する場合は、委任状（商業登記法18条、後記資料2のとおり。）

3 登記手続

(5) 登録免許税

登録免許税は、申請1件につき金3万円です（登録免許税法別表124号(1)ツ）。

【登記申請書例】

株式会社変更登記申請書

1．会社法人等番号　　　〇〇〇〇－〇〇－〇〇〇〇〇〇

　　　フリガナ　　　　〇〇〇〇
1．商　　　号　　　　〇〇株式会社
1．本　　　店　　　　〇〇県〇〇市…
1．登記の事由　　　　新株予約権の変更
1．登記すべき事項　　別紙のとおり
1．登録免許税　　　　金3万円
1．添付書類　　　　　取締役会議事録　　　　　　1通
　　　　　　　　　　新株予約権者全員の同意書　　1通
　　　　　　　　　　委任状　　　　　　　　　　　1通

　上記のとおり登記の申請をする。

　　　令和〇年〇月〇日
　　　　　　〇〇県〇〇市…
　　　　　　　申請人　　〇〇株式会社
　　　　　　〇〇県〇〇市…
　　　　　　　　代表取締役　〇〇〇〇
　　　　　　〇〇県〇〇市…
　　　　　　　　上記代理人　司法書士　〇〇〇〇

連絡先の電話番号　○○○－○○○○－○○○○

○○法務局　御中

別　紙（登記すべき事項）

「新株予約権の名称」第○回新株予約権

「新株予約権の目的である株式の種類及び数又はその算定方法」

普通株式200株

なお、当社が当社普通株式につき、株式分割（当社普通株式の株式無償割当てを含む。以下、株式分割の記載につき同じ。）又は株式併合を行う場合には、各新株予約権の目的である株式の数（以下、「付与株式数」という。）を次の算式により調整し、調整の結果生じる1株未満の端数は、これを切り捨てるものとする。

調整後付与株式数＝調整前付与株式数×分割・併合の割合

また、上記のほか、付与株式数の調整を必要とするやむを得ない事由が生じたときは、合理的な範囲で付与株式数を調整する。

「原因年月日」令和○年○月○日変更

「新株予約権の行使に際して出資される財産の価額又はその算定方法」

　新株予約権の行使に際してする出資の目的は金銭とし、その価額は、新株予約権の行使に際して払込みをすべき1株当たりの金額金80,000円に付与株式数を乗じた金額とする。

なお、時価を下回る価額で新株式の発行又は自己株式の処分（本件新株予約権の行使による場合を含まない。）を行うときは、次の算式により行使価額を調整し、調整により生じる1円未満の端数は切り上げる。

$$調整後行使価額＝調整前行使価額 \times \frac{既発行株式数＋\dfrac{新規発行株式数 \times 1株当たりの払込金額}{新規発行前の株価}}{既発行株式数＋新規発行株式数}$$

なお、上記の算式において、「既発行株式数」とは、当社の発行済普通株式総数から当社が保有する当社普通株式にかかる自己株式数を控除した数とし、また、自己株式の処分を行う場合には、「新規発行株式数」を「処分する自己株式数」に、「新規発行前の株価」を「自己株式処分前の株価」に読み替えるものとする。
　また、本件新株予約権発行後、当社が当社普通株式の株式分割又は株式併合を行う場合は、次の算式により行使価額を調整し、調整により生じる1円未満の端数は切り上げる。

$$\frac{調整後}{行使価額} = \frac{調整前}{行使価額} \times \frac{1}{株式分割又は株式併合の比率}$$

　また、本件新株予約権発行後、当社が他社と吸収合併をし、当社が吸収合併存続会社となる場合や、当社が他社と株式交換を行い完全親会社となる場合、又は当社が新設分割若しくは吸収分割を行う場合等、行使価額の調整を必要とするやむを得ない事由が生じたときは、当社は、合理的な範囲で行使価額の調整を行うことができる。
「原因年月日」令和○年○月○日変更

【資料　委任状】

委　任　状

　　　住所　　○○県○○市…
　　　氏名　　司法書士　　○○○

　私は、上記の者を代理人と定め、下記事項に関する一切の権限を委任

する。
記
1．当会社の第○回新株予約権の変更による登記申請をする一切の件
1．原本還付の請求及び受領の件

　　令和○年○月○日

　　　　　　　　　　　　　　　　　○○県○○市…
　　　　　　　　　　　　　　　　　○○株式会社
　　　　　　　　　　　　　　　　　代表取締役　　A　　㊞（※）

（※）登記所に提出している印鑑を押印します。

(6) **登記記録の編成**

　新株予約権の変更の登記は、登記記録の「新株予約権」欄に次のように記録されます。

【登記記録例】

| 新株予約権 | 第○回新株予約権
　新株予約権の数
　　○○個
　新株予約権の目的である株式の種類及び数又はその算定方法
　　普通株式　40株
　　　なお、当社が当社普通株式につき、株式分割（当社普通株式の株式無償割当てを含む。以下、株式分割の記載につき同じ。）又は株式併合を行う場合には、各新株予約権の目的である株式の数（以下、「付与株式数」という。）を次の算式により調整し、調整の結果生じる1株未満の端数は、これを切り捨てるものとする。
　　　　調整後付与株式数＝調整前付与株式数×分割・併合の割合
　　　また、上記のほか、付与株式数の調整を必要とするやむを得ない事由が生じたときは、合理的な範囲で付与株 |

式数を調整する。

普通株式200株

なお、当社が当社普通株式につき、株式分割（当社普通株式の株式無償割当てを含む。以下、株式分割の記載につき同じ。）又は株式併合を行う場合には、各新株予約権の目的である株式の数（以下、「付与株式数」という。）を次の算式により調整し、調整の結果生じる1株未満の端数は、これを切り捨てるものとする。

調整後付与株式数＝調整前付与株式数×分割・併合の割合

また、上記のほか、付与株式数の調整を必要とするやむを得ない事由が生じたときは、合理的な範囲で付与株式数を調整する。

令和○年○月○日変更　令和○年○月○日登記

募集新株予約権の払込金額若しくはその算定方法又は払込みを要しないとする旨

無償

新株予約権の行使に際して出資される財産の価額又はその算定方法

新株予約権の行使に際してする出資の目的は金銭とし、その価額は、新株予約権の行使に際して払込みをすべき1株当たりの金額金40,000円に付与株式数を乗じた金額とする。

なお、時価を下回る価額で新株式の発行又は自己株式の処分（本件新株予約権の行使による場合を含まない。）を行うときは、次の算式により行使価額を調整し、調整により生じる1円未満の端数は切り上げる。

$$調整後行使価額＝調整前行使価額 \times \frac{既発行株式数＋\frac{新規発行株式数 \times 1株当たりの払込金額}{新規発行前の株価}}{既発行株式数＋新規発行株式数}$$

なお、上記の算式において、「既発行株式数」とは、当社の発行済普通株式総数から当社が保有する当社普通株式にかかる自己株式数を控除した数とし、また、自己株式の処分を行う場合には、「新規発行株式数」を「処分する自己株式数」に、「新規発行前の株価」を「自己株式処分前の株価」に読み替えるものとする。

また、本件新株予約権発行後、当社が当社普通株式の株式

分割又は株式併合を行う場合は、次の算式により行使価額を調整し、調整により生じる１円未満の端数は切り上げる。

$$\frac{調整後}{行使価額} = \frac{調整前}{行使価額} \times \frac{1}{株式分割又は株式併合の比率}$$

　また、本件新株予約権発行後、当社が他社と吸収合併をし、当社が吸収合併存続会社となる場合や、当社が他社と株式交換を行い完全親会社となる場合、又は当社が新設分割若しくは吸収分割を行う場合等、行使価額の調整を必要とするやむを得ない事由が生じたときは、当社は、合理的な範囲で行使価額の調整を行うことができる。

　新株予約権の行使に際してする出資の目的は金銭とし、その価額は、新株予約権の行使に際して払込みをすべき１株当たりの金額金80,000円に付与株式数を乗じた金額とする。

　なお、時価を下回る価額で新株式の発行又は自己株式の処分（本件新株予約権の行使による場合を含まない。）を行うときは、次の算式により行使価額を調整し、調整により生じる１円未満の端数は切り上げる。

$$調整後行使価額 = 調整前行使価額 \times \frac{既発行株式数 + \frac{新規発行株式数 \times １株当たりの払込金額}{新規発行前の株価}}{既発行株式数 + 新規発行株式数}$$

　なお、上記の算式において、「既発行株式数」とは、当社の発行済普通株式総数から当社が保有する当社普通株式にかかる自己株式数を控除した数とし、また、自己株式の処分を行う場合には、「新規発行株式数」を「処分する自己株式数」に、「新規発行前の株価」を「自己株式処分前の株価」に読み替えるものとする。

　また、本件新株予約権発行後、当社が当社普通株式の株式分割又は株式併合を行う場合は、次の算式により行使価額を調整し、調整により生じる１円未満の端数は切り上げる。

$$\frac{調整後}{行使価額} = \frac{調整前}{行使価額} \times \frac{1}{株式分割又は株式併合の比率}$$

また、本件新株予約権発行後、当社が他社と吸収合併をし、当社が吸収合併存続会社となる場合や、当社が他社と株式交換を行い完全親会社となる場合、又は当社が新設分割若しくは吸収分割を行う場合等、行使価額の調整を必要とするやむを得ない事由が生じたときは、当社は、合理的な範囲で行使価額の調整を行うことができる。
　　　　　　　　令和○年○月○日変更　令和○年○月○日登記
新株予約権を行使することができる期間
　令和○年○月○日から令和○年○月○日まで
新株予約権の行使の条件
新株予約権の割当てを受けた者は、権利行使時においても、当社の取締役、監査役又は従業員であることを要する。
　　　　　　　　令和○年○月○日発行　令和○年○月○日登記

第5章　新株予約権の行使

1　意　義

　新株予約権者は、新株予約権を行使する日に出資を履行し、当該新株予約権の目的である株式の株主となります（会社法282条1項）。新株予約権の行使により、株式は、新株式の発行又は自己株式の処分によって、当該株主に交付されます。なお、株式会社は、自己新株予約権を行使することができないものとされています（会社法280条6項）。

2　手　続

(1)　**新株予約権の行使の方法**

　新株予約権の行使は、①その行使に係る新株予約権の内容及び数と、②新株予約権を行使する日を明らかにしてしなければなりません（会社法280条1項）。この場合においては、各証券が発行されていないときを除き、当該新株予約権が証券発行新株予約権であるときは当該新株予約権

証券を会社に提出し(同条2項)、当該新株予約権が証券発行新株予約権付社債に付されたものであるときは当該新株予約権付社債に係る新株予約権付社債券を株式会社に提示しなければなりません(同条3項)[84]・[85]。

(2) 行使に際してする金銭の払込み及び財産の出資

ア 金銭の払込み

　金銭を新株予約権の行使に際してする出資の目的とするときは、新株予約権者は、(1)②の行使日に、株式会社が定めた銀行等の払込取扱機関において、その行使に係る新株予約権についての払込金額の全額を払い込まなければなりません(会社法281条1項)[86]。なお、新株予約権者は、金銭の払込みをする債務と株式会社に対する債権とを相殺することができません(会社法281条3項)。

イ 金銭以外の財産の出資

　金銭以外の財産を新株予約権の行使に際してする出資の目的とするときは、新株予約権者は、上記(1)②の行使日に、その行使に係る新株予約権についての当該財産を給付しなければならず、この価額が募集事項における出資すべき財産の価額に足りないときは、払込取扱機関においてその差額に相当する金銭を払い込まなければなりません(会社法281条2項)[87]。なお、新株予約権者は、金銭以外の財産の給付をする債務と株式会社に対する債権とを相殺することができません(会

84　証券発行新株予約権付社債に付された新株予約権を行使しようとする場合において、当該新株予約権の行使により当該証券発行新株予約権付社債についての社債が消滅するときは、当該新株予約権の新株予約権者は、当該新株予約権を付した新株予約権付社債に係る新株予約権付社債券を株式会社に提出しなければなりません(会社法280条4項)。

85　証券発行新株予約権付社債についての社債の償還後に当該証券発行新株予約権付社債に付された新株予約権を行使しようとする場合には、当該新株予約権の新株予約権者は、当該新株予約権を付した新株予約権付社債に係る新株予約権付社債券を株式会社に提出しなければなりません(会社法280条5項)。

86　上場会社が取締役の報酬等として新株予約権を発行した場合は、行使日に金銭の払込みをする必要はありません(会社法236条3項)。

社法281条3項)。

　株式会社は、現物出資財産の価額を調査させるため、裁判所に対し、検査役の選任の申立てをしなければなりませんが（会社法284条1項)、次のいずれかの場合は、それぞれの財産の価額については、例外として検査役の調査は不要となります。

① 行使された新株予約権の新株予約権者が交付を受ける株式の総数が発行済株式の総数の10分の1を超えない場合における当該新株予約権者が給付する現物出資財産の価額（会社法284条9項1号）
② 現物出資財産について定められた会社法236条1項3号の価額の総額が500万円を超えない場合における当該現物出資財産の価額（会社法284条9項2号）
③ 現物出資財産のうち、市場価格のある有価証券について定められた会社法236条1項3号の価額が当該有価証券の市場価格として法務省令で定める方法により算定されるものを超えない場合における当該有価証券についての現物出資財産の価額（会社法284条9項3号）
　（※）法務省令で定める方法では、次の価額のうち、いずれかが高い額をもって有価証券の価格とされます（会社法施行規則59条)。
　　（ⅰ）新株予約権の行使の日（以下、この条において「行使日」という。）における当該有価証券を取引する市場における最終の価格（当該行使日に売買取引がない場合又は当該行使日が当該市場の休業日に当たる場合にあっては、その後最初になされた売買取引の成立価格）
　　（ⅱ）行使日において当該有価証券が公開買付け等の対象であるときは、当該行使日における当該公開買付け等に係る契約におけ

87　上場会社が取締役の報酬等として新株予約権を発行した場合は、行使日に財産の給付をする必要はありません（会社法236条3項)。

2 手続

　　　　る当該有価証券の価格
④　現物出資財産について定められた会社236条１項３号の価額が相当であることについて弁護士、弁護士法人、弁護士・外国法事務弁護士共同法人、公認会計士、監査法人、税理士又は税理士法人の証明（現物出資財産が不動産である場合にあっては、当該証明及び不動産鑑定士の鑑定評価。）を受けた場合における当該証明を受けた現物出資財産の価額（会社法284条９項４号）
　（※）ただし、(i)取締役、会計参与、監査役若しくは執行役又は支配人その他の使用人、(ii)新株予約権者、(iii)業務の停止の処分を受け、その停止の期間を経過しない者、(iv)弁護士法人、弁護士・外国法事務弁護士共同法人、監査法人又は税理士法人であって、その社員の半数以上が(i)又は(ii)に掲げる者のいずれかに該当するものは、この証明をすることはできません（会社法284条10項）。
⑤　現物出資財産が株式会社に対する金銭債権（弁済期が到来しているものに限る。）であって、当該金銭債権について定められた会社法236条１項３号の価額が当該金銭債権に係る負債の帳簿価額を超えない場合における当該金銭債権についての現物出資財産の価額（会社法284条９項５号）

　　　　現物出資と商業登記申請の添付情報との関係では、①と②の要件は、募集株式の発行による変更登記の登記申請情報の内容や登記記録から判明するため、それらに該当する場合、特段の添付情報を要しません。なお、新株予約権の行使の場合は、募集株式の発行等の場合と異なり、複数の新株予約権の行使を１つのグループとして判断することができないため、行使される個々の新株予約権ごとに①と②の各要件に該当するか否かを判断することになります。

(3) 資本金の額の計上

　新株予約権の行使があった場合には、資本金として、行使時の当該新株予約権の帳簿価額と行使に際して出資された財産の価額を合算した額のうち、交付する株式の総数に占める新株発行株式数の割合に相当する部分を資本金等増加限度額とし、その2分の1以上を計上する必要があります（会社法445条1項・2項、会社計算規則17条1項。自己株式のみを交付した場合は、資本金の額は増加しません。）。

3　登記手続

(1) 登記期間

　新株予約権の行使により登記事項に変更が生じた場合は、行使日より2週間以内に、その本店の所在地において、変更の登記をしなければなりません（会社法915条1項、911条3項12号）。

　ただし、新株予約権の行使の都度、変更登記を要するとすることは手続的な負担が大きいため、毎月末日現在までの変更分を一括して登記申請することも認められており、その場合は、当該末日から2週間以内に変更登記をしなければなりません（会社法915条3項）。

(2) 登記の事由

　登記の事由は、「第○回新株予約権の全部行使」「第○回新株予約権の一部行使」です（新株予約権付社債にあっては、「第○回新株予約権付社債に付された新株予約権の全部行使」「第○回新株予約権付社債に付された新株予約権の一部行使」です。）。

(3) 登記すべき事項

　登記すべき事項は、変更後の次の事項です。

① 発行済株式の総数並びに種類及び数
② 資本金の額
③ 新株予約権の数
④ 新株予約権の目的である株式の数（種類株式発行会社にあっては、その種類及び種類ごとの数）
⑤ 変更年月日
（※）月の末日までに行使された新株予約権についてまとめて変更の登記をする場合は、変更年月日は当該月の末日となりますが、新株予約権の行使の都度、変更の登記をする場合は、変更年月日は当該新株予約権の行使の日となります。

　ただし、①及び②に変更が生じる場合は、新株予約権の行使により新株式が発行されたときですので、自己株式が処分された場合は、それらの事項に変更は生じません。また、新株予約権の全部行使の場合には、登記官によりその旨とその年月日が登記され、当該新株予約権の登記に抹消記号が記録されます。

(4) 添付書類

・新株予約権の行使があつたことを証する書面（商業登記法57条1号）

　具体的には、新株予約権行使請求書（後記資料1のとおり。）や株主名簿管理人が作成した証明書、払込取扱期間が新株予約権行使請求の事務を取り扱う場合には、当該払込取扱機関が発行する行使請求取扱証明書（平成14年8月13日民商第1921号民事局商事課長通知、登記研究664号145頁の書式参照）等がこれに該当します。

　会社法281条及び282条の規定によれば、新株予約権者は行使日に発行会社が定めた銀行等の払込取扱機関において行使価額の全額を払い込むことにより、行使日に株主になるとされていますが、実務上、新

株予約権行使請求書の日付（行使日）と払込日が一致していないことがあります。この場合においても、便宜上、登記は受理される扱いとなっているようです。

・金銭を新株予約権の行使に際してする出資の目的とするときは、払込みがあつたことを証する書面（商業登記法57条2号）

　一般的には、募集株式の発行の登記と同様に、発行会社の代表者が作成した証明書に行使価額の全額の払込みがあった事実が記載された通帳等の写しを合綴したものが該当します。なお、「第1回新株予約権」、「第2回新株予約権」等の複数の新株予約権が発行されている場合は、代表者の作成に係る証明書は、種類ごとに作成する必要はなく、複数の種類をまとめて記載したものであっても、新株予約権の種類ごとに払込みがあった金額と新株予約権の数の記載がなされていれば、実務上、有効な添付書類として扱われています。

・金銭以外の財産を新株予約権の行使に際してする出資の目的とするときは、次の書面[88]

　○　検査役が選任されたときは、検査役の調査報告を記載した書面及びその附属書類（商業登記法57条3号イ）

　○　会社法284条9項3号に掲げる場合には、有価証券の市場価格を証する書面（商業登記法57条3号ロ）

　○　会社法284条9項4号に掲げる場合には、同号に規定する弁護士等の証明を記載した書面及びその附属書類（商業登記法57条3号ハ）

88　①行使された新株予約権の新株予約権者が交付を受ける株式の総数が発行済株式の総数の10分の1を超えない場合（会社法284条9項1号）、又は②現物出資財産について定められた会社法236条1項3号の価額の総額が500万円を超えない場合（会社法284条9項2号）は、募集株式の発行による変更登記の登記申請情報の内容や登記記録から判明するため、それらに該当する場合、特段の添付情報を要しません。なお、新株予約権の行使の場合は、募集株式の発行等の場合と異なり、複数の新株予約権の行使を1つのグループとして判断することができないため、行使される個々の新株予約権ごとに①と②の各要件に該当するか否かを判断することになります。

3 登記手続

> ○ 会社法284条9項5号に掲げる場合には、同号の金銭債権について記載された会計帳簿(商業登記法57条3号ニ)
> ○ 会社法281条2項後段に規定する場合には、同項後段に規定する差額に相当する金銭の払込みがあつたことを証する書面(商業登記法57条3号ホ)

- 募集事項の決定に際し資本金として計上しない額を定めた場合(会社法236条1項5号)には、その決定機関に応じ、株主総会、種類株主総会若しくは取締役会の議事録又は取締役の過半数の一致を証する書面(定款の定めがあることを要する場合にあっては、定款を含む。商業登記法46条2項・1項、商業登記規則61条1項)[89]
- 資本金の額が会社法及び会社計算規則の規定に従って計上されたことを証する書面(商業登記規則61条9項)
- 司法書士等に申請代理を委任する場合は、委任状(商業登記法18条、後記資料2のとおり。)

(5) 登録免許税

登録免許税は、申請1件につき、増加した資本金の額の1,000分の7(これによって計算した税額が3万円に満たないときは、3万円)です(登録免許税法別表1第24号(1)ニ)。新株予約権の行使により、資本金の額のほかにも変更が生じますが、この登録免許税を納付する限り、変更分の登録免許税を別途納付する必要はないとされています。

なお、新株予約権の行使により自己株式のみを交付したため、資本金の額の増加の登記がなされない場合は、新株予約権の数の減少等の変更登記として、申請1件につき、金3万円です(登録免許税法別表1第24号(1)ツ)。

---

[89] この決定機関が株主総会や種類株主総会であっても、それについての株主リストの添付は要しないと解されています(登記研究832号17頁)。

【登記申請書例】

株式会社変更登記申請書

1．会社法人等番号　　　〇〇〇〇-〇〇-〇〇〇〇〇〇

　　フリガナ　　　　　〇〇〇〇
1．商　　　号　　　　〇〇株式会社
1．本　　　店　　　　〇〇県〇〇市…
1．登記の事由　　　　第〇回新株予約権の全部行使（又は、第〇回新株予約権の一部行使）

1．登記すべき事項　　別紙のとおり
1．課税標準金額　　　金〇〇円
1．登録免許税　　　　金〇〇万円
1．添付書類　　　　　行使があったことを証する書面　　1通
　　　　　　　　　　　払込みを証する書面　　　　　　　1通
　　　　　　　　　　　資本金の額が会社法及び会社計算規則の規定に従って計上されたことを証する書面　　　　　　　　1通
　　　　　　　　　　　委任状　　　　　　　　　　　　　1通

　上記のとおり登記の申請をする。

　　令和〇年〇月〇日
　　　　　〇〇県〇〇市…
　　　　　　　申請人　　〇〇株式会社
　　　　　〇〇県〇〇市…
　　　　　　　代表取締役　〇〇〇〇

3 登記手続

```
                ○○県○○市…
                    上記代理人  司法書士  ○○○○
                    連絡先の電話番号  ○○○－○○○○－○○○○
      ○○法務局  御中
```

（全部行使により株式を発行した場合）

```
    別  紙（登記すべき事項）
   「発行済株式の総数並びに種類及び数」
    ○株
   「原因年月日」令和○年○月○日変更
   「資本金の額」
    金○円
   「原因年月日」令和○年○月○日変更
   「新株予約権の名称」
    第○回新株予約権
   「新株予約権の全部行使」
    令和○年○月○日新株予約権全部行使
```

（全部行使により自己株式の処分のみ行った場合）

```
    別  紙（登記すべき事項）
   「新株予約権の名称」
    第○回新株予約権
   「新株予約権の全部行使」
    令和○年○月○日新株予約権全部行使
```

（一部行使により株式を発行した場合）

```
    別  紙（登記すべき事項）
```

「発行済株式の総数並びに種類及び数」
○株
「原因年月日」令和○年○月○日変更
「資本金の額」
金○円
「原因年月日」令和○年○月○日変更
「新株予約権の名称」
第○回新株予約権
「新株予約権の数」
○個
「原因年月日」令和○年○月○日変更
「新株予約権の目的たる株式の種類及び数」
普通株式○株
「原因年月日」令和○年○月○日変更

(一部行使により自己株式の処分のみ行った場合)

別　紙（登記すべき事項）
「新株予約権の名称」
第○回新株予約権
「新株予約権の数」
○個
「原因年月日」令和○年○月○日変更
「新株予約権の目的たる株式の種類及び数」
普通株式○株
「原因年月日」令和○年○月○日変更

3 登記手続

【資料1　新株予約権行使請求書】

新株予約権行使請求書

　〇〇商事株式会社御中

　私は、現在所有する御社が発行した第〇回新株予約権（行使する新株予約権の内容は、第〇回新株予約権発行要領記載のとおり。）について、本日付けでその〇〇個の権利を行使します。

　　令和〇年〇月〇日
　　　　　　　　　　　　　〇〇県〇〇市…
　　　　　　　　　　　　　　新株予約権者　〇〇〇〇

【資料2　委任状】

委　任　状

　　　　　　　住所　〇〇県〇〇市…
　　　　　　　氏名　司法書士　〇〇〇

　私は、上記の者を代理人と定め、下記事項に関する一切の権限を委任する。

記

1．当会社の第〇回新株予約権の行使による変更登記の申請をする一切の件
1．原本還付の請求及び受領の件

令和○年○月○日

　　　　　　　　　　　　　○○県○○市…
　　　　　　　　　　　　　○○株式会社
　　　　　　　　　　　　　代表取締役　A　㊞（※）

（※）登記所に提出している印鑑を押印します。

(6) 登記記録の編成

新株予約権の行使により、登記事項に変更が生じたときの変更登記は、登記記録に次のように記録されます。

ア　全部行使の場合

① 株式を発行した場合

発行済株式の総数並びに種類及び数	発行済株式の総数 　○○株 発行済株式の総数 　○○万○○○○株 　　令和○年○月○日変更　令和○年○月○日登記
資本金の額	金○億円
	金○億○○○○万円 　　令和○年○月○日変更　令和○年○月○日登記

新株予約権	第○回新株予約権 　新株予約権の数 　　○○○個 　新株予約権の目的たる株式の種類及び数又はその算定方法 　　普通株式　○○○○株 　募集新株予約権の払込金額若しくはその算定方法又は払込を要しないとする旨 　　無償 　新株予約権の行使に際して出資される財産の価額又はその算定方法

	○○○万円 新株予約権を行使することができる期間 　　令和○年○月○日まで 新株予約権の行使の条件 　　この新株予約権は、行使の日の属する営業年度の直前の営業年度における当会社の税引前利益が○億円以上である場合に行使することができる。 会社が新株予約権を取得することができる事由及び取得の条件 　　当会社は当会社の新株予約権について、当会社が別に定める日が到来したときに、新株予約権の目的である株式の時価と権利行使価額との差額をもって取得することができる。 　　　　令和○年○月○日発行　　令和○年○月○日登記
	令和○年○月○日新株予約権全部行使 　　　　　　　　　　　　令和○年○月○日登記

② 自己株式の処分のみ行った場合

新株予約権	第○回新株予約権 　　新株予約権の数 　　　　○○○個 　　新株予約権の目的たる株式の種類及び数又はその算定方法 　　　　普通株式　　○○○○株 　　募集新株予約権の払込金額若しくはその算定方法又は払込を要しないとする旨 　　　　無償 　　新株予約権の行使に際して出資される財産の価額又はその算定方法 　　　　○○○万円 　　新株予約権を行使することができる期間 　　　　令和○年○月○日まで 　　新株予約権の行使の条件 　　　　この新株予約権は、行使の日の属する営業年度の直前の営業年度における当会社の税引前利益が○億円以上である場合に行使することができる。 　　会社が新株予約権を取得することができる事由及び

	取得の条件 　　当会社は当会社の新株予約権について、当会社が別に定める日が到来したときに、新株予約権の目的である株式の時価と権利行使価額との差額をもって取得することができる。 　　　　　令和○年○月○日発行　令和○年○月○日登記
	令和○年○月○日新株予約権全部行使 　　　　　　　　　　　　　　　令和○年○月○日登記

イ　一部行使の場合

①　株式を発行した場合

発行済株式の総数並びに種類及び数	発行済株式の総数 　○○万株
	発行済株式の総数 　○○万○○○○株 　　　令和○年○月○日変更　令和○年○月○日登記
資本金の額	金○億円
	金○億○○○○万円 　　　令和○年○月○日変更　令和○年○月○日登記

新株予約権	第○回新株予約権 　　新株予約権の数 　　　○○○個 　　　○○○個 　　　　　令和○年○月○日変更　令和○年○月○日登記 　　新株予約権の目的たる株式の種類及び数又はその算定方法 　　　普通株式　　○○○○株 　　　普通株式　　○○○○株 　　　　　令和○年○月○日変更　令和○年○月○日登記 　　募集新株予約権の払込金額若しくはその算定方法又は払込を要しないとする旨 　　　無償 　　新株予約権の行使に際して出資される財産の価額又

	はその算定方法 　　○○○万円 新株予約権を行使することができる期間 　　令和○年○月○日まで 新株予約権の行使の条件 　　この新株予約権は、行使の日の属する営業年度の直前の営業年度における当会社の税引前利益が○億円以上である場合に行使することができる。 会社が新株予約権を取得することができる事由及び取得の条件 　　当会社は当会社の新株予約権について、当会社が別に定める日が到来したときに、新株予約権の目的である株式の時価と権利行使価額との差額をもって取得することができる。 　　　　令和○年○月○日発行　令和○年○月○日登記

② 自己株式の処分のみ行った場合

新株予約権	第○回新株予約権 新株予約権の数 　　<u>○○個</u> 　　○○個 　　　　令和○年○月○日変更　令和○年○月○日登記 新株予約権の目的たる株式の種類及び数又はその算定方法 　　普通株式　<u>○○○○株</u> 　　普通株式　○○○○株 　　　　令和○年○月○日変更　令和○年○月○日登記 募集新株予約権の払込金額若しくはその算定方法又は払込を要しないとする旨 　　無償 新株予約権の行使に際して出資される財産の価額又はその算定方法 　　○○○万円 新株予約権を行使することができる期間 　　令和○年○月○日まで 新株予約権の行使の条件 　　この新株予約権は、行使の日の属する営業年度の

| | | 直前の営業年度における当会社の税引前利益が○億円以上である場合に行使することができる。
　当会社は当会社の新株予約権について、当会社が別に定める日が到来したときに、新株予約権の目的である株式の時価と権利行使価額との差額をもって取得することができる。
　　　令和○年○月○日発行　令和○年○月○日登記 |

第6章　新株予約権の消却

1　意義

　株式会社は、自己新株予約権を消却することができます（会社法276条1項）。

2　手続

　自己新株予約権の消却をするには、取締役の決定（取締役会設置会社にあっては、取締役会の決議）により消却する自己新株予約権の内容及び数を定めることが必要です（会社法276条、348条1項・2項）。また、新株予約権証券の破棄、新株予約権原簿からの抹消等の新株予約権の失効の手続も必要となります。

　登記実務上、消却の効力発生日は、上記決議により定めた場合は当該日、定めない場合は消却する自己新株予約権の内容及び数を決議した日とするものとして解されています。

3　登記手続

(1) 登記期間

　株式会社は、新株予約権の消却の効力が生じた日から2週間以内に、その本店の所在地にて、変更の登記をする必要があります（会社法915条1項、911条3項12号）。

(2) 登記の事由

　登記の事由は、「第○回新株予約権の全部消却」「第○回新株予約権の一部消却」です（新株予約権社債においては、「第○回新株予約権付社債に付された新株予約権の全部消却」「第○回新株予約権付社債に付された新株予約権の一部消却」です。）。

(3) 登記すべき事項

　登記すべき事項は、全部消却の場合は、その旨及び変更年月日、一部消却の場合は、変更後の新株予約権の数、新株予約権の目的たる株式の数（種類株式発行会社にあっては、その種類及び種類ごとの数）と変更年月日です。

(4) 添付書類

・取締役の過半数の一致を証する書面（取締役会設置会社にあっては、取締役会議事録（後記資料1のとおり。））

・司法書士等に申請代理を委任する場合は、委任状（商業登記法18条、後記資料2のとおり。）

(5) 登録免許税

　登録免許税は、申請1件につき、金3万円です（登録免許税法別表1第24号(1)ツ）。

3　登記手続

【登記申請書例】

株式会社変更登記申請書

1．会社法人等番号　　　　○○○○－○○－○○○○○○

　　フリガナ　　　　　　　○○○○
1．商　　　　号　　　　　○○株式会社
1．本　　　　店　　　　　○○県○○市…
1．登 記 の 事 由　　　　第○回新株予約権の全部消却（又は、第○回新株予約権の一部消却）
1．登記すべき事項　　　　別紙のとおり
1．登 録 免 許 税　　　　金３万円
1．添 付 書 類　　　　　取締役会議事録　　　　１通
　　　　　　　　　　　　　委任状　　　　　　　　１通

　上記のとおり登記の申請をする。

　　令和○年○月○日
　　　　　○○県○○市…
　　　　　　　申請人　　○○株式会社
　　　　　○○県○○市…
　　　　　　　代表取締役　　○○○○
　　　　　○○県○○市…
　　　　　　　上記代理人　司法書士　○○○○
　　　　　　　連絡先の電話番号　○○○－○○○○－○○○○
　○○法務局　御中

(全部消却の場合)

別　紙（登記すべき事項）

「新株予約権の名称」

第〇回新株予約権

「新株予約権の消却」

令和〇年〇月〇日新株予約権全部消却

(一部消却の場合)

別　紙（登記すべき事項）

「新株予約権の名称」

第〇回新株予約権

「新株予約権の数」

〇個

「原因年月日」令和〇年〇月〇日変更

「新株予約権の目的たる株式の種類及び数」

普通株式〇株

「原因年月日」令和〇年〇月〇日変更

【資料1　取締役会議事録】

(1)　新株予約権の全部消却の場合

取締役会議事録

　令和〇年〇月〇日午前〇〇時〇〇分より本店において、取締役会を開催した。

　　取締役総数　　　〇名　　出席取締役数　　　〇名

監査役総数　　　○名　　出席監査役数　　　○名
出席役員
　代表取締役　　○○○○（議長兼議事録作成者）
　取　締　役　　○○○○
　取　締　役　　○○○○
　監　査　役　　○○○○

　上記のとおり出席があったので定刻代表取締役○○○○は選ばれて議長となり開会を宣し直ちに議事に入った。

　第１号議案　　自己新株予約権の全部消却の件
　議長は、当会社が保有する下記記載の自己新株予約権の全部を本日付で消却したい旨を述べ、その理由を詳細に説明し、議場に諮ったところ、満場一致をもって承認可決した。
記
１．消却する自己新株予約権の名称及び内容
　第○回新株予約権
　内容は、当会社現在事項全部証明書記載のとおり
１．消却する自己新株予約権の数　　○○個

　以上をもって本取締役会の議案全部を終了したので、議長は閉会の挨拶を述べ、午前○○時○○分散会した。
　上記の決議を明確にするため、この議事録を作成し、出席取締役及び出席監査役の全員がこれに記名をする。

　　令和○年○月○日

　　　　　　　　　　　　　　　　　　○○株式会社

出席取締役	A
同	B
同	C
出席監査役	D

(2) 新株予約権の一部消却の場合

取締役会議事録

　令和○年○月○日午前○○時○○分より本店において、取締役会を開催した。

　　取締役総数　　　○名　　出席取締役数　　○名
　　監査役総数　　　○名　　出席監査役数　　○名
　出席役員
　　代表取締役　　○○○○（議長兼議事録作成者）
　　取　締　役　　○○○○
　　取　締　役　　○○○○
　　監　査　役　　○○○○

　上記のとおり出席があったので定刻代表取締役○○○○は選ばれて議長となり開会を宣し直ちに議事に入った。

　　第1号議案　　　自己新株予約権の一部消却の件
　議長は、当会社が保有する下記のとおり自己新株予約権の一部を本日付で消却したい旨を述べ、その理由を詳細に説明し、議場に諮ったところ、満場一致をもって承認可決した。

				記
1．消却する自己新株予約権の名称及び内容
　　第○回新株予約権
　　内容は、当会社現在事項全部証明書記載のとおり
1．消却する自己新株予約権の数　○○個

　以上をもって本取締役会の議案全部を終了したので、議長は閉会の挨拶を述べ、午前○○時○○分散会した。
　上記の決議を明確にするため、この議事録を作成し、出席取締役及び出席監査役の全員がこれに記名をする。

　　令和○年○月○日

　　　　　　　　　　　　　　　　○○株式会社
　　　　　　　　　　　　　　　　　出席取締役　　　A
　　　　　　　　　　　　　　　　　同　　　　　　B
　　　　　　　　　　　　　　　　　同　　　　　　C
　　　　　　　　　　　　　　　　　出席監査役　　D

【資料2　委任状】

				委　任　状

　　　　　　　　　住所　　○○県○○市…
　　　　　　　　　氏名　　司法書士　　○○○

　私は、上記の者を代理人と定め、下記事項に関する一切の権限を委任する。

				記

１．当会社の第○回新株予約権の消却による変更登記の申請をする一切の件
１．原本還付の請求及び受領の件

令和○年○月○日

　　　　　　　　　　　　　　　　○○県○○市…
　　　　　　　　　　　　　　　　○○株式会社
　　　　　　　　　　　　　　　　代表取締役　Ａ　㊞（※）

（※）登記所に提出している印鑑を押印します。

(6) 登記記録の編成

新株予約権を消却する登記は、登記記録の「新株予約権」欄に次のように記録されます。

ア　全部消却の場合

| 新株予約権 | 第○回新株予約権
　新株予約権の数
　　○○○個
　新株予約権の目的たる株式の種類及び数又はその算定方法
　　普通株式　○○○○株
　募集新株予約権の払込金額若しくはその算定方法又は払込を要しないとする旨
　　無償
　新株予約権の行使に際して出資される財産の価額又はその算定方法
　　金○○○万円
　新株予約権を行使することができる期間
　　令和○年○月○日まで
　新株予約権の行使の条件
　　この新株予約権は、行使の日の属する営業年度の直前の営業年度における当会社の税引前利益が○億円以上である場合に行使することができる。 |

555

3 登記手続

	会社が新株予約権を取得することができる事由及び取得の条件 　　当会社は当会社の新株予約権について、当会社が別に定める日が到来したときに、新株予約権の目的である株式の時価と権利行使価額との差額をもって取得することができる。 　　　　　　　　令和○年○月○日発行　令和○年○月○日登記
	令和○年○月○日新株予約権全部消却 　　　　　　　　　　　　　　　　　　令和○年○月○日登記

イ　一部消却の場合

新株予約権	第○回新株予約権 　新株予約権の数 　　○○○個 　　○○○個 　　　　　　　令和○年○月○日変更　令和○年○月○日登記 　新株予約権の目的たる株式の種類及び数又はその算定方法 　　普通株式　○○○○株 　　普通株式　○○○○株 　　　　　　　令和○年○月○日変更　令和○年○月○日登記 　募集新株予約権の払込金額若しくはその算定方法又は払込を要しないとする旨 　　無償 　新株予約権の行使に際して出資される財産の価額又はその算定方法 　　金○○○万円 　新株予約権を行使することができる期間 　　令和○年○月○日まで 　新株予約権の行使の条件 　　この新株予約権は、行使の日の属する営業年度の直前の営業年度における当会社の税引前利益が○億円以上である場合に行使することができる。 　会社が新株予約権を取得することができる事由及び取得の条件 　　当会社は当会社の新株予約権について、当会社が別に定める日が到来したときに、新株予約権の目的である株式の時価と権利行使価額との差額をもって取得することができ

	る。令和〇年〇月〇日発行　令和〇年〇月〇日登記

第7章　新株予約権の消滅

1　意義

　新株予約権は、第6章の自己新株予約権の消却の場合のほか、新株予約権の行使条件が満たされることがあり得なくなった場合、行使期間を経過した場合、新株予約権者がその有する新株予約権を放棄した場合等、新株予約権者がその有する新株予約権を行使することができなくなったときに消滅します（会社法287条）。

2　手続

　新株予約権の行使条件が満たされることがあり得なくなった場合や行使期間を経過した場合における新株予約権の消滅は、その条件の成就や期間の経過により当然に消滅するため、特段の手続は不要です。
　一方、新株予約権者がその有する新株予約権を放棄した場合における新株予約権の消滅は、新株予約権者から当該株式会社に対する権利を放棄する意

思表示が必要となります。

3 登記手続

(1) 登記期間

　株式会社は、新株予約権が消滅した日から2週間以内に、その本店の所在地において、変更の登記をする必要があります（会社法915条1項、911条3項12号）。

　ストックオプションを目的とした新株予約権が役員の退任等の事由で消滅する場合、退任日等が異なる日に生じたときは、各原因年月日ごとに変更登記が必要になるものと解されます（会社法915条2項又は3項に相当する規定がないためです。）。

(2) 登記の事由

　登記の事由は、「第○回新株予約権の消滅」（ただし、新株予約権の放棄の場合は、「第○回新株予約権の放棄」、行使期間満了の場合は、「第○回新株予約権行使期間満了」）です（新株予約権社債においては、「第○回新株予約権付社債に付された新株予約権の消滅」「第○回新株予約権付社債に付された新株予約権行使期間満了」等となります。）。

(3) 登記すべき事項

　登記すべき事項は、新株予約権の全部が消滅した場合は、その旨及びその変更年月日[90]、新株予約権の一部が消滅した場合は、変更後の新株予約権の数、新株予約権の目的である株式の数（種類株式発行会社にあっては、その種類及び種類ごとの数）と変更年月日です。

90　新株予約権の行使期間の満了の場合、例えば、新株予約権の行使期間が5月12日までと定められた場合は、翌日の5月13日（の到来時）に、新株予約権の消滅の効力が生じるため、この変更年月日は、行使期間経過の翌日となります。

(4) **添付書類**

・司法書士等に申請代理を委任する場合は、委任状（商業登記法18条、後記資料のとおり。）[91]

(5) **登録免許税**

登録免許税は、申請1件につき、金3万円です（登録免許税法別表1第24号(1)ツ）。

【登記申請書例】

<pre>
                   株式会社変更登記申請書

   1．会社法人等番号   ○○○○－○○－○○○○○○

         フリガナ   ○○○○
   1．商   号   ○○株式会社
   1．本   店   ○○県○○市…
   1．登記の事由   第○回新株予約権の消滅（※）
   1．登記すべき事項   別紙のとおり
   1．登録免許税   金3万円
   1．添付書類   委任状   1通

   上記のとおり登記の申請をする。

      令和○年○月○日
         ○○県○○市…
              申請人   ○○株式会社
         ○○県○○市…
              代表取締役 ○○○○
</pre>

---

91 新株予約権の放棄の場合も、委任状以外の添付書面を要しません。

```
            ○○県○○市…
               上記代理人　司法書士　○○○○
               連絡先の電話番号　○○○－○○○○－○○○○
  ○○法務局　御中
```

（※）新株予約権の放棄の場合は、「第○回新株予約権の放棄」、行使期間満了の場合は、「第○回新株予約権行使期間満了」等と記載します。

（新株予約権の行使不能の場合）

(1)　全部消滅

```
別　紙（登記すべき事項）
「新株予約権の名称」第○回新株予約権
「新株予約権の全部消滅」令和○年○月○日新株予約権全部消滅
```

(2)　一部消滅

```
別　紙（登記すべき事項）
「新株予約権の数」
○個
「原因年月日」令和○年○月○日変更
「新株予約権の目的たる株式の種類及び数」
普通株式　○○○株
「原因年月日」令和○年○月○日変更
```

（新株予約権の行使期間満了の場合）

```
別　紙（登記すべき事項）
「新株予約権の名称」第○回新株予約権
「新株予約権の行使期間満了」令和○年○月○日行使期間満了
```

3 登記手続

（新株予約権の放棄の場合）
(1) 全部放棄

> 別　紙（登記すべき事項）
> 「新株予約権の名称」第○回新株予約権
> 「新株予約権の全部放棄」令和○年○月○日新株予約権全部放棄

(2) 一部放棄

> 別　紙（登記すべき事項）
> 「新株予約権の数」
> ○個
> 「原因年月日」令和○年○月○日変更
> 「新株予約権の目的たる株式の種類及び数」
> 普通株式　○○○株
> 「原因年月日」令和○年○月○日変更

【資料　委任状（行使期間満了の場合)】

> 委　任　状
>
> 　　　　住所　○○県○○市…
> 　　　　氏名　司法書士　○○○
>
> 　私は、上記の者を代理人と定め、下記事項に関する一切の権限を委任する。
>
> 　　　　　　　　　　記
>
> 1．当会社の第○回新株予約権の行使期間満了による変更登記申請をする一切の件（ただし、令和○年○月○日行使期間満了）

1.原本還付の請求及び受領の件

　　令和○年○月○日

　　　　　　　　　　　　　　○○県○○市…
　　　　　　　　　　　　　　○○株式会社
　　　　　　　　　　　　　　　代表取締役　A　㊞（※）

（※）登記所に提出している印鑑を押印します。

(6)　登記記録の編成

　新株予約権の消滅による登記は、登記記録の「新株予約権」欄に次のように記録されます。

ア　全部消滅の場合

| 新株予約権 | 第○回新株予約権
　新株予約権の数
　　○○○個
　新株予約権の目的たる株式の種類及び数又はその算定方法
　　普通株式　○○○○株
　募集新株予約権の払込金額若しくはその算定方法又は払込を要しないとする旨
　　無償
　新株予約権の行使に際して出資される財産の価額又はその算定方法
　　金○○○万円
　新株予約権を行使することができる期間
　　令和○年○月○日まで
　新株予約権の行使の条件
　　この新株予約権は、行使の日の属する営業年度の直前の営業年度における当会社の税引前利益が○億円以上である場合に行使することができる。
　会社が新株予約権を取得することができる事由及び取得の条件
　　当会社は当会社の新株予約権について、当会社が別に定 |

	める日が到来したときに、新株予約権の目的である株式の時価と権利行使価額との差額をもって取得することができる。 　　　　　　　令和○年○月○日発行　令和○年○月○日登記
	令和○年○月○日新株予約権全部消滅（※） 　　　　　　　　　　　　　　　　　　令和○年○月○日登記

（※）　新株予約権の行使期間満了の場合は、「令和○年○月○日新株予約権行使期間満了」、新株予約権の全部放棄の場合は、「令和○年○月○日新株予約権全部放棄」となります。

イ　一部消滅の場合

新株予約権	第○回新株予約権 　新株予約権の数 　　　○○○個 　　　○○○個 　　　令和○年○月○日変更　令和○年○月○日登記 　新株予約権の目的たる株式の種類及び数又はその算定方法 　　普通株式　○○○○株 　　普通株式　○○○○株 　　　　　　令和○年○月○日変更　令和○年○月○日登記 　募集新株予約権の払込金額若しくはその算定方法又は払込を要しないとする旨 　　無償 　新株予約権の行使に際して出資される財産の価額又はその算定方法 　　金○○○万円 　新株予約権を行使することができる期間 　　令和○年○月○日まで 　新株予約権の行使の条件 　　この新株予約権は、行使の日の属する営業年度の直前の営業年度における当会社の税引前利益が○億円以上である場合に行使することができる。 　会社が新株予約権を取得することができる事由及び取得の条件 　　当会社は当会社の新株予約権について、当会社が別に定める日が到来したときに、新株予約権の目的である株式の時価と権利行使価額との差額をもって取得することができ

	る。
	令和〇年〇月〇日発行　令和〇年〇月〇日登記

第4部

取得請求権付株式、
取得条項付株式、
全部取得条項付種類株式、
取得条項付新株予約権
の取得と引換えにする
株式・新株予約権の発行

第1章　取得請求権付株式の取得と引換えにする株式・新株予約権の発行

1　取得請求

　取得請求権付株式の株主は、株式会社に対して、定款に定められた権利行使期間（会社法107条2項2号ヘ）内に、当該株主の有する取得請求権付株式を取得することを請求することができます（会社法166条1項本文）。

　この取得請求は、その請求に係る取得請求権付株式の数（種類株式発行会社にあっては、取得請求権付株式の種類及び種類ごとの数）を明らかにしてしなければなりません（会社法166条2項）。

　現に株券を発行している株券発行会社の株主がその有する取得請求権付株式について取得請求をしようとするときは、当該取得請求権付株式に係る株券を株券発行会社に提出しなければなりません（同条3項）。

2　株式会社が取得した後の株主の地位

　株式会社は、株主から取得請求がされた日に、その請求に係る取得請求権付株式を取得します（会社法167条1項）。取得対価として、当該株式会社の社債、新株予約権、新株予約権付社債、（種類株式としての取得請求権付株式にあっては、）他の種類の株式が定められている場合は、当該取得請求の日に、それぞれの募集手続等を経ずに、取得対価が交付され、取得請求をした株主は、同日において、当該社債の社債権者、当該新株予約権の新株予約権者、当該新株予約権付社債の社債についての社債権者及び新株予約権についての新株予約権者、（種類株式としての取得請求権付株式にあっては、）当該他の種類の株式の株主となります（会社法167条2項）。取得対価の交付は、出資を伴うものではないので、それにより資本金の額は増加しません（会社計算規則15条1項）。

3　分配可能額との関係

　取得請求権付株式を取得するのと引換えに当該株式会社の社債、新株予約権、新株予約権付社債その他の財産（当該株式会社の株式を除く。）を交付する場合において、これらの財産の帳簿価額が当該請求の日における会社法461条2項の分配可能額を超えているときは、取得請求をすることができません（会社法166条1項但書）。

4　登記手続

(1) 登記期間

　取得請求により、株式会社が株式、新株予約権又は新株予約権付社債を発行したときは[92]、取得の請求があった日から2週間以内に、その本店の所在地において、変更の登記をしなければなりません（会社法915条1項、911条3項9号・12号）。

　しかし、株主から順次取得請求がある都度、各別に変更登記申請を要するとすることは、手続的負担が大きいため、毎月末日現在までの変更分を一括して登記申請することができ、その場合は、当該末日から2週間以内に、本店の所在地において、変更登記をしなければなりません（会社法915条3項、911条3項9号・12号）。

(2) 登記の事由

　登記の事由は、「取得請求権付株式の取得と引換えにする株式の発行」「取得請求権付株式の取得と引換えにする新株予約権の発行」です。

(3) 登記すべき事項

　取得対価が株式の場合の登記すべき事項は、①発行済株式の総数並びに種類及び数及び②変更年月日です。

　また、取得対価が新株予約権の場合の登記すべき事項は、取得の請求によって初めてする新株予約権の発行にあっては会社法911条3項12号の事項及び発行年月日であり、同一種類の取得請求権付株式についての2回目以後の新株予約権の発行にあっては新株予約権の数及び当該新株予約権の目的である株式の数（種類株式発行会社にあっては、その種類及び種類ごとの数）並びに変更年月日です。

---

[92] 取得対価として、社債、自己株式、自己新株予約権、自己新株予約権付社債その他財産を交付する場合は、登記は不要です。

変更・発行年月日は、月の末日までに交付された株式について、まとめて変更登記をする場合は、月の末日となりますが、株主からの取得請求がある都度、変更登記をする場合は、各取得請求のあった日となります。

(4) **添付書類**

・取得請求権付株式の取得請求があったことを証する書面（後記資料1のとおり。）（商業登記法58条、66条）

　具体的には、取得請求書、株主名簿管理人が取得請求を受けたときはその証明書等がこれに該当します。

・取得対価が新株予約権の場合は、分配可能額が存在することを証する書面（商業登記規則61条10項）

　具体的には、代表者の作成に係る証明書（当該新株予約権の帳簿価額及び会社法461条2項各号の額又はその概算額を示す等の方法により、分配可能額が存在することを確認することができるもの）等がこれに該当します。

・取得の請求によって初めてする新株予約権の発行による登記にあっては、当該新株予約権の内容の記載がある定款（定款において当該取得請求権付株式の内容の要綱が定められ、その取得と引換えに株主に対して交付する新株予約権の具体的な内容の記載がない場合には、定款のほか、当該内容の決定機関に応じて、株主総会議事録[93]、取締役会議事録、清算人会議事録等）

・司法書士等に申請代理を委任する場合は、委任状（商業登記法18条、後記資料2のとおり。）

(5) **登録免許税**

ア　取得対価が株式の場合

---

[93] この株主総会議事録については、株主リストの添付は不要です（登記研究832号16頁）。

登録免許税は、申請1件につき金3万円（登録免許税法別表1第24号(1)ツ）です。

イ 取得対価が新株予約権の場合

登録免許税は、申請1件につき金9万円（同一の種類の取得請求権付株式についての2回目以後の新株予約権の発行による登記にあっては、金3万円）です（登録免許税法別表1第24号(1)ヌ、ツ）。

【登記申請書例】

(1) 取得対価が株式の場合

株式会社変更登記申請書

1．会社法人等番号　　〇〇〇〇－〇〇－〇〇〇〇〇〇

　　フリガナ　　　　　〇〇〇〇
1．商　　　号　　　　〇〇株式会社
1．本　　　店　　　　〇〇県〇〇市…
1．登記の事由　　　　取得請求権付株式の取得と引換えにする
　　　　　　　　　　株式の発行
1．登記すべき事項　　別紙のとおり
1．登録免許税　　　　金3万円
1．添付書類　　　　　取得請求権付株式の取得の請求が
　　　　　　　　　　あったことを証する書面　　　1通
　　　　　　　　　　委任状　　　　　　　　　　　1通

　上記のとおり登記の申請をする。

　　令和〇年〇月〇日
　　　　〇〇県〇〇市…

4　登記手続

```
　　　　　　　　　申請人　　○○株式会社
　　　　　　○○県○○市…
　　　　　　　　代表取締役　　○○○○
　　　　　　○○県○○市…
　　　　　　　　上記代理人　司法書士　○○○○
　　　　　　　　連絡先の電話番号　○○○－○○○○－○○○○
　　○○法務局　御中
```

```
別　紙（登記すべき事項）
「発行済株式の総数並びに種類及び数」
発行済株式の総数　　○○株
各種の株式の数
普通株式　　　　　　○○株
取得請求権付株式　　○○株
「原因年月日」令和○年○月○日変更
```

(2) 取得対価が新株予約権の場合

株式会社変更登記申請書

1．会社法人等番号	○○○○－○○－○○○○○○
フリガナ	○○○○
1．商　　　　号	○○株式会社
1．本　　　　店	○○県○○市…
1．登記の事由	取得請求権付株式の取得と引換えにする新株予約権の発行
1．登記すべき事項	別紙のとおり
1．登録免許税	金9万円（同一の種類の取得請求権付株

574

1．添付書類	式についての2回目以後の新株予約権の発行による登記にあっては、金3万円） 取得請求権付株式の取得の請求があったことを証する書面　　　1通 分配可能額が存在することを証する書面　　　1通 定款　　　1通 委任状　　　1通

　上記のとおり登記の申請をする。

　　令和○年○月○日
　　　　○○県○○市…
　　　　　　申請人　　○○株式会社
　　　　○○県○○市…
　　　　　　代表取締役　○○○○
　　　　○○県○○市…
　　　　　　上記代理人　司法書士　○○○○
　　　　　　連絡先の電話番号　○○○－○○○○－○○○○
　○○法務局　御中

　別紙について、取得の請求によって初めてする新株予約権の発行の場合は、第3部の募集新株予約権の発行（503頁）を参照してください。なお、同一の種類の取得請求権付株式についての2回目以後の新株予約権を発行する場合は、次のとおりです。

別　紙（登記すべき事項）
「新株予約権の名称」

第○回新株予約権
「新株予約権の数」
○○個
「原因年月日」令和○年○月○日変更
「新株予約権の目的たる株式の種類及び数又はその算定方法」
普通株式　○○株
「原因年月日」令和○年○月○日変更

【資料1　取得請求権付株式の取得請求があったことを証する書面例】

株式取得請求書

1．○○株式会社取得請求権付株式　○○株

　御社において私が保有する上記取得請求権付株式を取得されたく、請求します。

　　令和○年○月○日

　　　　　　　　　　　　　　　　　　　○○県○○市…
　　　　　　　　　　　　　　　　　　　　○○○○

　○○株式会社　御中

【資料2　委任状】

委　任　状

　　　住所　○○県○○市…
　　　氏名　司法書士　○○○

第1章　取得請求権付株式の取得と引換えにする株式・新株予約権の発行

　　私は、上記の者を代理人と定め、以下の権限を委任する。

1．令和○年○月○日現在において、取得請求権付株式の取得と引換えに株式を交付したので、下記のとおり変更登記を申請する一切の件
　　　　　　　　　　　　　　記
　　発行済株式の総数　　○○株
　　発行済各種の株式の数　普　通　株　式　　○○株
　　　　　　　　　　　　　取得請求権付株式　　○株
1．原本還付の請求及び受領の件

　　令和○年○月○日

　　　　　　　　　　　　　　　　　　○○県○○市…
　　　　　　　　　　　　　　　　　　○○株式会社
　　　　　　　　　　　　　　　　　　代表取締役　A　㊞（※）

（※）登記所に提出している印鑑を押印します。

(6)　登記記録の編成

　　取得請求権付株式の取得と引換えにする株式の発行の登記は、登記記録の「発行済株式の総数並びに種類及び数」欄に、新株予約権の発行の登記は、「新株予約権」欄にそれぞれ次のように記録されます。

【登記記録例1　取得対価が株式の場合】

発行済株式の総数並びに種類及び数	発行済株式の総数 　○○株 各種の株式の数 　普通株式　○○株 　取得請求権付株式　○○株
	発行済株式の総数

577

	〇〇株 各種の株式の数 　普通株式　〇〇〇株 　取得請求権付株式　〇〇株 　　　　令和〇年〇月〇日変更　令和〇年〇月〇日登記

【登記記録例2　取得対価が新株予約権の場合】

取得の請求によって初めてする新株予約権の発行の場合は、第3部の募集新株予約権の発行の登記記録例（506頁）を参照してください。なお、同一の種類の取得請求権付株式についての2回目以後の新株予約権を発行する場合は、次のとおりです。

新株予約権	第〇回新株予約権 　新株予約権の数 　　〇〇個 　　〇〇個 　　　　　令和〇年〇月〇日変更　令和〇年〇月〇日登記 　新株予約権の目的たる株式の種類及び数又はその算定方法 　　普通株式　〇〇〇〇株 　　普通株式　〇〇〇〇株 　　　　　令和〇年〇月〇日変更　令和〇年〇月〇日登記 　募集新株予約権の払込金額若しくはその算定方法又は払込を要しないとする旨 　　無償 　新株予約権の行使に際して出資される財産の価額又はその算定方法 　　金〇〇〇万円 　新株予約権を行使することができる期間 　　　令和〇年〇月〇日まで 　新株予約権の行使の条件 　　この新株予約権は、行使の日の属する営業年度の直前の営業年度における当会社の税引前利益が〇億円以上である場合に行使することができる。 　会社が新株予約権を取得することができる事由及び取得の条件 　　当会社は当会社の新株予約権について、当会社が別に定

| | める日が到来したときに、新株予約権の目的である株式の時価と権利行使価額との差額をもって取得することができる。
　　　令和○年○月○日発行　令和○年○月○日登記 |

第2章　取得条項付株式の取得と引換えにする株式・新株予約権の発行

1　手続

(1) 会社法107条2項3号ロの定めがある場合

　株式会社が別に定める日が到来することをもって取得事由としている場合（会社法107条2項3号ロの定めがある場合）には、定款に別段の定めがない限り、当該株式会社は株主総会の普通決議（取締役会設置会社においては、取締役会の決議）により、取得条項付株式の取得日を定めなければなりません（会社法168条1項）。

　当該取得日を定めたときは、株式会社は、取得条項付株式の株主（取得条項付株式の一部取得についての定めがある場合にあっては、会社法169条1項の規定により決定した取得条項付株式の株主）及びその登録株式質権者に対し、当該日の2週間前までに、当該日を通知又は公告しなければなりません（会社法168条2項・3項）。

取得条項付株式の取得の効力は、原則的にこの取得日に生じます（会社法170条1項）。ただし、取得条項付株式の一部取得についての定めがある場合には、株式会社は、取得条項付株式を取得しようとするときは、定款に別段の定めがない限り、株主総会の普通決議（取締役会設置会社にあっては、取締役会の決議）により、その取得する取得条項付株式を決定しなければならず（会社法169条1項・2項）、この決定をしたときは、株式会社は、取得する取得条項付株式の株主及びその登録株式質権者に対し、直ちに、当該取得条項付株式を取得する旨を通知又は公告しなければなりません（会社法169条3項・4項）。そのため、この場合には、取得日とこの通知又は公告の日から2週間を経過した日のいずれか遅い日に取得条項付株式の取得の効力が生じます（会社法170条1項）。

(2)　会社法107条2項3号ロの定めがない場合

　株式会社が別に定める日が到来することをもって取得事由としていない場合（会社法107条2項3号ロの定めがない場合）には、取得条項付株式の取得の効力は、原則的に取得事由の発生によりに生じます（会社法170条1項）。

　ただし、取得条項付株式の一部取得についての定めがある場合には、株式会社は、取得条項付株式を取得しようとするときは、定款に別段の定めがない限り、株主総会の普通決議（取締役会設置会社においては、取締役会の決議）により、その取得する取得条項付株式を決定しなければならず（会社法169条1項・2項）、この決定をしたときは、株式会社は、取得する取得条項付株式の株主及びその登録株式質権者に対し、直ちに、当該取得条項付株式を取得する旨を通知又は公告しなければなりません（会社法169条3項・4項）。そのため、この場合には、取得事由の発生日とこの通知又は公告の日から2週間を経過した日のいずれか遅い日に取得条項付株式の取得の効力が生じます（会社法170条1項）。

1 手続

(3) 株券提出公告・通知

　現に株式会社が株券を発行している場合に取得条項付株式を取得するときには、取得の効力発生日までに当該株式会社に対し当該株式に係る株券を提出しなければならない旨を株券提出日の1か月前までに、公告し、かつ、当該株式の株主及びその登録株式質権者には、各別にこれを通知しなければなりません（会社法219条1項4号）。

　なお、この株券提出公告・通知の手続の結果、株券を回収することができなくても、取得の効力自体は生じます。

【公告文例】

```
取得条項付種類株式取得につき株券提出公告

　当社は、取得条項付種類株式である乙種類株式の全部を取得することにいたしましたので、該当株券を所有する方は、株券提出日である令和〇年〇月〇日までに当社にご提出下さい。

　なお、取得事由は、定款に定める〇〇〇事由の発生であり、当該株券は乙種類株式の株券全部となります。

　令和〇年〇月〇日
　　〇〇県〇〇市…
　　　　　　　　　　　〇〇株式会社
　　　　　　　　　　　代表取締役　〇〇〇〇
```

※　実際の官報公告は縦書きです。

(4) 取得事由発生後の通知・公告

　株式会社は、取得事由が生じた後、遅滞なく、取得条項付株式の株主及びその登録株式質権者（取得条項付株式の一部取得についての定めが

ある場合にあっては、取得する取得条項付株式の株主及びその登録株式質権者）に対し、当該事由が生じた旨を通知又は公告しなければなりません（会社法170条3項・4項）。

ただし、会社法168条2項の規定による通知又は同条3項の公告をしたときは、会社法170条3項の規定による通知と同条4項の公告を行う必要はありません（会社法170条3項但書）。

2 株式会社が取得した後の株主の地位

取得条項付株式の株主（当該株式会社を除く。）は、取得対価として、当該株式会社の社債、新株予約権、新株予約権付社債、（種類株式としての取得条項付株式においては、）他の種類の株式が定められている場合は、取得事由が生じた日に、それぞれの募集手続等を経ずに、取得対価が交付され、当該株主は、同日において、当該社債の社債権者、当該新株予約権の新株予約権者、当該新株予約権付社債の社債についての社債権者及び新株予約権についての新株予約権者、（種類株式としての取得請求権付株式においては、）当該他の種類の株式の株主となります（会社法170条2項）[94]。

3 分配可能額との関係

取得条項付株式を取得するのと引換えに当該株式会社の社債、新株予約権、新株予約権付社債その他の財産（当該株式会社の株式を除く。）を交付するときにおいて、これらの財産の帳簿価額が取得事由が生じた日における会社

---

94 取得対価の交付は、出資を伴うものではないので、それにより資本金の額は増加しません（会社計算規則15条1項）。

法461条2項の分配可能額を超えているときは、株式会社は、取得条項付株式を取得することができません（会社法170条5項）。

4 登記手続

(1) 登記期間

取得事由が発生し、株式会社が、株式、新株予約権又は新株予約権付社債を発行したときは[95]、当該日から2週間以内に、その本店の所在地において、変更の登記をしなければなりません（会社法915条1項、911条3項9号・12号）。

(2) 登記の事由

登記の事由は、「取得条項付株式の取得と引換えにする株式の発行」「取得条項付株式の取得と引換えにする新株予約権の発行」です。

(3) 登記すべき事項

取得対価が株式の場合の登記すべき事項は、①発行済株式の総数並びに種類及び数及び②変更年月日です。

また、取得対価が新株予約権の場合の登記すべき事項は、会社法911条3項12号の事項及び発行年月日であり、取得条項付株式の一部を取得する場合における2回目以後の新株予約権の発行にあっては新株予約権の数及び当該新株予約権の目的である株式の数（種類株式発行会社にあっては、その種類及び種類ごとの数）並びに変更年月日です。

(4) 添付書類

・一定の事由の発生を証する書面（後記資料1のとおり。）（商業登記法59条1項1号、67条1項）

---

95 取得対価として、社債、自己株式、自己新株予約権、自己新株予約権付社債その他財産を交付する場合は、登記は不要です。

株式会社が別に定める日の到来をもって取得事由とする旨の定款の定めがある場合は、株主総会議事録（商業登記法46条2項）及び株主リスト（商業登記規則61条3項）、又は取締役会議事録（商業登記法46条2項）

・現に株券を発行している株券発行会社にあっては、株券提出公告をしたことを証する書面、現に株券を発行していない株券発行会社にあっては、株券を発行していないことを証する書面（株主名簿）（商業登記法59条1項2号、67条1項）

・一部取得の場合には、当該一部の株式の決定に係る株主総会議事録（商業登記法46条2項）及び株主リスト（商業登記規則61条3項）又は取締役会議事録（商業登記法46条2項）

・取得対価が新株予約権、新株予約権付社債の場合は、分配可能額が存在することを証する書面（商業登記規則61条10項）

　具体的には、代表者の作成に係る証明書（当該新株予約権の帳簿価額及び会社法461条2項各号の額又はその概算額を示す等の方法により、分配可能額が存在することを確認することができるもの）等がこれに該当します。

・取得によって初めてする新株予約権の発行による登記にあっては、当該新株予約権の内容の記載がある定款（定款において当該取得条項付株式の内容の要綱が定められ、その取得と引換えに株主に対して交付する新株予約権の具体的な内容の記載がない場合には、定款のほか、当該内容の決定機関に応じて、株主総会議事録[96]、取締役会議事録、清算人会議事録等）

・司法書士等に申請代理を委任する場合は、委任状（商業登記法18条、後記資料2のとおり。）

96　この株主総会議事録については、株主リストの添付不要です（登記研究832号16頁）。

(5) 登録免許税

　ア　取得対価が株式の場合

　　登録免許税は、申請1件につき金3万円（登録免許税法別表1第24号(1)ツ）です。

　イ　取得対価が新株予約権の場合

　　登録免許税は、申請1件につき金9万円（取得条項付株式の一部を取得する場合における2回目以後の新株予約権の発行による登記にあっては、金3万円）です（登録免許税法別表1第24号(1)ヌ、ツ）。

【登記申請書例】

(1)　取得対価が株式の場合

　　　　　　　　　　株式会社変更登記申請書

1．会社法人等番号　　　　〇〇〇〇－〇〇－〇〇〇〇〇〇

　　　フリガナ　　　　　　〇〇〇〇
1．商　　　　号　　　　　〇〇株式会社
1．本　　　　店　　　　　〇〇県〇〇市…
1．登 記 の 事 由　　　　取得条項付株式の取得と引換えにする株式の発行
1．登記すべき事項　　　　別紙のとおり
1．登 録 免 許 税　　　　金3万円
1．添 付 書 類　　　　　取得事由の発生を証する書面　　1通
　　　　　　　　　　　　委　任　状　　　　　　　　　　1通

　上記のとおり登記の申請をする。

　　令和〇年〇月〇日

　　　　　　　　○○県○○市…
　　　　　　　　　申請人　　○○株式会社
　　　　　　　　○○県○○市…
　　　　　　　　　代表取締役　○○○○
　　　　　　　　○○県○○市…
　　　　　　　　　上記代理人　司法書士　○○○○
　　　　　　　　　連絡先の電話番号　○○○－○○○○－○○○○
　　○○法務局　御中

別紙は、574頁を参照してください。

(2)　取得対価が新株予約権の場合

株式会社変更登記申請書

1．会社法人等番号　　　　○○○○－○○－○○○○○○

　　フリガナ　　　　　　　○○○○
1．商　　　号　　　　　　○○株式会社
1．本　　　店　　　　　　○○県○○市…
1．登記の事由　　　　　　取得条項付株式の取得と引換えにする新
　　　　　　　　　　　　株予約権の発行
1．登記すべき事項　　　　別紙のとおり
1．登録免許税　　　　　　金9万円（同一の種類の取得請求権付株
　　　　　　　　　　　　式についての2回目以後の新株予約権の
　　　　　　　　　　　　発行による登記にあっては、金3万円）
1．添付書類　　　　　　　取得事由の発生を証する書面　　1通
　　　　　　　　　　　　分配可能額が存在することを証す
　　　　　　　　　　　　る書面　　　　　　　　　　　　1通
　　　　　　　　　　　　定款　　　　　　　　　　　　　1通

　　　　　　　　　株主総会議事録　　　　　　1通
　　　　　　　　　委任状　　　　　　　　　　1通

　上記のとおり登記の申請をする。

　　令和○年○月○日
　　　　　　○○県○○市…
　　　　　　　　申請人　　○○株式会社
　　　　　　○○県○○市…
　　　　　　　　代表取締役　○○○○
　　　　　　○○県○○市…
　　　　　　　　上記代理人　司法書士　○○○○
　　　　　　　　連絡先の電話番号　○○○－○○○○－○○○○
　○○法務局　御中

　別紙について、取得により初めてする新株予約権の発行の場合は、第3部の募集新株予約権の発行（503頁）を参照してください。また、一部取得の場合における2回目以後の新株予約権の発行のときは、575頁を参照してください。

【資料1　取得事由の発生を証する書面】

　　　　　　　　　　　証　明　書

　1．　○○株式会社取得条項付株式　　○○株
　　当社が発行する上記取得条項付株式について、定款所定の○○の取得事由が発生したことを証明します。

　　　令和○年○月○日
　　　　　　　　　　　　○○県○○市…

○○株式会社

代表取締役　○○○○

【資料２　委任状】

委 任 状

　　　　住所　○○県○○市…

　　　　氏名　司法書士　○○○

私は、上記の者を代理人と定め、以下の権限を委任する。

１．令和○年○月○日現在において、取得条項付株式の取得と引換えに株式を交付したので、下記のとおり変更登記を申請する一切の件

記

　発行済株式の総数　　○○株

　発行済各種の株式の数　普　通　株　式　　○○株

　　　　　　　　　　　　取得条項付株式　　　○株

１．原本還付の請求及び受領の件

　令和○年○月○日

　　　　　　　　　　　　○○県○○市…

　　　　　　　　　　　　○○株式会社

　　　　　　　　　　　　代表取締役　A　㊞(※)

(※)　登記所に提出している印鑑を押印します。

(6)　登記記録の編成

取得条項付株式の取得と引換えにする株式・新株予約権の発行の登記

は、上記第1章と同様に登記記録の「発行済株式の総数並びに種類及び数」欄、「新株予約権」欄にそれぞれ記録されます（記録例の掲載は省略します。）。

第3章　全部取得条項付種類株式の取得と引換えにする株式・新株予約権の発行

1　手続

(1)　株主総会の特別決議

　全部取得条項付種類株式を発行した種類株式発行会社は、株主総会の特別決議にて次の事項を定めることにより、全部取得条項付種類株式の全部を取得することができます（会社法171条1項、309条2項3号）[97]。この場合において、当該決議によって、次の事項を定めなければなりません（会社法171条1項）[98]。

---

[97]　全部取得条項付種類株式の取得が法令又は定款に違反する場合において、株主が不利益を受けるおそれがあるときは、株主は、株式会社に対し、当該全部取得条項付種類株式の取得をやめることを請求することができます（会社法171条の3）。

[98]　取締役は、当該株主総会において、全部取得条項付種類株式の全部を取得することを必要とする理由を説明しなければなりません（会社法171条3項）。

1 手続

　ア　全部取得条項付種類株式を取得するのと引換えに金銭等を交付するときは、当該金銭等（以下、「取得対価」という。）についての次の事項（会社法171条1項1号）

---

①　当該取得対価が当該株式会社の株式であるときは、当該株式の種類及び種類ごとの数又はその数の算定方法（会社法171条1項1号イ）

②　当該取得対価が当該株式会社の社債（新株予約権付社債についてのものを除く。）であるときは、当該社債の種類及び種類ごとの各社債の金額の合計額又はその算定方法（会社法171条1項1号ロ）

③　当該取得対価が当該株式会社の新株予約権（新株予約権付社債に付されたものを除く。）であるときは、当該新株予約権の内容及び数又はその算定方法（会社法171条1項1号ハ）

④　当該取得対価が当該株式会社の新株予約権付社債であるときは、当該新株予約権付社債についての②の事項及び当該新株予約権付社債に付された新株予約権についての③の事項（会社法171条1項1号ニ）

⑤　当該取得対価が当該株式会社の株式等以外の財産であるときは、当該財産の内容及び数若しくは額又はこれらの算定方法（会社法171条1項1号ホ）

　イ　アの場合には、全部取得条項付種類株式の株主に対する取得対価の割当てに関する事項（会社法171条1項2号）[99]

　ウ　株式会社が全部取得条項付種類株式を取得する日（以下、「取得日」という。）（会社法171条1項3号）

(2)　事前開示手続

---

[99]　この事項についての定めは、株主（当該株式会社を除く。）の有する全部取得条項付種類株式の数に応じて取得対価を割り当てることを内容とするものでなければなりません（会社法171条2項）。

全部取得条項付種類株式を取得する株式会社は、①上記(1)の株主総会の２週間前の日（株主総会の決議の省略の場合（会社法319条１項）にあっては、その提案があった日）と、②会社法172条２項の規定による全部取得条項付種類株式の株主に対する取得の通知もしくは公告の日のいずれか早い日（以下、「備置開始日」という。）から取得日後６か月を経過する日までの間、上記(1)アからウの事項及び次のアからエの事項を記載し、又は記録した書面又は電磁的記録をその本店に備え置かなければなりません（会社法171条の２第１項）。

ア　取得対価の相当性に関する事項（会社法施行規則33条の２第１項１号）

　「取得対価の相当性に関する事項」とは、次の事項その他の会社法171条１項１号及び２号の事項についての定め（当該定めがない場合にあっては、当該定めがないこと）の相当性に関する事項されています（会社法施行規則33条の２第２項柱書）。

---

①　取得対価の総数又は総額の相当性に関する事項（会社法施行規則33条の２第２項１号）

②　取得対価として当該種類の財産を選択した理由（会社法施行規則33条の２第２項２号）

③　全部取得条項付種類株式を取得する株式会社に親会社等がある場合には、当該株式会社の株主（当該親会社等を除く。）の利益を害さないように留意した事項（当該事項がない場合にあっては、その旨）（会社法施行規則33条の２第２項３号）

④　会社法234条の規定により１に満たない端数の処理をすることが見込まれる場合における次の事項（会社法施行規則33条の２第２項４号）

（ⅰ）次の事項その他の当該処理の方法に関する事項（会社法施行規則

1　手　続

33条の２第２項４号イ）

(a)　会社法234条１項又は２項のいずれの規定による処理を予定しているかの別及びその理由（会社法施行規則33条の２第２項４号イ(1)）

(b)　会社法234条１項の規定による処理を予定している場合には、競売の申立てをする時期の見込み（当該見込みに関する取締役（取締役会設置会社にあっては、取締役会。(c)及び(d)において同じ。）の判断及びその理由を含む。）（会社法施行規則33条の２第２項４号イ(2)）

(c)　会社法234条２項の規定による処理（市場において行う取引による売却に限る。）を予定している場合には、売却する時期及び売却により得られた代金を株主に交付する時期の見込み（当該見込みに関する取締役の判断及びその理由を含む。）（会社法施行規則33条の２第２項４号イ(3)）

(d)　会社法234条２項の規定による処理（市場において行う取引による売却を除く。）を予定している場合には、売却に係る株式を買い取る者となると見込まれる者の氏名又は名称、当該者が売却に係る代金の支払のための資金を確保する方法及び当該方法の相当性並びに売却する時期及び売却により得られた代金を株主に交付する時期の見込み（当該見込みに関する取締役の判断及びその理由を含む。）（会社法施行規則33条の２第２項４号イ(4)）

(ⅱ)　当該処理により株主に交付することが見込まれる金銭の額及び当該額の相当性に関する事項（会社法施行規則33条の２第２項４号ロ）

イ　取得対価について参考となるべき事項（会社法施行規則33条の２第１項２号）

「取得対価について参考となるべき事項」とは、次の場合の区分に応じ、次に定める事項その他これに準ずる事項（会社法171条の2第1項に規定する書面又は電磁的記録にこれらの事項の全部又は一部の記載又は記録をしないことにつき全部取得条項付種類株式を取得する株式会社の総株主の同意がある場合にあっては、当該同意があったものを除く。）とされています（会社法施行規則33条の2第3項柱書）。

① 取得対価の全部又は一部が当該株式会社の株式である場合　次の事項
　(i) 当該株式の内容（会社法施行規則33条の2第3項1号イ）
　(ii) 次の事項その他の取得対価の換価の方法に関する事項
　　(a) 取得対価を取引する市場（会社法施行規則33条の2第3項1号ロ(1)）
　　(b) 取得対価の取引の媒介、取次ぎ又は代理を行う者（会社法施行規則33条の2第3項1号ロ(2)）
　　(c) 取得対価の譲渡その他の処分に制限があるときは、その内容（会社法施行規則33条の2第3項1号ロ(3)）
　(iii) 取得対価に市場価格があるときは、その価格に関する事項（会社法施行規則33条の2第3項1号ハ）
② 取得対価の全部又は一部が法人等の株式、持分その他これらに準ずるもの（当該株式会社の株式を除く。）である場合　次の事項（当該事項が日本語以外の言語で表示されている場合にあっては、当該事項（氏名又は名称を除く。）を日本語で表示した事項）
　(i) 当該法人等の定款その他これに相当するものの定め（会社法施行規則33条の2第3項2号イ）
　(ii) 当該法人等が会社でないときは、次に掲げる権利に相当する権利その他の取得対価に係る権利（重要でないものを除く。）の内容

            (a) 剰余金の配当を受ける権利（会社法施行規則33条の2第3項2号ロ(1)）
            (b) 残余財産の分配を受ける権利（会社法施行規則33条の2第3項2号ロ(2)）
            (c) 株主総会における議決権（会社法施行規則33条の2第3項2号ロ(3)）
            (d) 合併その他の行為がされる場合において、自己の有する株式を公正な価格で買い取ることを請求する権利（会社法施行規則33条の2第3項2号ロ(4)）
            (e) 定款その他の資料（当該資料が電磁的記録をもって作成されている場合にあっては、当該電磁的記録に記録された事項を表示したもの）の閲覧又は謄写を請求する権利（会社法施行規則33条の2第3項2号ロ(5)）
    (iii) 当該法人等が、その株主、社員その他これらに相当する者（以下、本項において「株主等」という。）に対し、日本語以外の言語を使用して情報の提供をすることとされているときは、当該言語（会社法施行規則33条の2第3項2号ハ）
    (iv) 当該株式会社が全部取得条項付種類株式の全部を取得する日に当該法人等の株主総会その他これに相当するものの開催があるものとした場合における当該法人等の株主等が有すると見込まれる議決権その他これに相当する権利の総数（会社法施行規則33条の2第3項2号ニ）
    (v) 当該法人等について登記（当該法人等が外国の法令に準拠して設立されたものである場合にあっては、会社法933条1項の外国会社の登記又は外国法人の登記及び夫婦財産契約の登記に関する法律（明治31年法律第14号）2条の外国法人の登記に限る。）がされていないときは、次の事項

(a)　当該法人等を代表する者の氏名又は名称及び住所（会社法施行規則33条の２第３項２号ホ(1)）

　(b)　当該法人等の役員（(a)の者を除く。）の氏名又は名称（会社法施行規則33条の２第３項２号ホ(2)）

(vi)　当該法人等の最終事業年度（当該法人等が会社以外のものである場合にあっては、最終事業年度に相当するもの。以下、本項において同じ。）に係る計算書類（最終事業年度がない場合にあっては、当該法人等の成立の日における貸借対照表）その他これに相当するものの内容（当該計算書類その他これに相当するものについて監査役、監査等委員会、監査委員会、会計監査人その他これらに相当するものの監査を受けている場合にあっては、監査報告その他これに相当するものの内容の概要を含む。）（会社法施行規則33条の２第３項２号ヘ）

(vii)　次の場合の区分に応じ、次に定める事項

　(a)　当該法人等が株式会社である場合　当該法人等の最終事業年度に係る事業報告の内容（当該事業報告について監査役、監査等委員会又は監査委員会の監査を受けている場合にあっては、監査報告の内容を含む。）（会社法施行規則33条の２第３項２号ト(1)）

　(b)　当該法人等が株式会社以外のものである場合　当該法人等の最終事業年度に係る会社法施行規則118条各号及び119条各号の事項に相当する事項の内容の概要（当該事項について監査役、監査等委員会、監査委員会その他これらに相当するものの監査を受けている場合にあっては、監査報告その他これに相当するものの内容の概要を含む。）（※）（会社法施行規則33条の２第３項２号ト(2)）

(viii)　当該法人等の過去５年間にその末日が到来した各事業年度（次の事業年度を除く。）に係る貸借対照表その他これに相当するものの

1　手　続

　　　　　内容（会社法施行規則33条の2第3項2号チ柱書）
　　　　　(a)　最終事業年度（会社法施行規則33条の2第3項2号チ(1)）
　　　　　(b)　ある事業年度に係る貸借対照表その他これに相当するものの内容につき、法令の規定に基づく公告（会社法440条3項の措置に相当するものを含む。）をしている場合における当該事業年度（会社法施行規則33条の2第3項2号チ(2)）
　　　　　(c)　ある事業年度に係る貸借対照表その他これに相当するものの内容につき、金融商品取引法24条1項の規定により有価証券報告書を内閣総理大臣に提出している場合における当該事業年度（会社法施行規則33条の2第3項2号チ(3)）
　　　(ix)　前(ii)及び(iii)の事項（会社法施行規則33条の2第3項2号リ）
　　　(x)　取得対価が自己株式の取得、持分の払戻しその他これらに相当する方法により払戻しを受けることができるものであるときは、その手続に関する事項（会社法施行規則33条の2第3項2号ヌ）
　③　取得対価の全部又は一部が当該株式会社の社債、新株予約権又は新株予約権付社債である場合　①(ii)及び(iii)の事項（会社法施行規則33条の2第3項3号）
　④　取得対価の全部又は一部が法人等の社債、新株予約権、新株予約権付社債その他これらに準ずるもの（当該株式会社の社債、新株予約権又は新株予約権付社債を除く。）である場合　次の事項（当該事項が日本語以外の言語で表示されている場合にあっては、当該事項（氏名又は名称を除く。）を日本語で表示した事項）（会社法施行規則33条の2第3項4号柱書）
　　　(i)　①(ii)及び(iii)の事項（会社法施行規則33条の2第3項4号イ）
　　　(ii)　②(i)及び(v)から(viii)までの事項（会社法施行規則33条の2第3項4号ロ）
　⑤　取得対価の全部又は一部が当該株式会社その他の法人等の株式、持

分、社債、新株予約権、新株予約権付社債その他これらに準ずるもの及び金銭以外の財産である場合　①(ii)及び(iii)の事項（会社法施行規則33条の2第3項5号）

（※）会社法施行規則118条各号及び119条各号の事項は、次のとおりです。
1　会社法施行規則118条各号の事項
　(1)　当該株式会社の状況に関する重要な事項（計算書類及びその附属明細書並びに連結計算書類の内容となる事項を除く。）（同条1号）
　(2)　会社法348条3項4号、362条4項6号、399条の13第1項第1号ロ及びハ並びに416条1項第1号ロ及びホに規定する体制の整備についての決定又は決議があるときは、その決定又は決議の内容の概要及び当該体制の運用状況の概要（同条2号）
　(3)　株式会社が当該株式会社の財務及び事業の方針の決定を支配する者の在り方に関する基本方針（以下、本項において「基本方針」という。）を定めているときは、次の事項（同条3号柱書）
　　イ　基本方針の内容の概要（同条3号イ）
　　ロ　次に掲げる取組みの具体的な内容の概要（同条3号ロ柱書）
　　　あ　当該株式会社の財産の有効な活用、適切な企業集団の形成その他の基本方針の実現に資する特別な取組み（同条3号ロ(1)）
　　　い　基本方針に照らして不適切な者によって当該株式会社の財務及び事業の方針の決定が支配されることを防止するための取組み（同条3号ロ(2)）
　　ハ　ロの取組みの次に掲げる要件への該当性に関する当該株式会社の取締役（取締役会設置会社にあっては、取締役会）の判断及びその理由（当該理由が社外役員の存否に関する事項のみである場合における当該事項を除く。）（同条3号ハ柱書）

1 手続

　　　あ　当該取組みが基本方針に沿うものであること。(同条3号ハ(1))

　　　い　当該取組みが当該株式会社の株主の共同の利益を損なうものではないこと。(同条3号ハ(2))

　　　う　当該取組みが当該株式会社の会社役員の地位の維持を目的とするものではないこと。(同条3号ハ(3))

(4)　当該株式会社(当該事業年度の末日において、その完全親会社等があるものを除く。)に特定完全子会社(当該事業年度の末日において、当該株式会社及びその完全子会社等(会社法847条の3第3項の規定により当該完全子会社等とみなされるものを含む。以下、本項において同じ。)における当該株式会社のある完全子会社等(株式会社に限る。)の株式の帳簿価額が当該株式会社の当該事業年度に係る貸借対照表の資産の部に計上した額の合計額の5分の1(会社法847条の3第4項の規定により5分の1を下回る割合を定款で定めた場合にあっては、その割合)を超える場合における当該ある完全子会社等をいう。以下、本項において同じ。)がある場合には、次の事項(同条4号柱書)

　　イ　当該特定完全子会社の名称及び住所(同条4号イ)

　　ロ　当該株式会社及びその完全子会社等における当該特定完全子会社の株式の当該事業年度の末日における帳簿価額の合計額(同条4号ロ)

　　ハ　当該株式会社の当該事業年度に係る貸借対照表の資産の部に計上した額の合計額(同条4号ハ)

(5)　当該株式会社とその親会社等との間の取引(当該株式会社と第三者との間の取引で当該株式会社とその親会社等との間の利益が相反するものを含む。)であって、当該株式会社の当該事業年度に係る個別注記表において会社計算規則112条1項に規定する注記を要す

るもの（同項ただし書の規定により同項4号から6号まで及び8号の事項を省略するものを除く。）があるときは、当該取引に係る次の事項（同条5号柱書）

　イ　当該取引をするに当たり当該株式会社の利益を害さないように留意した事項（当該事項がない場合にあっては、その旨）（同条5号イ）

　ロ　当該取引が当該株式会社の利益を害さないかどうかについての当該株式会社の取締役（取締役会設置会社にあっては、取締役会。ハにおいて同じ。）の判断及びその理由（同条5号ロ）

　ハ　社外取締役を置く株式会社において、ロの取締役の判断が社外取締役の意見と異なる場合には、その意見（同条5号ハ）

2　会社法施行規則119条各号の事項
　(1)　株式会社の現況に関する事項（同条1号）
　(2)　株式会社の会社役員に関する事項（同条2号）
　(2-2)　株式会社の役員等賠償責任保険契約に関する事項（同条2号の2）
　(3)　株式会社の株式に関する事項（同条3号）
　(4)　株式会社の新株予約権等に関する事項（同条4号）

ウ　計算書類等に関する事項（会社法施行規則33条の2第1項3号）

　「計算書類等に関する事項」とは、次の事項をいいます（会社法施行規則33条の2第4項柱書）。

① 全部取得条項付種類株式を取得する株式会社（清算株式会社を除く。以下、本項において同じ。）において最終事業年度の末日（最終事業年度がない場合にあっては、当該株式会社の成立の日）後に重要な財産の処分、重大な債務の負担その他の会社財産の状況に重要な影響を

与える事象が生じたときは、その内容（備置開始日後当該株式会社が全部取得条項付種類株式の全部を取得する日までの間に新たな最終事業年度が存することとなる場合にあっては、当該新たな最終事業年度の末日後に生じた事象の内容に限る。）（会社法施行規則33条の2第4項1号）

② 全部取得条項付種類株式を取得する株式会社において最終事業年度がないときは、当該株式会社の成立の日における貸借対照表（会社法施行規則33条の2第4項2号）

エ 備置開始日後株式会社が全部取得条項付種類株式の全部を取得する日までの間に、アからウの事項に変更が生じたときは、変更後の当該事項（会社法施行規則33条の2第1項4号）

また、全部取得条項付種類株式を取得する株式会社の株主は、当該株式会社に対して、その営業時間内は、いつでも、次の請求をすることができます（会社法171条の2第2項本文柱書）[100]。

(i) 事前開示の書面の閲覧の請求（会社法171条の2第2項1号）
(ii) 事前開示の書面の謄本又は抄本の交付の請求（会社法171条の2第2項2号）
(iii) 事前開示の電磁的記録に記録された事項を紙面又は映像面により表示したものの閲覧の請求（会社法171条の2第2項3号、会社法施行規則226条7号）
(iv) 事前開示の電磁的記録に記録された事項を電磁的方法であって株式会社の定めたものにより提供することの請求又はその事項を記載した書面の交付の請求（会社法171条の2第2項4号）

(3) 裁判所による価格決定の申立て

　全部取得条項付種類株式の取得に関する上記(1)アからウの事項を定めた場合には、①当該株主総会に先立って当該株式会社による全部取得条項付種類株式の取得に反対する旨を当該株式会社に対し通知し、かつ、当該株主総会において当該取得に反対した株主（当該株主総会において議決権を行使することができるものに限る。）、②当該株主総会において議決権を行使することができない株主は、取得日の20日前の日から取得日の前日までの間に、裁判所に対し、株式会社による全部取得条項付種類株式の取得の価格の決定の申立てをすることができます（会社法172条1項）。株式会社は、この申立ての機会を確保するため、取得日の20日前までに、全部取得条項付種類株式の株主に対し、当該全部取得条項付種類株式の全部を取得する旨を通知又は公告しなければなりません（同条2項・3項）。

　なお、株式会社は、裁判所の決定した価格に対する取得日後の法定利率による利息をも支払わなければならないとされています（同条4項）が、この利息の支払いを回避するために、株式会社は、全部取得条項付種類株式の取得の価格の決定があるまでは、株主に対し、当該株式会社がその公正な価格と認める額を支払うことができます（同条5項）。

(4) 株券提出公告・通知

　現に株式会社が取得する取得条項付株式を取得する場合には、取得の効力発生日までに当該株式会社に対し当該株式に係る株券を提出しなければならない旨を株券提出日の1か月前までに、公告し、かつ、当該株式の株主及びその登録株式質権者には、各別にこれを通知しなければなりません（会社法219条1項3号）。

　なお、この株券提出公告・通知の手続の結果、株券を回収することが

100　(ii)又は(iv)の請求をするには、当該株式会社の定めた費用を支払わなければなりません（会社法171条の2第2項但書）。

1 手続

　できなくても、取得の効力自体は生じます。

【資料　官報公告文例】

```
全部取得条項付種類株式取得につき株券提出公告
　当社は、全部取得条項付種類株式である乙種類株式の全部を取得することにいたしましたので、該当株券を所有する方は、株券提出日である令和○年○月○日までに当社にご提出下さい。
　令和○年○月○日
　　○○県○○市…
　　　　　　　　　　　○○株式会社
　　　　　　　　　　　代表取締役　　○○○○
```

※　実際の官報公告は縦書きです。

(5) 事後開示手続

　株式会社は、取得日後遅滞なく、株式会社が取得した全部取得条項付種類株式の数その他の全部取得条項付種類株式の取得に関する事項として次の事項を記載し、又は記録した書面又は電磁的記録を作成し、取得日から6か月間、それらの書面又は電磁的記録を本店に備え置かなければなりません（会社法173条の2第1項・2項）。

(i)　株式会社が全部取得条項付種類株式の全部を取得した日（会社法施行規則33条の3第1号）

(ii)　取得の差止め請求（会社法171条の3）に係る手続の経過（会社法施行規則33条の3第2号）

(iii)　裁判所に対する価格の決定の申立て手続（会社法172条）の経過（会社法施行規則33条の3第3号）

(ⅳ)　株式会社が取得した全部取得条項付種類株式の数（会社法施行規則33条の3第4号）
(ⅴ)　(ⅰ)から(ⅲ)のほか、全部取得条項付種類株式の取得に関する重要な事項（会社法施行規則33条の3第5号）

　また、全部取得条項付種類株式を取得した株式会社の株主又は取得日に全部取得条項付種類株式の株主であった者は、当該株式会社に対して、その営業時間内は、いつでも、次の請求をすることができます（会社法173条の2第3項本文柱書）[101]。

(ⅰ)　事後開示の書面の閲覧の請求（会社法173条の2第3項1号）
(ⅱ)　事後開示の書面の謄本又は抄本の交付の請求（会社法173条の2第3項2号）
(ⅲ)　事後開示の電磁的記録に記録された事項を紙面又は映像面により表示したものの閲覧の請求（会社法173条の2第3項3号、会社法施行規則226条8号）
(ⅳ)　事後開示の電磁的記録に記録された事項を電磁的方法であって株式会社の定めたものにより提供することの請求又はその事項を記載した書面の交付の請求（会社法173条の2第3項4号）

2　株式会社が取得した後の株主の地位

　株式会社は、取得日に、全部取得条項付種類株式の全部を取得します（会

---

[101]　(ⅱ)又は(ⅳ)の請求をするには、当該株式会社の定めた費用を支払わなければなりません（会社法173条の2第3項但書）。

社法173条1項)。

全部取得条項付種類株式の株主（上記1(3)の申立てをした株主を除く。）は、取得対価として、当該株式会社の他の株式、社債、新株予約権、新株予約権付社債が定められている場合は、取得日に、それぞれの募集手続等を経ずに、取得対価が交付され、当該株主は、同日において、当該他の株式の株主、当該社債の社債権者、当該新株予約権の新株予約権者、当該新株予約権付社債の社債についての社債権者及び新株予約権についての新株予約権者となります（会社法173条2項）[102]。

3 分配可能額との関係

全部取得条項付種類株式の取得と引換えに当該株式会社の社債、新株予約権、新株予約権付社債その他の財産（当該株式会社の株式を除く。）を交付するときにおいて、これらの財産の帳簿価額の総額が取得日における分配可能額を超えているときは、株式会社は、全部取得条項付種類株式を取得することはできません（会社法461条1項4号）。

4 登記手続

(1) 登記期間

取得日が到来し、株式会社が、株式、新株予約権又は新株予約権付社債を発行したときは[103]、当該日から2週間以内に、その本店の所在地

---

[102] 取得対価の交付は、出資を伴うものではないので、それにより資本金の額は増加しません（会社計算規則15条1項）。

[103] 取得対価として、社債、自己株式、自己新株予約権、自己新株予約権付社債その他財産を交付する場合は、登記は不要です。

において、変更の登記をしなければなりません（会社法915条１項、911条３項９号・12号）。

(2) **登記の事由**

登記の事由は、「全部取得条項付種類株式の取得と引換えにする株式の発行」「全部取得条項付種類株式の取得と引換えにする新株予約権の発行」です。

(3) **登記すべき事項**

取得対価が株式の場合の登記すべき事項は、①発行済株式の総数並びに種類及び数及び②変更年月日です。

また、取得対価が新株予約権の場合の登記すべき事項は、会社法911条３項12号の事項及び発行年月日です。

(4) **添付書類**

・株主総会議事録（商業登記法46条２項、後記資料１のとおり。）及び株主リスト（商業登記規則61条３項）

・現に株券を発行している株券発行会社にあっては、株券提出公告をしたことを証する書面、現に株券を発行していない株券発行会社にあっては、株券を発行していないことを証する書面（株主名簿）（商業登記法59条１項２号、60条、68条）

・取得対価が新株予約権、新株予約権付社債の場合は、分配可能額が存在することを証する書面（商業登記規則61条10項）

具体的には、代表者の作成に係る証明書（当該新株予約権の帳簿価額及び会社法461条２項各号の額又はその概算額を示す等の方法により、分配可能額が存在することを確認することができるもの）等がこれに該当します。

・司法書士等に申請代理を委任する場合は、委任状（商業登記法18条、後記資料２のとおり。）

4 登記手続

(5) 登録免許税

ア 取得対価が株式の場合

　　登録免許税は、申請1件につき金3万円（登録免許税法別表1第24号(1)ツ）です。

イ 取得対価が新株予約権の場合

　　登録免許税は、申請1件につき金9万円です（登録免許税法別表1第24号(1)ヌ）。

【登記申請書例】

(1) 取得対価が株式の場合

株式会社変更登記申請書

1．会社法人等番号	○○○○-○○-○○○○○○
フリガナ	○○○○
1．商　　　　号	○○株式会社
1．本　　　　店	○○県○○市…
1．登記の事由	全部取得条項付株式の取得と引換えにする株式の発行
1．登記すべき事項	別紙のとおり
1．登録免許税	金3万円
1．添付書類	株主総会議事録　　　　　1通 株主リスト　　　　　　　1通 委任状　　　　　　　　　1通

　上記のとおり登記の申請をする。

　令和○年○月○日

○○県○○市…
　　　申請人　　○○株式会社
○○県○○市…
　　　代表取締役　○○○○
○○県○○市…
　　　上記代理人　司法書士　○○○○
　　　連絡先の電話番号　○○○－○○○○－○○○○
○○法務局　御中

別紙は、574頁を参照してください。

(2)　取得対価が新株予約権の場合

株式会社変更登記申請書

１．会社法人等番号	○○○○－○○－○○○○○○
フリガナ	○○○○
１．商　　　　号	○○株式会社
１．本　　　　店	○○県○○市…
１．登記の事由	全部取得条項付株式の取得と引換えにする新株予約権の発行
１．登記すべき事項	別紙のとおり
１．登録免許税	金９万円
１．添付書類	株主総会議事録　　　　　　１通
	株主リスト　　　　　　　　１通
	分配可能額が存在することを証する書面　　　　　　　　　１通
	委任状　　　　　　　　　　１通

4 登記手続

　　　上記のとおり登記の申請をする。

　　　　令和○年○月○日
　　　　　　　○○県○○市…
　　　　　　　　　申請人　　　○○株式会社
　　　　　　　○○県○○市…
　　　　　　　　　代表取締役　　○○○○
　　　　　　　○○県○○市…
　　　　　　　　　上記代理人　司法書士　○○○○
　　　　　　　　　連絡先の電話番号　○○○－○○○○－○○○○
　　　○○法務局　御中

別紙は、第3部の募集新株予約権の発行（503頁）を参照してください。

【資料1　株主総会議事録】

臨時株主総会議事録

　令和○年○月○日午前○○時○○分より、当会社の本店において、臨時株主総会を開催した。

株主の総数	○名
発行済株式の総数	○株
議決権を行使することができる株主の数	○名
議決権を行使することができる株主の議決権の数	○個
出席した株主の数（委任状による者を含む）	○名
出席した株主の議決権の数	○個

　　出席役員等
　　代表取締役　　A（議長兼議事録作成者）

上記のとおり出席があったので、本株主総会は適法に成立した。
　定刻代表取締役Aは選ばれて議長となり、開会を宣し直ちに議事に入った。

　　第1号議案　　　全部取得条項付種類株式の取得の件
　議長は、当社の発行する全部取得条項付種類株式の全部を以下のとおり取得したい旨を述べ、議場に諮ったところ、満場異議なくこれを承認可決した。

記

　　取得日　　令和○年○月○日
　　取得対価　全部取得条項付種類株式1株と引換えに当社の発行する普通株式1株を交付する。

　以上をもって本総会の議案全部を終了したので、議長は閉会の挨拶を述べ、午前○○時○○分散会した。
　上記の決議を明確にするため、この議事録を作成し、議長である出席代表取締役が次に記名する。

　　令和○年○月○日

　　　　　　　　　　　　　　　○○株式会社　臨時株主総会
　　　　　　　　　　　　　　　議長　代表取締役　　　A

4　登記手続

【資料2　委任状】

委　任　状

住所　○○県○○市…

氏名　司法書士　○○○

私は、上記の者を代理人と定め、以下の権限を委任する。

1．令和○年○月○日現在において、全部取得条項付種類株式の取得と引換えに株式を交付したので、下記のとおり変更の登記を申請する一切の件

記

発行済株式の総数　　○○株
発行済各種の株式の数　普　通　株　式　　○○株
　　　　　　　　　　　全部取得条項付種類株式　　○株

1．原本還付の請求及び受領の件

令和○年○月○日

○○県○○市…
○○株式会社
代表取締役　A　㊞（※）

（※）登記所に提出している印鑑を押印します。

(6)　登記記録の編成

全部取得条項付種類株式の取得と引換えにする株式・新株予約権の発行の登記は、上記第1章、第2章の場合と同様に、登記記録の「発行済

株式の総数並びに種類及び数」欄、「新株予約権」欄にそれぞれ記録されます（記載例の掲載は省略します。)。

第4章　取得条項付新株予約権の取得と引換えにする株式・新株予約権の発行

1　取得条項付新株予約権の意義

　取得条項付新株予約権とは、会社法236条1項7号イの事項についての定めがある新株予約権のことをいいます（会社法273条1項）。株式会社は、原則的に事前に新株予約権の内容として定めた一定の事由が生じた日に新株予約権者から当該取得条項付新株予約権を取得し、その対価を交付します。

　取得する新株予約権の対価としては、財産であれば、原則としてどのようなものでも定めることができます。対価の定めとして、株式、新株予約権、社債又は新株予約権付社債を定めた場合には、取得事由が生じたときに、通常のそれらの募集手続をすることなく、交付が行われます。

2　取得手続

(1)　会社法236条1項7号ロの定めがある場合

　取得条項付新株予約権（会社法236条1項7号イの事項についての定めがある新株予約権をいう。）の内容として株式会社が別に定める日が到来することをもって取得事由としている場合（会社法236条1項7号ロの定めがある場合）には、当該取得条項付新株予約権の内容として別段の定めがある場合を除き、株式会社は、株主総会の普通決議（取締役会設置会社にあっては、取締役会の決議）により取得条項付新株予約権の取得日を定めなければなりません（会社法273条1項）。

　当該取得日を定めた場合は、株式会社は、取得条項付新株予約権の新株予約権者（取得条項付新株予約権の一部取得についての定めがあるときにあっては、当該取得日の2週間前までに、会社法274条1項の規定により決定した取得条項付新株予約権の新株予約権者）及びその登録新株予約権質権者に対し、当該取得日を通知又は公告しなければなりません（会社法273条2項・3項）。

　取得条項付新株予約権の取得の効力は、原則的に当該取得日に生じます（会社法275条1項）。取得条項付新株予約権が新株予約権付社債に付されたものであるときは、当該取得日に当該新株予約権付社債についての社債を取得します（同条2項）。

　ただし、取得条項付新株予約権の一部取得についての定めがある場合には、株式会社は、取得条項付新株予約権を取得しようとするときは、当該取得条項付新株予約権の内容として別段の定めがある場合を除き、株主総会の普通決議（取締役会設置会社においては、取締役会の決議）により、その取得する取得条項付新株予約権を決定しなければならず（会社法274条1項・2項）、この決定をしたときは、株式会社は、取得

2 取得手続

する取得条項付新株予約権の新株予約権者及びその登録新株予約権質権者に対し、直ちに、当該取得条項付新株予約権を取得する旨を通知又は公告しなければなりません（会社法274条3項・4項）。この場合には、当該取得日とこの通知又は公告の日から2週間を経過した日のいずれか遅い日に取得条項付株式の取得の効力が生じます（会社法275条1項）。

(2) **会社法236条1項7号ロの定めがない場合**

　取得条項付新株予約権の内容として株式会社が別に定める日が到来することをもって取得事由としていない場合（会社法236条1項7号ロの定めがない場合）には、取得条項付新株予約権の取得の効力は、原則的に取得事由の発生によりに生じます（会社法275条1項）。取得条項付新株予約権が新株予約権付社債に付されたものであるときは、当該取得事由が生じた日に当該新株予約権付社債についての社債を取得します（同条2項）。

　ただし、取得条項付新株予約権の一部取得についての定めがある場合には、株式会社は、取得条項付新株予約権を取得しようとするときは、当該取得条項付新株予約権の内容として別段の定めがある場合を除き、株主総会の普通決議（取締役会設置会社においては、取締役会の決議）により、その取得する取得条項付新株予約権を決定しなければならず（会社法274条1項・2項）、この決定をしたときは、株式会社は、取得する取得条項付新株予約権の新株予約権者及びその登録新株予約権質権者に対し、直ちに、当該取得条項付新株予約権を取得する旨を通知又は公告しなければなりません（会社法274条3項・4項）。そのため、この場合には、取得事由の発生日とこの通知又は公告の日から2週間を経過した日のいずれか遅い日に取得条項付新株予約権の取得の効力が生じます（会社法275条1項）。

(3) **新株予約権証券提出公告・通知**

　株式会社が取得条項付新株予約権の取得をする場合において、当該取

得条項付新株予約権に係る新株予約権証券（当該新株予約権が新株予約権付社債に付されたものである場合にあっては、当該新株予約権付社債に係る新株予約権付社債券。以下、本項において同じ。）を発行しているときは、当該株式会社は、当該行為の効力が生ずる日（以下、「新株予約権証券提出日」という。）までに当該株式会社に対し当該新株予約権証券を提出しなければならない旨を新株予約権証券提出日の1か月前までに、公告し、かつ、当該新株予約権の新株予約権者及びその登録新株予約権質権者には、各別にこれを通知しなければなりません（会社法293条1項1号の2）。

なお、この新株予約権証券提出公告・通知の手続の結果、証券を回収することができなくても、取得の効力自体は生じます。

(4) 取得事由発生後の通知・公告

株式会社は、当該取得事由が生じた後、遅滞なく、取得条項付新株予約権の新株予約権者及びその登録新株予約権質権者（取得条項付新株予約権の一部取得についての定めがある場合にあっては、取得する取得条項付新株予約権の新株予約権者及びその登録新株予約権質権者）に対し、当該事由が生じた旨を通知又は公告しなければなりません（会社法275条4項本文・5項）。

ただし、会社法273条2項の規定による通知又は同条3項の公告をしたときは、274条4項本文の規定による通知と同条5項の公告は不要です（会社法275条4項但書）。

3　株式会社が取得した後の新株予約権者の地位

取得条項付新株予約権の新株予約権者（当該株式会社を除く。）は、取得対価として、当該株式会社の株式、社債、他の新株予約権、新株予約権付社

債が定められている場合は、取得事由が生じた日に、それぞれの募集手続等を経ずに、取得対価が交付され、当該新株予約権者は、同日において、当該株式の株主、当該社債の社債権者、当該他の新株予約権の新株予約権者、当該新株予約権付社債の社債についての社債権者及び新株予約権についての新株予約権者となります（会社法275条3項）。

4　分配可能額との関係

上記第1章から第3章の場合と異なり、分配可能額による財源規制はありません。

5　登記手続

(1) 登記期間

取得事由が発生し、株式会社が、株式、新株予約権又は新株予約権付社債を発行したときは[104]、取得の効力発生日から2週間以内に、その本店の所在地において、変更の登記をしなければなりません（会社法915条1項、911条3項9号・12号）。

(2) 登記の事由

登記の事由は、「取得条項付新株予約権の取得と引換えにする株式の発行」「取得条項付新株予約権の取得と引換えにする新株予約権の発行」です。

104　取得対価として、社債、自己株式、自己新株予約権、自己新株予約権付社債その他財産を交付する場合は、登記は不要です。

(3) 登記すべき事項

　　取得対価が株式の場合の登記すべき事項は、①資本金の額、②発行済株式の総数並びに種類及び数及び③変更年月日です。

　　また、取得対価が新株予約権の場合の登記すべき事項は、会社法911条3項12号の事項及び発行年月日であり、取得条項付新株予約権の一部を取得する場合における2回目以後の新株予約権の発行にあっては新株予約権の数及び当該新株予約権の目的である株式の数（種類株式発行会社にあっては、その種類及び種類ごとの数）並びに変更年月日です。

(4) 添付書類

・一定の事由の発生を証する書面（後記資料1のとおり。）（商業登記法59条2項1号、67条2項）

　　株式会社が別に定める日の到来をもって取得事由とする旨の定款の定めがある場合は、株主総会議事録（商業登記法46条2項）及び株主リスト（商業登記規則61条3項）、又は取締役会議事録（商業登記法46条2項）

・新株予約権証券提供公告をしたことを証する書面、当該新株予約権について新株予約権証券を発行していない場合は、これを証する書面（新株予約権原簿）（商業登記法59条2項2号、67条2項）

・一部取得の場合には、当該一部の株式の決定に係る株主総会議事録（商業登記法46条2項）及び株主リスト（商業登記規則61条3項）又は取締役会議事録（商業登記法46条2項）

・取得対価が新株予約権の場合、取得によって初めてする新株予約権の発行による登記にあっては、当該新株予約権の内容の記載がある当該取得条項付新株予約権の募集事項の決定に係る議事録（取得対価となる新株予約権の内容を明らかにするもの）

・取得対価が株式の場合、会社計算規則18条1項の資本金等増加限度額のうち資本金として計上しない額を定めた場合は、取締役の過半数の

一致を証する書面又は取締役会議事録（商業登記法46条2項・1項）
・取得対価が株式の場合、資本金の額が会社法及び計算規則の規定に従って計上されたことを証する書面（商業登記規則61条9項）
・司法書士等に申請代理を委任する場合は、委任状（商業登記法18条、後記資料2のとおり。）

(5) 登録免許税
　ア　取得対価が株式の場合
　　登録免許税は、申請1件につき増加した資本金の額の1,000分の7（これによって計算した税額が3万円に満たないときは、3万円）です（登録免許税法別表1第24号(1)ニ）。
　イ　取得対価が新株予約権の場合
　　登録免許税は、申請1件につき金9万円（取得条項付新株予約権の一部を取得する場合における2回目以後の新株予約権の発行による登記にあっては、金3万円）です（登録免許税法別表1第24号(1)ヌ、ツ）。

【登記申請書例】
(1) 取得対価が株式の場合

株式会社変更登記申請書

1．会社法人等番号　　　〇〇〇〇-〇〇-〇〇〇〇〇〇
　　　フリガナ　　　　　　〇〇〇〇
1．商　　　号　　　　　〇〇株式会社
1．本　　　店　　　　　〇〇県〇〇市…
1．登記の事由　　　　　取得条項付新株予約権の取得と引換えにする株式の発行
1．登記すべき事項　　　別紙のとおり
1．登録免許税　　　　　金〇〇万円

１．添 付 書 類　　　　　取得事由の発生を証する書面　　１通
　　　　　　　　　　　　　資本金の額の計上に関する証明書　１通
　　　　　　　　　　　　　委任状　　　　　　　　　　　　　１通

　　上記のとおり登記の申請をする。

　　　　令和○年○月○日
　　　　　　　○○県○○市…
　　　　　　　　　申請人　　○○株式会社
　　　　　　　○○県○○市…
　　　　　　　　　代表取締役　○○○○
　　　　　　　○○県○○市…
　　　　　　　　　上記代理人　司法書士　○○○○
　　　　　　　　　連絡先の電話番号　○○○－○○○○－○○○○
　　○○法務局　御中

別　紙（登記すべき事項）
「発行済株式の総数並びに種類及び数」
発行済株式の総数　　○○株
各種の株式の数
普通株式　　　　　　○○株
取得請求権付株式　　○○株
「資本金の額」
○○円
「原因年月日」令和○年○月○日変更

(2) 取得対価が新株予約権の場合

株式会社変更登記申請書

1．会社法人等番号　　〇〇〇〇-〇〇-〇〇〇〇〇〇

　　　フリガナ　　　　〇〇〇〇
1．商　　　　号　　　〇〇株式会社
1．本　　　　店　　　〇〇県〇〇市…
1．登 記 の 事 由　　取得条項付新株予約権の取得と引換えにする新株予約権の発行
1．登記すべき事項　　別紙のとおり
1．登 録 免 許 税　　金9万円（取得条項付新株予約権の一部を取得する場合における2回目以後の新株予約権の発行による登記にあっては、金3万円）
1．添 付 書 類　　　取得事由の発生を証する書面　　1通
　　　　　　　　　　取締役会議事録　　　　　　　　1通
　　　　　　　　　　委任状　　　　　　　　　　　　1通

　上記のとおり登記の申請をする。

　　令和〇年〇月〇日
　　　　　〇〇県〇〇市…
　　　　　　　申請人　　〇〇株式会社
　　　　　〇〇県〇〇市…
　　　　　　　代表取締役　〇〇〇〇
　　　　　〇〇県〇〇市…

```
          上記代理人　司法書士　○○○○
          連絡先の電話番号　○○○－○○○○－○○○○
○○法務局　御中
```

　別紙について、取得により初めてする新株予約権の発行の場合は、第3部の募集新株予約権の発行（503頁）を参照してください。また、一部取得の場合における2回目以後の新株予約権の発行のときは、575頁を参照してください。

【資料1　取得事由の発生を証する書面】

```
                 証　明　書

 1.　○○株式会社取得条項付新株予約権　　○○株
　当社が発行する上記取得条項付新株予約権について、所定の○○の取
得事由が発生したことを証明します。


　令和○年○月○日
                          ○○県○○市…
                          ○○株式会社
                          代表取締役　○○○○
```

【資料2　委任状】

```
                 委　任　状

                     住所　○○県○○市…
                     氏名　司法書士　○○○

　私は、上記の者を代理人と定め、下記事項に関する一切の権限を委任
する。
```

1．令和○年○月○日現在において、取得条項付新株予約権の取得と引換えに株式を交付したので、下記のとおり変更の登記を申請する一切の件

記

　発行済株式の総数　　○○株
　資本金の額　　　　　金○○円
1．原本還付の請求及び受領の件

　令和○年○月○日

　　　　　　　　　　　　　　　　○○県○○市…
　　　　　　　　　　　　　　　　○○株式会社
　　　　　　　　　　　　　　　　代表取締役　A　㊞(※)

(※) 登記所に提出している印鑑を押印します。

(6) 登記記録の編成

　取得条項付新株予約権の取得と引換えにする株式の発行の登記は登記記録の「資本金の額」、「発行済株式の総数並びに種類及び数」欄に、新株予約権の発行の登記は「新株予約権」欄にそれぞれ記録されます（記載例の掲載は省略します。）。

〈参考文献リスト〉

相澤哲『一問一答　新・会社法』(商事法務、2005年)
相澤哲・葉玉匡美・郡谷大輔編著『論点解説　新・会社法　千問の道標』(商事法務、2006年)
稲葉威雄他『新訂版実務相談株式会社法2』(商事法務、1992年)
江頭憲治郎・門口正人編集代表『会社法体系2』(青林書院、2008年)
江頭憲治郎『株式会社法(第8版)』(有斐閣、2021年)
太田洋・山本憲光・柴田寛子編集代表『新株予約権ハンドブック』(商事法務、2018年)
金子登志雄・富田太郎『募集株式と種類株式の実務(第2版)』(中央経済社、2014年)
鈴木龍介『議事録作成の実務と実践』(第一法規、2022年)
鈴木龍介『商業・法人登記先例インデックス』(商事法務、2012年)
登記研究編集室編『商業登記書式精義(全訂第6版)』(テイハン、2019年)
登記研究編集室編『商業登記書式精義　上(全訂第5版)』(テイハン、2012年)
東京司法書士協同組合編『事例で学ぶ会社法実務(全訂第2版)』(中央経済社、2023年)
内藤卓編『商業登記全書第3巻　株式・種類株式』(中央経済社、2015年)
松井信憲『商業登記ハンドブック(第5版)』(商事法務、2025年)
弥永真生『リーガルマインド会社法(第15版)』(有斐閣、2021年)

巻末資料

資料1　普通株式を優先株式に変更することの可否について
　　　（昭和50年4月30日民四第2249号民事局長回答）
資料2　株式会社の新株発行について
　　　（昭和34年8月29日民甲第1923号民事局長電報回答）
資料3　新株発行を条件とする授権資本の枠増加の変更登記の受否について
　　　（昭和40年11月13日民甲第3214号民事局長電報回答）
資料4　授権資本の枠を超える新株発行による変更登記の受否について
　　　（昭和57年11月12日民四第6853号民事局第四課長回答）
資料5　株式会社新株発行について
　　　（昭和32年6月27日民甲第1248号民事局長電報回答）
資料6　会社法の一部を改正する法律等の施行に伴う商業・法人登記事務の取扱いについて（抄）
　　　（令和3年1月29日民商第14号民事局長通達）
資料7　新たな事業の創出及び産業への投資を促進するための産業競争力強化法等の一部を改正する法律等の施行に伴う商業・法人登記事務の取扱いについて
　　　（令和6年9月2日民商第130号民事局商事課長通知）
資料8　新株予約権の登記の申請書に添付すべき書面について
　　　（平成14年8月28日民商第2037号民事局商事課長通知）
資料9　複数の契約書により一の総数引受契約が締結された場合における募集新株予約権の発行に係る総数引受契約を証する書面の取扱いについて
　　　（令和4年3月28日民商第122号民事局商事課長通知）
資料10　会社法の一部を改正する法律等の施行に伴う関係法律の整備等に関する法律の施行に伴う商業・法人登記事務の取扱いについて（抄）
　　　（令和3年1月29日民商第10号民事局長通達）

資料1　普通株式を優先株式に変更することの可否について

昭和50年4月30日民四第2249号民事局長回答

【要旨】

　発行済の普通株式を優先株式に変更するには、会社と優先株式への変更を希望する株主との合意及び他の普通株主にとどまる者全員の同意があれば足り、右の変更登記の申請書には、右の合意及び同意のあつたことを証する書面を添付する取り扱いで差し支えない。

（照会）

　甲会社は、従前の定款では普通株式のみを発行する旨を定めておりましたが、今回、優先株式をも発行し得る様定款変更を行ない、左の規定を設けました。

第6条　当会社の発行する株式の総数の内2,700万株を普通株式とし、900万株を次の内容を有する優先株式とする。

　　1　優先株式は、毎決算期において普通株式に先だち、額面金額に対して年15％の利益配当を受ける。なお、残余があるときは普通株式に対して優先株式と同率に至るまで配当をなし、優先株式及び普通株式に対して平等に1株当り同率の配当をする。

　　2　当該決算期における優先配当金額が、前号の優先配当金額に達しないときにあつても、次期以降の決算期においてその不足額を補填しない。

　　3　優先株式の株主は、その額面金額に達するまで普通株式の株主に優先して残余財産の分配を受けるものとする。

　　4　優先株式は、議決権のない株式とする。

　そして、会社は既発行の普通株式1,400万株の内100万株を当該株主との合意に基づき、優先株式に変更したいと希望しています。しかし、既発行の普通株式を優先株式に変更する手続については、商法上規定がなく先例も見当

資料1　普通株式を優先株式に変更することの可否について

りませんので、次の事項について意見を伺いたく、回答をお願い致します。

　第1　既に発行済の普通株式を優先株式に変更する事は可能か。

　第2　右第1が可能とすれば、その手続如何。

尚、前記事項につき、

第1については可能

第2については、会社と優先株式への変更を希望する株主との合意及び他の普通株主全員の同意があれば足り、登記申請には右合意及び同意のあつたことを証する書面を添付すれば十分と思料いたします。

（回答）

本年3月7日付け書面をもつて照会のあつた標記の件については、貴見のとおり取り扱つて差し支えないものと考えます。

資料2　株式会社の新株発行について

昭和34年8月29日民甲第1923号民事局長電報回答

（照会）

　将来の株主総会において会社が発行する株式の総数を増加することを条件として、新株の超過発行を取締役会において決議すること及び右條件にかかることを明記した新株割当の公告等の手続を開始することの可否は積極に解すべきものと考えますが、いささか疑義がありますのでお伺いします。

　なお、本件は目下さしかかつた事案につき電信をもつて何分の御回示をお願いします。

（回答）

　8月20日付日記総第3849号をもつて照会の件については、左のとおり回答する。

記

　前段　積極に解する。

　後段　商法第280條ノ4に定める公告をすることはさしつかえないが、同法第280條ノ5に定める通知、公告は新株発行に関する取締役会決議の効力が発生したのちでなければすることができないものと解する。

資料3　新株発行を条件とする授権資本の枠増加の変更登記の受否について

昭和40年11月13日民甲第3214号民事局長電報回答

【要旨】

　発行済株式総数の4倍を超える新株発行を条件とする授権株式数増加の定款変更決議に基づく登記申請は、受理すべきでない。発行済株式総数の4倍を超える新株発行をした後において、授権株式数を増加する旨の定款変更決議があつた場合には、これに基づく登記申請は、受理してさしつかえない。

（照会）

　発行済株式総数の4倍を超える新株発行を条件とする授権株式数増加の定款変更決議に基づく登記申請は受理できないか。また発行済株式総数の4倍を超える新株発行後授権株式数増加の定款変更決議に基づく登記申請は受理してよいか指示願います。

（回答）

　10月21日電照の件は、次のとおり考える。

　前段　受理すべきでない。

　後段　受理してさしつかえない。

資料4　授権資本の枠を超える新株発行による変更登記の受否について

昭和57年11月12日民四第6853号民事局第四課長回答

【要旨】

　授権株式数を超過する新株発行をした後に、株主全員の賛成により授権株式数を増加する定款変更の決議が行われた場合には、右新株発行による変更登記申請を受理して差し支えない。

（照会）

　発行する株式の総数2400株、発行済株式の総数600株の株式会社が、9月1日開催の取締役会において、いわゆる枠外発行についてなんらの条件等も付さずに、株主の持株1株に対して9株を割当てる方法により新株5400株を発行する資本増加の決議をし、同月25日にその全額払込を完了した。

　なお、その翌日に開催の株主総会においては株主全員が出席し、発行する株式の総数を2万4000株とすることを満場一致で決議している。

　右の事実に基づき、発行する株式の総数を2万4000株、発行済株式の総数を6000株、資本の額を300万円とする変更登記の申請は、いわゆる枠外発行後の株主総会でその瑕疵は治癒された場合に当るから受理して差し支えないものと考えますが、いささか疑義がありますので何分の御指示をいただきたく、お伺いします。

（回答）

　本月8日付け二法登1第379号をもって照会のあつた件については、貴見のとおりと考えます。

資料5　株式会社新株発行について

昭和32年6月27日民甲第1248号民事局長電報回答

　株式会社の取締役会において新株発行の決議をなし新株発行前株主総会において授権資本増加（制限内）決議をなし、新株式払込後において発行株式の総数発行済株式総数の変更登記申請ありたる場合、新株発行前になされた株主総会の決議は一応無効と考えられますが、しかしながら授権資本増加制限の立法趣旨からして、かならずしも無効とは考えられず受否を決しかねますのでお伺いします。なお、本件は目下差しかかつた事案につき電信をもつて御指示願います。

（回答）

　本月20日付電照の件は、受理して差し支えない。

資料6 会社法の一部を改正する法律等の施行に伴う商業・法人登記事務の取扱いについて（抄）

令和3年1月29日民商第14号民事局長通達

（通達）

　会社法の一部を改正する法律（令和元年法律第70号。以下「改正法」という。）及び会社法の一部を改正する法律の施行に伴う関係法律の整備等に関する法律（令和元年法律第71号。以下「整備法」という。）並びに会社法施行規則等の一部を改正する省令（令和2年法務省令第52号）及び商業登記規則等の一部を改正する省令（令和3年法務省令第2号。以下「改正省令」という。）の一部が本年3月1日から施行されますので、これに伴う商業・法人登記事務の取扱いについては、下記の点に留意するよう、貴管下登記官に周知方お取り計らい願います。

　なお、本通知中、「法」とあるのは改正法による改正後の会社法（平成17年法律第86号）を、「商登法」とあるのは整備法による改正後の商業登記法（昭和38年法律第125号）を、「会社規」とあるのは会社法施行規則等の一部を改正する省令による改正後の会社法施行規則（平成18年法務省令第12号）を、「計算規」とあるのは同省令による改正後の会社計算規則（平成18年法務省令第13号）を、「商登規」とあるのは改正省令による改正後の商業登記規則（昭和39年法務省令第23号）を、「保険業法」とあるのは整備法による改正後の保険業法（平成7年法律第105号）をいい、特に改正前の条文を引用するときは、「旧」の文字を冠するものとします。

記

第1　取締役等の報酬等である株式及び新株予約権に関する特則
　1　上場会社の取締役等の報酬等である株式に関する特則
　　(1)　概要
　　　　金融商品取引法（昭和23年法律第25号）第2条第16項に規定する金

資料6　会社法の一部を改正する法律等の施行に伴う商業・法人登記事務の取扱いについて（抄）

融商品取引所に上場されている株式を発行している株式会社（以下「上場会社」という。）が取締役又は執行役（以下第1において「取締役等」という。）の報酬等として当該株式会社の株式の発行又は自己株式の処分をするときは、募集株式と引換えにする金銭の払込み又は現物出資財産の給付を要しないこととされた（法第202条の2第1項前段、第3項）。

(2)　取締役等の報酬等である募集株式の発行の手続

　ア　定款の定め、株主総会の決議又は報酬委員会の決定

　　　株式会社の募集株式を取締役等の報酬等として発行しようとする場合には、定款の定め、株主総会の決議又は指名委員会等設置会社にあっては報酬委員会の決定により、次の事項を定めなければならないとされた（法第361条第1項第3号、第409条第3項第3号、会社規第98条の2、第111条）。

　　(ｱ)　募集株式の数（種類株式発行会社にあっては、募集株式の種類及び種類ごとの数）の上限（報酬委員会の決定による場合にあっては、当該募集株式の数）

　　(ｲ)　一定の事由が生ずるまで募集株式を他人に譲り渡さないことを取締役等に約させるときは、その旨及び当該一定の事由の概要（報酬委員会の決定による場合にあっては、一定の事由）

　　(ｳ)　一定の事由が生じたことを条件として募集株式を株式会社に無償で譲り渡すことを取締役等に約させるときは、その旨及び当該一定の事由の概要（報酬委員会の決定による場合にあっては、一定の事由）

　　(ｴ)　(ｲ)、(ｳ)のほか、取締役等に対して募集株式を割り当てる条件を定めるときは、その条件の概要（報酬委員会の決定による場合にあっては、その条件）

　イ　募集事項

アの定めに従い、上場会社が募集株式を発行するときは、法第199条第1項第2号及び第4号に掲げる事項（募集株式の払込金額又はその算定方法及び募集株式と引換えにする金銭の払込み等の期日又は期間）を定めることを要しないとされた（法第202条の2第1項前段、第3項）。この場合には、法第199条第1項第1号、第3号及び第5号に掲げる事項に加えて、次の事項を定めなければならないとされた（法第202条の2第1項後段）。

　(ア)　取締役等の報酬等として募集株式の発行又は自己株式の処分をするものであり、募集株式と引換えにする金銭の払込み又は現物出資財産の給付を要しない旨

　(イ)　募集株式を割り当てる日（以下「割当日」という。）

ウ　募集事項の決定

　募集事項の決定は、取締役会の決議による（法第201条第1項、第202条の2第2項、第199条第2項）。なお、募集株式の払込金額又はその算定方法を定めることを要しないため、払込金額が特に有利な金額である場合における株主総会の特別決議（法第201条第1項、第199条第2項、第3項、第309条第2項第5号）を要しない。

エ　募集株式の申込み及び割当て

　イの定めがある場合において、アの定めに係る取締役等（取締役等であった者を含む。）以外の者は、募集株式の申込みをし、又は総数引受契約を締結することができないとされた（法第205条第3項、第5項）。

　募集株式が譲渡制限株式である場合には、募集株式の割当ての決定又は総数の引受けを行う契約の承認は、定款に別段の定めがある場合を除き、取締役会の決議による（法第204条第2項、第205条第2項）。

オ　株主となる時期

資料6　会社法の一部を改正する法律等の施行に伴う商業・法人登記事務の取扱いについて（抄）

　　　　募集株式の引受人は、割当日に株主になるとされた（法第209条第4項）。
　　カ　資本金の額の増加
　　　　募集株式の発行による資本金の額の増加については、取締役等が募集株式を対価とする役務を提供する時期に応じて、次のとおりとされた（法第445条第6項）。
　　　(ｱ)　事前交付型（株式割当後に役務を提供する場合）
　　　　　取締役等が株式会社に対し割当日後にその職務の執行として募集株式を対価とする役務を提供するときは、各事業年度の末日（臨時計算書類を作成しようとし、又は作成した場合にあっては臨時決算日。以下「株主資本変動日」という。）において増加する資本金の額は、ａの額からｂの額を減じて得た額に株式発行割合（当該募集に際して発行する株式の数を当該募集に際して発行する株式の数及び処分する自己株式の数の合計数で除して得た割合をいう。以下同じ。）を乗じて得た額（零未満である場合にあっては、零。以下「資本金等増加限度額」という。）とされたところ、その2分の1を超えない額は、資本金として計上せず、資本準備金とすることができるとされた（計算規第42条の2第1項から第3項まで）。
　　　　ａ　(a)の額から(b)の額を減じて得た額
　　　　　(a)　取締役等が当該株主資本変動日までにその職務の執行として株式会社に提供した募集株式を対価とする役務の公正な評価額
　　　　　(b)　取締役等が当該株主資本変動日の直前の株主資本変動日までにその職務の執行として株式会社に提供した募集株式を対価とする役務の公正な評価額
　　　　ｂ　募集株式の交付に係る費用の額のうち、株式会社が資本金等

増加限度額から減ずるべき額と定めた額
　(イ)　事後交付型（株式割当前に役務を提供する場合）
　　　取締役等が株式会社に対し割当日前にその職務の執行として募集株式を対価とする役務を提供するときは、割当日において増加する資本金の額は、ａの額からｂの額を減じて得た額に株式発行割合を乗じて得た額（零未満である場合にあっては、零。以下「資本金等増加限度額」という。）とされたところ、その２分の１を超えない額は、資本金として計上せず、資本準備金とすることができるとされた（計算規第42条の３第１項から第３項まで）。
　　ａ　割当日における取締役等がその職務の執行として提供した役務の公正な評価額の帳簿価額（減少すべき株式引受権の額。計算規第54条の２第２項）
　　ｂ　募集株式の交付に係る費用の額のうち、株式会社が資本金等増加限度額から減ずるべき額と定めた額
(3)　取締役等の報酬等である募集株式の発行による変更の登記の手続
　ア　登記の期間
　　　募集株式の発行により発行済み株式の総数並びにその種類及び種類ごとの数並びに事後交付型における資本金の額（増加する場合に限る。）に変更があったときは、割当日から２週間以内に、本店の所在地において変更の登記をしなければならない（法第915条第１項）。
　　　なお、事前交付型の場合であって、資本金の額が増加する場合における資本金の額の増加については、株主資本変動日から２週間以内に、本店の所在地において変更の登記をしなければならない。
　イ　登記すべき事項
　　　登記すべき事項は、発行済み株式の総数並びにその種類及び種類ごとの数、資本金の額（資本金の額が増加する場合に限る。）並び

資料6　会社法の一部を改正する法律等の施行に伴う商業・法人登記事務の取扱いについて（抄）

に変更年月日である。

　なお、法第199条第1項第2号及び第4号に掲げる事項を定めることを要しない募集株式の発行は、上場会社でなければすることができないところ、上場会社であることについては、登記記録等から非公開会社でないことを確認することをもって足りる。

ウ　添付書面

　登記の申請書には、次の書面を添付しなければならない。

(ア)　(2)アの定めに係る定款又は定款に当該定めがない場合には株主総会の議事録及び主要な株主の氏名又は名称、住所及び議決権数等を証する書面（以下「株主リスト」という。）若しくは報酬委員会の決定を証する書面（商登法第46条、商登規第61条第1項、第3項）

(イ)　募集事項の決定に係る取締役会の議事録（商登法第46条第2項）

(ウ)　募集株式の引受けの申込み又は総数の引受けを行う契約を証する書面（商登法第56条第1号）

(エ)　募集株式が譲渡制限株式であるときは、割当ての決定又は総数の引受けを行う契約の承認に係る取締役会の議事録（商登法第46条第2項）

(オ)　資本金の額が増加する場合には、資本金の額が法及び計算規の規定に従って計上されたことを証する書面（商登規第61条第9項）

エ　登録免許税

　上記(2)による変更の登記の登録免許税は、資本金の額の増加を伴わない場合には、申請1件につき3万円である（登録免許税法別表第一第24号(1)ツ）。

　資本金の額の増加を伴う場合には、その増加した資本金の額の

640

1000分の7（これによって計算した税額が3万円に満たないときは、申請件数1件につき3万円）であり（登録免許税法別表第一第24号(1)ニ）、発行済株式の総数の変更の登記については、資本金の額の変更の登記と同時に申請される限り、別途登録免許税を納付する必要はない。

2 上場会社の取締役等の報酬等である新株予約権に関する特則
(1) 概要
　上場会社が取締役等の報酬等として又は取締役等の報酬等をもってする払込みと引換えに当該株式会社の新株予約権の発行をするときは、当該新株予約権の行使に際して金銭の払込み又は現物出資財産の給付を要しないこととされた（法第236条）。
(2) 取締役等の報酬等である募集新株予約権の発行の手続
　ア　定款の定め、株主総会の決議又は報酬委員会の決定
　　当該株式会社の募集新株予約権を取締役等の報酬等として又は取締役等の報酬等をもってする払込みと引換えに発行しようとする場合には、定款、株主総会の決議又は指名委員会等設置会社にあっては報酬委員会の決定により、次の㋐又は㋑に掲げる事項を定めなければならないとされた。
　　㋐　取締役等の報酬等としてアの行使に際して金銭の払込み等を要しない新株予約権を発行する場合（法第361条第1項第4号、第409条第3項第4号、会社規第98条の3、第111条の2）
　　　a　募集新株予約権の数の上限（報酬委員会の決定による場合にあっては、募集新株予約権の数）
　　　b　新株予約権の目的である株式の数（種類株式発行会社にあっては、株式の種類及び種類ごとの数）又はその数の算定方法
　　　c　金銭以外の財産を新株予約権の行使に際してする出資の目的とするときは、その旨並びに当該財産の内容及び価額

資料６　会社法の一部を改正する法律等の施行に伴う商業・法人登記事務の取扱いについて（抄）

　　　　d　新株予約権を行使することができる期間

　　　　e　取締役等の報酬等として又は取締役等の報酬等をもってする払込みと引換えに新株予約権を発行するものであり、新株予約権の行使に際してする金銭の払込み又は現物出資財産の給付を要しない旨

　　　　f　アの定めに係る取締役等（取締役等であった者を含む。）以外の者は、当該新株予約権を行使することができない旨

　　　　g　一定の資格を有する者が募集新株予約権を行使することができることとするときは、その旨及び当該一定の資格の内容の概要（報酬委員会の決定による場合にあっては、その内容）

　　　　h　募集新株予約権の行使の条件を定めるときは、その条件の概要（報酬委員会の決定による場合にあっては、その条件）

　　　　i　譲渡による新株予約権の取得について会社の承認を要することとするときは、その旨

　　　　j　会社が一定の事由が生じたことを条件として新株予約権を取得することができることとするときは、法第236条第１項第７号に掲げる事項の内容の概要（報酬委員会の決定による場合にあっては、その内容）

　　　　k　取締役等に対して募集新株予約権を割り当てる条件を定めるときは、その条件の概要（報酬委員会の決定による場合にあっては、その条件）

　　(イ)　取締役等の報酬等をもってする払込みと引換えに新株予約権を発行する場合（法第361条第１項第５号ロ、第409条第３項第５号ロ、会社規第98条の４第２項、第111条の３第２項）

　　　　a　(ア)ａからｊまでの事項

　　　　b　取締役等に対して募集新株予約権と引換えにする払込みに充てるための金銭を交付する条件又は取締役等に対して募集新株

予約権を割り当てる条件を定めるときは、その条件の概要（報酬委員会の決定による場合にあっては、その条件）

イ　新株予約権の内容

　アの定めに従い、上場会社が募集新株予約権を発行するときは、法第236条第1項第2号に掲げる事項（当該新株予約権の行使に際して出資される財産の価額又はその算定方法）を新株予約権の内容とすることを要しないとされた（法第236条第3項前段）。この場合には法第236条第1項各号（第2号を除く。）に掲げる事項に加えて、次の事項を新株予約権の内容としなければならないとされた（同条第3項後段）。

(ア)　取締役等の報酬等として又は取締役等の報酬等をもってする払込みと引換えに新株予約権を発行するものであり、新株予約権の行使に際してする金銭の払込み又は現物出資財産の給付を要しない旨

(イ)　アの定めに係る取締役等（取締役等であった者を含む。）以外の者は、当該新株予約権を行使することができない旨

　なお、これらの事項は登記しなければならないこととされた（法第911条第3項第12号ハ）。

ウ　募集事項

　募集新株予約権の募集事項については、通常の新株予約権の募集事項（法第238条第1項）と同様である。ただし、募集新株予約権の内容（同項第1号）については、上記の内容が反映される。

エ　募集事項の決定

　募集事項の決定は、取締役会の決議による（法第240条第1項、第238条第2項）。

オ　募集新株予約権の割当て

　募集新株予約権の目的である株式の全部又は一部が譲渡制限株式

であるとき又は募集新株予約権が譲渡制限新株予約権であるときは、募集新株予約権の割当ての決定又は総数の引受けを行う契約の承認は、定款に別段の定めがある場合を除き、取締役会の決議による（法第243条第2項、第244条第3項）。

 カ 新株予約権者となる時期

  募集新株予約権の割当てを受けた申込者又はその総数を引き受けた者は、募集新株予約権の割当日（法第238条第1項第4号）に、新株予約権者となる（法第245条第1項）。

(3) 取締役等の報酬等である募集新株予約権の発行による変更の登記の手続

 ア 登記の期間

  募集新株予約権の発行により登記事項に変更があったときは、割当日から2週間以内に、本店の所在地において変更の登記をしなければならない（法第915条第1項）。

 イ 登記すべき事項

  登記すべき事項は、通常の新株予約権の登記事項（法第236条第1項第2号の事項を除く。）のほか、(2)イの定め（法第911条第3項第12号）及び新株予約権の発行年月日である。

  登記の記録については、別紙記録例1によるものとする。

  なお、法第236条第1項第2号に掲げる事項を新株予約権の内容とすることを要しない募集新株予約権の発行は、上場会社でなければすることができないところ、上場会社であることについては、登記記録等から非公開会社でないことを確認することをもって足りる。

 ウ 添付書面

  登記の申請書には、次の書面を添付しなければならない。

  ㈎ (2)アの定めに係る定款又は定款に当該定めがない場合には株主総会の議事録及び株主リスト若しくは報酬委員会の決定を証する

書面（商登法第46条、商登規第61条第1項、第3項）

(イ) 募集事項の決定に係る取締役会の議事録（商登法第46条第2項）

(ウ) 募集新株予約権の引受けの申込み又は総数の引受けを行う契約を証する書面（商登法第65条第1号）

(エ) 取締役等の報酬等をもってする払込みと引換えに新株予約権を発行する場合において、払込期日を定めたとき（割当日より前の日であるときに限る。）は、払込み（金銭以外の財産の給付又は会社に対する債権をもってする相殺を含む。）があったことを証する書面（商登法第65条第2号）

(オ) 譲渡制限株式を目的とする新株予約権又は譲渡制限新株予約権であるときは、割当ての決定又は総数の引受けを行う契約の承認に係る取締役会の議事録（商登法第46条第2項）

第2 株式交付制度

1 概要

株式会社は、株式交付をすることができるとされた（法第774条の2）。

株式交付とは、株式会社が他の株式会社をその子会社（他の株式会社の議決権の総数に対する自己の計算において所有している議決権の数の割合が100分の50を超えている場合における当該他の株式会社に限る（会社規第4条の2、第3条第3項第1号）。）とするために当該他の株式会社の株式を譲り受け、当該株式の譲渡人に対して当該株式の対価として当該株式会社の株式を交付することをいう（法第2条第32号の2）。株式交付をする株式会社を株式交付親会社といい、株式交付親会社が株式交付に際して譲り受ける株式を発行する株式会社を株式交付子会社という（法第774条の3第1項第1号）。

なお、清算株式会社については、株式交付に関する規定は適用されないこととされた（法第509条第1項第3号）。したがって、株式交付によ

資料6　会社法の一部を改正する法律等の施行に伴う商業・法人登記事務の取扱いについて（抄）

り、清算株式会社が株式交付親会社となることはできず、また、清算株式会社を株式交付子会社とすることもできない。

2　株式交付の手続

(1)　株式交付計画の作成

　　株式交付をする場合には、株式交付親会社は、株式交付計画を作成しなければならず（法第774条の2）、当該計画においては、次の事項を定めなければならないとされた（法第774条の3）。

　ア　株式交付子会社の商号及び住所

　イ　株式交付親会社が株式交付に際して譲り受ける株式交付子会社の株式の数（株式交付子会社が種類株式発行会社である場合にあっては、株式の種類及び種類ごとの数）の下限（なお、この定めは、株式交付子会社が効力発生日において株式交付親会社の子会社となる数を内容とするものでなければならないとされている（法第774条の3第2項）。）

　ウ　株式交付親会社が株式交付に際して株式交付子会社の株式の譲渡人に対して当該株式の対価として交付する株式交付親会社の株式の数（種類株式発行会社にあっては、株式の種類及び種類ごとの数）又はその数の算定方法並びに当該株式交付親会社の資本金及び準備金の額に関する事項並びに当該譲渡人に対する株式の割当てに関する事項（当該事項については、株式交付子会社の株式の譲渡人が株式交付親会社に譲り渡す株式の数に応じて株式交付親会社の株式を交付することを内容とするものでなければならないとされている（法第774条の3第4項）。）

　　なお、株式交付親会社が対価として交付する株式は、新たに発行する株式又は自己株式のいずれでも差し支えない。

　エ　株式交付親会社が株式交付に際して株式交付子会社の株式の譲渡人に対して当該株式の対価として金銭等（株式交付親会社の株式を

除く。）を交付するときは、その内容及び当該譲渡人に対する金銭等の割当てに関する事項（なお、当該事項については、株式交付子会社の株式の譲渡人が株式交付親会社に譲り渡す株式の数に応じて金銭等を交付することを内容とするものでなければならないとされている（法第774条の3第5項）。）

オ　株式交付親会社が株式交付に際して株式交付子会社の株式と併せて株式交付子会社の新株予約権（新株予約権付社債に付されたものを除く。）又は新株予約権付社債（以下「新株予約権等」と総称する。）を譲り受けるときは、当該新株予約権等の内容及び数又はその算定方法

カ　オの場合において、株式交付親会社が株式交付に際して株式交付子会社の新株予約権等の譲渡人に対して新株予約権等の対価として金銭等を交付するときは、その内容及び当該譲渡人に対する金銭等の割当てに関する事項

キ　株式交付子会社の株式及び新株予約権等の譲渡しの申込みの期日

ク　株式交付がその効力を生ずる日（以下「効力発生日」という。）

(2)　株式交付子会社の株式の譲渡し

ア　株式交付親会社による通知

株式交付親会社は、株式交付子会社の株式の譲渡しの申込みをしようとする者に対し、株式交付計画の内容等を通知しなければならないこととされた（法第774条の4第1項。通知を要しない場合として、同条第4項、会社規第179条の3参照）。

イ　株式交付子会社の株式の譲渡しの申込み株式交付子会社の株式の譲渡しの申込みをする者は、株式交付計画において定められた期日（(1)キ参照）までに、譲り渡そうとする当該株式の数等を記載した書面を株式交付親会社に交付しなければならないこととされた（法第774条の4第2項）。なお、当該書面の交付に代えて、株式交付親

資料6　会社法の一部を改正する法律等の施行に伴う商業・法人登記事務の取扱いについて（抄）

　　　　　会社の承諾を得て、当該書面に記載すべき事項を電磁的方法により提供することができる（同条第3項）。
　　　ウ　株式交付親会社が譲り受ける株式交付子会社の株式の割当て
　　　　　株式交付親会社は、上記イの申込みをした者（以下「申込者」という。）の中から株式を譲り受ける者を定め、かつ、その者に割り当てる当該株式交付親会社が譲り受ける株式交付子会社の株式の数（株式交付子会社が種類株式発行会社である場合にあっては、株式の種類ごとの数）を定めなければならないこととされ（法第774条の5第1項前段）、その上で、株式交付親会社は、効力発生日の前日までに、申込者に対し、当該申込者から当該株式交付親会社が譲り受ける株式交付子会社の株式の数を通知しなければならないこととされた（同条第2項）。
　　　エ　総数譲渡し契約を締結する場合
　　　　　株式交付子会社の株式を譲り渡そうとする者が、株式交付親会社が株式交付に際して譲り受ける株式交付子会社の株式の総数の譲渡しを行う契約を締結する場合には、上記アからウまでの手続に関する規定は適用されないこととされた（法第774条の6）。
　　　オ　株式交付子会社の新株予約権等の譲渡し
　　　　　株式交付親会社は、株式交付に際して株式交付子会社の株式と併せて株式交付子会社の新株予約権等を譲り受けることができることとされた（法第774条の3第1項第7号）。この新株予約権等の譲渡しについても、上記アからエまでの手続等がとられることとされた（法第774条の9）。
　　(3)　株式交付親会社の手続
　　　ア　株式交付計画の承認
　　　　　株式交付親会社は、効力発生日の前日までに、株主総会の特別決議によって、株式交付計画の承認を受けなければならないとされた（法第816条の3第1項、法第309条第2項第12号）。

ただし、株式交付において交付する対価の合計額の株式交付親会社の純資産額に対する割合が５分の１を超えない場合（以下「簡易株式交付」という。）には、株主総会の承認を要しないこととされた（法第816条の４第１項本文）。この場合において、株式交付親会社が株式交付子会社の株式等の譲渡人に交付する金銭等（株式交付親会社の株式等を除く。）の帳簿価額が株式交付親会社が譲り受ける株式交付子会社の株式等の額を超える場合、株式交付親会社が公開会社でない場合又は株式交付親会社の一定の数の株式を有する株主が株式交付に反対する旨を通知した場合には、当該株式交付親会社は、効力発生日の前日までに、株主総会の決議によって、株式交付計画の承認を受けなければならないとされた（同条第１項ただし書、第２項）。

イ　債権者保護手続

　株式交付親会社は、株式交付子会社の株式及び新株予約権の譲渡人に対して交付する金銭等（株式交付親会社の株式を除く。）が株式交付親会社の株式に準ずるものとして法務省令で定めるもののみである場合以外の場合には、次に掲げる事項を官報に公告し、かつ、知れている債権者には、各別に催告しなければならないとされ（ただし、株式交付親会社が当該公告を、官報のほか、定款の定めに従い、時事に関する事項を掲載する日刊新聞紙に掲載する方法又は電子公告によりするときは、各別の催告は、することを要しないこととされた（法第816条の８第３項）。）、債権者が下記(エ)の期間内に異議を述べたときは、当該株式交付をしても当該債権者を害するおそれがないときを除き、当該債権者に対し、弁済し、若しくは相当の担保を提供し、又は当該債権者に弁済を受けさせることを目的として信託会社等（信託会社及び信託業務を営む金融機関（金融機関の信託業務の兼営等に関する法律（昭和18年法律第43号）第１条第１

資料6　会社法の一部を改正する法律等の施行に伴う商業・法人登記事務の取扱いについて（抄）

　　　　項の認可を受けた金融機関をいう。）に相当の財産を信託しなければならないこととされた（法第816条の8第2項、第5項）。
　　　㋐　株式交付をする旨
　　　㋑　株式交付子会社の商号及び住所
　　　㋒　株式交付親会社及び株式交付子会社の計算書類に関する事項として法務省令で定めるもの
　　　㋓　債権者が一定の期間（1か月を下ることができない。）内に異議を述べることができる旨
　(4)　株式交付の効果
　　　株式交付の効力は、株式交付計画に定めた効力発生日に生ずる（法第774条の11第1項から第4項）が、株式交付親会社は、取締役の決定（取締役会設置会社にあっては、取締役会の決議）により、効力発生日を変更することができるとされた（法第816条の9第1項、第348条第1項、第2項、第362条第2項第1号）。この場合には、株式交付親会社は、変更前の効力発生日（変更後の効力発生日が変更前の効力発生日前の日である場合にあっては、当該変更後の効力発生日）の前日までに、変更後の効力発生日（当初の効力発生日から3か月以内の日でなければならない。）を公告しなければならないこととされた（法第816条の9第2項、第3項）。
　(5)　株式交付無効の訴え
　　　株式会社の株式交付の無効は、株式交付の効力発生日から6か月内に限り訴えをもってのみ主張することができることとされた（法第828条第1項第13号）。
　3　株式交付の登記の手続
　(1)　登記の期間
　　　株式交付をしたときは、株式交付親会社は、株式交付の効力発生日から2週間以内に、その本店の所在地において変更の登記をしなけれ

(2) 登記すべき事項

　株式交付親会社の登記すべき事項は、次の事項につき変更を生じた旨及びその年月日である。株式交付子会社については、その登記事項に変更は生じない。

　ア　発行済株式の総数並びにその種類及び種類ごとの数

　イ　資本金の額

　ウ　株式交付子会社の株式の譲渡人に新株予約権を発行した場合には、新株予約権に関する登記事項

　なお、株式交付子会社の株式の対価として株式交付親会社の自己株式を交付する場合には、登記すべき事項の変更が生じないこととなる。

(3) 添付書面

　株式交付親会社の株式交付による変更の登記の申請書には、次の書面を添付しなければならない。

　ア　株式交付計画書（商登法第90条の2第1号）　効力発生日の変更があった場合には、取締役の過半数の一致があったことを証する書面又は取締役会の議事録も添付しなければならない（商登法第46条第1項、第2項）。

　イ　株式の譲渡しの申込み又は株式交付親会社が株式交付に際して譲り受ける株式交付子会社の株式の総数の譲渡しを行う契約を証する書面（商登法第90条の2第2号）

　ウ　株式交付計画の承認に係る株主総会議事録（商登法第46条第2項）及び株主リスト（商登規第61条第3項）又は簡易株式交付の場合にあっては株式交付計画書の承認に係る取締役会議事録若しくは取締役の過半数の一致を証する書面（商登法第46条第1項、第2項）

　エ　簡易株式交付の場合は、当該場合に該当することを証する書面

資料6　会社法の一部を改正する法律等の施行に伴う商業・法人登記事務の取扱いについて（抄）

　　　　（簡易株式交付に反対する旨を通知した株主がある場合にあっては、その有する株式の数が一定数に達しないことを証する書面を含む。）（商登法第90条の2第3号）

　　オ　債権者保護手続が必要な場合には、公告及び催告（公告を官報のほか時事に関する事項を掲載する日刊新聞紙又は電子公告によってした場合にあっては、これらの方法による公告）をしたこと並びに異議を述べた債権者があるときは、当該債権者に対し、弁済し、若しくは相当の担保を提供し、若しくは当該債権者に弁済を受けさせることを目的として相当の財産を信託したこと又は当該株式交付をしても当該債権者を害するおそれがないことを証する書面（同条第4号）

　　カ　資本金の額が法及び計算規の規定に従って計上されたことを証する書面（同条第5号）

　(4)　登録免許税

　　　株式交付による変更の登記の登録免許税は、増加した資本金の額の1000分の7（これによって計算した税額が3万円に満たないときは、申請件数1件につき3万円）である（登録免許税法別表第一第24号(1)ニ）。発行済株式の総数の変更の登記については、登録免許税を別途納付する必要はない。

第3　新株予約権に関する登記事項の見直し

　1　概要

　　　株式会社は、その発行する新株予約権を引き受ける者の募集をしようとする場合において、募集新株予約権と引換えに金銭の払込みを要しないこととするとき以外のときは、募集事項として、募集新株予約権の払込金額又はその算定方法を定めなければならないところ（法第238条第1項第3号）、登記すべき事項としては、募集新株予約権の払込金額又は登記申請時までに払込金額が確定しないときは、当該算定方法を登記

しなければならないこととされた（法第911条第3項第12号ヘ）。

なお、登記の記録については、別紙記録例2による。

2　添付書面

改正前から変更はない（商登法第46条、第65条、商登規第61条第1項）。なお、算定方法を登記する場合に、払込金額が確定しないことにつき上申書等の添付を要しない。

3　経過措置

改正法においては、改正法の施行前に登記の申請がされた新株予約権の発行に関する登記の登記事項については、改正後の第911条第3項第12号の規定にかかわらず、なお従前の例によることとされた（改正法附則第9条）。

資料7 新たな事業の創出及び産業への投資を促進するための産業競争力強化法等の一部を改正する法律等の施行に伴う商業・法人登記事務の取扱いについて

令和6年9月2日民商第130号民事局商事課長通知

(通知)

　新たな事業の創出及び産業への投資を促進するための産業競争力強化法等の一部を改正する法律（令和6年法律第45号。以下「改正法」という。）の一部の規定及び産業競争力強化法に基づく募集新株予約権の機動的な発行に関する省令（令和6年法務省・経済産業省令第2号。以下「省令」という。）並びに所得税法等の一部を改正する法律（令和6年法律第8号）の一部の規定が本年9月2日から施行されますので、これに伴う商業・法人登記事務の取扱いについては、下記の点に留意し、事務処理に遺憾のないよう、貴管下登記官に周知方取り計らい願います。

　なお、本通知中、「産競法」とあるのは改正法による改正後の産業競争力強化法（平成25年法律第98号）を、「有責法」とあるのは改正法による改正後の投資事業有限責任組合契約に関する法律（平成10年法律第90号）をいいます。

記

第1　産業競争力強化法の一部改正
  1　募集新株予約権の発行に係る募集事項の決定の委任の特例
  (1)　取締役等への募集事項の委任に係る特例
　　　改正法により、設立の日以後の期間が15年未満の株式会社は、募集新株予約権（会社法（平成17年法律第86号）第238条第1項に規定する募集新株予約権をいう。以下同じ。）の発行に関し、株主の利益の確保に配慮しつつ産業競争力を強化することに資する場合として経済産業省令・法務省令で定める要件に該当することについて、経済産

省令・法務省令で定めるところにより、経済産業大臣及び法務大臣（以下「両大臣」という。）の確認を受けた場合には、株主総会の決議によって、募集新株予約権の内容のうち、当該募集新株予約権の行使に際して出資される財産の価額又はその算定方法及び当該募集新株予約権を行使することができる期間の決定についても、取締役（取締役会設置会社にあっては、取締役会。以下「取締役等」という。）に委任することができるとされた（産競法第21条の19第1項前段）。この場合において、募集事項の決定を取締役等に委任する株主総会の決議（以下「委任決議」という。）は募集新株予約権を割り当てる日（以下「割当日」という。）が当該委任決議の日から1年以内の日である募集についてのみ効力を有するとする会社法第239条第3項の規定は適用されない（産競法第21条の19第1項後段）。

なお、会社法第239条第4項の規定については、種類株式を発行している両大臣の確認を受けた株式会社にも適用される（産競法第21条の19第1項前段）。

おって、公開会社については、会社法第240条の規定により募集事項の決定機関が取締役会とされているため、本特例を用いることは想定されない。

(2) 株主となろうとする者等に対する委任決議があった旨の通知等

両大臣の確認を受けた設立の日以後の期間が15年未満の株式会社（以下「両大臣の確認を受けた株式会社」という。）は、産競法第21条の19第1項の規定により読み替えて適用する会社法（以下「読替え後の会社法」という。）第239条第1項の委任決議があった場合には、その後株主となろうとする者及び新株予約権者となろうとする者に対し、当該者を知った後速やかに当該委任決議があった旨を通知し、又は通知に準ずるものとして経済産業省令・法務省令で定める措置を講じなければならないとされた（産競法第21条の19第2項、省令第3条から

資料7　新たな事業の創出及び産業への投資を促進するための産業競争力強化法等の一部を改正する法律等の施行に伴う商業・法人登記事務の取扱いについて

第5条まで)。

　　この経済産業省令・法務省令で定める措置は、読替え後の会社法第239条第1項の委任決議があった旨の情報を、インターネットに接続された自動公衆送信装置を使用する方法により、不特定多数の者が提供を受けることができる状態に置く措置とされた（省令第5条)。

(3)　募集新株予約権の発行を行う場合の手続
　　ア　株主に対する募集事項の決定の通知
　　　　読替え後の会社法第239条第1項の委任決議に基づき、取締役等が募集新株予約権の募集事項を定めたときは、両大臣の確認を受けた株式会社は、その割当日の2週間前までに、株主に対し、当該募集事項を通知しなければならないとされた（産競法第21条の19第3項)。

　　イ　募集新株予約権の有利発行の場合の手続
　　　　読替え後の会社法第239条第1項の委任決議に基づき、取締役等がその募集事項を決定しようとする募集新株予約権について、同項第2号に規定する場合に金銭の払込みを要しないこととすること又は同項第3号に規定する場合の払込金額（会社法第238条第1項第3号に規定する払込金額をいう。）が、当該募集新株予約権を引き受ける者に特に有利な条件又は金額であるときは、会社法第239条第2項の規定は適用されず、会社法第309条第2項の規定による株主総会の決議によって、次に掲げる事項を定めなければならないとされた。この場合において、取締役は、当該株主総会において、当該条件又は金額で当該募集新株予約権を引き受ける者の募集をすることを必要とする理由を説明しなければならないとされた（産競法第21条の19第4項)。

　　　(ｱ)　当該募集新株予約権の行使に際して出資される財産の価額又はその算定方法

(イ)　当該募集新株予約権を行使することができる期間

　　　(ウ)　当該募集新株予約権の数の上限

　　　(エ)　当該募集新株予約権の割当日を当該決議の日から1年以内とする旨

　　　　なお、産競法第21条の19第4項の規定は、読替え後の会社法第239条第4項の種類株主総会の決議があった場合について準用されるため、当該場合においては、前記手続に関して種類株主総会の決議及び種類株主総会における説明をも要する（産競法第21条の19第5項）。

2　商業登記事務における留意点

　(1)　添付書面

　　　読替え後の会社法第239条第1項の委任決議に基づき、取締役等が募集新株予約権の募集事項を定めた場合、当該募集新株予約権の発行による変更の登記の申請書には、両大臣が交付する確認書（省令第2条第7項）をも添付しなければならない（商業登記法（昭和38年法律第125号）第19条）。

　(2)　設立の日以後の期間が15年未満であることの確認

　　　前記1(1)の特例は、設立の日以後の期間が15年未満の株式会社に限って適用されるため、読替え後の会社法第239条第1項の委任決議に基づき、取締役等が募集新株予約権の募集事項を定めた場合には、登記の申請書の添付書面により確認できる募集新株予約権の割当日において、当該株式会社の登記記録により確認できる会社成立の年月日以後の期間が15年未満であることの確認を要する。

第2　投資事業有限責任組合契約に関する法律の一部改正

1　投資事業有限責任組合の事業の範囲の拡大

　　改正法により、投資事業有限責任組合が営むことができる事業の範囲が拡大され、合同会社の設立に際しての持分の取得及び当該取得に係る

持分の保有並びに合同会社の持分の取得及び保有が当該事業として新たに追加された（有責法第3条第1項第1号、第2号）。
2　合同会社の登記における留意点
　　前記1により、投資事業有限責任組合が合同会社の持分の取得及び保有をした場合であっても、投資事業有限責任組合が合同会社の社員になることはできない点は従前と変わらない。
第3　租税特別措置法の一部改正
1　登録免許税法の特例
(1)　認定特別事業再編計画に基づく株式会社及び合同会社の合併又は分割による資本金の額の増加の登記に係る登録免許税の軽減
　　　産競法第46条の2に規定する特別事業再編を実施する認定特別事業再編事業者が、次に掲げる事項について登記を受ける場合において、当該事項が、産競法第24条の3第2項に規定する認定特別事業再編計画に係る産競法第24条の2第1項又は第24条の3第1項の認定に係るものであって改正法の施行の日（令和6年9月2日）から令和9年3月31日までの間にされたこれらの認定に係るものであるときは、当該登記に係る登録免許税の税率は、財務省令で定めるところによりこれらの認定の日から2年以内に登記を受けるものに限り、次のア及びイに掲げる事項の区分に応じ、当該ア及びイに定める割合とされた（所得税法等の一部を改正する法律による改正後の租税特別措置法（昭和32年法律第26号。以下「租特法」といい、改正前のものを「旧租特法」という。）第80条第2項）。
　　ア　合併による資本金の額の増加　次の(ア)又は(イ)に掲げる部分の区分に応じ(ア)又は(イ)に定める割合
　　　(ア)　合併により増加した資本金の額のうち、合併により消滅した会社の当該合併の直前における資本金の額として財務省令で定めるものに達するまでの資本金の額に対応する部分　1000分の1

この「合併により消滅した会社」の当該合併の直前における資本金の額として財務省令で定めるものは、次のaに掲げる額にbに掲げる割合を乗じて計算した額（2以上の会社が吸収合併により消滅する場合にあっては、当該消滅する各会社のaに掲げる額にbに掲げる割合を乗じて計算した額の合計額）とする（租税特別措置法施行規則の一部を改正する省令（令和6年財務省令第24号）による改正後の租税特別措置法施行規則（昭和32年大蔵省令第15号。以下「租特法規則」という。）第30条の2第5項において準用する登録免許税法施行規則（昭和42年大蔵省令第37号）第12条第2項、第6項）。

　a　吸収合併により消滅する会社の当該消滅の直前における資本金の額（当該消滅する会社が合名会社又は合資会社である場合にあっては、900万円）

　b　次の(a)に掲げる額から(b)に掲げる額を控除した額（当該控除した額が零を下回る場合にあっては、零）が(a)に掲げる額のうちに占める割合

　　(a)　吸収合併により消滅する会社の当該消滅の直前における資産の額から負債の額を控除した額（当該控除した額がaに掲げる額以下である場合にあっては、aに掲げる額）

　　(b)　吸収合併後存続する株式会社又は合同会社が当該吸収合併に際して当該吸収合併により消滅する会社の株主又は社員に対して交付する財産（当該吸収合併後存続する株式会社の株式（当該株式会社が有していた自己の株式を除く。）及び合同会社の持分を除く。）の価額

　(ｲ)　(ｱ)に掲げる部分以外の部分（これらの認定により増加した資本金の額のうち3000億円を超える部分を除く。）　　1000分の1.5

イ　分割による資本金の額の増加（これらの認定により増加した資本

金の額のうち3000億円を超える部分を除く。)　　1000分の3
(2)　認定創業支援等事業計画に基づく株式会社又は合同会社の設立の登記に係る登録免許税の軽減

　　旧租特法第80条第2項に規定されていた認定創業支援等事業計画に基づく株式会社又は合同会社の設立の登記に係る登録免許税の軽減については、租特法第80条第3項に繰り下げられた。
2　商業登記事務における留意点

　　前記1(1)の適用を受けようとする者は、その登記の申請書に、当該登記が前記1に該当するものであることについての主務大臣の証明書で、当該登記を受ける事項が前記1の規定に該当すること及び当該事項が記載された前記1に規定する認定特別事業再編計画に係る認定の日の記載があるものを添付しなければならないとされた（租特法規則第30条の2第4項）。

資料8　新株予約権の登記の申請書に添付すべき書面について

平成14年8月28日民商第2037号民事局商事課長通知

（通知）

　標記の件について、別紙1のとおり東京法務局民事行政部長から照会があり、別紙2のとおり回答したので、この旨貴管下登記官に周知方取り計らい願います。

別紙1

　標記については、商業登記法（昭和38年法律第125号）第89条各号に定められているところ、下記一に掲げる各書面は同条第一号の「新株予約権又は新株予約権付社債の申込み又は引受けを証する書面」として、下記二に掲げる書面は同条第二号の「商法（明治32年法律48号）第341条の7第1項の払込みがあったことを証する書面」として、それぞれ取り扱うことができると考えますが、いささか疑義がありますのでご照会します。

記

一　商業登記法第89条第一号の書面

　(1)　発行会社の代表者が作成した新株予約権の申込み又は引受けがあったことを証する書面に、新株予約権申込証又は新株予約権付与契約書のひな形及び申込者又は付与対象者の一覧表を合綴したもの。ただし、申込み又は引受けがあったことを証する書面には、申込証又は契約書の枚数、申込み又は引受けがあった新株予約権の個数、各新株予約権の発行に際して払い込むべき価額（無償で発行する場合を除く。）及び申込取扱期間を記載し、当該記載事項のとおり申込み又は引受けがあったことを証明する旨を記載した上、発行会社の代表者が登記所への届出印をもって記名押印するものとし、当該書面に合綴したひな形及び一覧表との間に契印を施すものとする。

　　　新株予約権付社債の申込み又は引受けの場合についても、これと同様

資料8　新株予約権の登記の申請書に添付すべき書面について

とする。この場合においては、申込み又は引受けがあったことを証する書面には、社債の総額及び社債の発行価額の総額をも記載するものとする。

(2)　金融機関又は証券会社等が、発行会社との契約に基づき、発行会社のために新株予約権の申込みの受領又は付与契約に関する事務の取扱いの権限を有する場合における当該金融機関又は証券会社等が作成した新株予約権の申込み又は引受けがあったことを証する書面に、新株予約権申込証又は新株予約権付与契約書のひな形を合綴したもの。ただし、申込み又は引受けがあったことを証する書面には、申込証又は契約書の枚数、申込み又は引受けがあった新株予約権の個数、各新株予約権の発行に際して払い込むべき価額（無償で発行する場合を除く。）及び申込取扱期間を記載し、当該記載事項のとおり申込み又は引受けがあったことを証明する旨を記載した上、当該金融機関又は証券会社等の代表者が記名押印するものとし、当該書面に合綴したひな形との間に契印を施すものとする。また、金融機関又は証券会社等と発行会社との契約書の写し等、当該金融機関又は証券会社等が新株予約権の申込みの受領又は付与契約に関する事務の取扱いの権限を有することを証する書面を併せて添付するものとする。

　　新株予約権付社債の申込み又は引受けの場合についても、これと同様とする。この場合においては、申込み又は引受けがあったことを証する書面には、社債の総額及び社債の発行価額の総額をも記載するものとする。

二　商業登記法第89条第二号の書面

　　証券会社等が、発行会社との契約に基づき、発行会社のために新株予約権付社債の払込金を受領する権限を有する場合における証券会社等が作成した払込みがあったことを証する書面。ただし、当該書面には、払込金の保管金額（社債の部分に係るものと社債に付された新株予約権の部分に係

るものとに区分して記載するものとする。)、払込期日、新株予約権付社債の発行会社名、払込みのあった新株予約権の個数、各新株予約権の発行に際して払い込むべき価額及び社債の発行価値を記載し、当該記載事項のとおり払込みがあったことを証明する旨を記載した上、当該証券会社等の代表者が記名押印するものとする。また、証券会社等と発行会社との契約書の写し等、当該証券会社等が発行会社のために払込金を受領する権限を有することを証する書面を併せて添付するものとする。

別紙2

本月14日付け日記第399号をもって照会のあった標記の件については、貴見のとおりと考えます。

> **資料9** 複数の契約書により一の総数引受契約が締結された場合における募集新株予約権の発行に係る総数引受契約を証する書面の取扱いについて

令和4年3月28日民商第122号民事局商事課長通知

（通知）

　募集新株予約権の発行による変更の登記の申請書には、募集新株予約権の引受けの申込み又は会社法（平成17年法律第86号）第244条第1項の契約（以下「総数引受契約」という。）を証する書面を添付しなければならないとされているところ（商業登記法（昭和38年法律第125号。以下「法」という。）第65条第1号）、複数の契約書により一の総数引受契約が締結された場合における募集新株予約権の発行に係る総数引受契約を証する書面の取扱いについては、下記のとおりとしますので、貴管下登記官に周知方お取り計らい願います。

記

　募集新株予約権の発行による変更の登記の申請書に、募集新株予約権の発行会社の代表者が作成した総数引受契約があったことを証する書面に総数引受契約書のひな形及び引受者の一覧表を合綴したものが添付された場合には、当該書面を法第65条第1号の総数引受契約を証する書面として取り扱って差し支えない。

　なお、総数引受契約があったことを証する書面には、総数引受契約書の枚数、引受けがあった募集新株予約権の数、募集新株予約権の払込金額（無償で発行する場合を除く。）及び割当日を記載し、当該記載事項のとおり総数引受契約があったことを証する旨を記載した上で、発行会社の代表者が記名する必要がある。

資料10 会社法の一部を改正する法律等の施行に伴う関係法律の整備等に関する法律の施行に伴う商業・法人登記事務の取扱いについて（抄）

　　　　　　　　　　　令和３年１月29日民商第10号民事局長通達

（通達）

　会社法の一部を改正する法律の施行に伴う関係法律の整備等に関する法律（令和元年法律第71号。以下「整備法」という。）及び商業登記規則等の一部を改正する省令（令和３年法務省令第２号。以下「改正省令」という。）の一部が本年２月15日から施行されることとなり、また、本日付け法務省民商第９号当職通達「商業登記等事務取扱手続準則の一部改正について」（以下「改正通達」という。）を発出したところです。

　さらに、定款認証及び設立登記の同時申請を本年２月15日から開始します。

　これらに伴う商業・法人登記事務の取扱いについては、下記の点に留意するよう、貴管下登記官に周知方お取り計らい願います。

　なお、本通達中、「商登法」とあるのは整備法による改正後の商業登記法（昭和38年法律第125号）を、「商登規」とあるのは改正省令による改正後の商業登記規則（昭和39年法務省令第23号）を、「商登準則」とあるのは改正通達による改正後の商業登記等事務取扱手続準則（平成17年３月２日付け法務省民商第500号民事局長通達）をいい、特に改正前の条文を引用するときは、「旧」の文字を冠するものとします。

　　　　　　　　　　　記

第４　押印規定の見直し

　１　趣旨及び経緯

　　　法令等又は慣行により、国民や事業者等に対して押印を求めている行政手続については、「経済財政運営と改革の基本方針2020」（令和２年７月17日閣議決定）及び「規制改革実施計画」（令和２年７月17日閣議決

資料10　会社法の一部を改正する法律等の施行に伴う関係法律の整備等に関する法律の施行に伴う商業・法人登記事務の取扱いについて（抄）

定）に基づき、各府省は、原則として全ての見直し対象手続について、令和２年中に、順次必要な検討を行い、法令、告示、通達等の改正を行う（令和２年中の対応が困難なものについては、見直しの方針を明らかにした上で必要な取組を行う。）こととされた。

商業・法人登記手続に関しては、法令に登記所届出印の押印又は押印した印鑑につき市町村長の作成した証明書の添付を求める規定が置かれているもの（申請書並びに商登規第61条第４項、第６項及び第８項の書面）については、厳格な本人確認や書面の真正を担保するため、押印を存続することとされた。

他方、改正省令及び改正通達では、後記２のとおり押印規定の見直しがされた。

２　押印規定の見直しの対象

(1)　登記簿の附属書類の閲覧の申請書

登記簿の附属書類の閲覧の申請書には、申請人又はその代表者若しくは代理人が署名し、又は押印しなければならないとされていたところ、当該規定は削除された（商登規第21条第２項）。

(2)　事業を廃止していない旨の届出

事業を廃止していない旨の届出（会社法（平成17年法律第86号）第472条第１項、一般社団法人及び一般財団法人に関する法律（平成18年法律第48号）第149条第１項及び第203条第１項）には、株式会社の代表者又は代理人が記名押印しなければならないとされていたところ、当該規定は削除された（会社法施行規則（平成18年法務省令第12号）第139条第２項及び第４項、一般社団法人及び一般財団法人に関する法律施行規則（平成19年法務省令第28号）第57条第２項及び第４項並びに第65条第２項及び第４項）。

(3)　再使用証明申出書

再使用証明申出書には申請人が押印しなければならないとされてい

たところ、様式から押印欄が削除された（商登準則別記第50号様式）。
3　その他の押印の取扱い
　上記1の見直しの方針を踏まえ、その他の押印については次のとおり取り扱うものとする。
(1)　定款、取締役会議事録等
　　定款、取締役会議事録等の法令の規定により押印又は印鑑証明書の添付を要する書面については、引き続き、押印を要する。
　　なお、ある取締役の一致があったことを証する書面については、取締役会議事録に準ずるものとして、引き続き、署名又は記名押印を要するものとする。
(2)　不正登記防止申出書及び取下書
　　不正登記防止申出書及び取下書については、申請書に準ずるものとして、引き続き、押印を要するものとする。
(3)　登記された事項につき無効の原因があることを証する書面
　　登記された事項につき無効の原因があることを証する書面（以下「無効原因証書」という。）については、作成者全員の印鑑につき、登記の抹消の申請書に記載された抹消すべき登記事項に係る登記の申請書に添付された書面に押印された印鑑と同一の印鑑若しくは登記所届出印を押印し、又は無効原因証書に押印された印鑑につき市町村長の作成した証明書の添付を要するとする取扱いに変更はない。
(4)　その他の書面
　　主要な株主の氏名又は名称、住所及び議決権数等を証する書面、資本金の額の計上に関する証明書等、法令上、押印又は印鑑証明書の添付を要する旨の規定がない書面については、押印の有無について審査を要しないものとする。
　　また、商登規第49条第2項又は第61条第7項の謄本については、押印の有無について審査を要しないものとする。

(5) 訂正印

　申請書その他の登記に関する書面につき文字の訂正、加入又は削除をしたときにする訂正印（商登規第48条第3項）等、法令上の根拠があるものを除き、その有無について審査を要しないものとする。

(6) 契印

　申請書への契印（商登規第35条第3項）等、法令上の根拠があるものを除き、契印の有無について審査を要しないものとする。

［筆者紹介］
石田　健悟（司法書士・法学博士）

（略歴）
　1986年　愛知県生まれ
　2012年　司法書士登録、翌年より出身地の愛知県春日井市にて開業
　　　　　（現：石田司法書士・行政書士・社会保険労務士合同事務所）
　2017年　神戸大学大学院法学研究科博士後期課程修了
　2019年　株式会社ミライニ創業

〈主な著書〉
『資産承継・事業承継の実務―民事信託・遺言・任意後見・種類株式の活用―』（テイハン、2022年）
『吸収合併の実務―中小企業間合併の法務を基本から―』（テイハン、2023年）
『遺産分割の実務―協議書・調停関係書類・相続登記・相続人申告登記の書式と理論―』（テイハン、2024年）
『民事信託講義』（テイハン、2024年）
『民法と民事信託（理論編）―遺言、民事信託、任意後見の連携・棲み分け論―』（法論社、2018年）　等

登記実務シリーズ
種類株式・増減資・新株予約権の登記実務

2025年3月21日　初版第1刷印刷　定価：6,490円（本体価：5,900円）
2025年3月27日　初版第1刷発行

不許複製	著　者　石　田　　健　悟
	発行者　坂　巻　　　徹

発行所　東京都北区東十条6丁目6-18　株式会社 テイハン
電話 03(6903)8615　FAX 03(6903)8613／〒114-0001
ホームページアドレス　https://www.teihan.co.jp

〈検印省略〉　　　　　　　　印刷／日本ハイコム株式会社
ISBN978-4-86096-189-3

本書のコピー、スキャン、デジタル化等の無断複製は著作権法上での例外を除き禁じられています。本書を代行業者等の第三者に依頼してスキャンやデジタル化することはたとえ個人や家庭内での利用であっても著作権法上認められておりません。